臺灣歷史與文化 研究輯刊

十 編

第 16 冊

屏東縣九如鄉玉泉村暨
鹽埔鄉洛陽村之客家話研究

李慧質 著

花木蘭文化出版社

國家圖書館出版品預行編目資料

屏東縣九如鄉玉泉村暨鹽埔鄉洛陽村之客家話研究／李慧質
著 — 初版 — 新北市：花木蘭文化出版社，2016〔民 105〕
目 4+262 面：19×26 公分
（臺灣歷史與文化研究輯刊十編：第 16 冊）
ISBN 978-986-404-797-0（精裝）
1. 客語 2. 比較語言學
733.08   105014945

ISBN-978-986-404-797-0

9 789864 047970

臺灣歷史與文化研究輯刊
十 編 第十六冊   ISBN：978-986-404-797-0

屏東縣九如鄉玉泉村暨鹽埔鄉洛陽村之客家話研究

作 者 李慧質
總 編 輯 杜潔祥
副總編輯 楊嘉樂
編 輯 許郁翎、王筑 美術編輯 陳逸婷
出 版 花木蘭文化出版社
社 長 高小娟
聯絡地址 235 新北市中和區中安街七二號十三樓
        電話：02-2923-1455／傳真：02-2923-1452
網 址 http://www.huamulan.tw 信箱 hml810518@gmail.com
印 刷 普羅文化出版廣告事業
初 版 2016 年 9 月
全書字數 217018 字
定 價 十編 18 冊（精裝）台幣 36,000 元

屏東縣九如鄉玉泉村暨
埔鄉洛陽村之客家話研究

李慧質 著

作者簡介

李慧質，西元 1989 年 3 月 26 日出生於屏東縣內埔鄉，父親是閩南人，母親為客家人，從小於客家庄長大，在客家文化的薰陶下，養成安分守己、勤奮節儉的性格。身為基督徒時常參與教會活動，信仰成為生活的一部分，沒事喜歡逛街和吃甜食。大學就讀國立聯合大學臺灣語文與傳播學系，碩士班就讀國立高雄師範大學臺灣歷史文化及語言研究所，從此與語言學結下不解之緣，希冀藉由學術研究為自己的母語盡一份記錄及推廣心力。目前則是朝著成為一名國小教師的夢想邁進！！

提　要

　　臺灣的客家話以四縣腔最通行，以地理分佈來看，又可再分北四縣和南四縣。北四縣主要分佈於桃園和苗栗，內部的客家方言一致性相當高；而南四縣主要分佈於高雄和屏東，即所謂的「六堆地區」，其內部的客家方言相較紛歧。

　　本文作者針對目前尚未有人進行語言調查之屏東縣九如鄉玉泉村暨鹽埔鄉洛陽村，進行客家話語料的蒐集，並與高屏地區其他四縣客家方言作語音現象和詞彙之對比，探討當前高屏地區客家語言的面貌。

　　論文總共五章：第一章為緒論，說明研究動機、研究方法、研究目的及發音人介紹。第二章為文獻探討與回顧，以及介紹本研究之方言點－玉泉村及洛陽村。第三章描述方言點之語音系統及特點，說明其聲母、韻母、聲調，以及語音流變等現象。第四章透過語言接觸理論，說明玉泉村及洛陽村與高屏地區四縣客語音系統對比分析，探究其借用成分、語音和詞彙之變遷與發展。第五章為結論，彙整以上論點及新發現。

目

次

第一章　緒　論

第一節　研究動機

　　所謂的四縣客語，主要指來自中國廣東省的平遠、蕉嶺、長樂（現名五華）及興寧等四縣，此四縣客家話的腔調大致相同，在清朝都屬嘉應州轄內。臺灣的客家話以四縣客語為大宗，可分為北四縣及南四縣。南四縣分布於高雄的美濃、杉林、六龜及屏東的高樹、萬巒、竹田、麟洛、內埔、佳冬、長治、新埤等地，即「六堆地區」。北四縣分布於桃園縣的中壢、平鎮、龍潭等地、苗栗縣靠海的苑裡、通霄、竹南、後龍、三灣、卓蘭等地以外之地方，皆通行四縣腔。

　　本文的研究聚焦於南部高屏地區的四縣客語，此地區的客家族群，由於長期的分地而居且和閩南族群雜居生活，內部的客家方言開始出現差異。其中鹽埔鄉的洛陽村及九如鄉玉泉村之客家語言，在洪惟仁（2006）《高屏地區的語言分佈》的語言地圖、鍾榮富（2004）《臺灣客家語音導論》的屏東地區客家庄分布圖及張屏生、呂茗芬（2009），《六堆地區客家方言島的語言使用調查──以武洛地區為例》皆提到此兩處，卻無繼續作深入探討。

　　洪惟仁和鍾榮富在地圖上皆把九如鄉玉泉村劃分為客家區；張屏生、呂茗芬在調查武洛方言時，談到位於武洛附近的洛陽村及玉泉村的客家人都是從竹田這一帶遷徙過去的，所以這兩村所講的客家話和竹田一帶是相同。本文試圖將此兩村之客家話與高屏地區之客語方言進行共時的對比研究，描述它們之間音韻系統及詞彙的異同，特別是其中的不同之處。

第二節　研究方法

一、田野調查法

　　走訪方言點，記錄發音人的實際音值。語言本質上是一種動態的傳訊系統，永遠都在變化中，倘若用時間的層面去看，我們可以發現語言變化的歷史；若從空間的層面去看，我們也可以比較出語言在不同的地理環境上所呈現的差異。透過實際的田野調查，真實地記錄當時當地的語音情況，讓語言有歷史的記錄，呈現最珍貴的第一手語料。為了使田野調查的工作能順利進行，本研究訂定的調查計劃步驟如下：

　　1. 確定方言點及發音人：於鹽埔鄉洛陽村及九如鄉玉泉村各找一位發音人。
　　2. 制訂洛陽村及玉泉村客話詞彙表：以張屏生（2010），《臺灣客家族群史——高屏地區客家話語彙集》為調查字表。

二、描寫語音法

　　透過語言學的語音描寫方式分析比較。將洛陽村及玉泉村客話調查所得的語音、詞彙資料，作一平面現象的描寫，本研究的標音採用 IPA（International Phonetic Alphabet）國際音標紀錄，調值符號則以趙元任所創的五度制聲調符號。將發音人細微的語音差異詳實描寫，包括語音、詞彙意義、聲調變化等所得資料經過整理、歸納之後，依次列出聲母表、韻母表和聲調表，除舉出例字之外，並根據實際音值的描寫加以說明。

　　本文希望透過描寫語音的方法，呈現洛陽村及玉泉村客話語音的平面現象及有別於其他高屏地區四縣客語之詞彙特色。詞彙方面以張屏生（2012b），《臺灣客家族群史——高屏地區客家話語彙集》為調查字表，主要考量為這些詞彙最能反映出高屏地區族群之生活面貌。其字表共分成三十四大類：1.天文地理（天文、自然地理）；2.時間節令；3.方位；4.日常用品（一般用品、家庭用品、廚房用品）；5.農家用具（一般工具、捕魚工具、木工工具、水泥工工具）；6.糧食蔬菜（莊稼作物、蔬菜）；7.水果；8.飲食（一般食品、調味佐料、酒類、當地小吃、味覺口感的形容）；9.礦物及其他自然物；10.動物（獸類——附十二生肖唸法、禽類、爬蟲類、昆蟲類、魚蝦海獸）；11.花草樹木；12.衣裝被服鞋；13.建築物；14.親屬稱謂；15.姓氏；16.人體部位；17.交際應酬；18.婚喪；19.各色人稱、活動；20.商業活動；21.交通科技；22.疾病；23.

藥品（中藥專用的用品、中藥藥名）；24.風俗、宗教活動（內埔當地祭拜的神明、附金紙的種類）；25.文化娛樂（附關於音樂）；26.壞人壞事（壞人、壞事、罵人語、女人的詈罵）；27.動詞（與煮東西有關的動作、與吃東西有關的動作、與眼有關的動作、與口有關的動作、和耳鼻有關的動作、和腳有關的動作、和衣被有關的動作、和家物相關的動作、用手打的動作、用刀的動作、用棍子或其他工具的動作、用筆的動作、和手有關的動作、手指動作、身體動作、其他動作、動物的動作、心理活動、各種職業方面的動作、社會關係方面）；28.天干；29.數量詞（數詞、量詞）；30.形容詞（一般物態性狀形容詞、關於人的形容詞、顏色詞）；31.副詞（表示然否、表示程度、表示範圍、其他）；32.虛詞（借詞、連接詞、助詞）；33.代詞（人稱代詞、指示代詞、疑問代詞）；34.象聲詞。總共近四千條以上的詞彙。

三、比較研究法

　　由於洛陽村及玉泉村人數不多，也許受到周遭閩方言之影響，與高屏地區各地的四縣客語之間存在著些許的差異，因此共時的比較在本研究佔主要部份。本文將分兩部分進行研討，其一爲針對洛陽村及玉泉村之客語與高屏地區各地的四縣客語作語音系統比較；其二爲將洛陽村及玉泉村之客語與高屏地區各地的四縣客語作詞彙之比較，以了解其中差異。

第三節　研究目的

　　根據洪惟仁（2006）《高屏地區的語言分佈》的描述，玉泉村之居住族群閩客摻半，客語爲四縣腔，閩南語爲混合腔。根據村長表示，客語在玉泉村算是比較強勢的語言，村中的客家人是從內埔鄉搬來，但是吳中杰老師實際訪察時，發現當地的口音較偏向武洛。而鹽埔鄉洛陽村在洪惟仁和鍾榮富的地圖上皆無呈現出來，但根據周邊村人的轉述，洛陽村住著許多客家人。

　　已往調查高屏地區客家方言之學者皆忽略此兩村，或只是簡單的說明此兩村的客家人是從內埔鄉或竹田鄉搬過去的，故無需再進一步探究。在洪惟仁（2006）《高屏地區的語言分佈》p.399 裡說到玉泉村村長表示村裡的客家人是從內埔鄉搬過去的；然而在張屏生、呂茗芬（2009）《六堆地區客家方言島的語言使用調查——以武洛地區爲例》P.1 卻說玉泉村和洛陽村的客家人皆從竹田鄉搬過去的，可見文獻記載有出入，值得詳細確實探查一番。本文想

探討這兩個村莊的客家人遷徙的原因和歷程，這些搬到新居地的客家族群，周圍住著閩南族群而成爲一個客語方言島，其語言接觸下勢必會對客語產生影響，加上長期的混居與往來，語言也許會有改變。試圖呈現出：

1. 兩村（洛陽村及玉泉村）之語音系統。
2. 兩村（洛陽村及玉泉村）與高屏地區四縣客家話的語言接觸。
3. 兩村（洛陽村及玉泉村）與高屏地區四縣客家話的語音差異。

第四節　發音人介紹

本研究分別於洛陽村和玉泉村兩個方言點各找一位當地出生之年長者爲代表，基本資料如下表：

表 1-1：發音人資料

	洛陽村〔註1〕		玉泉村
姓名	邱財源	邱山湖	方昭梅
年齡	民國38年出生	民國44年出生	民國36年出生
性別	男	男	女
祖籍	父親、母親：河南省洛陽寺蕉嶺	父親、母親：河南省洛陽寺蕉嶺	父親：江西 母親：梅縣
原居住地	阿公從竹田西勢遷居至此	竹田（現爲第四代）	父親：麟洛 母親：tsuk02 ka55 ha24（麟洛鄉田中村竹架下）
配偶語言	閩南語	客家話（苗栗公館）	客家話（竹田鄉頭崙村）
雙親語言	客家話	客家話	客家話
語言能力	日常使用語言：客語、閩南語、中文、日文 家庭使用語言：客語	日常使用語言：客語、閩南語 家庭使用語言：客語	日常使用語言：中文、閩南語 家庭使用語言：客語
最高學歷	屏東高中（學校場域使用中文）	屏東高中（學校場域使用中文）	惠農國小（學校場域使用中文）

〔註1〕邱財源先生完成前1/3之語料，邱山湖完成先生後2/3之語料。

職業	Toyota 品管部門主管（職場使用日語、中文）	通信業（職場使用閩南語）	水泥工（職場使用閩南語）
個人遷移史	出生於七份仔，就讀彭厝國小、長治中學、高職畢業，之後在 Toyota 公司工作，28 歲被調至日本，期間曾出差至美國、中國、菲律賓及東亞南各國，直至民國 83 回臺灣定居。退休後自己開設工廠，生產 Toyota 汽車零件。	出生於七份仔，就讀彭厝國小、長治中學、屏東高中，曾於鹽埔國小擔任代課老師，高雄服兵役之後於臺北工作，成家定居於臺中。	出生及求學於玉泉村，工作地點於屏市及高雄各地。

第五節　洛陽村及玉泉村之介紹

一、洛陽村

（一）地理位置

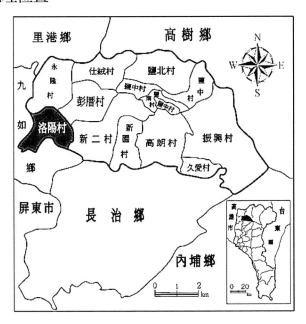

圖 1-2：洛陽村位置圖〔註2〕

〔註 2〕此地圖係由國立高雄師範大學地理學系 106 級李佩珊同學所繪製。

（二）歷史沿革〔註3〕

　　洛陽村由三個部落組成，分別為「半份仔」（閩南族群）、「七份仔」（客家族群，邱姓大宗為竹田西勢搬遷而來的客家族群，其次曾姓為竹田富田搬遷而來的客家族群）和「茄苳仔」（閩南族群為主，少數羅姓為客家族群，但語言已被閩南語同化）。

　　鹽埔開發始於明鄭時期，康熙年間，漳泉墾戶大批湧入，開發鹽北、西瓜寮、隘寮、高朗朗等地，雍正以降，陳奕岳、黃樸真、黃明等墾首又招佃開發，溪埔寮、大山寮、炳輝寮、新圍等地庄頭林立，馬關條約後，日人又招募九州移民在仕絨村建立常盤移民村，種植菸葉，開發飽和。

　　清領時期鹽埔鄉屬於鳳山縣港西中里〔註4〕的一部分，轄下行政區有鹽埔、西瓜園、隘寮、舊彭厝、溪埔寮、半份仔、茄苳、新彭厝、仕絨、高朗朗等庄。隨著清朝政府衰敗，在中日甲午戰爭慘敗後，將臺灣割讓給日本，自此臺灣進入到日本殖民統治時期，在明治37年（1904）由阿緱廳阿里港支廳管轄，包括鹽埔、隘寮、彭厝、新圍等庄。大正9年（1920）制度改正時，本鄉行政區改歸「高雄州屏東郡鹽埔庄」管理，共分為鹽埔、彭厝、新圍等三個大字〔註5〕。

　　而在第二次世界大戰結束臺灣光復後，於民國35年改隸屬高雄縣屏東區鹽埔鄉。政府在民國39年進行行政區域調整時，改隸屏東縣鹽埔鄉，而在日治時代原本屬於鹽埔鄉管轄舊大路關及新大路關，因隘寮溪之阻通行不便，幾經當地人民的陳情，改隸屏東縣高樹鄉，至此本鄉的行政區域範圍確立，因鄉中早先是鹽埔部落（含鹽北、鹽中、鹽南）的人口數最多，且當時的行政機關位於鹽埔部落，所以將鄉名定為「鹽埔鄉」。全境共劃分為12個村：鹽北、鹽中、鹽南、新圍、新二、振興、久愛、高朗、彭厝、洛陽、仕絨、永隆等村。

　　鹽埔鄉的閩南族群佔絕大多數，唯一有客家族群分布的地方乃是洛陽村七份仔一地。洛陽村由閩南及客家族群共同組成，發展出各具特色又融合的景象，是標準農業型態社會，養殖業為本村主要作物，泰國蝦、養豬養殖技術優良。

〔註3〕改寫自鹽埔鄉鄉公所：http://www.pthg.gov.tw/TownYto/index.aspx

〔註4〕港西中里：今屏東縣屏東市即麟洛、長治、鹽埔三鄉之全部與內埔鄉之一部分，康熙中粵闢，迨康熙四、五十年間，閩人繼來，即雍正年中，鑿圳灌溉田園大闢。

〔註5〕大字：日本殖民統治時期行政區單位用法。

二、玉泉村

洪惟仁（2006）《高屏地區的語言分佈》提到：「屏東中部靠海地區是閩南語區，高山地帶是排灣語區，比較單純。客語區夾在兩區之間，由九如鄉玉泉村往南接長治、麟洛、內埔、竹田、萬巒鄉的客家村連結成完整的語言片。……本區北端的九如鄉玉泉村有 529 戶，人口數 1977 人，閩客各半，客家人分佈在圳寮、溪底社區；閩南人分佈在中庄、高原、圳腳社區。」

（一）地理位置

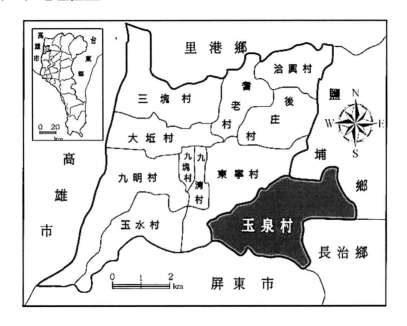

圖 1-3：玉泉村位置圖〔註6〕

（二）歷史沿革〔註7〕

玉泉村由三個部落組成，分別為「中庄」（閩南族群）、「玉泉」（舊名「溪底 ho^{11} tai^{31}」，客家族群，大宗陳姓為內埔、竹圍搬遷而來）和「圳寮」（閩客族群各半，此處之客家族群為內埔之鍾姓家族）。主要種植作物有香蕉、荷蘭豆（ho^{11} lan^{11} theu^{55}，又名「帝豆」）、長豇豆（tshoŋ^{11} kok^{02} theu^{55}，俗稱「四季豆」）和眠豆（min^{55} theu^{55}）。

〔註 6〕此地圖係由國立高雄師範大學地理學系 106 級李佩珊同學所繪製。
〔註 7〕改寫自九如鄉鄉公所：
　　　　http://www.pthg.gov.tw/TownJrt/News_Detail.aspx?s=66416&n=12948

　　九如鄉位於屏東縣西北端，四周圍有屏東縣四鄉鎮市和高雄縣一鄉鎮為鄰。北面緊鄰里港鄉，東面以武洛溪與鹽埔鄉為界，東南面與長治鄉為鄰，南面巧通屏東市，西面隔高屏溪與高雄縣大樹鄉相連，沒有靠山也沒有靠海。而玉泉村位於九如鄉之東南方與長治鄉德和村為鄰。

　　據說早於 200 年前，有九戶人家遷來此地定居，俗稱「九縣客〔註8〕」，再延續發展而稱為「九塊厝」後成立「九塊庄」，於臺灣光復後取意三多九如之意，逐定名為「九如鄉」。清朝時代本鄉隸屬「臺南府鳳山縣」設汛防掌理轄內行政，至日據時代改設「庄役場」名稱「九塊」。鄉內約 6484 戶計 23049 人。民國 34 年本省光復，35 年春行政區域劃規「屏東市」為「九如區」並將原屬鹽埔鄉轄內「玉泉村」編入本鄉，至 39 年 10 月行政區再度調整，改屬「屏東縣政府」名為「九如鄉」，並設鄉公所迄今。九如鄉共有十一個村，分別為：九明、九塊、九清、玉水、東寧、玉泉、大坵、三塊、耆老、後庄、洽興等村。

　　屏東縣九如鄉玉泉村玉泉溪榮泉橋下游一帶，因有湧泉，是螢火蟲重要棲地。湧泉是區是屏溪的支流隘寮溪，從三地門出山後，在屏北地區堆積形成廣大的沖積扇面，涵蓋里港、九如、鹽埔、長治、內埔、麟洛、屏東市等。而高屏溪西靠旗山中寮山腳下蜿蜒流著，下滲的地下水經過潛藏後，在沖積扇面前端滲出，於是在屏東市的水源地、九如鄉的玉泉村便有湧泉的原因。也就是在地形上所稱的「扇前湧泉」。

　　屏東縣九如鄉玉泉社區，為九如鄉內少數之客家村落，於 70 年代亦是社區競賽之環境整潔優質社區。其中玉泉溪龍泉橋下游一帶天然的湧泉，是九如鄉螢火蟲重要棲地，是村內擁有珍貴的自然資源。近年來村民致力於螢火蟲的保育、復育與教育的工作。

　　九如鄉相傳最早是由張、楊、黃、鄭等九戶人家來此開墾，因而得名。清朝時隸屬於鳳山縣，日治初期劃歸阿猴廳。1920 年臺灣地方改制，在此設置「九塊庄」，劃歸高雄州屏東郡管轄。戰後初期改劃設為高雄縣九塊鄉，後劃入屏東市，易名「九如」，設置「九如區」。1950 年改設屏東縣九如鄉至今。

　　九如三山國王廟興建於清乾隆三十九年（1774 年），至今約有二百多年，見證屏東平原的開發歷史。而且擁有「十三庄」結盟的廟宇地位，是九塊厝社區地緣關係最重要的標誌和象徵，它見證了九如的開發，更是鄉民的精神寄託。

〔註 8〕九縣隸屬於潮州府；四縣隸屬於嘉應州。

　　其廟宇豐富的建築裝飾如三川殿、木雕、彩繪、剪貼及門神彩繪等都珍貴完整的保存下來。三殿二廂房的設計，屋頂為三川脊的建築，後殿牆壁的龍堵是交趾陶的藝術品，都是難得一見的經典之作，相當珍貴，後殿兩側對稱廂房面向後殿是相當特殊的設計；加上乾隆年間的古文碑及王爺奶奶民間傳說，一直讓人津津樂道，成為該廟之獨具特色，是全臺三山國王廟所獨有。據說，清朝嘉慶24年（公元1819年）間，九如鄉九塊厝三山國王廟中的大王爺與麟洛鄉姑娘「人神聯姻」的傳奇。至今仍在兩鄉流傳，每年農曆元月16日，王爺奶奶都要回娘家，王爺及王爺奶奶回娘家是屏北地區難得的文化民俗活動，這項民俗活動將深入鄉間永續舉行，呈現出不同的文化風貌。

第二章　文獻探討與回顧

第一節　高屏地區客語次方言之調查研究

一、各別方言點之調查

（一）美　濃

　　根據楊時逢（1971）的調查，發現美濃地區客語特點在於〔n〕、〔l〕不分，但鍾榮富（1997）更全面之調查，發現此現象僅出現在廣興里（俗稱「竹頭背」）的少部分客家人，並非整個美濃地區解有此語音現象。此外，楊時逢認為美濃沒有前高元音〔j〕，然而依鍾榮富實地調查，美濃地區對〔j〕、〔v〕之有無，各有差異。

（二）武　洛

　　里港鄉茄苳村下武洛為一個典型的客家方言島，客家人雜居閩南村落之中，深受周遭閩南話之影響，根據呂茗芬（2007）問卷及詞彙調查之結果，有以下發現：

1. 四縣客家話的〔f-〕在武洛唸成〔hu-〕、〔ɸ-〕，例「飯」唸 huan55；〔v-〕在武洛唸成〔b-〕。
2. 〔ie、ieu、iem〕韻母和〔k-、kʰ-、ŋ-、h-、ɸ-〕等聲母相拼。在語流當中有時候介音〔-i-〕並不太明顯。
3. 沒有〔uen、uet〕韻，「耿」在武洛唸 ken31，「國」在武洛唸 ket02。
4. 〔uo、uon、uo〕等韻母是因為〔f-〕在武洛唸〔hu-〕所衍生出來的。

5. 〔i、in、it、im、ip〕在武洛分別唸成〔i、in、it、im、ip〕。〔i〕這個元音除了可以單獨構韻之外，後面還可以和〔-n/-t〕、〔-m/-p〕韻尾拼合，構組成〔in、it、im、ip〕韻母。

6. 小稱詞尾〔i〕。

7. 聲調如下表所示。

表 2-1：武洛地區客語之聲調

陰平	陽平	上聲	去聲	陰入	陽入
13	11	31	55	03	05

8. 變調如下表所示。

表 2-2：武洛地區客語變調規則

陰平變調	13→11／__13、55、05
	13→35／__31、03、11
陽平變調	11→33／__11

9. 和閩南話接觸之後的詞彙變化，說明如下表：

表 2-3：武洛地區受閩語詞彙影響之客語詞彙

類　型	說　明		例　子
全盤置換	完全用閩南話的詞彙，閩南話的音讀。		「墨賊仔」bak1 tsat3 la51
語音拗折	詞形和閩南話相同，全部詞素音讀拗折成客家話音讀。		「海湧」hoi31 iuŋ31
	詞形和閩南話相同，但是全部詞素音讀借自閩南話語音而加以客家話化。		「後齨」（臼齒）au11 tsan13
	詞形和閩南話相同，但是部分詞素音讀仿閩南話語音。		「（數）簿」seu55 pʰu13
部分套用	有部分詞素是客家話，有部分的詞素是閩南話	全部拗折客家話語音。	「庄下」tsoŋ11 ha55
		客家話詞素仍唸客家話音讀，閩南話詞素仿閩南話語音。	「豬骹」tsu35 kʰa11

曲折對應	把閩南話詞彙透過音讀的曲折對應，拗轉成客家話的詞彙。	「十種人」（混血兒） sup05 tsuŋ31 ɲin11
語法虛詞的滲透	虛詞受到閩南話的影響。	「共伊」（把他）ka11 i11 「我攏」（我都）ŋai11 loŋ55

（三）大路關

宋兆裕（2009）將六堆次方言分成兩小片，一片是美濃、內埔、萬巒、竹田等地，另一小片是高樹、長治、佳冬、新埤等地，兩者的分別以有無〔ɿ〕和名詞詞尾是〔e〕或〔i〕作區分。透過大路關和內埔兩方言點之比較，發現內埔相對趨於保守無變化，說明如下：

1. 聲母方面
   （1）有〔v-〕→〔b-〕及〔f-〕→〔hu-〕之變異。
   （2）顎化發展成兩套，如下表所示。

表2-4：武洛地區客語之顎化現象

〔ts、tsʰ、s〕＋〔i、in、it、im、ip〕→〔tɕ、tɕʰ、ɕ〕＋〔i、in、it、im、ip〕
〔ts、tsʰ、s〕＋〔e、eu、en、et、em、ep〕→〔tɕ、tɕʰ、ɕ〕＋〔ie、ieu、ien、iet、ien、iep〕

2. 韻母方面，大路關單獨出現〔i〕時仍保存摩擦現象，〔i〕取代〔ɿ〕、名詞詞尾爲〔i〕。
3. 聲調方面，大路關陰平調爲33，內埔爲24，除了陰平變調，大路關還多了陽平變調，如下表所示。

表2-5：大路關及內埔地區客語之聲調

	陰平	陽平	上聲	去聲	陰入	陽入
大路關	33→35	➤六十歲以上： 　11→33／__T ➤六十歲以下： 　11→33／__33、31、55、02、05 　11→35／__11	31	55	02	05
內埔	24→11／__24、55、05	11	31	55	02	05

（四）內　埔

鍾麗美（2005）以六堆地區的內埔為調查點，探究不同年齡間語音的共時變異，研究發現：

1. 內埔地區的小稱詞「仔」讀〔e〕，隨著詞根的語音而有韻尾展延、增音或保持〔e〕本音三種變化，說明如下：

    （1）韻尾展延現象十分普遍，在各年齡層之間沒有顯著的變化。

    （2）元音〔a、o、e〕的小稱詞在老、中年層都有很高的增音現象，到了青、少年層則逐漸弱化為〔e〕。〔a〕弱化的最快，其次為〔e〕，變化最慢的是〔o〕。

    （3）詞根〔e〕的小稱詞增音為〔i〕，詞根〔a／o〕的小稱詞增音為〔v／w〕。

2. 〔f〕聲母由〔h〕和〔u〕合流而成，〔v〕聲母由合口韻的零聲母〔u-〕強化而來，這個合流規則和強化規則因不同的發音人而有不同的內化程度，所以出現了變體〔hu／w〕。聲母〔f〕和各元音結合後，以〔fi〕出現的比例最高，〔fu〕出現的比例最低，〔fa〕、〔fo〕的比例居中。從〔hu/w〕到〔f/v〕的音變方為「i→e→a/o→u」，這個音變順序影響了詞彙擴散的速度，使得詞彙擴散的順序也是從語音〔fi/vi〕的辭彙開始，其次〔fe/ve〕，〔hu/wu〕的辭彙最不易改變。

3. 韻母〔-ian〕、〔-iat〕各有兩種表現，前者是〔-ian/-ien〕，後者是〔-iat/-iet〕。韻母〔-ian〕、〔-iat〕是底層形式，〔-ien〕、〔-iet〕是變體。〔-ien/-iet〕變體是條件變體（conditioned variants），變體的分布規則是鍾榮富（2004）所提的「美濃的『低元音升高原則』〔a〕→〔e〕／〔i〕＿＿〔n〕（條件：前接〔ŋ〕、〔k〕、〔kʰ〕、〔Φ〕、〔h〕以外的其他聲母時）。從年齡上看，〔-ian〕、〔-iat〕的比例大部分以老年層最高，但隨著年齡層降低，〔ian /iat〕的比例漸漸減少，〔ien /iet〕的比例漸漸增加。

4. 〔ioi〕、〔iai〕、〔ie〕三個特殊韻在老、中年層保存完整。青、少年層則快速變遷，〔ioi〕韻變成〔io /oi〕；〔iai〕演變為〔ie / ai〕；語音〔ŋie〕只剩 38%的少年層會唸。〔ioi〕韻會最快消失，而〔iai〕韻會逐漸演變為〔ie〕韻，並和原來的〔ie〕韻結合成同一個韻。〔ie〕韻從目前的資料看來，目前尚無演變成〔e〕韻之趨勢。演變規則歸納如下：

    （1）〔iai〕韻的演變趨勢：深層結構→＊GiVGi →元音提升

      例如：kiai → kia 或 kai → kie 或 kei。

（2）〔ioi〕韻的演變趨勢：深層結構→＊ GiVGi

例如：kʰioi → kʰio 或 kʰoi。

5. 客語「犯法」〔fam⁵⁵ fap⁰³〕一詞，聲母和韻尾皆為雙唇音（labial），違反了漢語音節結構唇音異化的原則，又因塞音弱化原則之影響。變化軌跡：〔fam fap〕→〔fan fap〕→〔fan fat〕→〔fan fak〕→〔fan fa〕。

（五）佳　冬

賴淑芬（2004）以佳冬鄉境內六個客家村（佳冬、六根、萬建、賴家、昌隆、豐隆）為方言點進行調查，周遭夾雜著閩南村，本文主要探究當地之客家話受閩南語的影響，即有別於四縣客語之不同。分別說明如下：

1. 聲母

（1）〔v-〕→〔b-〕已完全變化，例如「鑊」〔vok⁰⁵〕→〔bok⁰⁵〕。

（2）〔i-〕和〔u-〕摩擦強化成〔j-〕、〔g-〕、〔b-〕，例如「姨」唸成〔ji¹¹〕、「雨」唸成〔gi³¹〕。

（3）〔f-〕→〔hu-〕音變正在發生中，例如「花」可唸成〔fa¹³〕或〔hua¹³〕。

（4）表動作持續進行「著」：V +〔ten³¹〕，例如「坐著」唸成〔tsʰo¹¹ ten³¹〕

2. 韻母

（1）無〔ï〕韻，佳冬話併入成〔i〕，例如「梳」〔sï²⁴〕→〔ei²⁴〕。

（2）六堆地區佳冬、新埤、高樹和長治之名詞詞尾〔i〕，其餘地區之名詞詞尾〔e〕。

（3）〔ian〕／〔iat〕是〔ien〕／〔iet〕的深層結構（deep structure），佳冬客話這類韻母之音值受前接聲母影響。

（4）當〔k-、kʰ-〕+〔-u-〕時，〔u〕介音有丟失現象，例如「國」唸成〔kuet⁰³〕或〔ket⁰²〕。

（5）根據鍾榮富（2001）研究指出〔p、pʰ、m〕+〔i、ui〕及〔i、ui〕+〔f、v〕有異讀現象，賴淑芬卻僅觀察到〔p〕+〔i、ui〕有異讀現象，例如「給」唸成〔pi³¹〕或〔pui³¹〕。

（6）佳冬地區〔iai〕韻的變化：〔iai〕→〔ia〕→〔ie〕→〔e〕

3. 陰平變調規則

（1）13 →11／__ ｛13、31、55、03、05｝

（2）13 →35／__ ｛11、31、03｝

（3）13→11／__#

4. 合音字

表 2-6：佳冬地區客語詞彙之合音情形及聲調規則

例字	合 音 情 形	合音後聲調規則
毋愛	〔m^{11}〕+〔oi^{55}〕→〔moi^{35}〕	11＋13→35
毋會	〔m^{11}〕+〔oi^{55}〕→〔moi^{55}〕	11＋55→｛55、35｝
來去	〔loi^{11}〕+〔hi^{55}〕→〔loi^{35}〕	
分你	〔pun^{35}〕+〔ŋ^{11}〕→〔pun^{31}〕	35＋11→31
分佢	〔pun^{35}〕+〔i^{11}／ki^{11}〕→〔pi^{31}／pui^{31}〕	
同佢	〔t^{h}uŋ^{11}〕+〔i^{11}／ki^{11}〕→〔t^{h}i^{11}〕	11＋11→11
時節	〔si^{11}〕+〔tsiat^{03}〕→〔sie^{11}〕	11＋03→11

二、綜合研究

千島英一、樋口靖（1986），調查了六堆地區客家話之音韻系統，以及部分韻母音值上的細微差異。例如：佳冬和新埤沒有〔ï、ïm、ïp、ïn、ït〕等韻母，〔ian、iat〕和〔k-、k^{h}-、ŋ-、h-、Φ-〕等聲母拼合時音值呈現為〔iæn、iæt〕；和其他聲母拼合的時候音值呈現為〔iɛn、iɛt〕。但調查不夠全面，語料太少，尚有許多語音現象未被充分討論。

吳中杰（1999），將六堆客家分成三個次方言，語音特色如下：

表 2-7：吳中杰歸納六堆地區之語音特色

地 區＼語音特色	①美濃、高樹鄉的大埔、菜寮、武洛	②內埔、竹田、萬巒、麟洛	③佳冬、新埤、高樹
〔-iai、-ian、-iat〕韻母	＋	＋	－
〔-ie、-ien、-iet〕韻母	－	－	＋
〔-i〕韻母	＋	＋	＋
〔-ï〕韻母	＋	＋	
小稱詞尾〔e〕	＋	＋	－
小稱詞尾〔i〕	－	－	＋
第三人稱〔i^{11}〕	＋	－	＋

第三人稱〔ki¹¹〕	−	＋	−
〔n-、l-〕不分	＋	−	−
中文「可以」	kʰo³¹ i³³	tso⁵⁵ tet⁰²	sï³¹ tet⁰²
中文「聽得懂」的「得」	e¹¹	e¹¹	i¹¹

鍾榮富（2004），臺灣各客家方言的聲母，就語音而言，最大的差別在於舌尖絲音的顎化與否，以及是否具有舌面前音。其他的差異都尚未形成各方言間的固定對應。各客家方言的聲母數如下：

表 2-8：鍾榮富歸納臺灣地區客語之聲母數量

次方言	四　　縣			海陸	永定	饒平	詔安	東勢	卓蘭
地區	苗栗	六堆		長樂			桃園	卓蘭	桃園	雲林		
地區	苗栗	高〔註1〕	其他	長樂			桃園	卓蘭	桃園	雲林		
聲母數	18	19	18	18	22	22	22	22	22	19	22	22

聲母部份：四縣客家話的〔tɕ、tɕʰ、ɕ〕在分布上與〔ts、tsʰ、s〕呈互補分布（complementary distribution）：前者只出現在〔i〕之前，後者只出現在前元音之外的其他元音之前。基於互補分布的關係，鍾榮富把〔tɕ、ts〕、〔tɕʰ、tsʰ〕、〔ɕ、s〕分別看成同一個音位。由於〔ts、tsʰ、s〕出現的環境較多，可視為基層音（basic phone），把〔tɕ、tɕʰ、ɕ〕視為同位音（allophone）。

韻母部分：四縣腔的顎化鼻音〔ɲ〕是由〔n〕或〔ŋ〕顎化而來；〔v〕是由〔u〕在零聲母的位置上，經過摩擦而來。四縣腔均有前高元音〔i〕及舌尖韻母〔ï〕，〔ï〕出現在〔ts、tsʰ、s〕三個舌尖絲音之後，只有其中的高樹、佳冬、新埤仍然唸〔i〕。四縣腔大部分均有〔ien／iet〕，只有六堆其他地區唸〔ian／iat〕。

張屏生（2009），張屏生到臺灣幾個客家方言點進行詞彙的收集工作，調查之方言點有四縣腔（包括美濃、長治、武洛、苗栗的頭份及桃園的龍潭），企圖通過詞彙的共時描寫以及歸納比較，張屏生編製了一份反映臺灣客家話

〔註1〕表高樹、佳冬、新埤，此三處的高元音零聲母有摩擦現象，因此比其它說四縣腔的地方多了〔z〕。

詞彙差異的調查表，對高屏地區的客家話作深入調查。希望能夠對高屏地區四縣客家話各次方言的語音差異有概括地掌握，並且具體的呈現出高屏地區客家話內部以及和其他不同客家話的差異，從這些交揉雜錯的語音差異現象中找出具有啓發性的焦點。

其中，聲母方面探討了以下五點：

1. z-磨擦的強弱

在客家話中，展唇高元音會因爲強化作用而產生磨擦，在記音處理上爲了和〔ʧ-、ʧʰ-、ʃ-〕一套聲母搭配的關係，這所以在文獻上大都記成〔ʒ-〕。在武洛、大路關、新埤、麟洛、長治（部分地區）等方言點在〔i〕開頭的零聲母音節，會產生磨擦現象，此磨擦音鍾榮富記成〔j-〕。但張屏生在音位的處理上不把此磨擦音當成聲母，因此磨擦音有可能變成〔g-〕，如「雨」〔gi31〕，若把〔j-〕當成聲母，那〔g-〕是否也該處理成聲母？

2. v-磨擦的強弱

客家話中有〔f-、v-〕兩個唇齒音聲母，大體上高屏地區和北部地區客家話的〔f-、v-〕音值上有明顯差異。高屏地區的〔f-、v-〕的磨擦程度較不明顯，〔f-〕唸成〔hu-、Φ-〕，〔v-〕唸成〔v-、bʷ-、w-〕；北部地區的磨擦程度比高屏地區明顯一些。將〔f-、v-〕此兩音位當成聲母主要是根據鍾榮富的研究：「〔f-〕是由於〔h-〕與合口韻的〔u〕合流而成，而〔v-〕卻是由合口韻的零聲母強化而來的。」

3. 美濃的 n- / l-

關於美濃方言〔n-、l-〕聲母不分的問題，楊時逢首先提出：「發音人是不分〔n-、l-〕的，大都混讀爲〔n-〕，也有時讀〔l-〕，所以是變值音位（variphone）。」鍾榮富進一步提出：「美濃地區大部分的客家話，一如其他四縣客語，是 / n- / 、 / l- / 分音位(phonome)的，但在竹頭背、吉東部分及六龜的月眉一帶，有些人無法區辨 / n- / 、 / l- / ，而都唸成 / n- / 。但調查顯示：大多數的美濃客家人是分〔n〕和〔l〕的，而且〔n / l〕之分與否與地區密切相關。」根據張屏生所調查的語料，美濃有部分的老年層〔n-、l-〕分得很清楚，有些老年層會把陽聲韻拼合的〔l-〕唸成〔n-〕，而且有向青年層擴散的趨勢。有些原本唸〔l-〕聲母的輔音如蘭、籠、論，在某些鼻音韻尾的音節會讀成〔n-〕。

4. ȵ-聲母的定位

鍾榮富認為：「〔ȵ-〕分別來自〔n〕及〔ŋ〕在齊齒韻（即含有介音〔i〕或含有前高元音〔i〕的韻母）之前所產生的顎化結果。」張屏生從聲韻拼合的情況來看，ȵ-只能和 i 為開頭的韻母相拼，和 ŋ-在音節分布上形成互補分佈，故把 /ȵ-/ 處理成 /ŋ-/ 的音位變體，不另立 /ȵ-/ 聲母。在臺灣有關客家話研究的文獻裡都記成 /ŋ/，但實際音值是接近 /ȵ-/。由於鍾榮富堅持設立 /ŋ-/ 聲母，連帶〔ts-、tsʰ-、s-〕和齊齒韻相拼所產生的顎化，要多列〔tɕ-、tɕʰ-、ɕ〕三個聲母〔註2〕。

5. 其他變讀的現象

張屏生收集到一些變讀現象，無法總結出具有說服力的規律，這些現象可作為聲母變化方向的思考。

(1)「屋下」的「屋」在高屏地區的長治、麟洛、竹田、內埔唸〔luk⁰²〕；在武洛、美濃、六龜、手巾寮唸〔vuk⁰²〕；武洛、杉林唸〔buk⁰²〕。

(2)張屏生在美濃採錄〈月光光〉童謠，發音人把「結親家」〔kiet⁰⁵ tsʰin³³ ka³³〕的「親」〔tsʰin⁵⁵〕唸成「親」〔kʰin55〕，推測可能是受到前後音節聲母都是舌根音所產生的同化現象。

(3)「靴筒」在美濃和長治，發音人有〔sio²⁴ tʰuŋ¹¹〕、〔hio²⁴ tʰuŋ¹¹〕兩種讀音。

韻母方面探討了以下五點：

1. 〔ï、ïn、ït、ïm、ïp〕韻字類的韻母比較：在高屏地區武洛、大路關、新埤、佳冬沒有〔ï〕元音，都讀成〔i〕元音。

2. 唇音異化的限制：高屏地區大多數的老年層「犯法」讀〔fam⁵⁵ fap⁰²〕，但是青年層大都唸〔fan⁵⁵ fat⁰²〕。

3. 〔iai〕韻：「街、解、介、屆」在美濃、內埔、萬巒、竹田、麟洛等地都唸〔iai〕韻，在武洛、大路關、新埤卻無〔iai〕韻，而在臺灣其他的客家話中唸成〔e〕韻。

4. 〔ioi〕韻：高屏地區四縣客語只有〔kʰioi⁵⁵〕（表示疲累）。

5. 〔uet〕韻：高屏地區四縣客語只有「國」〔kuet⁰²〕，用在人名時唸成〔kuat⁰²〕。與〔uet〕韻相對的舒聲韻〔uen〕，則是大多數人不會唸的

〔註2〕/tɕ-、tɕʰ-、ɕ/ 聲母的設立，有部分原因是為了搭配國語進行母語教學。

「耿」，因此在調查時常會造成空缺。

聲調方面從兩方面談起，說明如下：

1. 基本調

「基本調」是指傳統調類所對應調值。南部高屏地區四縣客家話只有 6 個基本調。上聲、去聲不分陰陽，陰平調除了美濃、六龜、手巾寮、杉林爲中平調 33：，其他皆爲 24：。上聲在語流中有時會唸成高降調 53：，偶爾唸低降調 11：。說明如下表：

表 2-9：張屏生歸納高屏地區客語之聲調（基本調）

例字	東	董	凍	跊	同	毒
調類	陰平	上	去	陰入	陽平	陽入
調值	13（24）、33	31	55	03（02）	11	05

2. 連讀變調

「連讀變調」是指基本調在語流中所產生的聲調改變。高屏地區客家話中陰平、陽平的變調差異較大，說明如下表：

表 2-10：張屏生描寫高屏地區客語之陰平變調

陰平變調	
美濃	35 → 35／__ ｛31、02、11｝
六龜、手巾寮、杉林	33 → 11／__ ｛55、05｝
	33 → 35／__ ｛31、03、11｝
高屏地區（除美濃以外）	13 → 11／__ ｛13、55、05｝
	13 → 35／__ ｛31、03、11｝

表 2-11：張屏生描寫高屏地區客語之陽平變調

陽平變調	
大路關	11 → 33／__ ｛31、03、11｝
武洛	11 → 33／__ ｛11｝

高屏地區四縣客家話小稱詞尾「仔」有兩種唸法，武洛、大路關、新埤、佳冬、長治（部分）唸〔i〕，其餘方言點唸〔e〕。音變狀況可歸納爲兩種情況：

1. 詞彙音節若以〔a〕結尾，後接〔e〕有增音現象，衍生出〔u〕音。例如，

    （1）「遮」〔tsa〕＋〔e〕→〔tsau e〕

    （2）「姐」〔tsia〕＋〔e〕→〔tsiau e〕

2. 輔音韻尾之詞彙與小稱詞尾產生連音現象。例下表：

表 2-12：張屏生描寫高屏地區閩客語輔音韻尾詞彙與小稱詞尾之連音現象

	長治、麟洛、竹田、內埔、萬巒、美濃	武洛、大路關、新埤、佳冬、杉林		屏東閩南語
柑仔	kam me	kam mi	柑仔	kam ma
凳仔	ten ne	ten ni	秤仔	tsʰin na
調羹仔	tʰeukaŋ ŋe/ge	tʰeukaŋ ŋi	蔥仔	tsʰaŋ ŋa
鴨仔	ap pe/be	ap bi	盒仔	ap ba
鐵仔	tʰiette/le	tʰiet li	賊仔	tsʰatla
鑊仔	vok ke/ge	vok gi	竹仔	tik ga

    張屏生概括地描述了高屏地區客家話的音韻現象，將高屏地區的客家話分成四區：

表 2-13：張屏生歸納高屏地區客語之語音特點

地　區	語音現象之特點
第一區： 武洛、大路關、新埤、佳冬、長治(某些村)	1. 有〔z-〕的磨擦。 2. 有〔b-〕聲母，沒有〔v-〕聲母。 3. 沒有〔ï、ïn、ït、ïm、ïp、iai〕等韻母。 4. 「脣」唸〔sun¹¹〕、「十」唸〔sup⁰²〕。 5. 小稱詞「仔」唸〔i〕。 6. 「仔」尾連音變化是〔bi、li、gi〕。 7. 陽平有變調。
第二區： 內埔、萬巒、竹田、麟洛	1. 沒有〔z-〕的磨擦。 2. 有〔ï、ïn、ït、ïm、p、iai〕等韻母。 3. 「脣」唸〔sï¹¹〕、「十」唸〔sïp⁰⁵〕。 4. 小稱詞「仔」唸〔e〕。 5. 「仔」尾連音變化是〔pe、te、ke〕。 6. 「仔」尾有增音的連音變化。

第三區： 美濃、六龜、手巾寮	1. 沒有〔z-〕的磨擦。 2. 有〔ï、ïn、ït、ïm、p、iai〕等韻母。 3. 「脣」唸〔sïn¹¹〕、「十」唸〔sïp⁰⁵〕。 4. 小稱詞「仔」唸〔e〕。 5. 「仔」尾連音變化是〔pe、te、ke〕。 6. 「仔」尾有增音的連音變化。 7. 陰平調唸33，變調規則與其他地方不同。 8. 〔l-〕聲母的字音（如「蘭、籠、論」），在某些鼻音韻尾中讀〔n-〕。
第四區：杉林	1. 沒有〔z-〕的磨擦。 2. 有〔b-〕聲母，沒有〔v-〕聲母。 3. 有〔ï、ïn、ït、ïm、p、iai〕等韻母。 4. 「脣」唸〔sïn¹¹〕、「十」唸〔sïp⁰⁵〕。 5. 小稱詞「仔」唸〔e〕。 6. 「仔」尾連音變化是〔be、le、ge〕。 7. 陰平調唸33，變調規則與其他地方不同。 8. 〔l-〕聲母的字音（如「蘭、籠、論」），在某些鼻音韻尾中讀〔n-〕。

　　賴淑芬（2012）針對屏東三個區域（竹柑區、田寮、火車路）的海陸客語及麟洛鄉的四縣客語之研究，探究南部四縣和海陸客語之語言接觸所引發之變化類型。有以下之發現：

1. 屏東三區之海陸腔在音韻上有一致的演變趨向，舌尖聲母顎化普遍大於舌面聲母的變化，韻母方面則〔-iu〕變化最快、〔-ui〕變化最慢。聲韻之間互相牽動之變化，例如舌面聲母因為韻母〔-i、-im、-in、-ip〕的變化而變為舌尖細音。小稱詞在句中使用詞根同化比例高於單獨使用，其中以高元音〔i、u〕結尾的小稱詞使用詞跟同化比例最高，例如「杯仔」〔pui i〕、「櫥仔」〔tsʰu u〕。

2. 麟洛四縣客語之聲母〔f-、v-〕，因為各年齡層的語言主體與優勢語的不同而有不同演變。少年層與高齡層保留偏高，中、老年層保留比例偏低〔f-〕→〔〔h-〕、〔v-〕→〔b-〕。內部變化的表現在於聲調：陰平調後接陽平調時，陰平調保留本調13，在其他聲調之前變調為11；當陰平為後字時，各年齡層皆有變調且變調速度大於陰平置於前字；總體說來，陰平調無論置於前後字，各年齡層皆大幅趨向低平調發展。

3. 無論在四縣或海陸客語，皆有部分發音人出現〔b-〕聲母的使用及〔eu、oi〕韻的變異，三十歲以下出現入聲韻尾消失或錯誤唸讀之現象。

4. 從/eu/→〔ieu、io〕及/oi/→〔uoi、uei、ue〕顯示，語音演變由於外在語言接觸之影響，打破客語音節內部唇音異化的規則，透過優勢華語及閩南語雙重勢力之影響，客語各種變體的出現正在進行中。

5. 論證主張：南部客語音韻上諸多變化的產生，一方為不同世代語言主體之差異，造成各年齡層有不同的演變；另一方面為客語使用者在語碼轉換或語碼交替頻繁的過程中，將個人優勢語的使用習慣或發音方式，引入客語之音韻系統而造成調整和變化。

第二節　語言接觸理論

一、雙語現象

根據薛才得（2007）看法，語言接觸途徑主要有五個方式：

1. 非區域性語言接觸：兩種語言的人群在地理位置上沒有相鄰的情況下，語言的非直接接觸，主要透過書面語的翻譯。

2. 區域性語言接觸：兩種語言的人群在同一個地理區域內，語言間直接接觸。當兩種語言接觸時會產生一種獨特的「交際語言」。

3. 社會文化接觸：地域方言不是以點存在，而是分片連續的，方言和方言之間的接觸是不可避免的。

4. 共同語和漢語方言之間的接觸，在中國每個歷史時期都有一個基礎方言作為共同語為主要流通交際語言，都會和其他漢語方言互相接觸、互相影響。

5. 語言的接觸實際上是語言使用者的接觸，而造成語言接觸的主要原因是「人口的遷移」。發生順序通常為：語言接觸（language contact）→語言影響（language influence）→語言變化（language change）。

在洛陽和玉泉兩村可以看到典型的雙言（雙方言，diglossia）現象，亦即在家裡或家庭成員及同一方言地區朋友面前使用地域方言，而在跟操其它方言的人談話時或在公共場合則使用標準語。雙語原因可歸納為，政治制度：國家實行雙語制度、殖民教育、民族遷徙、民族散居、家庭環境等。張興權

（2012）將雙語按期學習先後順序、學習方法和第二語言熟練程度等因素區分為下列幾種型態：

1. 雙重雙語（bilingualism）：指理想的雙語及其語言使用能力。標準的雙語人對兩種語言具有均等的語言能力，其能力相似於母語說話者，如本地人能熟練的、有效的使用。雙語是一種使個別人或全體人民或其中一部分人，在交際過程中根據情況交替使用（書面、口頭）種不同語言，以達到互相了解的技能和技巧。兩種語言能力語單語者的母語之語言能力等同的情況。

2. 後續雙語：一定程度上習得了母語（第一語言）之後，才接觸第二語言成為雙語人。

3. 同等雙語：雙語人的兩種語言能力均等（balance），在熟練程度上沒有差異。

4. 專家型雙語：第二語言水平很高，既正確地使用母語又通曉外語的人。

5. 單向雙語：在集體雙語社會中，一方民眾掌握另一種語言並用其語言與另一民族的人進行交際，但另一民族卻沒有掌握對方的語言。

6. 自然學會：在一定的語言環境中通過模仿而在無意識中學會的，此現象在多民族國家之雜居地區常發生。

7. 使用型雙語：不僅能理解或聽懂對方用第二語言所說的意思，而且能流暢的使用第二語言來表達意思。

8. 消極雙語：本族語和外族語處於不平等的地位，本族語處於弱勢地位，使用範圍、社會交際功能有侷限性，甚至導致語言轉用，由外族語替代本族語。

張興權（2012）認為雙語現象又可分為兩類：（1）集體雙語（社會雙語）指一定地區全面的、普遍的使用兩種語言，或是關係到該集體中積極從事經濟活動的人。可能出現的情況有「某一個社會集體的全體成員全部掌握兩種語言的情況」或「某一個社會集體中的某一部分集體成員使用兩種語言的情形」；（2）個體雙語（個人雙語）指個別的個人由於自己個人歷史和自己本人經濟狀況等特殊條件而參加使用兩種語言的集體活動，能掌握兩種語言。

二、語言接觸的原因

　　張世祿（1931）認爲決定語言同化或消失的主要條件是政治、經濟和文化因素。在使用不同語言的民族社會裡語言互相接觸並同化的六種原因：（1）武力的征服和政治的統一；（2）民族的移植和同化；（3）文化的融合；（4）經濟的交接；（5）交通便利的增進；（6）教育的發達；（7）民族遷徙（8）人口多寡。

　　Thomason（2001）則將語言演變分成「內部因素導致的演變」（internally motivated change）和「語言接觸引發的演變」（contact-induced change）兩種基本類型。

1. 接觸引發的演變的直接後果是受語系統發生不同程度或不同方式的改變，典型的情形有下面幾種：

2. 特徵的增加（addition）：指受語系統通過接觸引發的演變增加了新的特徵，最容易被增加的特徵是借詞（包括一般詞彙和複合詞彙），這是接觸引發的演變最常見的後果。

3. 特徵的消失（loss）：即某一語言由於語言接觸而喪失固有的特徵，但沒有任何干擾特徵可以作爲所失特徵的替代物。

4. 特徵的替代（replacement）：即受語系統中固有的特徵被新的外來特徵所替代，這種情形大多見於語序模式和語法範疇的演變。

5. 特徵的保留（retention）：即一個語言由於跟其他語言接觸而保留了原本有可能消失的特徵。語言 A 的某一特徵 F 原本有可能在其結構壓力和演變沿流的作用下消亡（比如其姐妹語已失去同源或對應特徵），但由於跟語言 A 密切接觸的語言 B 裡具有這種對應的特徵，結果使得特徵 F 在語言 A 裡得以保存。

　　Thomason（2001）認爲接觸種類和程度的預測因子（predictors）可分成語言因素和社會因素兩類：

1. 語言因素

　　（1）普遍性的標記（universal markedness）：決定於話語產出（discourse production）和語言理解（discourse preception）的難易程度。一般說來，標記性於轉用干擾情形裡之影響最甚；但在借用情形裡所起作用甚小。

　　（2）特徵可併入語言系統的程度（degree to which features are intergated into the linguistic system）：一個語言特徵可被併入特定語言系統

（或各種子系統）的難易程度。

（3）源語與受語之間的類型距離（typological distance between source and recipient languages）：主要探討類型距離和語言干擾之間的關聯，通常可得兩個結論，（1）有標記的特徵和可併入度低的特徵發生遷移的可能性越大，反之亦然；（2）兩種語言（或方言）在結構類型上相似程度越高，則結構程度遷移的數量種類也越多，反之亦然。

2. 社會因素

Thomason 主張：「決定語言接觸的語言後果的決定性因素是語言使用者的社會語言學的歷史而不是其語言的結構。純粹語言上的考慮是相關的，但嚴格說來是次要的……因為語言干擾首先取決於社會因素而非語言因素。干擾的方向和干擾的程度是由社會因素決定的，而且在相當程度上，從一個語言遷移到另一個語言的特徵的種類也是如此。」Thomason & Kaufman（1988：35）認為社會因素主要包括接觸強度（intensity of contact）和語言使用者的態度：接觸強度越高，干擾特徵的種類和層次也就越多。一般說來，接觸強度主要跟下列情形有關：接觸狀態的時間長度、干擾引入者對源語或受語的流利程度、雙語制的程度〔註3〕（level）、兩個語言社團人口的相對數量等等。而語言使用者的態度，既能阻礙接觸性演變的發生，也能促進這類演變的發生。

三、語言接觸的結果

張興權（2012）將語言接觸所造成的後果，歸納如下：

（一）語言轉用（language shift）

在兩種語言接觸的社會裡，一個人或一個群體被迫或自願的放棄放棄使用本民族語言，而換用別的民族語言之現象。此為逐漸改變語言使用習慣的過程，最後的結果就是完全使用另一民族之語言。類型有下列幾種：（1）個別語言轉用：指一個民族的個別成員不使用本族語而改用另一種語言。（2）局部語言轉用：指一個民族的一部分人不使用本族語而換用別的語言。（3）主體語言轉用：指一個民族的主體（大多數人）改換語言。（4）整體語言轉用：指一個民族的所有成員都改用語言。

〔註 3〕指雙語人在本社團中所占的比例。

（二）語言混用（language mixing、code mixing）

在兩種語言接觸的地方，以一種語言作爲主導語言，同時夾用另一種語言的成分之現象，最典型的狀態是在談話中使用另一語言的名詞詞彙。語碼轉換（code seitching）是有原因的，是一種有目的、有意識的言語行爲；但語言混用是沒有具體原因的，通常是一種習慣性的言語使用。

（三）語言消亡（language death）

指語言的消失，說話者逐漸轉用別的言之現象。語言會隨著社會環境的變遷，使一些語言使用範圍變得狹小，語言使用者也跟著逐漸減少，最後可能就會成爲死語。簡而言之，語言消亡主要是由各種原因所導致各類類型語言的轉用和語言使用人口大量減少所引起。語言消亡大體有三個原因：（1）民族自身原因：自然災害、疾病、移民、節育或遭大量虐殺而語言使用人口突然大量減少。（2）經濟社會原因：在經濟和社會生活中強勢語言的影響下，弱勢語言通常會先經過雙語過程逐漸語言轉移而失去自己的語言。（3）政治原因：被侵略或殖民的國家和民族被迫使用另一種語言，以致發生整體的語言轉用。可分成兩種類型：（1）突發性的語言消亡：因遭遇突然發生的災害或事變（例如極其嚴重的自然災害或大量虐殺等）而產生的語言消亡。（2）漸進性的語言消亡：因人口逐漸減少、交際功能場域衰退等因素而改換其他語言所導致的語言消亡。

接觸引發的演變包括語言接觸的各種間接後果〔註4〕。最初由其他語言遷移而來的特徵後來觸發了一系列後續性演變，亦即在一個語言中後來獨立發生的若干演變是由原先直接引入的成分所觸發的。比如語言 R 從語言 S 中引入某種特徵 F，假如後來 F 在語言 R 裡獨立地依次演變爲 F1、F2、Fn（即 F ＞F1＞F2＞Fn），那麼這些後來發生的演變仍屬「接觸引發的語言演變」。因爲，儘管後來的這些演變可能是由語言 R 內在結構壓力促動的，但如果起先的接觸引發的演變不發生，那麼後來的這些演變也就不可能發生。因此，F 跟由其觸發的其他演變（F1、F2、Fn）的區別只在於前者是接觸引發的干擾（interference），後者是接觸引發的創新。

張焱（2013）從語言系統來看語言變異（language variation）的種類歸納

〔註4〕「間接後果」的表現形式包括後續性演變、語言在死亡過程中所發生的耗損（attrition，詞彙和結構的喪失但並沒有任何借用成分或創新形式作爲其補償和替代）或簡化等非趨同性（non-convergent）的演變。

如下，(1) 語音變異：人們在口語交際過程中的語音或口音差異。(2) 詞法變異：語言中詞彙的書寫或拚寫方式的差異。(3) 句法變異：語言中句子結構的差異。(4) 語義變異：語言中對某一事物的多種不同表達方法。(5) 言語變異：語言中對某一事物的使用多種語言表達的方式。(6) 語體變異：語言使用者由於語言使用場合不同，或說話對象不同而使用不同語體的語言差異。(7) 歷時變異：不同時期使用的，反映某一時期社會特點的語言變體。(8) 語際變異：在雙語或多語環境中，語言借用或混用的語言變體。

四、語言接觸的類型

托馬森（Thomason, S.G.）根據受語「是否保持」以及「不完善學習」（imperfective learning）效應的出現，將接觸引發語言之演變 [註5] 歸納成兩種類型：

（一）借用（borrowing）

指的是外來成分被某種語言的使用者併入該語言社團的母語。這個語言社團的母語被保持，但由於增加了外來成分而發生變化。這是語言獲得干擾特徵的主要途徑，最常見的借用干擾是詞彙成分（非基本詞彙，特別是其中的文化詞)。借用的特點如下：

1. 被借成分通常是由受語的母語使用者（至少是受語的流利使用者）引入的；借用者的母語（即受語）繼續保持，但由於增加了外來特徵而發生改變。
2. 因為借用者通常不是語言轉用社團的成員，所以在借用情形裡一般不存在不完善學習效應。
3. 借用干擾總是始于詞彙成分，非基本詞的借用無需雙語制。
4. 假若存在長期的文化壓力和廣泛的雙語制度，借用成分可擴展到結構特徵（如語音、音系、句法及型態成分）。
5. 借用成分的等級決定於語言接觸的等級，並隨著接觸等級的增加而增加。
6. 大量的結構借用通常需要廣泛的雙語制以及語言之間長期密切的接觸。

〔註 5〕此處的演變著眼於「干擾現象」：即語言特徵從一種語言輸入另一種語言的過程。

7. 如果具備合適的社會條件（比如足夠的接觸時間和接觸強度、廣泛的雙語制以及受語使用者的語言態度有利於借用），語言中所有特徵（比如語音、音系、意義、語序、派生詞綴、屈折形態、語法範疇）都可以被借用。

（二）轉用引發的干擾（shift-induced interference）

指的是語言轉用過程中語言使用者將其母語特徵帶入其目標語（target language，TL)之中。這種干擾導源於轉用目標語的語言社團對目標語的「不完善學習〔註6〕」：當轉用社團在學習目標語過程中所造成的「錯誤」被目標語原來的使用者模仿時，那麼這類「錯誤」就被擴散到作為一個整體的目標語〔註7〕。轉用引發的干擾特點如下：

1. 某一語言的使用者開始轉用其目標語，但他們不能完善地學習該目標語，目標語習得者所造成的「錯誤」被目標語最初使用者所模仿並進而得以擴散。

2. 干擾始於音系、句法成分（包括形態成分）而非詞彙項。

3. 目標語也可以從轉用社團語言中借入少量的詞彙。

4. 語言轉用過程可在一代完成。轉用過程的時間越短，則干擾特徵出現的可能性就越大；反之，轉用過程的時間越長，則干擾出現的可能性就越小甚至完全沒有。

5. 語言態度因素可以影響目標語最初使用者對轉用社團的目標語變體的模仿程度；但是，如果轉用社團人口數量很大，目標語最初使用者的語言態度似乎並不能確保目標語不受影響。

6. 轉用干擾可能導致接觸語（洋涇濱和克里奧爾語）的形成、語言區域／

〔註6〕這裡的「不完善學習」並非必然跟缺少學習能力有關，因為轉用社團的語言態度常常也是其目標語變體（即TL2）形成的重要因素。比如在某些情形裡，目標語學習者可能意識到其母語（即L1）的某些特徵實際並不存在於目標語之中，但他們仍然將這些特徵帶入他們的目標語變體（TL2），目的是要保留其母語的某種區別（distinction），而這種區別正是目標語最初使用者的目標語變體（即TL I）所缺乏的。另外一種與轉用社團的語言態度相關的情形是，轉用社團的目標語學習者有時可能拒絕學習目標語的某些特徵（尤其是有標記的特徵），那麼這些特徵也就不會存在於轉用社團的目標語變（TL2）。

〔註7〕當轉用社團是「上位層」（superstrate）社團，即在社會、經濟和文化上佔優勢的社團時可能有例外。

語言聯盟的出現、新方言的產生、移民語言（immigrant languages）的形成以及語言死亡。

　　既然語言中所有成分都可借用，那麼語言成分的借用是否具有某種規律或制約？比較一致的看法是，語言成分的借用在社會因素均等的前提下具有一定的等級或順序。比如下面這個借用等級是接觸語言學家比較普遍認可的〔註8〕：

　　　　詞彙成分（非基本詞）＞句法成分/音系成分＞型態成分

在雙語社團的兩種語言的接觸中常常出現雙向干擾的情形，一種語言的接觸後果是由轉用干擾造成的，而另一種語言的接觸後果則是由借用導致的。

　　「借用」和「轉用引發的干擾」的區別（Thomason & Kaufman, 1988、Thomason, 2001）整理如下表：

表2-14：借用和轉用干擾的主要區別

借　　　　用	轉用引發的干擾
語言保持	語言轉用
無不完善學習效應	有不完善學習效應
干擾引入者一般是受語的母語使用者	干擾引入者一般是源語的母語使用者
源語通常是強勢社團的語言	源語多半是弱勢社團的語言
詞彙干擾先於結構干擾，且前者佔優勢	結構干擾先於詞彙干擾，且前者佔優勢
結構干擾蘊涵詞彙干擾	結構干擾不蘊涵詞彙干擾
接觸時間越長、雙語制程度越高則結構干擾的可能性越大、種類和層次越多	轉用過程時間越長、雙語制程度越高則結構干擾的可能性越小、種類和層次越少

　　羅斯（Ross, 1991）則認為典型的借用是一個語言的母語使用者有意識地從另一個語言引入某種特徵；典型的轉用引發的干擾是非母語的使用者無意識地將其母語的特徵施加到受語之中。但「施加」（imposition）也可以發生在

〔註 8〕這個等級可從四個方面進行論釋：
　　（1）時間先後：通常情況下，詞彙成分的借用總是先於句法或音系成分。
　　（2）蘊涵關係：一個語言若具有句法和音系借用成分，那麼通常也具有詞彙借用成分。
　　（3）難易程度：詞彙成分的借用易於句法和音系成分的借用，而句法和音系成分的借用又易於型態成分的借用。
　　（4）概率大小：詞彙借用的可能性肯定大於句法和音系成分的借用。

受語為母語的使用者身上，特別是在母語非優勢語言的時候。在這種情形下，母語使用者將其優勢語的句法特徵遷移到其母語裡，從而導致「型變〔註 9〕」（metatypy）的發生。另一方面，某一社團（通常為弱勢社團）除了將別的社團（通常為強勢社團）所用語言的特徵引入本社團語言之外，他們出於保持本社團文化身份（cultural identity）的目的，可能將本社團語言的特徵（多為詞彙成分）帶入他們所使用的強勢社團的語言，從而導致強勢社團的語言出現新的變體。圖示如下：

表 2-15：Ross（1991）**接觸性演變之四種類型**

		演變的作用者	
		母語使用者	非母語使用者
遷移的動因	處理省力〔施加〕	型變	下位層干擾（轉用引發的干擾）
	文化因素〔引入〕	外借（採用）	內借（保持）

溫福德（Winford, 2005）主張接觸引發的語言演變主要分成兩種類型或過程，分別說明如下：

（一）借　用

外部的源語成分經由說話人的作用（the agency of speaker）被引入受語之中；對於這些說話人而言，受語是他們的優勢語或主要語言（primary language），這種情形屬於受語主體性（RL agentivity）。

（二）施　加

源語成分被說話人遷移到受語之中；對於這些說話人而言，源語是他們的優勢語（通常是第一語言），而受語則是他們不精通或不熟練的語言，這種情形屬於源語主體性（SL agentivity）。

Winford 接受 Van Coetsem（1988：8-12）的意見，主張上述兩種演變過程與「模仿」（imitation）和「適應」（adaptation）這兩個心理機制相關聯。這兩種機制都可以在每一種演變類型裡發揮作用，但實現過程和所起作用有所

〔註 9〕語言接觸中一個語言因其使用者同時通曉另一種語言而在形態 —— 句法類型、語法組織、語義模式等方面經歷的演變，以致此語言的形態 —— 句法結構在類型上發生顯著變化。

不同，分述如下：

1. 在借用情形裡，模仿先於適應發揮作用，而在施加情形裡則順序相反。在借用中模仿是主要機制，它給受語引入一個與其現有成分近似的借用成分，從而導致對受語內部創新的偏離；然後，適應機制通過對該借入成分進行適當的改變或調整，使之與受語系統相適應。

2. 在施加情形裡，適應是主要機制，它通常導致受語系統中有標記演變的發生，在這種情況下，說話人通過對受語系統的語言成分進行調整，使之適合其優勢語（即源語）的規則。

Thomason（2001）認為借用成分的種類和等級跟語言接觸的強度密切相關，因此在借用等級的概括中必須考慮兩個語言之間的接觸強度和等級。因此，基於借用成分的種類和層次與語言接觸的等級和強度之間的關聯，概括出下列表格：

表 2-16：Thomason（2001）借用等級

接觸等級	借用程度的種類和層次
1. 偶然接觸：借用者不必是源語的流利使用者，以及/或者在借語使用者中雙語人為數極少。	只有非基本詞彙被借用
2. 強度不高的接觸：借用者是相當流利的雙語人，但他們在借語使用者中佔少數。	功能詞以及較少的結構借用 1. 詞彙：功能詞（比如連詞及英語 then 這類副詞性小品詞）以及實義詞；但仍屬非基本詞彙。 2. 功能詞：在此階段只有少數結構借用，尚未引入可改變借語結構類型的語言特徵。比如音系方面，出現由新的音子（phones）實現的新的音位（phonemes）這樣的音系特徵，但只見於借詞；句法特徵方面，原有結構產生新的功能或出現新的功能限制，此前少用的詞序使用頻率逐漸增多。
3. 強度較高的接觸：更多的雙語人，語言使用者的態度以及其它社會因素對借用有偏愛傾向或促進作用。	基本詞彙和非基本詞彙均可借用；中度的結構借用 1. 詞彙：更多的功能詞被借；基本詞彙（傾向於在所有語言中出現的詞彙別）在此階段也可被借，包括像代詞和數值較小的數詞這類封閉類詞彙以及名詞、動詞和形容詞，派生詞綴也可被借（比如-able/-ible 原來是作為法語借詞的組成部分進入英語並由此進入英語土著詞彙的)。

	2. 功能詞：更多重要的結構特徵被借用，儘管沒有導致借語主要類型的改變。在音系方面：土著音位的語音實現、某些不見於源語的土著音位的消失、新的音位甚至被加到土著詞彙裡、重音位置這類韻律特徵的變化、音節結構限制的消失或增加、形態音位規則的消失或增加。在句法方面：語序的改變（如 SVO 替代 SOV 或者相反）、並列結構和主從結構在句法上的變化。在型態方面：所借屈折詞綴和範疇可被加到土著詞彙上，尤其當它們在類型上與已有模式高度匹配的時候。
4. 高強度的接觸：在借語使用者中雙語人非常普遍，社會因素對借用有極強的促進作用。	繼續大量借用各類詞彙，大量的結構借 1. 詞彙：大量借用。 2. 功能詞：所有結構特徵均可被借，包括那些導致借語主要類型改變的結構借用。在音系方面，土著詞彙裡整個語音範疇和/或音系範疇的消失或增加，以及各種形態音位規則的消失或增加。在句法方面，詞序、關係小句結構、否定運算式、並列結構、主從結構、比較結構和量化結構這類特徵有大規模的變化。在型態方面，出現像屈折形態被黏著形態所替代或者相反這類類型上破壞性的變化，源語和借語不匹配的形態範疇的增加或消失，一致範疇的整個消失或增加。

　　Thomason 的借用等級跟其他語言學家所提出的借用等級一樣，都只是一種普遍的傾向而非絕對的規則，因為根據這個等級所作出的預測有時存在例外。一種最有可能的例外情形是借用過程發生於類型相似的兩個語言之間（或者是同一語言的兩個相似的方言之間）。原因非常簡單，將一個語言的結構特徵借入類型一致的語言系統比借入類型不同的語言系統要容易得多；另一方面，類型不同的兩種語言之間的結構借用通常需有高強度的語言接觸。但是，類型相似的兩種語言之間的結構借用在強度較低的接觸情形裡也可能發生。換言之，結構類型非常不同的語言很可能嚴格遵守這個借用等級，但結構類型高度相似的語言很可能在所有方面悖於這個借用等級。

五、語言成分的演變

　　張興權（2012）提出借用的過程中往往會發生詞彙意義、語音和形態上的改變，或是以外來詞為基礎形成新的詞彙，大致有以下情況：（1）語音改

變；（2）音位變化；（3）音節增加；（4）輔音脫落；（5）語音增添；（6）音質相異；（7）重音消失；（8）語法範疇省略；（9）表義詞素增加；（10）表記型態多樣；（11）詞義縮小；（12）詞義擴大；（13）詞義轉移。

Thomason 將接觸性所造成的語言演變，歸納為以下七個機制：

（一）語碼轉換（code-switching）

同樣的說話人在同樣的會話裡使用兩種或兩種以上的語言成分。「同樣的會話」意味著所有會話參與者都會說或至少能瞭解兩種語言。換言之，在發生語碼轉換的會話中，發話人和受話人都應該是雙語人。語碼轉換是外來詞進入一個語言的最主要的途徑，但它也可以在某些結構借用中起到作用。所以由語碼轉換導致的接觸性演變主要是借用而不是轉用干擾。

Thomason 認為：「實際上不可能在語碼轉換和借詞之間畫出清楚的界限，因為二者的邊界本來就是模糊的。它們的確是兩種不同的現象，但二者之間構成一個連續系統。一個語碼轉換的詞彙或其它語素若在一個語言中的使用越來越頻繁，直到它成為受語系統內部的一個穩定成分，並被新的學習者所學習，那麼它就變成了借用成分。」

（二）語碼交替（code-alternation）

指同樣的說話人跟不同的交談物件（通常是單語人）使用兩種不同的語言。跟語碼轉換一樣，語碼交替也是同樣的說話人使用兩種或多種語言；但與語碼轉換不同的是，語碼交替不發生在具有同樣的語言使用者的相同的會話裡，相反，雙語人在一類環境裡使用他們的一種語言，在完全不同的另一類環境裡使用他們另外的一種語言。典型的情形是，語碼交替者在家裡使用一種語言，在工作中使用另外一種語言。

（三）被動熟悉（passive familiarity）

說話人從一個他熟悉、瞭解但從不主動使用的語言或方言中獲得一種語言特徵。這種特徵遷移的情形通常發生在非常相似的兩個語言系統或者同一語言的兩個方言之間。跟語碼交替一樣，這種機制通常涉及說話人外語系統的部分啟動。

（四）協商（negotiation）

指的是母語為語言（或方言）A 的說話人改變了他們的語言模式以接近他們相信是另一語言（或方言）B 的模式，並且語言使用者之間絕大多數由這

種機制實現的接觸性演變很可能是無意識的。

　　發起這種變化的語言 A 的說話人可以是完全的雙語人（語言 B 流利使用者），也可以不是完全的雙語人（不是語言 B 流利使用者）。如果發起這種變化的人是完全的雙語人，那麼他們對語言 B 結構模式的判斷可能是正確的，由此產生的演變將使得語言 A 跟語言 B 更為相似，結果是兩種語言的結構模式產生會聚（convergence）這種情形在借用過程中比較常見。

　　如果發起變化的說話人不是完全的雙語人，那麼他們對語言 B 結構模式的判斷很一可能是錯誤的，由此產生的演變可能跟語言 B 的結構完全不匹配。這種情形在轉用引發的干擾裡比較常見。在最極端的非雙語人的接觸情形裡，如果語言 A 的使用者和語言 B 的使用者均參與「協商」過程，那麼結果將是兩種情形：或者是語言 A 和語言 B 都發生改變，或者是產生一種完全新的語言 C，即洋涇浜或克利奧爾語。

（五）第二語言習得策略

　　指的是語言使用者在學習第二語言（目標語）過程中所採取的一些手段，例如：（1）填補空缺：說話人在缺少有關目標語的足夠知識的時候或者在目標語缺少特定特徵的時候，他們將母語（或第一語言)的相關特徵帶入目標語以填補上述兩種空缺。（2）二語習得者在構建其目標語（TL）語法變體時，通過將母語（L1）的結構投射到目標語（TL）形式之上來保持其母語的某些區別或其他模式。（3）忽視目標語（TL）裡實際存在但學習者在習得過程中難以理解的某些有標記的區別。

（六）雙語人的第一語言習得

　　奎恩（Queen，1996）的研究表明，語言演變可以直接導源於兩種第一語言的同時習得。她發現那些雙語（德語及土耳其語）兒童在說他們兩種第一語言的時候使用的是兩種語調模式，但是在不同的語用環境裡。這就是說，這些雙語兒童習得了兩種語調模式，但他們並不是將每一種模式的使用限制在其源語裡，而是發展出一種混合系統，在這種混合系統裡每一種模式都有其自身的功能，而且他們已將此混合系統併入了雙語中。

（七）蓄意決定（deliberate decision）

　　指的是說話人（特別是雙語人）通過實施某種有意的決定或有目的的行為來改變其語言的特徵。典型的情形是，一個語言社團（通常是比較小的語

團）有意改變他們的語言（或方言），旨在將他們的語言（或方言）跟毗鄰語團的語言（或方言）更明顯地區別開來。另一種情形是，某些語言社團為了確保其「真正」（real）的語言不被其他語言社團使用，他們不惜扭曲自己的語言，使之變得讓本社團之外的人不可理解。

詞彙擴散是檢視語言借用成分的方式之一，其證據來自 Streeter（1977）音變得開始不是同一時間影響到每一個相關的詞彙，而是逐個詞彙、逐個詞彙地擴散；若有另一音變的攔截而改變了音系環境，這個過程有可能被中斷或者中途更改；當然，大多數的詞彙還是完成了音變過程，剩餘的只是一小部分。印歐語系的型態類比〔註 10〕（analogy）可能會影響音變規則，然而從漢語之語言材料可看出不從在型態類比的干擾，因此有些學者認為漢語之語音變化最基本的單位是詞彙（或字）而非語音。

後來 Wang & Lian（1993）提出了「詞彙擴散」和「方言混合」能夠同時共處、並行發聲的新概念，認為語言本質上是一種異質的共存系統（coexisting systems），音變有的來自語言系統本身，有的來自其他的語言系統或是各種的社會因素，他們形成一個內在層面和外來層面共存的系統。語言系統就是不停地將外來層融入（incorporated）內在層，並且語言本身就是一個始終變化的動態實體。音變過程可分成兩種，一種為「促發」（acuation）與「實施」（implementation）。「促發」是指音變發生的原因，受到語言接觸、生理、聲學、表義等因素之影響；「實施」指音變在詞彙中逐漸推行，即詞彙擴散的過程。新語法學派注重音變的結果（output），詞彙擴散則注重音變的過程，兩者相異之處在於解釋音變的例外，前者把例外看成方言借用或類比的結果，認為語言（方言）接觸所產生的歷史層次可概括為「方言融合」或「方言分化」；後者則將例外看成未完成音變的剩餘。

第三節 專有名詞定義解釋

一、語言接觸相關術語

雙方言現象、雙方言制（bidialectism、bidialecaltism）：一般的意思是指一個人或一個社團熟練掌握一種語言的兩種方言，不管是地域方言還是社會

〔註10〕以詞型派生規律尋求語音對應的手段。

方言。最常見的「雙方言」之情形爲，從一種非正式的言語變體轉換到正式的變體（雙言現象）。在社會語言學和教育語言學則認爲，不同方言在語言學中的地位相等，各有自己適合使用的社會背景。

雙語的、操雙語者（bilingual、bilingualism）：一般的意思是指一個人能說兩種語言。雙語現象的定義取決於如何設定操雙語者的資格，即必須達到多少的流暢度（不管是跟操單語的本族語者比，還是放寬要求只跟基本掌握第二語言的人比）才算數。另外含有幾種不同的標準區分，如「複合雙語現象」和「並列雙語現象」的區分（根據操雙語者在多大程度上是兩種語言在語義上對等或不對等）、按學習兩種語言的各種方法所作的區分（是在兒童時期同時學會的還是先後學會的）、「雙方言現象」和「雙言現象」的區分（按語言系統運作的各種抽象層面所作的劃分）。

雙方言現象的研究往往跟社會、心理、民族等因素有關，如不同語言的社會地位、不同語言對說話人認同於某一民族或群體的影響。在「增益雙語現象」中，某一多數民族掌握第二語言並不構成對第一語言的威脅，如說英語的加拿大人學會說法語；在「減損雙語現象」東，第二語言逐漸取代第一語言，通常發生於少數民族語言。

方言（dialect）：一種語言地域上或社會上有自身特點的一種變體，可從一批特殊的詞和語法結構來識別。口說的方言通常帶有獨特的發音或口音。只要說一種語言的人數相當多，尤其當人群之間有地理上的阻隔，或有社會等級的差別時，就會有方言的產生。一種方言有可能成爲一種語言的官方或標準形式而佔主導地位，通常會成爲書寫對象。「方言」可說是「語言」的細分，兩者之間如果不能互相理解，則說的兩種不同的「語言」。

雙方言（diglossia）：社會語言學認爲，一種語言的兩種不同的變體在整個言語社區中共現並各有其社會會功能之情形。兩種變體都達到某種程度的標準化，操本族語者覺得可以任意選擇，一般還各有自己的名稱。通常以高層（H）和低層（L）變體稱之，大致相當於正式性的差別：高層變體在學校裡學習，一般用於教堂、廣播節目、文學等，因此享有較高的社會聲望；低層變體用於家庭談話和較不正式的場合。

多語現象（multilingual）：指一個言語社團同時使用兩種或多種語言，也指個別說話者操多種語言的能力。通常區分成言語社會內部的多語現象，即社會內部日常的交流需要；言語社會內部的多語現象，即額外使用一種語言

以便與其他民族交流。事實上，幾乎沒有一個言語社會是完全單語的，因爲在其界域內總有較少數民族群體語言之存在；另一方面，顯示的多語能力在掌握語言的精通程度上有所區別，且關係於群體人數、社會地位、民族情感等因素，因此產生了各種不同的政治、教育和社會問題。

二、語音及詞彙相關術語

借用（borrow、borrowing）：比較語言學和歷史語言學用來指一種語言或方言從另一種語言或方言接收過來的語言形式，這種借用形式通常稱爲「借詞」（loan）。至於語音和語法的借用則較不常見。

借詞（loan）：指一種語言或方言從另一種語言或方言借來使用的語言單位（一般爲詞項）。借用分爲幾種類型：（1）借詞（loan word）：形式和意義都被借用或同化，新語言的音韻系統甚至作了某些調整。（2）混合借詞（loan blend）：意義借用，形式僅部分借用。（3）音變借詞（loan shift）：意義借用，形式按照本族語。

借譯詞、仿造詞（loan translation）：語素逐個翻譯的借詞。

小稱詞（diminutive）：形態學用來指表示一般「小」的意義之詞綴，不管是按字面義或比喻義（通常帶有親暱的意味）的理解。

二合元音、雙元音、複元音（diphthong）：指音節中音值有一明顯（可察覺的）變化之元音，通常按兩個成分中響度的不同分成兩類：（1）下降複元音：第一個成分重讀，即前者響度大於後者。（2）上升複元音：第二個成分重讀，即前者響度小於後者。若按滑動程度區分，則有寬或窄的分別；按滑動的方向區分，則有高、央、低、前或後元音結尾。

空缺（gap）：指在一個關係形式的某一位置預期出現而沒有出現的語言單位。

掉音（haplology）：發音相似的語音序列中某音的省略。例如 cyclist（騎自行車者）讀作〔ˋsaɪklɪs〕、library（圖書館）讀作〔laɪbrɪ〕。語言心理學家則認爲這是一種「舌頭打滑」而出現省音的口誤現象。

簡化（reduce）：指一個元音可以分析爲一個相關形式的元音之央化變體。例如〔ɒv〕在非重讀時唸成〔əv〕、telegraph（電報）的重讀元音〔ˋteləɡrɑːf〕在相關詞彙 telegraphy（電報學）弱化爲〔təˋleɡrəfɪ〕。

縮減（reduction）：影響某些類型的語音系列之簡化過程。例如在幼兒語

中，clock（鐘）唸成〔gɒk〕，就是一個輔音叢縮減（consonant-cluster reduction）的例子。

音變（mutation）：指一個音的音質由於鄰接語素或詞的影響而發生變化，例如，在古英語發展時期，某些情形下／i／元音的影響造成其他元音朝閉元音的方向發生「音變」，像是「腳」*foti 變爲 feet。

語音演變（sound change）：描寫一種語言（方言）的語音系統在一段時間內所經歷的演變。主要探討此演變是影響整個語言系統的全部音位（例如兩個音位合併爲一個，或一個音位分裂爲兩個）還是只影響一個音位的音位變體（allophones）。此類研究能證明對語言演變起限制（制約）作用之環境〔註11〕（environment）的性質。

語音變化（sound shift）：指當一系列相關聯的語音演變發生在一種語言歷史的某一階段，例如中古英語和早期現代英語之間發生的元音大轉移、拉丁語和英語間的輔音變化。

語音規律（sound law）：指一系列有規則的演變。在新語法學派的「語音規律無例外」假說裡，在一段時間內某一特定環境中包含某一音位的詞彙都以此同樣的方式進行演變，而任何不依照此方式演變的音位都能用其他規律作解釋。

第四節　語言的強弱勢

陳淑娟（2004）提到除了臺灣閩南語方言之間的接觸之外，閩、客語在臺灣亦有長期的接觸，臺灣閩南語處於人口的絕對優勢，客語則是相對弱勢的語言，兩種語言勢力的差異懸殊，以至於分布在臺灣閩南語區內的客家方言島，幾乎均已發生語言轉移或流失。語言轉移的特徵：

1. 語言退縮到僅用於某一特定領域，主要在家庭領域，或者均爲客家族群的言語社區裡，即便談話社群裡僅有一位爲閩南族群，大家仍放棄使用客家話而轉用閩南話。

2. 自由的移借優勢語言的詞彙及語音，而優勢語言幾乎不受語言接觸之影響，造成借詞的不平等。

〔註11〕指語言環境的特徵影響語言某一音位單位位置上的選擇，從而限制其語音層次或分布。

3. 父母僅將客語傳承給子女，孫子輩幾乎不會說客語。

4. 本身已忘了許多客語詞彙，第一反應的是優勢語言的唸法。

5. 居民本身對自己語言缺乏非得維持的態度，並逐漸增加對優勢語言的依賴。

李如龍（2001）從方言與共同語及外部方言接觸的狀況看，有「強勢方言」和「弱勢方言」之別。強勢方言在社會中十分活躍、運用廣泛，共同語的推廣和普及有阻力；和弱勢方言相處時形成擴展的態勢，在語言（方言）邊界上往往會使外方言區的人兼通本方言。弱勢方言在社會生活中則表現了一定程度的萎縮。共同語的普及和強勢方言的擴展都會使弱勢方言縮小通行範圍、減少使用人口。決定方言的強勢弱勢之因素，並非方言本身而往往是在於方言外部，例如：

1. 方言區的地域大小和人口的多寡；地盤大、人口多是強勢的基礎。

2. 方言的文化類型，一般情況下總是向心型、穩固型方言才可能發展為強勢方言。

3. 取決於方言區的經濟文化之發達程度；強勢方言往往是經濟發達地區、文化影響力較大。

李如龍（2001）將語言演變的動力和原因分成「自變」和「他變」，說明如下：

1. 自變包括「內因」和「外因」：音變的內因為「音素」的矛盾，即異化現象和同化現象兩者之間存在著對立和統一的矛盾。「異化現象」就是對立，例如現代方言濁聲母的清化可以說是濁聲母與韻母的異化。「同化現象」就是統一，例如客家方言曉匣合口與非組聲母相混〔hu〕→〔f〕就是韻首同化聲母的例子、塞音韻尾的脫落可以當成韻腹對韻尾的同化。音變的外因為「音義」的矛盾，因著語言是語音和語義的結合物，語義內容發生變化可能會造成語音型式的變化。

2. 他變是外來影響所造成的音變：語言（方言）受共同語或其他方言甚至其他民族語言之影響，也就是語言間的相互滲透所造成的變化。

3. 自變與他變之區別〔註12〕，如圖示：

〔註12〕李如龍（2001），《漢語方言的比較研究》，北京：商務印書館，p.76。

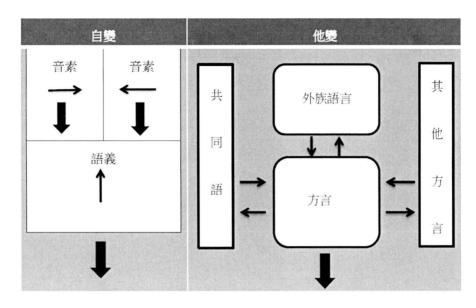

圖 2-1：李如龍（2001）將語言演變的動力分成「自變」和「他變」

　　一般說來，語言不會孤立地發展，他們因不斷接觸而相互影響，語言的推移代表民意的選擇。語言之間音韻、構詞、句法等「語言形式」（linguistic form）之相似性，與「血緣」（genetic）或「地緣」（areal）的因素所造成。

　　在同一個社群裡，不同語言或方言背景的人，爲了能有效溝通，在接觸的過程中爲了遷就對方，會模仿對方的語言，也會調整自己的語言。當兩種或多種語言變體共存在一個語言社群之中時，它們會有各自的使用範圍和社會功能，這種語言分工的現象稱爲「雙方言」（diglossia）。

　　何大安（1996）認爲語音變化（phonetic change）主要依循兩個相反的方向進行，一個是「簡化」（simplification），即把音與音之間的差別減小，使發音更省力；另一個是「強化」（strenging），即增加音與音之間的差別，具有辨義作用。變化的種類可歸納如下：

1. 同化（assimilation）：就發音部位或發音方法上的某些語音特徵加以改變，以同於鄰近的音。
2. 顎化（palatalization）：受到鄰近高元音〔i〕〔y〕或半元音〔j〕的影響將發音部位移向硬顎。
3. 元音和諧（vowel harmony）：元音的「前後」和「圓展」是主要兩個要素，在語位結合的時候，小稱詞尾的元音要隨前面詞彙最後一個元

音的「前後」和「圓展」而同化。

4. 語音丟失（sound loss）：當某個音位弱化至極，便消失了。

5. 弱化（weakening、lenition）：指發音的簡化，指某個發音動作的鬆弛、減弱甚至完全消除。

拉波夫（Labov）針對轉換生成理論的純粹同質的言語社團提出了，語言的根本特性為「有序異質」（orderly heterogeneity）。所謂有序，就是當某個變異與某種社會因素相結合，這種變異就可能為言語社團所接受，並有可能擴散至整個言語社區，從而完成該規則音變的全過程。Hock & Joseph（1996）根據拉波夫所做的一系列社會語言學的調查研究，語音演變（sound change）的過程可概括為下列四個階段：

1. 語音演變的起點（starting point）來自語音自身的變異性，此與新語法學派持相同論點，認為音變規律無例外〔註 13〕，「音變」指的是受語音條件制約而有的變化。

2. 由於某些原因（或與永遠都無法確定的因素），一個特定的語音變異形式被一群人表現為具有社會階層意義，此時該變異不再是個微不足道的表現行為，而是具有社會意義和語言意義。

3. 隨著社會意義標記的增大，該變異發展成為新的社會及語言學的語境（context）。變異能夠繼續發展，因為新的發音尚未取代舊的發音，而是新舊共存或競爭。接著，此種新舊唸法變異的擴展，其方式猶如類比變化。例如英語 house（房子）的發音發生〔au〕～〔əu〕的變異，此變異現象會逐漸地擴展到其他〔-ouse〕系列的詞彙，像是 mouse（老鼠）、louse（虱子）。

4. 若擴展過程持續相當長的一段時間，並且無其他因素摻和（disturb），那麼最終結果可能成為一個明確的音變規則，並且具有該音素或語音特徵的所有詞彙都會受到影響，自然也影響使用其語言的人。

〔註13〕 新語法學派認為語音變化是連續的、漸進的，並且影響到所有詞彙；語音變化的不規則由類比和方言借用造成。Osthoff 和 Brugmann 將「語音規律無例外」有如下表述：「每個音變由於機械地進行，所以都遵循了無例外的規則。也就是說，對一個語言社區的所有成員來說，音變方向總是相同的，只有方言分化屬於例外；相同條件下的語言變化，所有詞彙毫無例外地受到影響。」

第五節　小　結

　　洛陽村和玉泉村在行政區域劃分上分屬於鹽埔鄉和九如鄉，實際上北邊
的洛陽村緊連於南方的玉泉村，其中居民閩客雜處，客家族群主要由內埔鄉
或竹田鄉遷移過去。因著族群互動和閩客交流的頻繁，導致原本以內埔鄉或
竹田鄉爲基底之客家話，藉著人群的流動致使語言的接觸，混雜著閩南語和
位處隔壁長治鄉之客家話，從圖 2-2 可看出此語言區之相對位置。

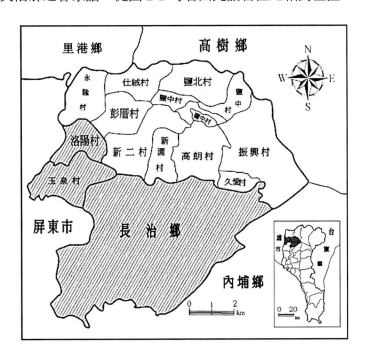

圖 2-2：洛陽村、玉泉村及長治鄉相鄰之位置圖〔註14〕

　　本文整理出高屏地區六堆各次方言之間語音特點，主要針對各方言點的
研究以及採取某些語音指標劃分語言區之綜合研究，希冀藉由前人之研究檢
視洛陽村和玉泉村之語音特點、詞彙差異。除了語音、詞彙方面的探討，因
著洛陽村和玉泉村所處環境周遭皆爲閩南族群，加上受到緊鄰的長治鄉客家
語之影響，以及強勢華語的使用，本文採用語言接觸理論探討「閩客」（洛陽
玉泉閩語＋洛陽玉泉客語）、「客客」（洛陽玉泉客語＋長治客語）和「華客」（華
語＋洛陽玉泉客語）三者之間的影響和變化，作語言的事實描寫。

〔註14〕此地圖係由國立高雄師範大學地理學系 106 級李佩珊同學所繪製。

　　從圖 2-3 屏東縣中北部客語區分布圖,從里港之武洛及高樹之廣興、廣福,加上鄰近玉泉村之長治德和村非客語區,切斷與長治客語區緊鄰的面貌,說明屏東縣北部客語區呈現不連續分布。因此可斷定洛陽及玉泉村為一典型之方言島,此兩村之客語方言融合了長治客語及內埔竹田客語兩種特色。本文作者由此圖推測屏東縣北部客語區逐漸式微的趨向,也許在不久的將來即將轉變成閩語區。

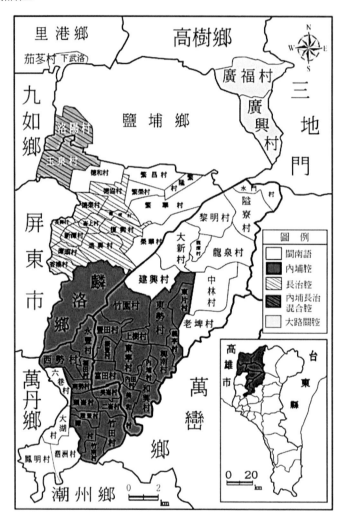

圖 2-3:屏東縣中北部客語區不連續分布圖〔註15〕

〔註15〕此地圖係由國立高雄師範大學地理學系 106 級李佩珊同學所繪製。

第三章　語音系統及特點

　　本文是從聽音、記音入手來研究此兩村落之語音，也就是憑耳朵聽辨語音，用國際音標（IPA）所制定的符號把聽到的聲音紀錄下來，加以分析，並試著說明此兩村落之客家話一共有多少個不同的語音單位，它們是如何組合在一起，組合在一起時發生了哪些變化，最後歸納出其語音系統。根據 R. Van Simmons、顧黔、石汝杰（2006）《漢語方言調查手冊》，進行玉泉村及洛陽村之聲母、韻母及聲調，作全面之調查。

第一節　聲母及其特點

1. 有兩套整齊相配的塞擦音和擦音，即〔ts〕〔tsʰ〕〔s〕-〔tɕ〕〔tɕʰ〕〔ɕ〕。〔tɕ、tɕʰ、ɕ〕在分布上與〔ts、tsʰ、s〕呈互補分布，前者只出現在〔i〕之前，後者只出現在前元音之外的其他元音之前。
2. 唇齒音〔f-〕和〔v-〕之特色：
   （1）唇齒擦音〔f-〕，則正處於於〔f〕～〔hu〕的音變之中，整體看來傾向朝〔hu〕變化。
   （2）〔v-〕摩擦的強化，實際音值較接近〔b-〕，這類的例字很多，如「鍋」、「會」、「分」、「王」、「黃」、「烏」、「位」、「未」、「屋」、「聞」、「禾」、「鬱」、「椏」〔ba²⁴〕、「搵」（蘸）。
   （3）唇齒音〔f-〕和〔v-〕尚未完全消失；〔f-〕有時唸成〔hu-〕或〔fu-〕、〔v-〕有時唸成〔b-〕。
3. 無〔n-〕、〔l-〕不分之現象，兩音位具辨義作用。
4. 在〔i〕開頭的零聲母音節，會產生磨擦現象，此磨擦音記成〔j-〕。

5. 〔v-〕聲母後接〔-an〕韻母，〔v-〕在語流中往往出現〔w〕增音現象，實際音值較接近〔vʷ-〕，如「還」〔vʷan¹¹〕、「彎」〔vʷan²⁴〕、「萬」〔vʷan⁵⁵〕。

6. 〔ie、ieu、ien〕韻母和〔k-、kʰ-、t-、tʰ-、h-〕等聲母相拼，在語流當中有時候介音〔-i-〕並不太明顯。

7. 〔ŋ-〕顎化〔ȵ〕的情況有時並不明顯。

表 3-1：洛陽村及玉泉村之聲母

〔幫〕	包	p	冰	p		
〔滂〕	泡	pʰ	噴	pʰ		
〔並〕	皮	pʰ	病	pʰ		
〔明〕	貓	m	門	m	米	m
〔非〕	福	f、hu	分	p		
〔敷〕	肺	f、hu	蜂	pʰ		
〔奉〕	肥	pʰ	飯	f、hu		
〔微〕	尾	m	忘	m		
〔端〕	刀	t	等	t		
〔透〕	梯	tʰ	湯	tʰ		
〔定〕	同	tʰ	定	tʰ		
〔泥〕	泥	n	牛	ŋ	難	n	碾	l
〔來〕	梨	l	流	l	蘭	l	爛	l

〔精〕	子	ts	走	ts	尊	ts	井	ts
〔清〕	次	tsʰ	湊	tsʰ	村	tsʰ	請	tsʰ
〔從〕	自	tsʰ	在	tsʰ	坐	tsʰ	錢	tsʰ
〔心〕	四	s	傘	s	鎖	s	先	s
〔邪〕	詞	tsʰ	謝	tsʰ				
〔知〕	追	ts	長生長	ts				
〔徹〕	超	tsʰ	抽	tsʰ				
〔澄〕	茶	tsʰ	住	tsʰ	趙	tsʰ		
〔莊〕	債	ts	抓	抓				
〔初〕	抄	tsʰ	窗	tsʰ				

〔崇〕	愁	tsʰ	床	tsʰ				
〔生〕	瘦	tsʰ	雙	s				
〔章〕	枝	k	磚	ts				

〔昌〕	車	tsʰ	穿	tsʰ		
〔船〕	蛇	s	船	s		
〔書〕	少多少	s	書	s		
〔禪〕	時	s	樹	s		
〔日〕	人	ŋ	軟	ŋ		
〔見〕	歌	k	經	k		
〔溪〕	苦	kʰ	圈圓圈	kʰ	氣	kʰ
〔群〕	共	kʰ	裙	kʰ	近	kʰ
〔疑〕	餓	ŋ	瓦	ŋ	元	ŋ
〔曉〕	海	h	火	f、hu	血	h
〔匣〕	號記號	h	限	h		
〔影〕	安	ø	碗	v、b		
〔云〕	有	ø	圓	ø	王	v、b
〔以〕	容	ø	用	ø	野	ø

　　鍾榮富（2004）關於客語聲母在臺灣各次方言之間的差別，主要是零聲母位置上的前高元音之強化現象，在臺灣主要有兩種：零聲母（苗栗）、濁摩擦音〔j〕。六堆各次方言的高元音零聲母整理如下表[註1]：

表 3-2：六堆次方言之高元音零聲母

	玉泉	洛陽	美濃	竹頭背	高樹	長治	佳冬
衣、醫、雨	ji	ji	ji	i	ji	i	ji
烏、芋、武	bu	bu	vu	u	vu	u	vu

　　鍾榮富（2012）從微觀（micro perspective）角度仔細探究，可以發現臺灣南部客家話存有內在差異，聲母的部分可從以下四個語音指標探討起：

〔註 1〕玉泉和洛陽兩村為本文作者調查。

1. 高元音〔i〕之前的零聲母是否會摩擦。

南部四縣客家話中，〔i〕元音的有無搭配了前元音零聲母摩擦的分布。前元音摩擦指的是〔i〕在某些客家話的零聲母音節中，不能單獨出現，其前必然伴隨著一個摩擦音。

（1）前元音不摩擦，純粹只是個〔i〕音，是個典型的「零聲母」（zero initial）。此區域之客家話有〔i〕，分布於大美濃地區（杉林、六龜、美濃）、屏東縣境內的竹田、麟洛、內埔、萬巒。

（2）客家話沒有〔i〕的區域（高樹、長治、佳多、新埤），其前高元音〔i〕會有摩擦音〔j〕的出現。

表 3-3：玉泉、洛陽及六堆地區之高元音〔i〕

	玉泉	洛陽	內埔、美濃	長治、高樹
醫	ji	ji	i	ji
雨	ji	ji	i	ji
陰	im	im	im	jim
一	it	it	it	jit
雲	iun	iun	iun	iun

2. 名詞詞尾是〔i〕或〔e〕。

（1）名詞詞尾為〔-i〕的地區分布於高樹、長治、佳多、新埤。

（2）名詞詞尾為〔-e〕的地區分布於美濃、杉林、六龜、內埔、竹田、麟洛、萬巒。

詞尾聲母依據前一音節之韻尾而有「韻尾延展〔註2〕」（coda spreading）現象，其中僅〔a〕結尾的詞彙沒有韻尾延展的現象。原則上，臺灣客家話知名詞詞尾、形容詞尾和副詞詞尾皆為〔i〕或〔e〕，差別在於聲調，名詞詞尾聲調為 31，形容詞尾聲調為 51，副詞詞尾聲調為 33。

表 3-4：玉泉、洛陽及六堆地區之名詞詞尾

	玉泉	洛陽	內埔	長治
柑子	kam me	kam me	kam me	kam mi
凳子	ten ne	ten ne	ten ne	ten ni

〔註2〕零聲母的詞綴從一音節的音節中，展延而成為詞綴的聲母。

釘子	taŋŋe	taŋŋe	taŋ ŋe	taŋ ŋi
盒子	hap pe	hap pe	hap pe	hap pi
侄子	tɕʰit le	tɕʰit le	tsʰit te	tsʰit ti
石子	sak ge	sak ge	sak ke	sak ke
筷子	kʰuai e	kʰuai e	kʰuai je	kʰuai ji
猴子	heu e	heu e	heu we	heu wi
筷子	kʰuai e	kʰuai e	kua e	kua i

3. 〔n〕和〔l〕有無區分。

最早以美濃境內之客家話為語料作研究之學者楊時逢（1971），提出美濃人〔n〕〔l〕不分之現象。但後來鍾榮富（1997）擴大範圍及增加樣本量作調查，結果發現大美濃地區（包括杉林、旗山、六龜）的客家話，其實是區分〔n〕和〔l〕兩個聲母的。只有在鼻音韻尾的音節上，才會有〔n〕〔l〕不分之現象，〔n〕和〔l〕中立化成〔n〕。

表 3-5：玉泉、洛陽及六堆地區之聲母〔n〕〔l〕區分

	玉泉	洛陽	內埔	長治	美濃
藍	lam	lam	lam	lam	nam
南	nam	nam	nam	nam	nam
論	——	——	lun	lun	nun
嫩	nun	nun	nun	nun	nun
浪（波浪）	loŋ	loŋ	loŋ	loŋ	noŋ
浪（浪費）	——	——	noŋ	noŋ	noŋ

若有介音〔i〕時，即便韻尾為鼻音，聲母〔l〕保持不變，聲母〔ŋ〕則和〔n〕中立化成〔n-〕。

表 3-6：玉泉、洛陽及六堆地區之聲母〔n〕〔l〕不受介音〔i〕的影響而改變

	玉泉	洛陽	內埔	長治	美濃
蓮	lien	len	lian	lian	lian
年	ŋian	ŋian	n-ian	n-ian	n-ian
涼	lioŋ	——	lioŋ	lioŋ	lioŋ
娘	ŋioŋ	ŋioŋ	n-ioŋ	n-ioŋ	n-ioŋ

4. 〔h〕的顎化。

四縣客家話的顎化音有〔tɕ〕〔tɕʰ〕〔ɕ〕〔n-〕四個,其中〔tɕ、tɕʰ、ɕ〕和〔ts、tsʰ、s〕形成互補分布。〔ts、tsʰ、s〕可出現在〔a、u、e、o〕元音之前,〔tɕ、tɕʰ、ɕ〕僅可出現在〔i〕元音之前。因此可將〔tɕ、tɕʰ、ɕ〕視為〔ts、tsʰ、s〕的語音變體(phonetic variant)。

另外在大美濃地區(包括杉林、旗山、六龜、美濃等地區),發現有非常穩定的〔h〕顎化成〔ɕ〕的現象,其餘屏東縣境內的客家話,〔h〕仍是很穩定並無顎化。

表3-7:玉泉、洛陽及六堆地區之〔h〕顎化現象

	玉泉	洛陽	內埔	長治	美濃
雄	hiuŋ	hiuŋ	hiuŋ	hiuŋ	ɕiuŋ
燻	hiun	hiun	hiun	hiun	ɕiun
鄉	hioŋ	hioŋ	hioŋ	hioŋ	ɕioŋ
靴	hio	heu	hio	hio	ɕio
休	ɕiu	ɕiu	hiu	hiu	ɕiu
賢	hian	hian	hian	hian	ɕian
歇	het	het	hiat	hiat	ɕiat

第二節　韻母及其特點

〔ien〕當中的〔i〕在語流中出現弱化的現象,因閩南語無〔ien〕而有〔en〕,推測因長期與閩南族群的接觸,逐漸趨向閩南語發音。例如麵、電、天、田實際音值較接近〔men⁵⁵〕、〔tʰen⁵⁵〕、〔tʰen⁵⁵〕、〔tʰen²⁴〕,但在記音的時候仍保留〔i〕記成〔mien⁵⁵〕、〔tʰien⁵⁵〕、〔tʰien⁵⁵〕、〔tʰien²⁴〕。

同時存在〔ï〕韻和〔i〕韻。當〔i〕韻自成音節時,會有摩擦音〔j〕的出現。

「香蕉」玉泉村唸〔kin¹¹ tseu²⁴〕,洛陽村唸〔kiŋ¹¹ tseu²⁴〕,客語應唸成〔kiuŋ¹¹ tseu²⁴〕;推測語音演變方向為〔iuŋ〕→〔iŋ〕→〔in〕。

表 3-8：洛陽村及玉泉村之韻母

〔果〕	多	餓	果	靴			
	au	o	o	io			
〔假〕	家	沙	寫	花			
	a	a	ia	ua			
〔遇〕	土	苦	初	句			
	u	u	u	i			
〔蟹〕	來	矮	街	泥	杯	碎	快
	oi	ai	iai、ie	ai	i	ui	uai
〔止〕	指	字	詩	寄	耳	飛	鬼
	i	i	i	i	i	i	ui
〔效〕	毛	包	小	腰			
	o	au	eu	ieu			
〔流〕	頭	走	九				
	eu	eu	iu				
〔咸陽〕	男	鹹	鹽				
	am	am	am				
〔深陽〕	林	針					
	im	im					
〔山陽〕	難	天	看	滿	關	遠	
	am	ian/ien	on	an	uan	ian/ien	
〔臻陽〕	根	親	孫	滾	順	雲	
	in	in	un	un	un	un	
〔宕陽〕	忙	兩	床	望			
	oŋ	ioŋ	oŋ	oŋ			
〔江陽〕	窗	講					
	uŋ	oŋ					
〔曾陽〕	等	蒸					
	en	ïn、in					

〔梗陽〕	坑	硬	平	星	橫	永	
	aŋ	aŋ	iaŋ	en	aŋ	un	
〔通陽〕	通	風	用				
	uŋ	uŋ	uŋ				

〔咸入〕	答	磕	鴨	接	跌	法	
	ap	ap	ap	iap	iet	ap	
〔深入〕	濕	急					
	ip	ip					
〔山入〕	辣	殺	熱	切	活	滑	月
	at	at	iet/iat	iet	at	at	iet/iat
〔臻入〕	筆	日	突	骨	出		
	it	it	ut	ut	ut		
〔宕入〕	落	藥	郭				
	ok	ok	ok				
〔江入〕	剝	角					
	ok	iok					
〔曾入〕	墨	直	色	國			
	at	it	et	uet			
〔梗入〕	拍	客	石	笛			
	at	ak	ak	ak			
〔通入〕	哭	六	綠	玉			
	ieu	iuk	iuk	iuk			

　　根據已往之文獻研究，均將臺灣南部的客家話屬於四縣客家腔，歸納為內部語音系統一致之方言區，鍾榮富（2012）從微觀（micro perspective）角度仔細探究，可以發現臺灣南部客家話存有內在差異，韻母（final）的部分可從以下兩個語音指標探討起：

1. 舌尖元音〔ɿ〕的有無。
　　（1）有〔ɿ〕的客家話分布於美濃、杉林、六龜、竹田、麟洛、內埔、萬巒。

（2）無〔i〕的客家話分布於佳冬、新埤、高樹和長治，這些地區唸成〔ɿ〕。

表 3-9：玉泉、洛陽、內埔及長治之舌尖元音〔ɿ〕

	玉泉	洛陽	內埔	長治
資	tsɿ	tsɿ	tsɿ	tsɿ
池	tsʰɿ	tsʰɿ	tsʰɿ	tɕʰi
屎	ɕi	ɕi	sɿ	ɕi
晝	tsu	tsu	tsu	tsu
子	tɕi	tɕi	tsɿ	tɕi

南部客家話的〔ɿ〕或〔i〕可接韻尾〔m〕〔p〕〔n〕〔t〕構成結合韻母。

表 3-10：玉泉、洛陽、內埔及長治之舌尖元音與〔m〕〔p〕〔n〕〔t〕結合成韻

	玉泉	洛陽	內埔	長治
眞	tɕin	tɕin	tsin	tɕin
積	tsit	tsit	tsit	tɕit
深	tɕʰim	tɕʰim	tsʰim	tɕʰim
汁	tɕip	tɕip	tsip	tɕip
志	tsɿ	tsɿ	tsɿ	tsɿ

具有〔i〕的客家話容許〔ɿ〕的存在，意即在這些客家次方言裡〔ɿ〕和〔i〕具有辨義作用；但這種辨義作用在沒有〔i〕的客家話裡出現了中立化（neutralization），原本具有對比性的〔ɿ〕和〔i〕合併成了〔ɿ〕。

表 3-11：玉泉、洛陽、內埔及長治之舌尖元音〔ɿ〕和〔i〕的辨義作用

	玉泉	洛陽	內埔	長治
志	tsɿ	tsɿ	tsɿ	tsɿ
濟	tɕi	tɕi	tɕi	tɕi
次	tsʰɿ	tsʰɿ	tsʰɿ	tsʰɿ
趣	tɕʰi	tɕʰi	tsʰɿ	tsʰɿ
駛	sɿ	sɿ	sɿ	sɿ
死	ɕi	ɕi	ɕi	ɕi

在玉泉和洛陽兩村〔-i-〕有時會唸成〔-ɨ-〕，目前此兩村處於〔-i-〕～〔-ɨ-〕變動中。〔i〕這個元音除了可以單獨構韻之外，後面還可以和〔-n/-t〕、〔-m/-p〕韻尾拼合，構組成〔in、it、im、ip〕韻母。

2. 〔ian〕韻母的變異（〔ian〕或〔ien〕的分布）。

因著〔i〕是高元音，〔a〕是低元音，〔n〕是高輔音，導致〔ian〕整個發音過程，舌位必須從高到低再馬上拉高，基於發音的便利性（ease of articulation），將〔a〕往上唸成〔e〕，因此〔ian〕將唸成〔ien〕。

南部四縣客家話的〔ian〕〔iat〕韻主要有三種：

（1）一律讀成〔ien〕〔iet〕：分布於新埤、佳冬、內埔的竹圍村、里港的武洛、高樹的建興村及大路關。

（2）〔ian〕→〔ien〕，〔iat〕不變：分布於大美濃地區、高樹、長治。

（3）〔ian〕〔iat〕在零聲母或舌根音〔k、kʰ、h、ŋ〕之後不變，但在其他語境中則唸成〔ien〕〔iet〕：分布於屏東縣境內的內埔、萬巒、竹田和麟洛四個鄉。玉泉及洛陽兩村之語音變異有差異，洛陽跟內埔等地區情況相同，玉泉則〔ian〕〔iat〕完全合併成〔ien〕〔iet〕了。

表 3-12：玉泉、洛陽〔ian〕〔iat〕變異情況

		玉泉	洛陽		玉泉	洛陽
ø	煙	ien	ian	挖	iat	iat
舌根音	間	kien	kian	結	kiat	kiet
	牽	kʰien	kʰian	缺	kʰiat	kʰiet
	賢	hien	hian	歇	het	het
	年	ŋien	ŋian	熱	ŋiet	ŋiat
其他	煎	tɕien	tɕian	節	tɕiet	tɕiet
	錢	tɕʰien	tɕʰien	切	tɕʰiet	tɕʰiet
	線	ɕien	ɕien	色	set	set
	顛	tien	tien	跌	tiet	tiet

第三節　聲調及其特點

聲調語言可分為兩種類型，一種為高低型，稱作「平調型」；另一種為旋律型，稱作「曲拱型」。身為漢語方言之客家話即屬於旋律型聲調語言，除語音有高低之分，還能夠根據語音的升降變化區分出六種聲調，分別為低平調11、低升調24、中降調31、高平調55、入聲調05和02。聲調具有辨別意義的作用，還能擔負起語法功能，因此產生出許多一字多音之現象。

傳統聲韻學將聲母（initial）分為四類：不送氣清聲母稱為「全清」，送氣清聲母稱為「次清」，濁塞音、濁擦音和濁塞擦音聲母稱為「全濁」，鼻音、邊音和通音等濁音聲母稱為「次濁」。由清聲母形成的調類稱為「陰調」，由濁聲母形成的調類稱為「陽調」。將南北朝時期（約西元5世紀末）沈約等人將漢語聲調（tone）區分平（even）、上（rising）、去（departing）、入（entering）四個調類，根據聲母的清濁進一步歸類為八種：陰平、陽平、陰上、陽上、陰去、陽去、陰入、陽入。洛陽及玉泉兩村之客家話之調類與中古漢語聲調的對應關係，整理如下表：

表3-13：玉泉、洛陽客語調類與中古漢語之聲調對應關係

聲調	平				上				去				入				聲調數目
清濁	全清	次清	次濁	全濁	全清	次清	次濁	全濁	全清	次清	次濁	全濁	全清	次清	次濁	全濁	
例字	東方	春天	明年	貧窮	短小	土產	老母	舅父	報到	快去	賣弄	自治	八百	確切	日曆	學習	
洛陽玉泉	陰平		陽平		上聲				去聲				陰入		陽入		6

聲調與單音節有密切的關係；多音節語言容易產生輕重音，單音節語言容易產生高低變化的聲調。本文將玉泉村及洛陽村之聲調狀況狀況如下表：

表 3-14：玉泉、洛陽之聲調

陰			陽			陰			陽		
平	上	去	平	上	去	平	上	去	平	上	去
全清			全濁			全清			全濁		
翻	反	販	帆	范	飯	包	飽	報	跑	抱	刨
24	31	55	11	55	55	24	31	55	11	55	11
全清			次濁			次清			全清		
鮮	癬	線	籃	懶	爛	推	腿	退	消	小	笑
24	31	55	24	11	55	24	31	55	24	55	55
全清			全濁			全清			全濁		
豬	主	蛀	櫥	柱	住	東	董	凍	銅	動	洞
24	31	55	11	24	55	24	31	55	11	55	55
入											
全清	次清	全濁	全清	次清	全濁	全清	次濁	全濁	全清	次濁	全濁
節	切	夾	百	拍	白	桌	落	濁	竹	木	熟
02	02	05	02	02	05	02	05	05	02	02	05

　　音位與音位組合起來構成音節時由於發音器官的配置難易的不平衡性，因而音位之間可能會產生相互影響而使音值發生一些變異，形成各式各樣的變體。有可能產生出全新的音位，亦有可能其中一個音位在某一位置中，因受其它音位的影響或其所處的非重讀位置而失去自己的區變性，語音上變得和另一個音位相同，此現象稱為「音位對立的中和」（neutralization）。對立的中和市語言發展中的過渡階段，對立的單位通過中和而走向合併。例如漢語的聲調的分化（split）與合併（merger）大都是透過對立的中和的途徑來實現的，下表呈現玉泉和洛陽兩村聲調之分化與合併情形。

表 3-15：玉泉、洛陽聲調之分化與合併總表

	平	上	去	入
全清	24	31、55	55	02
次清	24	31	55	02
次濁	11、24	24、11、31	55	02、05
全濁	11	55、24	55、11	05

表 3-16：玉泉、洛陽聲調之分化與合併例字

平	全清								次清	
	多	沙	瓜	輸	飛	尖	音	專	村	通
	24								24	
	次濁					全濁				
	圓	毛	樓	年	鹹	瓶	婆	臺	船	裙
	11	24		11		11				

上	全清								次清	
	火	寫	手	緊	嘴	響	打	膽	考	搶
	31			55		31			31	
	次濁					全濁				
	冷	我	買	軟	網	豎	近	淡	棒	厚
	24	11	24		31	55	24		55	

去	全清								次清	
	半	暗	稅	送	店	炭	騙	唱	氣	怕
	55					55				
	次濁					全濁				
	賣	外	岸	問	用	樹	大	換	順	害
	55					55				

入	全清								次清	
	急	筆	一	濕	刮	割	說	鐵	七	尺
	02								02	
	次濁					全濁				
	肉	六	熱	襪	麥	合	直	白	毒	薄
	02	05	02	05		05				

在詞彙語音的調查過程中，本文作者發現玉泉及洛陽兩村皆有「陰平陽平聲調混淆」之現象，如下表所示：

表 3-17：玉泉、洛陽之陰平陽平聲調混淆例字

詞　彙	玉泉村	洛陽村	正確聲調
雞「虱」	tɕʰi11	tɕʰi24	陰平
黑「鯧」魚	tsʰoŋ11	tsʰoŋ24	陰平

菊「花」	hua^{11}	hua^{24}	陰平
「岳」（丈）父	ts^{h}oŋ^{11}	ts^{h}oŋ^{24}	陰平
養「母」	mu^{24}	mu^{11}	陰平
奶「媽」（母）	mu^{24}	mu^{11}	陰平
「余」	ji^{24}	ji^{11}	陽平
「呂」	li^{11}	liu^{31}	陰平
「姚」	ieu^{24}	iau^{11}（閩）	陽平
「柯」	k^{h}o^{11}	kua^{55}（閩）	陰平
背「脊」（囊）	noŋ^{24}	noŋ^{11}	陽平
皮「膚」	hu^{24}	hu^{11}	陰平
絡腮「鬍」（鬚）	ɕi^{11}	ɕi^{24}	陰平
你吃飽了「沒」（無）	mo^{24}	mo^{11}	陽平
人「參」	sem^{24}	sem^{11}	陰平
「彎」腰	v^{w}an^{11}	v^{w}an^{11}	陰平
罵人貪「吃」（豺）	sai^{24}	sai^{11}	陽平
「滷」	lu^{11}	lu^{24}	陰平
翻山越「嶺」	liaŋ^{24}	liaŋ^{11}	陰平（意：山脈） 陰上（意：地名）
「蹲」	ku^{24}	ku^{11}	陰平
「紮」皮帶	kie^{24}	kie^{11}	陰平
洗「澡」（身）	ɕin^{24}	ɕin^{11}	陰平
一片「草地」（埔）	p^{h}u^{11}	X	陰平
杏「仁」	jin^{11}	jin^{24}	陽平

　　林燾、王理嘉（2013）認為當聲調語言兩個或兩個以上的音節連在一起時，音節所屬調類的調值發生變化的現象稱為「連讀變調」。此種聲調在語流中產生的音變現象，只可能發生在相連音節之間。以兩音節之連讀變調來看，可分為三種類型：

1. 前變型：相連之兩音節，前音節受後音節影響而產生變調。例如閩南語、臺灣四縣客家話。
2. 後變型：相連之兩音節，後音節受前音節影響而產生變調。例如長汀客家語。
3. 全變型：有後變型之語言往往同時也有前變型變調，若前後兩音節都變，就成為全變型。

第四節　語音流變及對比分析

　　人類使用語言進行交際時，總是一個音緊接著一個音說的，各個音連續不斷，形成了長短不同之一段段語流。語流內的一連串音緊密連接，發音部位和發音方法也跟著不斷改變，有時難免互相影響，而產生明顯的變化，這種語音的變化稱為「語音流變」。語音流變可分成兩種類型，一種是不自由的，每當音變條件出現，音變現象必然產生；另一種是自由的，音變條件即便出現，音變現象卻不必然發生，亦即可變也可不變，端視語言環境和個人習慣而定。

　　變體是一種可以與某種外部因素（可能是一個地理區域或社會團體）構成特殊聯繫的「語言項目」或「人類說話方式〔註3〕體系」。哈德森（Hudson）將「語言變體」定義為：有相似分布的語言項目體系。佛格森（Ferguson）將「語言變體」定義為：具有足夠程度的同質性且可以按照共時描述的方法分析的任何一種人類的言語模式，這些元素的排列或組合過程有足夠充分的語義空間可以用於所有正式的交際語境。鍾榮富（2012）將「自由變體」（free variants）定義為：語音遊走與兩個語音之間，即使同一個發音人發音也不穩定。

　　豪根（Haugen）認為「方言」（dialect）只是一個語言所衍伸出來相較沒有聲望的地方變體，語言既可以用來指一種單一的語言標準，也可以指一組相關的標準；而方言指的是其中的一種標準，也可以指某種語言的地方變體，用於較不正式之場合、下層階級或鄉村使用的言語。

　　語言的變化可能源於方言的混合，即兩種或多種系統有一定程度的重疊交叉，某地區存在兩種或多種方言，說話人能根據需要使用不同的方言；亦可能由於自由變異，即無規律的隨機變異，有時會成為語言演變的方向或造成語言變化的因素。

　　何大安（1996）認為詞彙擴散（lexical diffusion）係指當一種語音發生變化，並非立即就施用到所有具備此語音的詞彙上，而是逐漸地從一個詞彙擴散到另一個詞彙。在這擴散的過程中需要一段長的時間，此音變規律會逐漸喪失其動力，而依些一直未被擴及的詞彙，就能長期保持原來的讀法，終究不再參與變化而成為「殘餘的變化」（reside）。當一種音變剛發生的時候，新

〔註3〕指聲音、詞語、語法特徵等。

讀法的傳佈僅及於少數的詞彙，並且與原有的讀音形成競爭（competing change）；音變在擴散的過程中，有使音變規則化（regularize）的傾向，但卻不必然能達成此目標。

波浪理論與詞彙擴散理論正是揭示語言變化是如何通過語言傳播的：詞彙擴散理論認為，音變是通過將變化應用到詞彙中逐漸擴散的，說明特定的變化是如何通過一組正在發生特徵變化的詞彙，經過語言空間的擴散而傳播開來；波浪理論闡述人們如何受到變化的影響。此兩個理論皆在探討，人們在使用這些非本族原有或變化過的詞彙時，這些變化逐漸滲透到一組詞彙中，一旦某個詞彙發生變化，就無法恢復原貌了。當某一系列詞彙發生變化時，使用此語言的人通常也以同樣的順序進行詞彙系列的變化；意即人們會以同樣的詞彙開始，經過同樣的過渡詞彙，最終變化為相同的詞彙。

對於漢語方言的研究，李如龍（2001）曾說過：「任何方言的語音系統用歷史的觀點去透視都不是單純的系統，而是疊置的系統，都有不同歷史時代的語音成分之沉積。其中不但有歷史共同語語音的成分，也有古方言的成分和不同歷史時期的方言自身的創新……所謂歷史定位就是確認該方言語音系統的歷史層次中何者為主，何者為次，有幾種源流，從而說明該方言主要定型於什麼歷史時期，後來又與哪些通語或方言有過交往和滲透。」從方音成分的來源、所處的不同歷史時期，形成了方音成分複雜的疊置狀態。

造成音變例外的「方言分化」（dialect division），亦稱為「方言混合」（dialect mixture），新語法學派認為在所有的方言區裡，語言社區成員在整個語言材料中總是一致的使用並保持著該方言特殊的語音形式，這種一致性的結果是這些語音最純正的狀態。但 Louis Gauchat 於瑞士一個叫沙美（Charmey）的小村莊進行調查，發現鄉村方言的同質性（homogeneity）並非如新語法學派估計的那麼高，語料顯示語言變異反映在不同年齡的人群，提出單個的詞彙才是語音變化的單位，說出：「語音規則並不在同一時間影響到所有的詞彙，有些詞彙變得快一些，有些詞彙變得慢一些，有些詞彙則強烈抵制任何變化並且成功的抵抗住任何變化。」

吉頁隆（Jules Gilliéron）對法國方言進行調查，提出「每個詞彙都有自己的歷史」，此想法與 Louis Gauchat 的想法不謀而合，說出社會因素影響語言的變異。拉波夫針對純粹同質的言語社團提出了語言的根本特性為「有序異質」（orderly heterogeneity），所謂有序，就是當某個變異與某種社會因素相結合，

這種變異就可能被言語社團所接受，且有可能擴散至整個言語社區，從而完成該規則音變的全過程。

侍建國（2011）將歷史音變類型分成三種，分別爲：

1. 合併（merge）：指兩個或更多的音位〔註4〕合併成一個，通常有兩種形式，一種是兩個或更多音位合併爲其中之一，另一種爲合併爲另一個音位。

2. 分化（split）：一個音位分化爲兩個或多個的音位，分化步驟通常有二，首先該音位產生新的條件變體，而後發生其它相關的音變。

3. 移轉（shift）：某個音位改變成另一個音位的情況。

玉泉村和洛陽村常見的語音流變說明下：

1. 同化（assimilation）：音節內部的同化作用往往表現爲各語音之間發音部位的協調，而音節之間的同化最容易出現在兩音節相連的地方，也就是前一音節的末尾和後一音節的開頭，這個位置通常以輔音居多，因此容易產生輔音同化作用，例如聲母〔t〕〔tʰ〕前面的音節若是鼻音韻尾，則會同化成〔n〕或〔l〕。依照同化的順序，可分成順向同化（progressive），例如「魚塭」ŋ¹¹ vun¹¹ 唸成 ŋ¹¹ŋun¹¹、逆向同化（regressive、anticipatory），例如「剛剛」tʰeu¹¹ to⁵⁵ 唸成 to¹¹ to⁵⁵。

2. 異化（dissimilation）：相同或相似的語音在語流中接近時，發音容易拗口，故產生了異化作用，使發音變得不相近或不相似。例如「國」洛陽村唸〔ket⁰²〕、「提（攦）」洛陽村唸〔kʰan⁵⁵〕，四縣客語應唸成〔kuet⁰²〕和〔kʰuan⁵⁵〕，因著聲母〔k-〕與〔u〕的區別特徵（distinctive feature）皆爲〔+後〕，於是在語流中省略了〔u〕，說明客語有著「共存限制」（co-existence constraint）之語音現象。

3. 增音（epenthesis）：在一個詞彙之音節內額外加入一個音位的插音現象，可分爲前增音和加插音兩類。

4. 減音、語音丟失（sound loss）：原來的一個音段，某種因素而消失。

5. 合音（merger）：兩個音位或兩個音節合成一個音位或一個音節。

6. 換位（shift）：兩個音位在語流中互換位置。

7. 矯枉過正（hyper-correction、over-correction、hyper-urbanism）：指一種

〔註4〕有辨義功能的語音單位稱爲「音位」（phoneme）。對於音位的分析和歸納有三大原則：對立、互補、語音近似。

語言（或方言）形式超越說話人認作目標語的語言變體的某一標準，此現象常發生在一個說弱勢方言（非標準方言）的人試圖學強勢方言（標準方言）說話但「學過了頭」，結果說出強勢方言裡不存在的形式。例如洛陽村「雨鞋」唸成 heu²⁴ tʰuŋ¹¹，在客家方言裡「靴」照理應唸成 hio²⁴，但發音人認爲內埔地區的客語不存在〔io〕韻，因此一律改唸成〔eu〕韻，語音產生之心理歷程大致爲〔eu〕→〔io〕→〔eu〕。

第五節　小　結

方言的分歧常常起自微小的音變，然後由於溝通之間的互動，或由於地域的認同與區辨，某些音變終於發展成爲語音系統或語法系統的一部分，接著其他音變陸續加入，終於形成了「次方言」。

郭曉燕（2004）從社會語言學的角度分析，語言變異（language variation）是指「隨著交際要求和結構功能的變動，語言現象和語言系統的結構要素及其關係出現變化，展現了語言動態性本質特點。」同一種語言，由於使用場合、交際對象以及發生的情景不同，其語言形式和結構會出現變化，這種因爲人們在不同的社會環境中使用的同一語言所發生的語言變化形式，稱之爲語言變異。

玉泉村和洛陽村正處於閩客雙語之狀態，此爲造成語言轉移的必要條件，兩種語言長期接觸競爭的結果，有可能造成雙語並存，亦可能共存一段時間後，某一語言被另一種語言所取代。因此，可將玉泉村和洛陽村之客家話歸屬爲「語言融合/混合」（language mixing）的型態。可從兩方面看出：

1. 移借（borrowing），當 A 語言從 B 語言借進來新的語言成分，通常會經過 A 語言本身的規則系統加以過濾，可能是音韻、構詞、句法的的某些特點，移借的程度可能是零星的或是成系統的。

2. 混合語（mixed language），融合了兩種或多種語言特色的語言。

根據李如龍（2001）語音結構特點，本文作者歸納玉泉、洛陽、內埔、長治地區如下表：

表 3-18：玉泉、洛陽、內埔及長治之語音結構特點

語音特點＼方言點	玉泉	洛陽	內埔	長治
有幾個全濁聲母	無	無	無	無
有無輕唇音聲母〔f〕〔v〕	有	有	有	有
〔n〕與〔l〕有無音位對立	有	有	有	有
有無〔ts〕〔tɕ〕兩套聲母	有	有	有	有
〔k〕〔kʰ〕〔ŋ〕〔h〕能否拼細音	能	能	能	能
有幾個單元音韻母	6 個	6 個	6 個	6 個
有幾個撮口呼韻母	無	無	無	無
有無圓唇元音〔y〕	無	無	無	無
有幾種鼻音韻尾	3 種	3 種	3 種	3 種
有幾種元音韻尾	2 種	2 種	2 種	2 種
有無元音與輔音並存的複韻尾	無	無	無	無
有無鼻化韻母	無	無	無	無
有無鼻音脫落現象	無	無	無	無
有幾個塞音韻尾	3 個	3 個	3 個	3 個
有幾個單字調類	6 個	6 個	6 個	6 個
有幾個聲母	22 個	22 個	22 個	22 個
有幾個韻母	70 個	70 個	70 個	70 個
有無連讀變調	有	有	有	有
有無小稱音變	無	無	無	無

　　音節結構的系統係表現在聲母和韻母的配合關係上，其關係主要表現在聲母的發音部位和韻母四呼的關係上，若聲母的發音部位相同，韻母的四呼也相同，它們的配合關係亦相同。整理如下表：

表 3-19：玉泉、洛陽之聲母與口呼之結合情況

聲母＼口呼	開口呼	齊齒呼	合口呼	撮口呼
〔p〕〔pʰ〕〔m〕	＋	＋	＋	－
〔f〕〔v〕	＋	＋	＋	－

〔t〕〔tʰ〕	＋	＋	＋	―
〔n〕〔l〕	＋	＋	＋	―
〔ts〕〔tsʰ〕〔s〕	＋	―	＋	―
〔tɕ〕〔tɕʰ〕〔ɕ〕	―	＋	＋	―
〔k〕〔kʰ〕〔h〕	＋	＋	＋	―
ø	＋	＋	＋	―

　　語音系統與詞彙系統、語義系統不同，它是封閉的，而非開放的。語音系統的封閉性表現在構成系統的成員（音位）是有限的，由這些音位的組合而構成的最小結構，義即音節結構格局是有限的，而這些有限的音位又可以根據其共同的辨義徵性（feature）將之歸納成各種聚合群。語音系統另一個特點為結構對稱性，亦即一個音位包含幾個辨義徵性，就可以同時包含在幾個不同的聚合群中。

　　音系中總有一些不對稱的現象，看似破壞了結構的系統性，這種「破壞」在語音的演變中有著重要作用。發音習慣即為發音器官以一定方式協同動作的結果，受到一些生理條件的限制，因此發音習慣的改變也會造成語音的變化。音系結構雖然以雙向對立的音位為主流，具有對稱性的特點，但是卻以發音的生理能力，即發音器官的協同動作之能力的不平衡性、不對稱性為基礎，此種矛盾狀態體現出語言交際的辨證統一。發音的生理能力的不平衡性、不對稱性是發音的客觀基礎，而音系結構的平衡性、對稱性則是人們對語言交際工具的主觀要求，因此設法將不平衡、不對稱的發音器官之協同配合納入平衡、對稱的框架之中，以便有效溝通。

第四章　語言接觸現象

　　所謂「語言接觸」是指特定的語言個體或語言社團同時熟悉並使用一種以上的語言，是一種社會語言的狀況，而非語言演變的過程。基本上，任何一種語言在演變和發展的過程中，都會在不同程度上跟其它語言發生接觸，因爲沒有任何證據可以表明某個語言是在完全孤立於其他語言的情形下發展起來的。

　　在語言共時狀態中存在著變異，而變異又體現了語言的變化，本文作者從變異中考察語言演變的具體過程。調查若干個有代表性的個人方言，比較它們的異同，然後對相異的部分進行專題調查，並在此基礎上對語言的結構進行動態的分析。

　　基本詞彙和語法結構是最穩固的，借詞往往是一些表示本民族語言中沒有的異文化的事物和概念的詞語；兩種不同語言的混合或融合，往往是一種語言戰勝另一種語言，戰勝的語言保留了自己的基本詞彙和語法結構，戰敗的語言則喪失了自己的基本詞彙和語法結構，在戰勝的語言中可能保留了一些戰敗語言的詞彙，這也就是所謂的「底層現象」。

　　方言是方言人群在地理區域上的分布，在不同的歷史時期，由於方言人群的遷徙造成了方言地域的變化，也造成了不同時期的方言接觸，對漢語方言的發展產生了不同的影響。事實上，只要有不同語言或方言群體相互之間的人際往來，語言接觸就無處不在。現代漢語方言在兩個方言的邊界地區都有著「方言接觸」的現象。

　　客方言的形成是北方移民語言與華南土著居民語言長期「交互作用」的結果。強弱勢語一旦接觸，語言融合現象發生，客家話自然會移借國語、閩南語的音韻、詞彙。

第一節　語言成分的借用

親屬語言的接觸產生的結果容易在語言上引起漸變，因而會被看作是語言內部規律的變化，故有人斷言漢語南部方言的發展變化是按照自己語言自身規律的變化在發展。突變的可能性小，和親屬語言的南部少數民族語言長期接觸中發生漸變的可能性大。

語言接觸是語言變化的重要原因，可以用來解釋相當一部分語言變化的現象。不同語言或方言之間的接觸，是語言或方言演變的基本動因。促進語言變化的原因有內部，也有外部。內部原因主要指結構自身的發展規律；外部原因很多，包括社會、文化、歷史、心理等等。語言接觸是促使語言變化的外部原因，而且常常與語言內部因素共同起作用。語言接觸過程中的諸多因素都會對語言的變化產生影響，從而制約著語言變化的方式、程度和方向。

語言好比網絡系統，從組成該網絡的每一個語言成分而言，它的內部各成分之間是互相密切聯繫的，其中任何一個成分的改變，都可能引起一系列的連鎖反應，產生一連串的語言變異。由於語言結構中某個成分的改變而產生的變異，此稱為內部的變異。語言無論來自內部或外部的變異，兩者之間其實是密不可分的。一方面，語言本身的結構，無論就其語音或語義，都是自成系統且有它自己的特點和發展規律，語言變異必會觸及語言結構本身，此為來自內部的變異；另一方面，語言是被人使用的，因此變化總是直接或間接地與社會因素有關，此為來自外部的變異。

從語言發展變化的歷史角度看，世界上沒有所謂「純粹的」的語言，每種語言或多或少受到了周圍語言的影響。當一個語言與各種鄰近語言發生過接觸，因而產生了借貸語言成分、兼用兩語言或轉用別的語言等現象。

「語言」，按其功能來說，是人們交際的最重要的工具，是人類進行思維、表達思想和情感的最重要的手段，且是文化和信息的重要載體；按期結構特點來說，是一種完整的符號體系；按期社會性質，是一種特殊的社會現象。

一種民族語言和另一種民族語言接觸時，表示出不同文化特點的人之間的接觸，而且接觸時往往吸收對方語言所表達的新的文化成分，這種現象在借詞上表現得最突出。次方言，僅是方言，亦可以是指一種社會變體。文化接觸的結果，詞語可以由一個語言從另一個語言借進來。決定語言接觸的社會交際從根本上來說是在空間中進行的接觸和活動。所以，語言向一切文化

現象一樣，爲地理因素所決定並受到地理因素的限制。

　　一個民族如果在政治勢力、經濟勢力和精神優勢等方面優越其他民族，那就這個民族的語言逐漸使用於廣泛的範圍裡，而別的民族之語言趨於消失。相鄰語言的影響在語言的發展中常常起重大作用，這是因爲語言的接觸是無可避面的，或多或少會引起滲透。

　　在兩種或幾種相互競爭的語言之間往往會建立一種平衡，結果構成一種混合語，用來作爲共同語，其中有一種語言爲優勢語言作爲混合的基礎。語言變化是在語言活動中顯示出來的；語言體系總是處於不斷的變化之中；語言體系的變化發生在世代的交替之下。語言變化最主要的因素在於兩個社會群體的接觸，導致兩個語言體系的接觸。

　　舉凡在臺灣與閩南語接觸頻繁之客語區，零聲母爲音節起首後接前高元音〔i〕作爲起始滑音，有時衍會生出〔g-〕聲母，依據張屏生（2010）的調查高雄杉林客語也出現此種現象。例如：「熨燙」洛陽村唸〔giun^{55}〕、「撒」玉泉及洛陽兩村唸〔gie^{55}〕、「煙」玉泉唸〔gien^{24}〕。若前高元音〔i〕爲主要元音時，如「雨」、「姨」、「億」，則不會衍生出〔g-〕聲母，而是在語流中有時摩擦強化唸成〔ji〕。

　　一種語言的詞彙傳入其他各種其他語言裡，往往常用自己所故有的語音和語法組織起來，模仿新的詞彙。詞彙的流傳不僅是文化接觸和傳播的結果，在語言本身上，易常常合乎語音變遷的法則。使用原來不於自己語言的詞彙之現象，在任何語言中都能遇見，一般說來，語言接觸中詞彙是很容易變換的，而語法和發音較爲穩固。

第二節　語言變遷及發展

　　一般說來，語音的發展是很有規律的，而這種規律的作用力受到一定的時間、地域、條件的限制，使同一個要素在不同的方言或親屬語言裡表現出不同的發展速度、不同的發展方向，因而在不同的地區表現出差異，通常是指語音、詞彙、語法三個組成部分的發展速度不同。由於語言發展的規律性和不平衡性，使得方言或親屬語言之間存在著對應關係，這是語言發展的一種因果關係。

　　典型的接觸性演變指的是語言特徵的跨語言「遷移」（transfer，指稱接觸

性演變的一般過程），即某個語言特徵由源語（source language）遷移到受語（recipient language）之中，或者說，受語從源語中獲得某種語言干擾（linguistic interference）。

青年語法學派（=新語法學派 Neogrammarian）認爲語音的變化是漸進的、連續的，而變化在詞彙中的反映卻是突然的、離散的。也就是說，語音轉移的方向，對於一個語言社會的所有成員總是相同的，除非出現了方言的分化。這種音變方式稱爲「連續式音變」。「音變」指得是音位的漸進性轉移；凡事不能用「語音規律無例外」的原則說明語言事實，則可用「類推（analogy）」來解釋，「類推」指得是詞或語素等的突發性交替，意即在語言中的某種其他規則模式的影響下語法和詞彙形式發生變化的過程或結果，一般分成兩種類型：（1）類推拉平：用一種規則化的結構模式去削平不規則的舊山頭，以期建立整齊劃一的規則。（2）類推創新：根據某一結構模式去創造語言中不曾有過的新形式。

根據薛才得（2007）看法，他認爲語言接觸的影響有以下兩點：

1. 兩種語言互相影響、各自從對方吸收新的成分進一步充實發展。從其他語言中補充進有效的表達形式和表達手段，是語言系統即時更新、不斷豐富的重要途徑之一，深化語言內涵，擴展結構系統，進一步增強社會交際的功能，使語言不斷適應隨時發展的社會交際之需求。

2. 兩種語言的實力不均衡，處於弱勢地位的語言在強勢語言的制約下逐漸衰退。弱勢語言所受的制約首先表現在使用功能上，通行範圍縮小，使用人數減少，社會功能弱化。

薛才得（2007）提出一個語言的衰變最常出現「雙語現象」和「結構變化」兩種現象，分別說明如下：

（一）雙語現象

當兩種勢力不相等的語言接觸後，弱勢的一方會向強勢語言吸收異質成分，進而形成雙語現象。即使兩種相當的語言，在交界毗鄰地區的人民也同樣會吸收彼此的異質成分而形成雙語情形，這種語言兼用稱爲「雙語現象」。

語言群體中皆爲雙語人，他們同時掌握並使用本族語和外來語，雙語人的交際活動使得兩種語言在一個語言群體中形成並存共處的關係，相互的接觸更加密切。本族語和外來語長期保存並存共用的穩定和諧關係，在社會交際活動中功能互補，分別發揮各自的優勢和不可替代的作用，共同擔負現代

社會的交際功能。

在雙語社會中，本族語和通行語往往在不同的社會領域形成互補分布。通行語較多的通用於政治、經濟學校教育等現代社會的重要領域，本族語則大多使用於民間文藝、地方習俗、日常生活、鄉村家庭活動等傳統的生活領域。

族群的語言態度也是對本族語使用和傳承發生影響的重要因素之一，族群的語言態度是由族群的整體性格和語言觀念所決定。以客家族群來說，他們重視自己的傳統特徵，本族文化意識強烈，有「寧賣祖宗田，莫忘祖宗言」的祖訓，使本族語的保留相對穩固。

（二）結構變化

在同其他語言較常時期的接觸中，按照自身規律吸收並改造外來的新成分和新形式，使之符合自身系統的特點和規律，同固有成分融為一體，成為有機的組成部分。語言的結構是分層的，每個結構層都可以通過變異調整自己的結構格局，同時也可能滲入另一個結構層，給那個層面的結構帶來重大的影響。不同層面之間的結構滲透是造成語言中不規則現象的一個重要原因。例外在語言共時狀態中是少數不規則的存現象，但在這些現象背後卻隱含著語言發展的一般規律，因此它是研究語言演變的響導。

語言衰變的過程，使用功能的強弱語言結構系統本身原本無優劣之分，任何語言都是一個依社會現實相適應的自足系統，在沒有受到外來經濟和文化強烈影響或衝擊的情況下，本族語能夠滿足社會交際的需求，並且能通過自身的調整和發展適應社會的不斷變化。語言衰退的首要原因是受到社會威望更高的語言之制約。

結構系統的調整和發展需要一定的語言使用空間和時間，當一種語言同其他語言接觸並且受到影響後，需要一定的時間在實際運用中逐步改造、吸收外來的形式，使之符合固有的規律，同自身系統有機地融為一體。例如每一種語言吸收借詞都需要一個過程，或按照固有的語音特點、結構規律對外來的成分進行程度不等的改造，或運用固有語素構成義譯詞代替最初通過音譯方式借進的詞語。

兩種實力不相當的語言在使用中常常出現不對等的傾斜，處於強勢的通用語往往對處於弱勢的本族語形成制約，使本族語得不到充分的運用，失去了改造和融合外來成分所必需的使用空間和時間。

　　林若望（2002）提出「體」（aspect）的概念其實是一種說話者的視點概念，反映的是說話者對事態的觀察方式，而不是事態的固有性質，因此同一個事態，可因說話者所觀察的方式不同而呈現出不同的體。「體」的概念可透過不同的語法標記來表示出來，如完整體〔註1〕（perfective aspect）可利用「了」、「過」等來表示，而非完整體〔註2〕（imperfective aspect）可透過「著」、「在」等來表示。「了」、「著」、「過」等這些語法標記就叫做語法體（grammatical aspect）。四縣客語之體助詞「著」〔ten^{31}〕。動詞+〔ten^{31}〕：表示動作的持續，而持續的動作本身實際上也是一種狀態。在玉泉及洛陽兩村之體助詞出現眾多的唸法，卻無〔ten^{31}〕，列舉有〔men^{31}〕、〔mun^{31}〕、〔tun^{31}〕、〔len^{31}〕、〔nen^{31}〕、〔lun^{31}〕。

　　無論在洛陽村或玉泉村皆能看到語言接觸下所產生的各式語言現象，舉例如下：

1. 語言轉用：在一個特定的言語社區裡，一部分人放棄使用母語（或本族語）而轉用另一種語言（或方言）的現象。

2. 語言混合（language mixing）：兩種或兩種以上語言的結構要素混合在一起，形成一種新的、共有的語言系統。例如皮欽語〔註3〕（pidgin language）、克里奧語〔註4〕（creole language）。

3. 語碼轉換（code switching）：在同一次對話或交談中使用兩種甚至更多的語言變體。

4. 語言聯盟（language alliance）：由廣泛、深入的語言接觸，致使兩種或兩種以上的語言在其結構的非核心層出現對應關係和同構關係。例如閩客偶然借用、對應規律。

〔註1〕如果我們從事態的外部來觀察，把事態看成有頭有尾的一個整體，而不管事態內部的時間構造如何，這個事態就是一個完整體的事態。

〔註2〕如果我們是從事態的內部來觀察，只觀察它的持續部分而不管它的開始和終結部分，這個事態就是非完整體的事態。

〔註3〕皮欽語係指語法結構、辭庫和風格範圍比起發展成熟之語言大為縮減的一種語言，它不是任何一個人的本族語。主要形成於兩個互不相通的語言社團企圖互相交流，雙方設法接近於對方語言中較顯著之特徵。語言的發展起因於說話者強烈地在短時間內達成交流溝通的目的，通常出現在經濟貿易發展地區，當此種語言逐漸發展為某一社會群體之母語，就成了克里奧語。

〔註4〕克里奧語指一種皮欽語已變成一個言語社團的母語，也就是皮欽語在結構和語體範圍加以擴展，在形式和功能的複雜性逐漸發展成熟。

第三節　詞彙的接觸變化

詞彙分「基本詞彙」（basic vocabulary）和「一般詞彙」，兩者定義說明如下：

1. 基本詞彙表示著人們日常生活中最必需的事物和概念，它具有較強的穩固性。由於基本詞彙為本民族的世世代代的人們不斷地運用著，生命很長久，不易發生變化，所以基本詞絕大多數都經過人們長期使用後被固定和承傳下來的詞。基本詞彙在被社會上的人們共同認識的同時，本身也具有極大的穩固性。

2. 一般詞彙反映社會的發展是非常敏感的，它幾乎經常在不斷的變化之中，因此，語言詞彙中的新成分，往往要首先出現在一般詞彙中，然後，個別的成分再進入到基本詞彙中去，促成基本詞彙的發展。從這一角度講，一般詞彙又可以充當基本詞彙發展的泉源。

利用方言和親屬語言的材料去進行對比分析，其差別往往能反映語言的發展線索。隨著社會的接觸必然會產生語言之間的相互影響，因而每種語言都會有一定數量的借詞。此「借詞」指的是音義皆借自外來詞彙，其語音可用來作為擬測借入時代的語音之一種重要佐證。通過語言共時狀態中的變異去考察語言發展的過程、趨向和規律，使人們看到語言中共時和歷時、系統和變異、語言和社會之間的有機聯繫。

徐通鏘（2008）的觀點認為每種語言都有自己的特點，但各種語言之間也往往有某些共同的特徵。根據語言的共特徵對語言進行分類就是所謂的「語言分類」。主要可從三個角度進行分類：

1. 歷史的分類：跟語言的譜系（genetic classification）分類有關，研究親屬語言的形成和發展。利用生物進化的模式來研究語言的發展，著名學者以施萊赫爾（August Schleicher）為代表，在其著作《達爾文理論和語言學》（1863）提到，認為語言像生物一樣是一種天然的有機體，按照一定的規律長成、發展而有衰老和死亡。描寫從一個語言派生出來的各個語言的分類，並且根據自然體系給這些分了類的語言加以排列。繪出親屬語言間的譜系樹（family tree）。

2. 類型的分類：跟語言的同構（isomorphism）有關，研究語言結構類型上的共同性。根據語言在結構上的共同性而對它們進行分類，對實際語言的觀察為基礎，根據結構類型的異同對語言進行分類。通常以德

國學者馮‧施萊格爾（August Wilhelm Von Schlegel）的三分法為主，分別為「孤立語」、「黏著語」、「屈折語」，後來又根據名詞、動詞在句子中有無格位變化把語言分成「綜合語」和「分析語」兩種類型。

3. 地域的分類：跟語言的相似性（similarity）有關，研究某一地區的語言因相互影響而產生的相似性問題。由於語言成分的借用和語言變化在地域上的擴散，同一地區的不同語言就會出現一些共同的結構特徵，看起來很相似。

布龍菲爾德提出方言接觸所導致的「親密借用」（intimate borrowing），這是一種單方面的借用狀況，一方所提供的多於另一方，通常為優勢語言給予劣勢語言。例如語言中常見的借詞（borrowing），往往隨著國家之間的商貿往來、民族之間的文交流和人群的移民、雜居而產生各種語言的互相接觸，因此產生互相借用語言成分的現象。簡而言之，語言成分的借用是民族、文化和語言接觸的歷史見證。由於語言之間長期接觸的結果，於是發生了一種語言成分借入另一種語言裡的現象，主要指語言要素（詞彙、語義、語法和語音）的借用。借詞主要且首要發生在詞彙方面，是豐富詞彙量的重要手段，形式有下列幾種：

1. 音譯詞（phonemic loan）：音義完全借用或連音帶義的外來詞。
2. 義譯詞：用本民族語言的詞彙來表達外來的概念，完全脫離非本民族語言的體系和特點，其構成形式，完全按本民族語言的方式所構成。
3. 半音譯半義譯：一部分用音譯，一部分用義譯，例如英語 ice cream（冰淇淋），ice（冰）-義譯、cream（淇淋）-音譯。
4. 合璧詞：指一個雙音節複合詞的語素分別來自不同的語言（或方言），是語言（或方言）混用藉由詞彙反映出來。例如「hold 住」（堅持下去）屬於英漢合璧詞。
5. 完全移借：在語言接觸的持續影響下，詞彙的消長明顯，合璧詞的下一個階段，就是完全移借外來詞彙，原來的詞彙走上死亡。

本文將玉泉村和洛陽村具有外來成分之詞彙，分成四大類整理如下：

一、閩南語詞彙

指在一個詞彙裡，某音位、聲調、音節組合含有閩南語的成分。例子如下：

1. 「火災」洛陽村唸〔$ho^{31} sio^{24} buk^{02}$〕，當中的「燒」因閩南語無〔eu〕韻母，客語遷就閩南語的發音而唸成了〔io〕。

2. 「屋」、「鍋」玉泉及洛陽村唸成〔buk^{02}、bok^{05}〕，因閩南語無〔v〕聲母，客家族群因長期與閩南族群接觸，在潛移默化之下摩擦強化而唸成閩南語的〔b〕。

3. 「鄉下」玉泉村受閩南語詞彙「草地」（泛指農村）影響唸成 $ts^ho^{31} t^hi^{55}$。

4. 「很少」洛陽村唸〔$kue^{55} seu^{31}$〕，客語應唸〔$koi^{55} seu^{31}$〕；「玫瑰」洛陽村唸〔$mue^{11} kui^{55}$〕，客語應唸〔$moi^{11} kui^{55}$〕；「灰匙」（抹牆壁的工具）玉泉村唸〔$hue^{24}tɕ^hi^{11}$〕，客語應唸〔$foi^{24}tɕ^hi^{11}$〕。〔oi〕→〔ue〕主要是以閩語既有的〔-ue〕，取代閩語所沒有的〔-oi〕，如圖示：

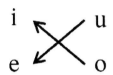

5. 「收割」洛陽村唸〔$ɕiu^{24} kot^{02}$〕，客語「收」應唸〔su^{24}〕。

6. 「閏月」玉泉及洛陽村唸成〔$lun^{55}ŋiat^{05}$〕，客語「閏」應唸〔iun^{55}〕。

7. 「針」玉泉及洛陽村有時唸成〔$tɕim^{24}$〕或〔$tɕiam^{24}$〕，前者為客語發音，後者為閩語發音，可見此詞彙正處於閩客語之間的競爭狀態。

8. 「單身漢」玉泉村唸〔$lo^{11} hon^{55} k^ha^{24}$〕。

9. 「扳手」洛陽村唸〔$su^{31} pan^{55} na^{31}$〕，客語「扳」聲調應唸成〔pan^{24}〕，小稱詞「仔」客語應唸成〔e^{31}〕而非〔na^{31}〕。

10. 「八哥」（鷯鴿）玉泉村唸〔$ka^{33} liŋ^{55}$〕，洛陽村唸〔$ka^{11} liŋ^{24}$〕，兩者皆為閩語詞彙，只是在聲調上稍做調整。

11. 「雜種雞」玉泉村唸〔$hoŋ^{55}ŋa^{31}kie^{24}$〕，洛陽村唸〔$hoŋ^{31}kie^{24}$〕。

12. 「泥鰍」洛陽村唸〔$hu^{11} liu^{24} e^{31}$〕，元音調整從〔o〕至〔u〕，聲調也做了調整。

13. 直接借進閩語詞彙，無做任何調整和改變：

    ➢ 「隧道」玉泉村唸〔$poŋ^{11} k^haŋ^{55}$〕。

    ➢ 「筊白筍」玉泉村唸〔$k^hau^{33} pe^{11} sun^{31}$〕。

    ➢ 「吸管」玉泉村唸〔$suʔ^{05} koŋ^{31}$〕。

    ➢ 「栗子」玉泉村唸〔$lat^{02}tɕi^{31}$〕。

> 「蓮藕」玉泉村唸〔lien³³ ŋau³³〕。
> 「豬蹄膀」玉泉村唸〔ti³³ kʰa³³ tsʰe²⁴ a⁵³〕。
> 「槽頭肉」玉泉村唸〔tsə³³ tʰau³³ baʔ⁰²〕。
> 「肉羹」玉泉及洛陽村唸〔ba³¹ kẽ⁵⁵〕。
> 「苦茶油」玉泉村唸〔kʰo⁵⁵ te³³ iu²⁴〕。
> 「油豆腐」玉泉村唸〔tau¹¹ kuã³³ tsĩ¹¹〕。
> 「九層糕」玉泉村唸〔am⁵⁵ bok⁰² kue⁵³〕。
> 「潤餅」玉泉村唸〔lun¹¹ piã⁵⁵ kauʔ⁰²〕，洛陽村唸〔lun⁵⁵ piaŋ³¹〕。
> 「割包」玉泉及洛陽村唸〔kua³¹ pau⁵⁵〕。
> 「肉圓」玉泉村唸〔ba⁵³ uan²⁴〕。
> 「洋菜」玉泉村唸〔tsʰai⁵³ ien¹¹〕。
> 「黑醋」玉泉村唸〔o³³ tsʰo¹¹〕。
> 「蚵仔煎」玉泉村唸〔ə³³ a⁵⁵tɕien⁵⁵〕，洛陽村唸〔o³³ a⁵⁵tɕien⁵⁵〕。
> 「麵線糊」玉泉村唸〔mĩ¹¹ suã⁵³ ko²⁴〕。
> 「鴨賞」玉泉村唸〔a⁵³ sĩu⁵³〕。
> 「澀」洛陽村唸〔ɕiap⁰²〕。
> 「熊」洛陽村唸〔him¹¹〕。
> 「喜鵲」洛陽村唸〔kʰe⁵³tɕiau⁵³〕。
> 「鱸魚」玉泉及洛陽村唸〔kʰok⁰² hi²⁴〕。
> 「螳螂」玉泉村唸〔tsʰau⁵⁵ kau²⁴〕。
> 「魩仔魚」玉泉村唸〔but⁰⁵ la⁵⁵ hi²⁴〕。
> 「眞鯛魚」洛陽村唸〔tɕʰia⁵³ tsaŋ⁵⁵〕。
> 「鮪魚」玉泉村唸〔tsʰŋ⁵⁵ŋã⁵³〕。
> 「紅尾冬」玉泉村唸〔aŋ³³ bue⁵⁵ taŋ⁵⁵〕，洛陽村唸〔tɕʰiaʔ⁰⁵ bue⁵⁵ a⁵³〕。
> 「烏賊」玉泉及洛陽村唸〔bak⁰² tsat⁰² la⁵³〕。
> 「花枝」玉泉村唸〔hue³³ ki⁵⁵〕。
> 「中卷、透抽」玉泉及洛陽村唸〔tʰau⁵³ tʰiu⁵⁵〕。
> 「小卷」玉泉村唸〔ɕiə⁵⁵ kŋ⁵⁵ŋã⁵³〕。
> 「魚翅」玉泉及洛陽村唸〔hi³³tɕʰi¹¹〕。
> 「牡蠣」洛陽村唸〔ə³³ a⁵³〕。
> 「梭子蟹」洛陽村唸〔tɕʰi⁵⁵ a⁵³〕。

- 「旭蟹」玉泉村唸〔he^{33} ko^{55} a^{53}〕。
- 「干貝」玉泉及洛陽村唸〔kan^{33} pue^{11}〕。
- 「蚶」玉泉及洛陽村唸〔ham^{33} mã^{53}〕。
- 「海瓜子」玉泉及洛陽村唸〔hai^{55} kue^{33} tɕi^{31}〕。
- 「珠螺」玉泉村唸〔tsu^{33} le^{24}〕。
- 「燒酒螺」（生長於海洋）玉泉村唸〔ɕiə^{33}tɕiu^{55} le^{24}〕。
- 「九孔」玉泉村唸〔kau^{55} k^{h}aŋ^{53}〕。
- 「蝸牛」洛陽村唸〔lo^{11} le^{24}〕。
- 「寄居蟹」洛陽村唸〔ɕiau^{55} tsa^{33} bo^{55} a^{53}〕。
- 「招潮蟹」洛陽村唸〔suã^{33} bue^{55} a^{53}〕。
- 「孟宗竹」玉泉村唸〔ba^{33}zi^{33} tik^{02}〕。
- 「牡丹花」洛陽村唸〔bo^{55} tan^{55}〕。
- 「苦楝樹」洛陽村唸〔k^{h}o^{55} liŋ^{24}ŋã^{53}〕。
- 「姚」洛陽村唸〔iau^{11}〕。
- 「柯」洛陽村唸〔kua^{55}〕。
- 「膏肓」洛陽村唸〔kə^{33} boŋ^{55}〕。
- 「做忌」洛陽村唸〔tsə^{53} ki^{11}〕。
- 「蒙古大夫」玉泉村唸〔tɕ^{h}ia^{53} k^{h}a^{33}ɕien^{33} na^{31}〕。
- 「椿腳」玉泉及洛陽村唸〔tiau^{33} a^{55} k^{h}a^{55}〕。
- 「老芋仔」（指退伍軍人）玉泉及洛陽村唸〔lau^{11} o^{24} a^{31}〕。
- 「帥哥」玉泉村唸〔o^{33} kau^{53}〕，洛陽村唸〔o^{33} kau^{55} hiã^{55}〕。
- 「時髦女」玉泉村唸〔o^{33} niau^{55}〕。
- 「報馬仔」（報訊而討賞錢的人）玉泉村唸〔po^{53} be^{55} a^{53}〕。
- 「小型推土機」玉泉村唸〔suã^{33} niãu^{33}ã^{31}〕。
- 「破爛車」玉泉村唸〔taŋ^{33} koŋ^{55}ŋã^{55} tsʰia^{55}〕。
- 「戽斗」玉泉村唸〔ho^{53} tau^{53}〕。
- 「陀螺」玉泉村唸〔kan^{33} lok^{05}〕。
- 「解開」洛陽村唸〔ke^{31}〕。
- 「槓龜」（買了無中獎的彩券）玉泉村唸〔koŋ^{53} ku^{55}〕。
- 「貪吃鬼」玉泉村唸〔iau^{33} kui^{53}〕，洛陽村唸〔iau^{33} kui^{53}〕。
- 「快」玉泉村唸〔kin^{53}〕。

> 「斜斜的」洛陽村唸〔tsʰu⁵⁵ tsʰu⁵⁵〕。
> 「骯髒」洛陽村唸〔la⁵³ sap⁰²〕。
> 「慌張」玉泉村唸〔tsʰẽ³³ koŋ²⁴〕。

二、日語詞彙

　　根據曹逢甫（2000）針對臺式日語之研究，發現在音韻方面最大的特色是：標準日語不能預測的高音重音在臺式日語被規則化了—高音一律落在倒數第二次音節上。造成此現象的發生可能是由於兩個因素的交互作用：（1）臺灣人學習日語為第二語言時簡化策略的運用；（2）臺灣南島語為母語的原住民，先把日語的高音重音理解為與其母語對等之重音，並且根據日語高音重音頻率最高的類型把重音放在倒數第二次音節，然後再傳到平地的漢人而成為固定的形式。

　　綜合前人的討論（Tung, 1972；洪惟仁，1985；張裕宏與張光裕，1995；Chang，Y.H.，1995），臺式日語的主要特色在音韻方面，尤其是日語音高重音（pitch accent）的發音上。日語的音高重音是藉著音的高低分布來標示重音與非重音。除少數例外，每一實詞都有一高音，而且高音出現的位置是不規則的，因此在學習上是需要相當的記憶功夫。臺式日語規則化了標準日語的高音放置，也就是把原本無規則可循，必須靠死記的複雜情況給簡化了。這條規律我們可以用高音放置律來表示。把高音放置在倒數第二次音節上，如果該次音節為核心（N）；如果不是則再往前推一個次音節。甚至，臺式日語會在某種特殊情況下於詞尾加個喉塞音（以〔h〕表示）。

詞　彙	日　語	玉泉村	洛陽村
鉗子	ペンチ	X	pʰen⁵³tɕi³¹
拔釘器	バール	ba⁵⁵ lu³¹	ba⁵⁵ lu³¹
里脊肉	ロース	lo³¹ su¹¹	X
油豆腐	あぶらげ	X	a³³ pu⁵⁵ la⁵⁵ge³¹
奶油	クリーム	kʰu³³ lin⁵³ mu¹¹	kʰu³³ lin⁵³ mu¹¹
黑輪	おでん	o³³ len⁵³	o³³ ten⁵³
健素糖	わかもと	ua³³ kʰa⁵⁵ mo⁵⁵ to³¹	ua³³ kʰa⁵⁵ mo⁵⁵ to³¹
啤酒	ビール	X	bi⁵³ lu¹¹
麵包	パン	pʰaŋ³¹	pʰaŋ³¹

味噌	みそ	X	mi⁵⁵ so³¹
番茄	トマト	X	tʰo³³ ma⁵⁵ toʔ⁰²
甜不辣	てんぷら	tʰien²⁴ put⁰⁵ la³¹	tʰien²⁴ put⁰⁵ lat⁰⁵
山葵醬	わさび	ua³³ sa⁵⁵ bi³¹	ua³³ sa⁵⁵ bi³¹
鋁	アルミ	a³³ lu⁵⁵ mi³¹	a³³ lu⁵⁵ mi³¹
秋刀魚	さんま	san⁵³ ba³¹	X
章魚	たこ	tʰa⁵⁵ kʰo³¹	tʰa⁵⁵ kʰo³¹
檜木	ひのき	hi³³ no⁵⁵ kʰi³¹	hi³³ no⁵⁵ kʰi³¹
衣櫃	たんす	tʰaŋ³¹ su¹¹	tʰaŋ⁵³ suʔ⁰²
大衣	コート	kʰo⁵³ to¹¹	kʰo⁵³ to¹¹
大衣	オーバー	X	o⁵³ ba³¹
夾克	ジャンパー	tɕiam⁵³ pa³¹	tɕiam⁵³ ba³¹
白襯衫	シャツ	ɕiat⁰⁵ tsɿ³¹	ɕiat⁰⁵ tsu³¹
尿勹帽（橢圓形帽）	ヘルメット	X	he³³ lu⁵⁵ me⁵⁵ toʔ⁰²
領帶	ネクタイ	X	ne³³ kut⁰⁵ tai⁵³
綁腿	きゃはい	X	kʰia¹¹ haŋ⁵³
工作鞋	たび	X	ta⁵⁵ bi³¹
拉鍊	チャック	tɕiak⁰⁵ ku³¹	tɕiak⁰⁵ ku³¹
圍兜兜	エプロン	e³³ pu⁵⁵ loŋ⁵³	e³³ pu⁵⁵ loŋ⁵³
榻榻米	たたみ	tʰa¹¹ tʰa⁵⁵ mi³¹	tʰak⁰² tʰak⁰⁵ mi³¹
窗簾	カーテン	ka³³ ten⁵³	kʰa³³ ten⁵³
招牌	かんばん	X	kʰaŋ²⁴ paŋ³¹
瓷磚	タイル	tʰai⁵³ lu¹¹	tʰai⁵³ lu¹¹
公寓	アパート	X	a¹¹ pʰa³¹ to¹¹
廁所	べんじょ	pʰien⁵⁵ so³¹	pʰen⁵⁵ so³¹
後臺	バック	X	bak⁰⁵ kuʔ⁰²
手推車	リヤカー	li³³ a⁵⁵ kʰaʔ⁰²	li³³ a⁵⁵ kʰaʔ⁰²
摩托車	オートバイ	o³³ to⁵⁵ pai³¹	o³³ to⁵⁵ pai³¹
公共汽車	バス	pa⁵⁵ sɿ³¹	ba⁵⁵ su³¹
包租車	ハイヤー	hai⁵³ ia³¹	hai⁵³ ia³¹
卡車	トラック	tʰo³³ la⁵⁵ kuʔ⁰²	tʰo³³ la⁵⁵ kuʔ⁰²

速客達 （機車的品牌）	スクーター	su³³ kʰut⁰⁵ taʔ³¹	su³³ ku⁵⁵ taʔ³¹
離合器	クラッチ	kʰu³³ la⁵⁵tɕiʔ⁰²	kʰu³³ la⁵⁵tɕiʔ⁰²
收音機	ラジオ	la³³tɕi⁵⁵ oʔ⁰²	la³³tɕi⁵⁵ oʔ⁰²
變電器	スターター	X	su³³ ta⁵⁵ ta¹¹
喇叭 （擴音器）	ラッパ	lat⁰⁵ pa³¹	lat⁰⁵ pa³¹
短路 （電線短路）	ショート	X	ɕio³¹ toʔ⁰²
電石（瓦斯）	ガス	ŋa³¹ sï¹¹	ŋa³¹ ɕi¹¹
打火機	ライター	lai³¹ ta¹¹	X
霍亂	コレラ	kʰo³³ le⁵⁵ laʔ⁰²	kʰo³³ le⁵⁵ la³¹
肺結核	はいけつかく	hai²⁴ kʰe⁵⁵ kʰa⁵⁵ kʰuʔ⁰²	X
瘧疾	マラレヤ	ma¹¹ la⁵⁵ li⁵⁵ a⁵³	ma³³ la⁵⁵ li⁵⁵ a⁵³
細菌	バイキン	bai²⁴ kʰin⁵³	bai²⁴ kʰin⁵³
沙龍巴司 （傷痛藥布）	サロンパス	sa³³ loŋ⁵⁵ pa⁵⁵ sï ʔ⁰²	sa³³ loŋ⁵⁵ pa⁵⁵ sïʔ⁰²
卡通影片	まんが	baŋ⁵³ gaʔ⁰²	maŋ⁵³ ga³¹
玩偶	おにんぎょう	X	o³³ nin⁵⁵ŋio³¹
撲克牌	ページワン	tʰe³³tɕi⁵⁵ baŋ⁵³	kʰe³³zi⁵⁵ baŋ⁵³
溜滑梯	すべりだい	X	su³³ be⁵⁵ li⁵⁵ lai⁵³
陀螺	こま	X	kʰo⁵⁵ ma¹¹
猜拳	じゃんけん	giaŋ³¹ kin³¹	giaŋ³¹ kim³¹
吉他	ギター	ki⁵³ taʔ⁰²	gi⁵³ taʔ⁰²
情緒	きもち	kʰi⁵⁵ mo⁵⁵	X

三、華語詞彙

1. 「吸管」洛陽村唸〔ɕip⁰⁵ kon³¹〕，〔ɕip⁰⁵〕像是華語的〔ɕi⁵⁵〕只是仍保留客語方言的入聲，至於〔kon³¹〕則仍保留客語發音。

2. 直接借進華語詞彙，無做任何調整和改變：
   ➤ 「海豚」玉泉村唸〔hai¹¹ tʰun²⁴〕。
   ➤ 「山藥」玉泉村唸〔ʂan⁵⁵ iau⁵³〕。

➤「皮蛋」玉泉村唸〔pʰi²⁴ tan⁵³〕。

➤「蛋糕」玉泉及洛陽村唸〔tan⁵³ kau⁵⁵〕。

➤「羊羹」玉泉村唸〔iaŋ²⁴ kŋ⁵⁵〕。

➤「水餃」玉泉村唸〔ʂue¹¹tɕiau¹¹〕。

➤「咖哩」玉泉村唸〔ka⁵⁵ li¹¹〕。

➤「珊瑚」玉泉村唸〔ʂan⁵⁵ hu²⁴〕。

➤「茉莉花」玉泉村唸〔muo⁵³ li⁵³ hua⁵⁵〕。

➤「口罩」玉泉村唸〔kʰo¹¹ tʂau⁵³〕。

➤「針灸」玉泉村唸〔tʂən⁵⁵tɕio⁵⁵〕。

➤「拔罐」玉泉村唸〔pa²⁴ kuan⁵³〕。

➤「川貝」玉泉村唸〔tʂʰuan⁵⁵ pe⁵³〕。

四、混合語〔註5〕

1. 閩客混合

（1）用客語轉唸閩南語詞彙，詞型爲閩南語，發音爲客語。

➤「生病」受閩南語「破病」的影響唸成〔pʰo⁵⁵ pʰiaŋ⁵⁵〕，客語應唸成「發病」〔pot⁰²pʰiaŋ⁵⁵〕。

➤「啞巴」受閩南語影響唸成〔a³¹ kieu³¹〕，客語應唸成「啞仔」〔a³¹tɕi³¹〕。

➤「胰臟」洛陽村受閩南語「腰尺」影響唸成〔ieu¹¹ tsʰak⁰⁵〕。

➤「抵」帳玉泉及洛陽兩村皆受閩南語影響唸〔tu⁵¹〕，客語應唸成〔tai³¹〕。

➤教「訓」洛陽村受閩南語影響唸〔hun⁵⁵〕，客語應唸成〔hiun⁵⁵〕。

➤福「杉」玉泉及洛陽兩村皆受閩南語影響唸〔sam⁵⁵〕，客語應唸成〔tsʰam⁵⁵〕。

➤「有錢人」玉泉村受閩南語影響唸成〔ho⁵⁵ iak⁰⁵ŋin¹¹〕，因客語無聲母〔g〕因此唸成〔iak⁰⁵〕，客語應唸成〔iu²⁴tɕʰien¹¹ ŋin¹¹〕或〔iu²⁴ heu³¹ŋin¹¹〕。

➤「居士」玉泉村受閩南語唸成〔ki¹¹ su⁵⁵〕，客語應唸成〔si⁵⁵〕

〔註5〕陳秀琪（2006）將混合語（mixed language）定義爲融合了兩種或多種語言特色的語言。

或〔ɛi⁵⁵〕。

> 「人手」玉泉及洛陽兩村皆受閩南語影響唸〔kʰa¹¹ su³¹〕，閩南語的「腳」（跤）唸〔kʰa⁵⁵〕。

> 〔帳〕目玉泉及洛陽兩村皆受閩南語影響唸〔seu⁵⁵〕。

> 「氣喘」玉泉及洛陽村唸〔he¹¹ ku²⁴〕，詞型為閩南語，但聲調卻調整成客語。

> 「歌仔戲」玉泉及洛陽兩村唸〔kua³³a⁵⁵ hi⁵⁵〕，詞型為閩南語，客語的小稱詞為〔e〕，閩南語的小稱詞為〔a〕；「戲」為客語聲調，「歌仔」仍維持閩南語聲調。

> 「抽頭的錢」玉泉村受閩南語唸成〔toŋ²⁴ ŋe³¹ tɕʰien¹¹〕，閩南語「toŋ²⁴ kiau³¹」，客語將〔kiau³¹〕（筊）改變成小稱詞〔e〕。

> 「夭壽」（咒人早死）玉泉及洛陽兩村皆受閩南語影響唸〔ieu¹¹ su⁵⁵〕，閩南語唸成〔iau ɕiu〕。

> 「央求」玉泉村受閩南語唸成〔ko¹¹tɕʰia¹¹〕，聲調調整至客語，「請」也省略了閩南語的鼻化韻。

> 「教訓」洛陽村唸〔kau⁵⁵ hun⁵⁵〕，「訓」唸〔hun⁵⁵〕是閩南語詞型，聲調改成客語。

> 「差勁」洛陽村唸〔han¹¹ ban²⁴〕，詞型為閩南語，但聲調卻調整成客語。

> 「可惜」玉泉村唸〔mo¹¹ tsʰai³¹ kaŋ²⁴〕，「工」閩南語為〔kaŋ²⁴〕，客語應唸〔kuŋ²⁴〕。

> 「柏油路」玉泉村受閩南語唸成〔ta⁵⁵ ma⁵⁵ ka¹¹ lu⁵⁵〕，〔lu⁵⁵〕為客語「路」；〔ta⁵⁵ ma⁵⁵ ka¹¹〕則是音譯，由來有三分別為：

1. 由人名命名：「打馬膠」是由打馬字（Talmage，1819-1892）牧師所引進。

2. 源自日文：ターマック，閩南語將日語尾音〔kʰu〕調整成〔ka〕。

3. 源自英文：「打馬」為音譯，源自英文 dammar（達馬樹脂）；加上意義的補充「膠」，閩南語唸〔ka〕。

（2）直接移借閩南語詞彙，發音直接用閩南語。

> 「閃到腰」的「閃」受閩南語影響唸成〔ɕiam³¹〕，客語應唸成

〔sam^{31}〕。

➢「桌頭」（法師）受閩南語影響唸成〔fuat^{02}ɕi^{24}〕，「法」客語應唸成〔fap^{02}〕。

➢「杏仁」洛陽兩村皆閩南語影響唸成〔hiŋ^{11} jin^{24}〕，「杏」完全移借自閩南語，「仁」則調值直接移入閩南語唸成陰平調；客語應唸成〔hen^{55} jin^{11}〕。

➢「律師」洛陽村受閩南語影響唸成〔lut^{05}ɕi^{11}〕，客語應唸成〔lit^{05} si^{24}〕。

➢「車站」洛陽村唸〔tsʰa^{11} tsam^{55}〕，「站」客語應唸送氣〔tsʰam^{55}〕，但奇特的是，相關詞彙「前站、後站」卻唸客語〔tsʰam^{55}〕。推測日常生活相較常用之詞彙，因與鄰近閩語族群接觸頻繁而被影響。

➢「菜市場」玉泉村受閩南語影響唸成〔tsʰoi^{55}tɕʰi^{24} e^{31}〕，「市」客語應唸「si^{55}」或〔ɕi^{55}〕。

➢「利潤」玉泉及洛陽兩村皆閩南語影響唸成〔li^{55} sun^{11}〕，「潤」客語應唸「iun^{55}」。

2. 客客混合

玉泉、洛陽兩村因移民原居地來自內埔鄉和竹田鄉，加上與相鄰之長治鄉往來接觸密切，因此可以說玉泉、洛陽兩村之客語特徵涵蓋了「內埔、竹田」和「長治」兩區之特色。舉例如下：

（1）主要元音〔-i-〕或〔-ï-〕之語音特色：

①「食」玉泉、洛陽兩村皆唸長治特色〔ɕit^{05}〕；長治特色主要元音為〔-i-〕，內埔、竹田特色主要元音為〔-ï-〕。

②「時」玉泉、洛陽兩村皆唸長治特色〔ɕi^{11}〕，內埔、竹田特色為〔sï^{11}〕。

③「屎」、「紙」玉泉及洛陽村唸成〔ɕi^{31}〕、〔tɕi^{31}〕為長治特色，而非唸內埔、竹田特色〔sï^{31}〕、〔tsï^{31}〕。

④「針」玉泉及洛陽村唸成〔tɕim^{24}〕為長治特色，而非唸內埔、竹田特色〔tsïm^{24}〕。

（2）「園」玉泉村唸長治特色〔ien^{11}〕，洛陽村則唸內埔、竹田特色〔ian^{11}〕。

（3）「瓷」玉泉、洛陽兩村聲調皆唸內埔、竹田特色陰平調〔24〕，但六堆其餘地區皆唸陽平〔11〕。

（4）「街」玉泉村唸內埔、竹田特色〔kiai²⁴〕，洛陽村唸長治特色〔kie²⁴〕。

3. 華客混合

華語爲臺灣之主要官方語言，方言難免會被強勢語言所影響，難免摻雜一些強勢語言之語音特色，甚至遺忘自己原有的說法，直接完全借入整個華語詞彙。

（1）「電鍋」洛陽村唸〔tʰen⁵⁵ ko²⁴〕，「鍋」客語應唸成〔po²⁴〕。因著客語無〔uo〕韻母，因此省略響度相對小之〔u〕。

（2）「吸管」洛陽村唸〔ɕip⁰⁵ kon³¹〕，「吸」客語應唸成〔kʰip⁰²〕。因著現代華語無入聲韻尾，但客語確保留了入聲韻尾〔p〕。

（3）「皮蛋」洛陽村唸〔pʰi¹¹ tan⁵⁵〕，「蛋」客語應唸成〔lon³¹〕。

（4）「意麵」洛陽村唸〔i³¹ men⁵⁵〕，「意」客語聲調應爲高平調〔i⁵⁵〕。

（5）「花瓶」洛陽村唸〔hua²⁴ pʰin¹¹〕，「瓶子等容器」客語應唸成〔aŋ²⁴〕或〔kon⁵⁵〕；「瓶」唸〔pʰin¹¹〕是受華語〔pʰiəŋ²⁴〕影響，只是客語無〔iŋ〕之語音結構，因此簡化成〔in〕。

（6）「排八字」洛陽村唸〔pʰai¹¹ pat⁰² ɕi⁵⁵〕，在客語中當「排」的意思爲「一個接一個，照順序擺列」應當無送氣的〔pai¹¹〕，推測唸送氣〔pʰai¹¹〕是受到華語影響。

（7）「直升機」洛陽村唸〔tɕʰit⁰⁵ sen¹¹ ki²⁴〕，其中「升」不唸〔sïn¹¹〕或〔ɕin¹¹〕，推測應是受華語〔ʂən⁵⁵〕影響，因客語無捲舌〔ʂ〕及元音〔ə〕，只好用自身之語音結構模仿華語之語音。

（8）「錄音機」洛陽村唸〔luk⁰⁵ im¹¹ ki²⁴〕，「錄」客語應唸成〔liuk⁰⁵〕，華語唸〔lu⁵³〕，但客語仍保留入聲〔k〕，因此唸成高調〔luk⁰⁵〕。

（9）「心臟病」玉泉村唸〔ɕim¹¹ tsoŋ⁵⁵ pʰiaŋ⁵⁵〕，「臟」客語聲母應唸送氣〔tsʰoŋ⁵⁵〕，推測受華語不送氣聲母〔tsaŋ⁵³〕影響，但主要元音仍保留客語〔o〕。

（10）「安眠藥」洛陽村唸〔on²⁴ men¹¹ iok⁰⁵〕，「眠」客語應唸成〔min¹¹〕，華語則唸〔mian²⁴〕；客語省略響度相較小之元音〔i〕，爲了跟客語三個音位一致，於是調整成〔min¹¹〕→〔men¹¹〕。

（11）「誦經」洛陽村唸〔suŋ⁵⁵ kin²⁴〕，「誦」客語應唸成〔ɕiuŋ⁵⁵〕，華

語則唸〔soŋ^{53}〕，推測受華語影響把〔i〕介音刪略。

(12)「存錢」洛陽村唸〔ts^{h}un^{24} tɕ^{h}ien^{11}〕，「存」客語應唸成〔ts^{h}un^{11}〕、〔sun^{11}〕。

(13)「耳聾」洛陽村唸〔ŋi^{31} luŋ^{11}〕，「聾」客語聲調為〔24〕，此現象即次濁平歸陰平〔24〕。按華語例歸陽平〔11〕，其餘客語之次濁平字聲調仍為〔24〕，舉例如下：

①「吊籃」玉泉及洛陽村唸成〔tiau^{55} lam^{24}〕，「籃」聲調為〔24〕。

②「蚊子」玉泉及洛陽村唸成〔mun^{24} ne^{31}〕，「蚊」聲調為〔24〕。

③「頭髮」玉泉及洛陽村唸成〔t^{h}eu^{11} na^{11} mo^{24}〕，「毛」聲調為〔24〕。

④「雞籠」玉泉村唸〔kie^{11} luŋ^{24}〕，「籠」聲調為〔24〕。

第四節　小　結

陳秀琪（2006）：「高度的語言擴散和語言滲透，會導致雙語人口增加。這種雙語階段往往是語言替換的先聲，也是語言產生變化的開始。」語言的空間差異反映出語言的時間發展，說出語言的發展同時表現在空間和時間兩方面。在方言的差異中研究語言的發展序列，把空間與時間的因素結合起來進行比較分析。

所謂語言（方言）接觸的空間性，指來自其它地區的不同語言（方言）和某一語言（方言）彼此間的接觸需要有一個空間的轉移，這種轉移一般是通過人的移動來實現。由語言接觸而引發的語言現象可分成兩種：語言（方言）的借用、語言的移轉（language shift）。

「雙語」指得是交替使用兩種語言的過程，而且是動態的語言實踐過程，不僅關係到集體，也關係到個人，該社會或集體的每個人不一定都是雙語者。雙語是一種交替使用兩種語言的行為及過程，並非說話者同時使用兩種語言，乃是說話者根據對方（聽話者）的語言掌握情況、談話內容和話語使用情景等狀況，視需要即時交替使用語言。

玉泉村和洛陽村位在典型的語言交界處，居民皆能熟練地使用閩、客兩方言，本文作者將其歸類為雙語兼用（bilingualism），指操不同種族語言或民族語言的人們在族際接觸和交往過程中，除了各自的母語以外需要以某種語

言作爲共同的交際工具而加以使用。爲了交流思想達到互相了解的目的，除了母語以外需要以某種語言作爲「媒介」而使用於相互交際過程中。某個人或某集體的大部分或一部分人根據不同的語言環境和交際需要，交替使用兩種語言，以達到互相了解的語言實踐和能力。

洪惟仁（2003）證明台灣閩南語正在進行著〔j〕→〔l〕的音變，但音變速度不是各個字或各個字類齊步前進的，而是和聲母在不同結構的韻類具有相關性，不同結構的韻類決定音變速度。倣「詞彙擴散」（lexical diffusion）的名稱提出「結構擴散」（structural diffusion），說明不同的結構在不同方言的音變速度落差，通常音變的趨勢是一致的，只是音變發生的時間有前有後。在舌尖前音〔ts、tsʰ、s〕和〔i〕元音結合的音節中，玉泉村和洛陽村在開放式音節（open syllable）CV 結構中，主要元音仍爲〔i〕，例如「紙」、「屎」、「私」；在（closesyllable）CVC 結構中，則出現兩種主要元音〔i〕或〔ɿ〕，兩者正處於勢力均衡的拉扯中，只是〔i〕屬於長治特色，〔ɿ〕屬於內埔、竹田特色。

社會語言學家瓦茵萊赫（Uriel Weinreich）將語言接觸地帶歸納出三大常見現象如下：（1）交替使用兩種語言的實踐叫做雙語，間用兩種不同語言的人稱爲雙語人；因爲語言接觸的結果而精通兩種以上的語言，在雙語人的言語中所出現的偏離語言標準之情況稱爲干擾現象。（2）語言轉用（language shift）定義爲從一種語言的慣用（habitual shift）轉變爲另一種語言的慣用，意思爲一個人或一個群體放棄原來經常習慣性的使用的一種語言，而改用另一種語言，這改用的新語言已經成爲他們的日常交際工具。（3）語言轉換（language switching）：理想的雙語人根據言語情境（會話對象、話題等），按照交際的需求從一種語言轉換爲另一種語言。若言語情不改變則無交際需求，就不進行語言轉換，且在單個句子裡也不進行語言轉換。

操同一語言而居住在不同地區的人們，由於每一地區所處的環境不同，與其他方言或其他語言的相互影響不同，音系內部語音單位的變化所引起的連鎖反應不同，或者其他諸如此類的原因，原來相同的語音在不同的地區可能會順著不同的方向、不同的發展規律發展，因而出現方言的差異或親屬語言。徐通鏘（2008）將此現象畫分成三個層面：（1）發展的不平衡性，表現爲方言或親屬語言之間的差異。（2）語言在每一地區有它自己的發展規律，因而使空間的差異表現出有規律的對應。（3）語言的空間差異代表語言發展的不同階段，體現發展的時間序列。

第五章　結論與發現

　　玉泉村及洛陽村之客家話正處於變化之中，因此許多語音特點不易找出規律，呈現出不穩定的狀態；以語言特色來說，主要帶有原居地內埔、竹田之語言特色及成分，加上受到強勢語言閩南語的影響，以及長治客語區之滲透，有些詞彙甚至直接移借國語。兩村相比，洛陽村所含之內埔、竹田區客語成分高於玉泉村，玉泉村所含之長治客語成分高於洛陽村，因為地理上玉泉較近長治；整體說來，兩村之客語發展與變遷有逐漸傾向閩南語之趨勢。

　　在玉泉和洛陽兩村裡說閩南語是工具性的、實用性的，語言學習非常自然，無任何強迫。在雙語社區，情境控制變體的選擇，這種選擇是由相關的具體行為或參與者之間的關係嚴格規定的。他們很清楚他們在高低變體之間做了轉換。情境語碼轉換：當使用的語言根據會話人所處的環境變化時，他們在一種情況下說一種語言，另一種情況下又說另一種語言，其中不涉及話題改變。人們在某些場合下用一種方式說話，另一種場合下用另一種，這種語碼的轉換稱為「方言混合」，即某地存在兩種或多種方言，說話人根據需要使用不同方言。

　　透過與當地居民的實地訪談，從對方的言語（utterance）裡即可窺視其族群的遷移史和另一民族交流頻繁的痕跡。畢竟語言不僅是一個民族的主要標記和個人身分認同的象徵，而且更重要的是人們交際和思維的工具，是民族文化的載體。可見語言具有重要的社會功能，包括交際功能、思維功能、表現功能、文化功能和標記象徵功能等。

　　「擴散」（diffusion）指語言演變方式為從這一地區到另一地區的傳播，或是由少數幾個詞彙開始的變化逐步擴大範圍，擴散到其它有關的詞。語言

的擴散大都是由人口的流動、社會環境的改變所造成的。施密特（J. Schmidt）提出「波浪理論」（wave theory），著眼於語言間的相互影響，認為擴散是漸進性的。

表 5-1：青年語法學派和詞彙擴散理論之差異

	詞彙體現	語音變化	演變單位	音變方式	音變條件	對音系的影響
青年語法學派	突變	漸變	音位	連續式	共時	能快速得到反應
詞彙擴散理論	漸變	突變	音類〔註1〕	離散式	歷時	在音變過程中無反應

　　音變如以音位為單位，必須注意同一音位在不同條件下的變異，注意它在不同地區的表現形式，從而可以在語音的差異中看到音變的具體過程。音變如以詞彙為單位，其讀音的變化非此即彼，因此是突變的，且讀音的變化只能一個個的進行，不可能突然地一起都變。音變在詞彙中的擴散單位並非詞彙，而是詞彙中的一個音類。連續式音變的單位是音位，人們可以從語音分布的條件中去尋找音變及其例外的規律；音類沒有像音位那樣的分布條件，它的變化只能通過詞彙讀音的改變而零散的表現出來。

　　本文具體分析語言的變異可從下列層面得知：（1）正在進行中的語音演變和它的規律。（2）對音系結構的具體影響以及社會因素在語言變異中的作用。（3）語言在社團內部的變異和空間差異的內在聯繫。（4）從語音的微觀演變中悟察歷史上已經完成的音變特點。

　　一個音位因其語音組合環境的不同而有不同的變異。接著，音變的範圍逐漸擴大，逐一完成其變化的過程。以音位為單位的變異，只要語音條件相同，含有該音位的語素之語音在同一個人的發音中就會以同樣的方式和速度發生變化。等到音變的過程全部完成之後，制約變異的社會因素全部退出變異的領域，因而只留下語音條件對音變的影響。因此，在一個言語社團裡，音變總是由某一部分人率先開始，而後一方面有次序地擴散到其它居民和下一代，表現為系統內部的變異；另一方面也將有次序地擴散到其它方言點中去，表現為語言的地區差異。不管語言在社會空間中的變異，還是在地域空

〔註 1〕指音系中的聲類、韻類和調類。

間中的變異，其同源的各個變異形式可以排列成一個系列，代表語言在時間上的發展順序。

音變的單位從表面現象來看是詞彙，是詞彙的語音發生了變化，但實際上並非詞彙，而是詞彙中某一個音類的變化。包含這一音類的所有詞彙，其更替的變異方式是相同的，且在此類更替中總是某個音類的讀法逐漸減少，另一音類的讀法逐漸增多，顯示出音變的方向性和目的性。由於音變的單位是詞彙中的音類，因而在演變的過程中仍會受到一定的歷時音韻條件之制約，只是它隱蔽於音類更替的方向性和目的性之中尚未表層化而已。

根據蕭建安（2000）之看法語言變異的特點〔註2〕如下：（1）普遍存在現象：人類在語言的使用中，變異現象無時不在，小變化逐漸累積，當時間拉遠即可看出變化。（2）具有破壞性：語言變異若發生在詞彙和語法上，會破壞語言的系統結構，打破語法框架。（3）表達創新規律：故意偏離語言結構的常規而採用的組合方法，也就是語義結構的「超常組合」，指那些在語言組合中突破了語句成分之間的語義限制關係，根據特定的語言環境和表達上的需要臨時組織起來的詞彙。（4）語言的應變性：語言隨社會環境變化而變異，說出語言在環境變化下的靈活運用。

任何一個語言（方言）都會跟其他語言（方言）發生接觸，有接觸就會引起語言的變化。「時間性」和「地域性」（包括空間性）是語言演變的兩個基本要素，反映了語言的歷史層次。因此，語言（方言）的歷史層次是該語言（方言）的本質特徵。

因此，語言使用者在語言發生變異的過程中都會有意無意地顯示出自己與他人的區別，這個就是個體所具備的語體標記（register）和語言風格（style），既是社會身分的反映也是語言交際的需要。因此，在多元交際的社會中，人們不得不時常改變自己的角色，尤其是通過對自己的語體和風格作出相應的變化，使得個體話語在其所處的語境或語域中顯得得體且恰當，從而得到在某一語言群體中的身分認同，得以維護自身的社會存在。

在借用情形裡，語言之間的接觸時間越長、特定語言社團中雙語人數量越多、該社團成員使用源語的流利程度越高，那麼大量的結構借用就越有可能發生；反之則通常只有詞彙借用。另一方面，如果接觸中的兩個語言社團，

〔註2〕蕭建安（2000），〈論語言的變化與變異規律〉《北華大學學報（社會科學版）》
　　　　第2期。

其中一個語言社團的人口數量比另一個社團大得多，那麼較小的語言社團更有可能借用較大的語言社團的語言特徵。這是因為，較大的語言社團通常比較小的語言社團具有經濟、文化的優勢；而經濟文化處於劣勢的社團更有可能採用具有經濟文化優勢的社團的語言特徵（尤其是非基本詞彙）。

在語言轉用情形裡，最重要的社會因素是轉用社團人口的相對比例以及轉用過程的時間長短。如果轉用社團（即 TL2 社團）的人口數量大於目標語最初使用者社團（即 TL1 社團），那麼轉用社團的目標語變體（TL2）裡某些干擾特徵很可能會通過目標語最初使用者的模仿和擴散而固定在目標語裡。如果語言轉用過程迅速完成或持續時間很短，那麼不完善學習最有可能發生，學習者的習得錯誤也就很有可能擴散到目標語的整個言語社會。但是，如果語言轉用過程持續時間長久或者轉用過程完成於轉用社團已完全變成雙語人且已完全融入目標社會之後，那麼目標語的干擾可能很少甚至完全沒有，因為那時轉用社團對目標語的學習已變得完善。

梅耶（A. Meillet, 2008）認為任何語言都包含三個不同的系統，彼此之間有一定的聯繫，但大體上這三個系統可以各自獨立發生變化，此三個系統為「形態」、「語音」、「詞彙」。形態就是用來變化、組合詞彙以構成句子的所有規則，是語言中最穩固的部分。詞彙則是語言中最不穩固的成分，有許多複雜的因素導致消失，而代之以一些新的詞彙。

薩皮爾（E. Sapir）：「語言，像文化一樣，很少是自己滿足的。由於交際的需要，使說一種語言的人直接或間接和那些鄰近的或文化上佔優勢的語言發生接觸。」說明語言的變異不過是社會變化的結果，語言和社會之間的因果關係有時是直接的，但多數情況下是間接的，因為唯一能改變語言存在條件的是社會變化。

根據鍾壬壽（1973）《六堆客家鄉土誌》所描述之地域範圍含括了：「地域橫跨高屏兩縣十一鄉鎮及旗山鎮手巾寮、圓潭、里港武洛、鹽埔鄉七分仔、九如鄉圳寮、溪底、屏東市田寮，甲仙則屬於特殊狀況而未列入。」符應本文所調查之九如鄉玉泉村從前地名即為「溪底」，鹽埔鄉洛陽村從前地名即為「七份仔」。洪惟仁（2006）於高屏地區語言分布圖之客語區，僅標記出玉泉村，洛陽村則納為閩語區而非客語區；張屏生（2009）則認為玉泉村和洛陽村的客家人都是從竹田遷徙過去的，因此兩村居民所講的客家話與竹田一帶相同，並未發現長治客語影響。

　　經過本文作者實際到訪及語料蒐集，發現玉泉村及洛陽村之客家話，主要來自三方面的影響，分別為：（1）閩客接觸，因著與周圍皆閩南族群密切往來，閩語成分相較內埔竹田明顯許多；（2）客客接觸，除了原居地內埔竹田之語言特色，加上鄰近之長治客語特色；（3）華客接觸，當客語發生詞彙空缺（lexical gap）時，部分詞彙借自華語。

　　縱觀玉泉及洛陽兩村聲母及韻母之變化序列，可以斷言韻母變化大於聲母變化，說明如下：

一、聲母的變化

1. 全濁聲母的清化，送氣仍穩定的維持著。當韻母即便有變動，即〔-ien〕〔-iet〕前無零聲母，〔i〕在語流中出現脫落現象，聲母保持送氣，例字如「電」〔tʰen⁵⁵〕、「田」〔tʰen¹¹〕、「便」〔pʰen⁵⁵〕；「別」〔pʰet⁰⁵〕。

2. 另一變化較大的為聲母〔f-〕和〔v-〕，前者變化表現為〔f-〕→〔fu-〕→〔hu-〕，後者則出現塞音化的現象〔v-〕→〔bu-〕→〔b-〕。

二、韻母的變化

1. 當〔-ien〕〔-iet〕前無零聲母，〔i〕在語流中出現脫落而唸成〔-en〕〔-et〕；若前面為零聲母，有時會〔i〕前面多出聲母〔g-〕。規律如下：

    （1）ø→g／—ien

    （2）ø→j／—i

2. 至於〔-oi〕→〔-ue〕、〔-eu〕→〔-io〕說明韻母朝閩語變化。

3. 因著共存限制的因素〔-uet〕〔-uan〕前面聲母為〔k-〕〔kʰ-〕〔h-〕，偏後的音位〔k〕〔kʰ-〕〔h〕〔u〕在語流中自動作調整，而變成〔-et〕〔-an〕。

4. 主要元音〔i〕和〔ï〕同時共存，前者為長治特徵，後者為內埔特徵，此為語言接觸例證之一。

玉泉及洛陽兩村之差別主要表現於韻母之變化，歸納如下：

1. 〔ian／ien〕及〔iet／iet〕韻母變化不一致，玉泉村仍保留內埔、竹田韻母〔ian〕及〔iat〕，洛陽村則變化為長治韻母〔ien〕及〔iet〕。

2. 玉泉村仍保留〔iai〕韻，洛陽村則〔ie〕韻，例字如「解」、「街」。

3. 當〔-ien〕〔-iet〕前無零聲母，〔i〕在語流中出現脫落，洛陽村出現之頻率高於玉泉村。

參考文獻

一、專　書

1. 王福堂（2005），《漢語方言語音的演變和層次》（修訂本），北京：語文出版社。

2. 古國順、何石松、劉醇鑫（2004），《客語發音學》，五南圖書出版股份有限公司。

3. 古國順主編（2005），《臺灣客語概論》，五南圖書出版股份有限公司。

4. 朱曉農（2010），《語音學》，北京：商務印書館出版。

5. 何大安（1996），《聲韻學中的觀念和方法》（第二版），大安出版社。

6. 何大安（2004），《規律與方向：變遷中的音韻結構》〈語言學前沿叢書〉，北京大學出版社。

7. 岑麒祥譯、〔法〕梅耶著（2013），《歷史語言學中的比較方法》〈外國語言學名著譯叢〉，世界圖書出版公司北京公司。

8. 李如龍、張雙慶（1992），《客贛方言調查報告》，廈門：廈門大學出版社。

9. 李如龍（2001），《漢語方言學研究》，北京：高等教育出版社。

10. 李如龍（2003），《漢語方言的比較研究》，北京：商務印書館。

11. 沈家煊、羅天華譯、〔英〕伯納德・科姆里著（2010），《語言共性和語言類型》（第二版）〈語言與文字系列〉，北京大學出版社。

12. 沈家煊譯、〔英〕戴維・克里斯特爾編（2011），《現代語言學詞典》（第四版），北京：商務印書館。

13. 侍建國（2011），《歷史語言學：方音比較與層次》〈當代語言學理論叢書〉，中國社會科學出版社。

14. 周振鶴、游汝杰（2006），《方言與中國文化》（第二版），上海人民出版社。

15. 林燾、王理嘉著，王韞佳、王理嘉　增訂（2013），《語音學教程》，北京大學出版社。

16. 胡雙寶譯、羅常培著（2009），《語言與文化（注譯本)》，北京大學出版社。

17. 徐大明、陶紅印、謝天蔚（2004），《當代社會語言學》〈當代語言學理論叢書〉，中國社會科學出版社。

18. 徐通鏘（2008），《歷史語言學》，北京：商務印書館。

19. 國立臺灣師範大學國音教材編輯委員會編纂（2012），《國音學》（新修訂第八版），正中書局股份有限公司。

20. 張屏生（2007），《臺灣地區漢語方言的語音和詞彙》〈冊一～冊四〉，金安文教機構。

21. 張屏生（2010），《臺灣客家族群史 —— 高屏地區客家話語彙集》〈專題研究 4-1～題研究 4-2〉，客家委員會／國史館臺灣文獻館。

22. 張興權（2012），《接觸語言學》〈中國的語言接觸與語言關係研究叢書〉，北京：商務印書館。

23. 張焱（2013），《語言變異建構社會身分》〈吉林大學哲學社會科學學術文庫〉，北京：社會科學文獻出版社。

24. 曹逢甫、蔡美慧編（1995），《臺灣客家語論文集》*Papers from the 1994 Conference on Language Teachingand Linguistics in Taiwan*，文鶴出版有限公司。

25. 梅耶（A. Meillet）著，岑棋祥譯（2008），《歷史語言學中的比較方法》，世界圖書出版公司。

26. 陳松岑(1988)，《語言變異研究》，廣州：廣東教育出版社。

27. 游汝杰（2000），《漢語方言學導論》（第二版）〈中國當代語言學叢書〉，上海教育出版社。

28. 楊時逢（1971），〈臺灣美濃客家方言〉《中央研究院歷史語言研究所集刊》，42.3。

29. 郒嘉彥、游汝杰(2007)，《社會語言學教程》，五南圖書出版股份有限公司。

30. 雷紅波譯、〔加〕羅納德・沃德華著（2009），《社會語言學引論》（第五版）〈西方語言學經典教材〉，上海：復旦大學出版社。

31. 鄭錦全編（2012），《語言時空變異微觀》，中央研究院語言學研究所。

32. 錢玉蓮（2006），《現代漢語詞彙講義》〈實用對外漢語教學叢書〉，北京大學出版社。

33. 薛才得主編（2007），《語言接觸與語言比較》，上海：學林出版社。

34. 鍾壬壽主編（1973），《六堆客家鄉土誌》，屏東：長青出版社。

35. 鍾榮富（2004），《臺灣客家語音導論》，五南圖書出版股份有限公司。

36. 鍾榮富（2006），《當代語言學概論》，五南圖書出版股份有限公司。

37. 轟鴻飛譯、〔瑞典〕高本漢著（2011），《漢語的本質和歷史》〈漢譯世界學術名著叢書〉，北京：商務印書館。

38. 羅肇錦（2000），《臺灣客家族群史〔語言篇〕》，臺灣省文獻委員會編印。

39. 羅常培著、胡雙寶注（2011），《語言與文化》〈博雅語言學教材系列〉，北京大學出版社。

40. 顧黔、石汝杰、Richard VanNess Simmons（2006），《漢語方言詞彙調查手冊》，北京：中華書局。

41. Hock, Hans Henrich and Brian D. Joseph. 1996. *Language History, Language Change, and Language Relationship: An introduction to Historical and Comparative Linguistics.* Berlin: Mouton de Gruyter.

42. Henning Reetz and Allard Jongman. 2009. *Phonetics: Transcription, Production, Acoustic, and Perception.* WILEY-BLACKWELL.

43. International Phonetic Association. 1999. *Handbook of the International Phonetic Association:A Guide to the Use of the International Phonetic Alphabet.* Cambridge University Press.

44. Labov, William. 2001. *Principles of Linguistic Change*, Volume 2:Social Factors.

45. Queen, Robin Michelle. 1996. *Intonation in Contact: A study of Turkish-German Bilingual Intonation Patterns.* Austin, Texas: University of Texas dissertation.

46. Rendon, Jorge Gomez. 2008. *Typological and Social Constraints on Language Contact.* Ph D dissertation,university of Amsterdam.

47. RudderJoshua. 2012. *The IPA for Language Learning.* Createspace.

48. Streetr, Mary L. DOC,1971: a Chinese dialect dictionary on computer. In William S.Y. Wang (Ed.). *The Lexicon in Phonological Change.* The Hague: Mouton,1977.

49. Sebba, Mark. 1997. *Contact Languages:Pidgins and Creoles.* London:Macmillan Press.

50. Thomason, Sarah Grey, and Terrence Kaufman. 1988. *Language Contact, Creolization, and Genetic Linguistics.* Barkeley:University of California Press.

51. Thomason, Sarah Grey. 2001. *Language Contace.* Washington,D.C.: Georgetown University Press.

52. Van Coetsem, Frans. 1988. *Loan Phonology and the Two Transfer Types in Language Contact.* Dordrecht: Foris.

53. Weinreich, Uriel. 1979. *Languages in Contact:Find and Problems.* Mouton Publishers, The Hague.

54. Wang, William S.Y. and Chinfa Lian. 1993. Bidirectional diffusion in sound change. In Charles Joens (Ed.). *Historical Linguistics: Problems and Perspectives.* New York: Longman Group UK Ltd.

二、學位論文

1. 吳中杰（1999），《臺灣福佬客分佈及其語言研究》，國立臺灣師範大學華語文教學研究所碩士論文。

2. 呂茗芬（2007），《屏東地區閩客雙方言接觸現象－以保力、武洛及大埔為例》，國立高雄師範大學臺灣文化及語言研究所碩士論文。

3. 宋兆裕（2009)，《屏東高樹鄉大路關廣福村客家話研究》，國立高雄師範大學臺灣文化及語言研究所碩士論文。

4. 洪惟仁（2003），《音變的動機與方向：漳泉競爭與台灣普通腔的形成》，國立清華大學語言學研究所。

5. 陳淑娟（2004），《桃園大牛欄方言的語音變化與語言轉移》，國立臺灣大學中國文學研究所博士論文。

6. 賴維凱（2008），《高樹大路關與內埔客家話比較研究》，國立中央大學客家語文研究所碩士論文。

7. 賴淑芬（2004），《屏東佳冬客話研究》，國立高雄師範大學臺灣語言及教學研究所碩士論文。

8. 賴淑芬（2010），《臺灣南部客語的接觸演變》，國立新竹教育大學臺灣語言與語文教育研究所博士論文。

9. 鍾麗美（2005），《屏東內埔客語的共時變異》，國立高雄師範大學臺灣文化及語言研究所碩士論文。

三、期刊及專書論文

1. 千島英一、樋口靖（1986），〈臺灣南部客家方言概要〉《日本麗澤大學紀要》，第 42 卷 P.95～148。

2. 吳福祥（2007），〈關於語言接觸引發的演變〉《民族語文第 2 期》，中國社會科學院。

3. 吳中杰（2003），〈地方語言與語音〉《里港鄉志（第十一篇——藝文志)》頁 850～852，屏東縣里港鄉公所。

4. 吳中杰（2008），〈屏東市林仔內的揭揚河婆客家話：兼論海陸客語聲調類型的起源〉《2007 客家社會與文化學術研討會論文集》P.53～77，文津出版社。

5. 吳中杰（2010），〈臺灣南、北四縣客家話區語言和移民史之比較研究〉《海洋、跨界與族裔》P.149～169，國立中山大學人文社會科學研究中心出版。

6. 林若望（2002），〈論現代漢語的時制意義〉《*Language and Linguistics*》，3.1：1-25。

7. 洪惟仁（2006），〈高屏地區的語言分佈〉《*Language and Linguistics*》，7.2：365-416。

8. 郭曉燕（2004），〈語言變異對社會及社會心理的折射〉《江西教育學院學報》第 4 期。

9. 張屏生（2009），〈高屏地區客家話次方言的語音差異〉《聲韻論叢—— 第十六輯》，中華民國聲韻學學會 P.87~138，臺灣學生書局。

10. 張屏生、呂茗芬（2009），《六堆地區客家方言島的語言使用調查—— 以武洛地區爲例》，客家委員會獎助客家學術研究。

11. 曹逢甫（2000），〈臺式日語與臺灣國語—— 百年來在臺灣發生的兩個語言接觸實例〉《漢學研究第 18 卷特刊》，頁 273～297。

12. 陳秀琪（2006），〈語言接觸下的方言變遷—— 以臺灣的詔安客家話爲例〉《*Language and Linguistics*》，7.2：417-434。

13. Ross,Malcolm. 1991. *Refining Guy's Sociolinguistic Types of Language Change.* Diachronica 8.1:119-129.

14. Winford, Donald. 2005. Contact-induced Changes: Classification and Process. Diachronica 22.2: 373-427.

四、網　路

1. 屏東縣鹽埔鄉鄉公所（2013 年 2 月 14 日）
http://www.pthg.gov.tw/TownYto/index.aspx

2. 屏東縣九如鄉鄉公所（2013 年 2 月 14 日）
http://www.pthg.gov.tw/TownJrt/News_Detail.aspx?s=66416&n=12948

3. 教育部臺灣客家語常用詞辭典（2013 年 1 月 8 日～2015 年 2 月 8 日）
http://hakka.dict.edu.tw/hakkadict/index.htm

4. 教育部臺灣閩南語常用詞辭典（2013 年 1 月 8 日～2015 年 2 月 8 日）
http://twblg.dict.edu.tw/holodict_new/index.html

附錄：詞彙表

一、體例說明

1. 本表欄位自左至右依序爲：詞彙意義、玉泉村客語讀音、洛陽村客語讀音。

2. 方言讀音以國際音標紀錄，聲調採用趙元任先生的「五度制調值標記法」。五個數字的絕對音高和個數字之間的音高差距都是相對的。

3. 「X」表示發音人無此詞彙認知或遺忘此詞彙之說法。

4. 調值「0」表示入聲。

5. 【】內之內容表示本字。

6. 調值爲自然情境下之語音，不另標示變調。

二、玉泉村及洛陽村詞彙表

1. 天文地理

天 文		
詞　彙	玉泉村	洛陽村
太陽	【日頭】ɲit^{02} tʰeu^{11}	【太陽】tʰai^{55} ioŋ^{11} 【日頭】ɲit^{02} tʰeu^{11}
月亮	【月光】ɲiet^{05} koŋ^{24}	【月光】ɲiat^{05} koŋ^{24}
月暈	【月暈】ɲiet^{05} hun^{11}	【月暈】ɲiat^{05} iun^{11}
星星	【星仔】sen^{24} ne^{31}	【星仔】sen^{24} ne^{31}

牛郎星	【牛郎星】n̠iu¹¹ loŋ¹¹ sen²⁴	【牛郎星】n̠iu¹¹ loŋ¹¹ sen²⁴
織女星	【織女星】tɕit⁰² ŋ¹¹ sen²⁴	【織女星】tsɿ⁵⁵ ŋ³¹ sen²⁴
彗星	【流星】liu⁵⁵ sen²⁴	【流星】hui¹¹ sen²⁴
	【掃把星】so⁵⁵ pa³¹ sen²⁴	【掃把星】so⁵⁵ pa³¹ sen²⁴
	【星仔瀉屎】sen²⁴ ne³¹ ɕia⁵⁵ ɕi³¹	X
銀河	【銀河】n̠iun¹¹ ho¹¹	【銀河】n̠iun¹¹ ho¹¹
雲	【雲】iun¹¹	【雲】iun¹¹
彩虹	【天弓】tʰien¹¹ kiuŋ²⁴	【天弓】tʰen¹¹ kiuŋ²⁴
霧	【雺露】muŋ¹¹ lu⁵⁵	【雺】muŋ¹¹
	X	【霧】bu⁵⁵
露水	【露水】lu⁵⁵ sui³¹	【露水】lu⁵⁵ sui³¹
霜	【霜】soŋ²⁴	【霜】soŋ²⁴
雪	【雪】ɕiet⁰²	【雪】ɕiet⁰²
風	【風】huŋ²⁴	【風】huŋ²⁴
龍捲風	【龍捲風】liuŋ¹¹ kien³¹ huŋ²⁴	【龍攪風】liuŋ¹¹ kau³¹ huŋ²⁴
	【皺螺風】tɕiu⁵⁵ lo¹¹ huŋ²⁴	
冰雹	【冰雹】pen¹¹ pʰau⁵⁵	【冰角】pen²⁴ kok⁰²
颱風	【風颱】huŋ¹¹ tsʰai²⁴	【風颱】huŋ¹¹ tsʰai²⁴
雨	【雨】ji³¹	【雨】ji³¹
毛毛雨	【雨毛仔】ji³¹ mo²⁴ e³¹	【雨毛仔】ji³¹ mo²⁴ e³¹
西北雨	【西北雨】ɕi²⁴ pet⁰² ji³¹	【西北雨】ɕi²⁴ pet⁰² ji³¹
閃電	【爍爁】n̠iap⁰² laŋ⁵⁵	【爍爁】n̠iap⁰² laŋ⁵⁵
打雷	【響雷公】hioŋ³¹ lui¹¹ kuŋ²⁴	【響雷公】hioŋ³¹ lui¹¹ kuŋ²⁴
		【打雷公】ta³¹ lui¹¹ kuŋ²⁴
氣象	【氣象】kʰi⁵⁵ ɕioŋ⁵⁵	【氣象】kʰi⁵⁵ ɕioŋ⁵⁵
天氣	【天氣】tʰien¹¹ hi⁵⁵	【天氣】tʰien¹¹ hi⁵⁵
晴天	【好天】ho³¹ tʰien²⁴	【好天】ho³¹ tʰien²⁴
		【晴天】tɕʰiaŋ¹¹ tʰien²⁴
壞天氣	【壞天】fuai³¹ tʰien²⁴	【壞天】fuai³¹ tʰien²⁴
下雨天	【落雨天】lok⁰⁵ ji³¹ tʰien²⁴	【落雨天】lok⁰⁵ ji³¹ tʰien²⁴
陰天	【烏陰天】bu¹¹ im¹¹ tʰien²⁴	【烏陰天】bu¹¹ im¹¹ tʰien²⁴
很熱	【蓋熱】koi⁵⁵ n̠iet⁰⁵	【蓋熱】kue⁵⁵ n̠iat⁰⁵

很冷	【蓋寒】koi⁵⁵ hon¹¹	【蓋寒】kue⁵⁵ hon¹¹
冷	【寒】hon¹¹	【寒】hon¹¹
涼爽	【涼爽】lioŋ¹¹ soŋ³¹	【輕爽】kʰiaŋ²⁴ soŋ³¹
旱災	【旱災】hon⁵⁵ tsai²⁴	X
水災	【水災】sui³¹ tsai²⁴	【發大水】pot⁰² tʰai⁵⁵ sui³¹
火災	【火災】fuo³¹ tsai²⁴	【火燒屋】ho³¹ ɕio²⁴ buk⁰²
日蝕	【雲遮日】iun¹¹ tsa²⁴ n̩it⁰²	X
月蝕	【天狗食月】tʰien²⁴ kieu³¹ sït⁰⁵ n̩iet⁰⁵	X
地震	【地動】tʰi⁵⁵ tʰuŋ²⁴	【地動】tʰi⁵⁵ tʰuŋ²⁴

自然地理		
詞　彙	玉泉村	洛陽村
海	【海】hoi³¹	【海】hoi³¹
海浪	【海浪】hoi³¹ loŋ⁵⁵	【海浪】hoi³¹ loŋ⁵⁵
海邊	【海邊】hoi³¹ pien²⁴	【海邊】hoi³¹ pen²⁴
漩渦	【波螺皺】po²⁴ lo¹¹ tɕiu⁵⁵	【龍攪水】liuŋ¹¹ kau³¹ sui³¹ 【龍攪】liuŋ¹¹ kun³¹
溪	【河】ho¹¹	【河坽】ho¹¹ pʰen¹¹
水圳（灌溉用的溝渠）	【水圳】sui³¹ tsun⁵⁵	【水圳】sui³¹ tsun⁵⁵
水溝	【水溝】sui³¹ keu²⁴	【水溝仔】sui³¹ keu²⁴ ue³¹
湖	【湖】hu¹¹	【湖】hu¹¹
水池	【水池】sui³¹ tɕʰi¹¹	【水塘】sui³¹ tʰoŋ¹¹
潭	【潭】tʰam¹¹	【潭】tʰam¹¹
小水池	X	X
放埤（把池塘的水排放掉）	【放水】pioŋ⁵⁵ sui³¹	【放水】pioŋ⁵⁵ sui³¹
魚塘	【魚塘】ŋ¹¹ tʰoŋ¹¹	【魚塘仔】ŋ¹¹ tʰoŋ¹¹ ŋe³¹
魚塭	【魚塭仔】ŋ¹¹ vun¹¹ ne³¹	【魚塭仔】ŋ¹¹ ŋun²⁴ ne³¹
水庫	【水庫】sui³¹ kʰu⁵⁵	【水庫】sui³¹ kʰu⁵⁵
水壩	【水壩】sui³¹ pa⁵⁵	【水壩】sui³¹ pa⁵⁵
土堤	【駁坽】pok⁰² pʰen¹¹	【土坽】tʰu³¹ pʰen¹¹

山坑溝（兩山之間的凹溝）	【坑壢】haŋ^{24} lak^{02}	【山溝】san^{11} kieu^{24}
堤防	【駁埗】pok^{02} pʰen^{11}	【駁埗】pok^{02} pʰen^{11}
鄉下	【鄉下】hioŋ^{11} ha^{55} 【庄下】tsoŋ^{11} ha^{55} 【草地】tsʰo^{31} tʰi^{55}	【鄉下】hioŋ^{11} ha^{55}
田地	【田地】tʰien^{11} tʰi^{55} 【田坵】tʰien^{11} kʰiu^{24}	【田地】tʰen^{11} tʰi^{55}
梯田	【梯田】tʰoi^{24} tʰien^{11}	【犁田】lai^{11} tʰen^{11}
菜園	【菜園】tsʰoi^{55} ien^{11}	【菜園】tsʰoi^{55} ian^{11}
田埂	【田脣】tʰien^{24} çin^{11}	【田脣】tʰen^{24} sun^{11}
土埂（在耕地上薙成一行一行的田埂）	【田脣】tʰien^{24} çin^{11}	【田壢】tʰen^{24} lak^{02}
土埂（在耕地上薙成一格一格的田埂）	【田脣】tʰien^{24} çin^{11}	【田壢】tʰen^{24} lak^{02}
山	【山】san^{24}	【山】san^{24}
山上	【山頂矼】san^{24} taŋ^{31} hoŋ^{55}	【山矼】san^{11} hoŋ^{55}
山腳	【山腳下】san^{24} kiok^{02} ha^{24}	【山腳下】san^{24} kok^{02} ha^{24}
偏僻地方	【偏僻】pʰien^{24} pʰit^{02} 【外央】ŋoi^{55} ioŋ^{11}	【偏僻的地方】 pʰen^{11} pʰi^{55} e^{55} tʰi^{55} foŋ^{24}
泥土	【泥土】nai^{11} tʰu^{31}	【泥土】nai^{11} tʰu^{31}
沙子	【沙仔】sa^{24} e^{31}	【沙仔】sa^{24} e^{31}
灰塵	【塵灰】tsʰen^{11} hue^{24}	【塵灰】tsʰen^{11} fue^{24}
爛泥巴	【爛泥】lan^{55} nai^{11}	X
風沙	【風沙】huŋ^{11} sa^{24}	【風飛沙】huŋ^{11} pi^{11} sa^{24}
水	【水】sui^{31}	【水】sui^{31}
井水	【井水】tɕiaŋ^{31} sui^{31}	【井水】tɕiaŋ^{31} sui^{31}
海水	【海水】hoi^{31} sui^{31}	【海水】hoi^{31} sui^{31}
泉水	【泉水】tɕʰien^{11} sui^{31}	【泉水】tɕʰien^{11} sui^{31}
自來水	【自來水】tɕi^{55} loi^{11} sui^{31}	【自來水】tɕʰi^{55} loi^{11} sui^{31}
溫泉	【溫泉】vun^{24} tɕʰien^{11}	【溫泉】vun^{24} tɕʰien^{11}
瀑布	【瀑布】pʰu^{55} pu^{55}	X
懸崖	【深崖】tsʰïn^{11} ai^{24}	【山巖角】san^{24} ia^{11} kok^{02}

隧道	【磅空】poŋ¹¹ kʰaŋ⁵⁵	X
山洞	【山洞】san¹¹ tʰuŋ⁵⁵	【涵空硔】hoŋ¹¹ koŋ²⁴ ho¹¹
打水泥（用水泥鞏固基礎）	【灌漿】kon⁵⁵ tɕioŋ²⁴	X
砌	【疊】tʰiap⁰⁵	【砌】tsʰiet⁰²
北部	【北部】pet⁰² pʰu⁵⁵	【北部】pet⁰² pʰu⁵⁵
	【上背】soŋ⁵⁵ poi⁵⁵	【上尾】soŋ⁵⁵ mi²⁴
南部	【南部】nam¹¹ pʰu⁵⁵	【南部】nam¹¹ pʰu⁵⁵
	【下背】ha¹¹ poi⁵⁵	【下尾】ha¹¹ mi²⁴

2. 時間節令

詞　彙	玉泉村	洛陽村
時候	【時節】ɕi¹¹ tɕiet⁰²	【時節】ɕi¹¹ tɕiet⁰²
一輩子	【一生人】it⁰² sen²⁴ ȵin¹¹	【一生年】it⁰² sen²⁴ ȵian¹¹
以前	【以前】i²⁴ tɕʰien¹¹	【頭擺】tʰeu¹¹ pai³¹
以後	【以後】i¹¹ heu⁵⁵	【以後】i¹¹ heu⁵⁵
現在	【今價】kin¹¹ ka⁵⁵	【現在】hen⁵⁵ tsʰai⁵⁵
	【現在】hien⁵⁵ tsʰai⁵⁵	
很久	【蓋久】koi⁵⁵ kui³¹	【蓋久】kue⁵⁵ kui³¹
幾天	【幾多日】it⁰⁵ to²⁴ ȵit⁰²	【幾下日】it⁰⁵ ha²⁴ ȵit⁰²
剛剛	【拄拄】tʰo¹¹ to⁵⁵	【頭拄】tʰeu¹¹ to⁵⁵
等一會兒	【等一下】ten³¹ it⁰² ha⁵⁵	【等一下】ten³¹ it⁰² ha⁵⁵
接下去	【接下去】tɕiap⁰² ha¹¹ hi⁵⁵	【接下去】tɕiap⁰² ha¹¹ hi⁵⁵
還沒有	【還無】vʷan¹¹ mo¹¹	【還毋曾有】vʷan¹¹ m¹¹ tsʰien¹¹ iu²⁴
很少	【蓋少】koi⁵⁵ seu³¹	【蓋少】kue⁵⁵ seu³¹
臨時	【臨時】lim¹¹ ɕi¹¹	【臨時】lim¹¹ ɕi¹¹
有時候	【有時節】iu²⁴ ɕi¹¹ tɕiet⁰²	【有時節】iu²⁴ ɕi¹¹ tɕiet⁰²
收割時節	X	【收割時節】ɕiu²⁴ kot⁰² ɕi¹¹ kʰi¹¹
馬上、立刻	【隨時】sui¹¹ ɕi¹¹	【馬上】ma¹¹ soŋ⁵⁵
		【搶快】tɕʰioŋ³¹ kʰuai⁵⁵
閏月	【閏月】un⁵⁵ ȵiet⁰⁵	【閏月】lun⁵⁵ ȵiat⁰⁵

月初	【月初】ȵiet⁰⁵ tsʰu²⁴	【月初】ȵiat⁰⁵ tsʰu²⁴
	【月頭】ȵiet⁰⁵ tʰeu¹¹	
月底	【月底】ȵiet⁰⁵ tai³¹	【月底】ȵiat⁰⁵ tai³¹
一月	【正月】tsaŋ¹¹ ȵiet⁰⁵	【靚月】tɕiaŋ¹¹ ȵiat⁰⁵
二月	【二月】ȵi⁵⁵ ȵiet⁰⁵	【二月】ȵi⁵⁵ ȵiat⁰⁵
三月	【三月】sam¹¹ ȵiet⁰⁵	【三月】sam¹¹ ȵiat⁰⁵
四月	【四月】çi⁵⁵ ȵiet⁰⁵	【四月】çi⁵⁵ ȵiat⁰⁵
五月	【五月】ŋ³¹ ȵiet⁰⁵	【五月】ŋ³¹ ȵiat⁰⁵
六月	【六月】liuk⁰² ȵiet⁰⁵	【六月】liuk⁰² ȵiat⁰⁵
七月	【七月】tɕʰit⁰² ȵiet⁰⁵	【七月】tɕʰit⁰² ȵiat⁰⁵
八月	【八月】pat⁰² ȵiet⁰⁵	【八月】pat⁰² ȵiat⁰⁵
九月	【九月】kiu³¹ ȵiet⁰⁵	【九月】kiu³¹ ȵiat⁰⁵
十月	【十月】sïp⁰⁵ ȵiet⁰⁵	【十月】sïp⁰⁵ ȵiat⁰⁵
十一月	【十一月】sïp⁰⁵ it⁰² ȵiet⁰⁵	【十一月】sïp⁰⁵ it⁰² ȵiat⁰⁵
十二月	【十二月】sïp⁰⁵ ȵi⁵⁵ ȵiet⁰⁵	【十二月】sïp⁰⁵ ȵi⁵⁵ ȵiat⁰⁵
今年	【今年】kim²⁴ ȵien¹¹	【今年】kim²⁴ ȵian¹¹
明年	【過忒年】ko⁵⁵ het⁰² ȵien¹¹	【過忒年】ko⁵⁵ het⁰² ȵian¹¹
	【明年】min¹¹ ȵien¹¹	
後年	【後年】heu⁵⁵ ȵien¹¹	【後年】heu²⁴ ȵian¹¹
大後年	【大後年】tʰai⁵⁵ heu⁵⁵ ȵien¹¹	【大後年】tʰai⁵⁵ heu²⁴ ȵian¹¹
去年	【舊年】kʰiu⁵⁵ ȵien¹¹	【舊年】kʰiu⁵⁵ ȵian¹¹
前年	【前年】tɕʰien¹¹ ȵien¹¹	【前年】tɕʰien¹¹ ȵian¹¹
大前年	【大前年】tʰai⁵⁵ tɕʰien¹¹ ȵien¹¹	【大前年】tʰai⁵⁵ tɕʰien¹¹ ȵian¹¹
上個月	【上隻月】soŋ⁵⁵ tsak⁰² ȵiet⁰⁵	【上隻月】soŋ⁵⁵ tsak⁰² ȵiat⁰⁵
下個月	【下隻月】ha⁵⁵ tsak⁰² ȵiet⁰⁵	【下隻月】ha⁵⁵ tsak⁰² ȵiat⁰⁵
星期（亦可指星期天）	【星期】sen²⁴ kʰi¹¹	【星期】sen²⁴ kʰi¹¹
星期日	【星期日】sen²⁴ kʰi¹¹ ȵit⁰²	【星期日】sen²⁴ kʰi¹¹ ȵit⁰²
星期一	【星期一】sen²⁴ kʰi¹¹ it⁰²	【星期一】sen²⁴ kʰi¹¹ it⁰²
星期二	【星期二】sen²⁴ kʰi¹¹ ȵi⁵⁵	【星期二】sen²⁴ kʰi¹¹ ȵi⁵⁵
星期三	【星期三】sen²⁴ kʰi¹¹ sam²⁴	【星期三】sen²⁴ kʰi¹¹ sam²⁴
星期四	【星期四】sen²⁴ kʰi¹¹ çi⁵⁵	【星期四】sen²⁴ kʰi¹¹ çi⁵⁵
星期五	【星期五】sen²⁴ kʰi¹¹ ŋ³¹	【星期五】sen²⁴ kʰi¹¹ ŋ³¹

星期六	【星期六】sen²⁴ kʰi¹¹ liuk⁰²	【星期六】sen²⁴ kʰi¹¹ liuk⁰²
今天	【今晡日】kim¹¹ pu²⁴ n̪it⁰²	【今晡日】kim¹¹ pu²⁴ n̪it⁰²
明天	【天光日】tʰien²⁴ koŋ²⁴ n̪it⁰²	【天光日】tʰen²⁴ koŋ²⁴ n̪it⁰²
後天	【後日】heu⁵⁵ n̪it⁰²	【後日】heu²⁴ n̪it⁰²
大後天	【大後日】tʰai⁵⁵ heu⁵⁵ n̪it⁰²	【大後日】tʰai⁵⁵ heu²⁴ n̪it⁰²
昨天	【昨晡日】tsʰo¹¹ pu²⁴ n̪it⁰²	【昨晡日】tsʰo¹¹ pu²⁴ n̪it⁰²
前天	【前日】tɕʰien¹¹ n̪it⁰²	【前日】tɕʰien¹¹ n̪it⁰²
大前天	【大前日】tʰai⁵⁵ tɕʰien¹¹ n̪it⁰²	【大前日】tʰai⁵⁵ tɕʰien¹¹ n̪it⁰²
白天	【日時頭】n̪it⁰² çi¹¹ tʰeu¹¹	【日時頭】n̪it⁰² çi¹¹ tʰeu¹¹
晚上	【暗晡日】am⁵⁵ pu¹¹ ia⁵⁵	【暗晡日】am⁵⁵ pu¹¹ ia⁵⁵
一天	【一日】it⁰² n̪it⁰²	【一日】it⁰² n̪it⁰²
整天	【歸日】kui²⁴ n̪it⁰⁵	【歸日】kui²⁴ n̪it⁰⁵
每天	【每日】mi²⁴ n̪it⁰⁵	【每日】mi²⁴ n̪it⁰⁵
	【逐日】tak⁰² n̪it⁰²	【逐日】tak⁰² n̪it⁰²
雞啼	【雞啼】kie²⁴ tʰai¹¹	X
天未亮	【還毋曾光】uan¹¹ m¹¹ tsʰien¹¹ koŋ²⁴	【天言光】tʰen²⁴ uan¹¹ kʰoi²⁴
天快亮	【會天光】voi⁵⁵ tʰien¹¹ koŋ²⁴	【天會開】tʰen¹¹ voi⁵⁵ kʰoi²⁴
天亮	【天光】tʰien¹¹ koŋ²⁴	【天光】tʰen¹¹ kʰoi²⁴
快要接近中午的時候	【會晝仔】voi⁵⁵ tsu⁵⁵ e¹¹	【會當晝仔】voi⁵⁵ toŋ¹¹ tsu⁵⁵ e¹¹
中午	【當晝頭】toŋ¹¹ tsu⁵⁵ tʰeu¹¹	【當晝頭】toŋ¹¹ tsu⁵⁵ tʰeu¹¹
下午（約下午四、五點的時候）	【下晝】ha¹¹ tsu⁵⁵	【下晝】ha¹¹ tsu⁵⁵
黃昏	【臨暗頭】lim¹¹ am⁵⁵ tʰeu¹¹	【臨暗】lim¹¹ am⁵⁵
三更半夜	【三光半夜】sam¹¹ koŋ²⁴ pan⁵⁵ ia⁵⁵	【三光半夜】sam¹¹ koŋ²⁴ pan⁵⁵ ia⁵⁵
寅時（清晨三點到五點，差不多雞啼的時間）	X	【打早】ta³¹ tso³¹
卯時（清晨五點到七點）	X	【會天光】voi⁵⁵ tʰen¹¹ koŋ²⁴

午時（中午十一點到下午一點）	【當晝】toŋ¹¹ tsu⁵⁵	【當晝】toŋ¹¹ tsu⁵⁵
吃早飯	【食早點】ɕit⁰⁵ tso³¹ tiam³¹ 【食朝晨頭】ɕit⁰⁵ tseu²⁴ sïn¹¹ tʰeu¹¹	【食早點】ɕit⁰⁵ tso³¹ tseu²⁴
吃中飯	【食當晝頭】ɕit⁰⁵ toŋ¹¹ tsu⁵⁵ tʰeu¹¹	【食當晝】ɕit⁰⁵ toŋ¹¹ tsu⁵⁵
吃晚飯	【食暗晡頭】ɕit⁰⁵ am⁵⁵ pu²⁴ tʰeu¹¹	【食暗晡】ɕit⁰⁵ am⁵⁵ pu²⁴
一年四季	【一年四季】it⁰² ɲien¹¹ ɕi⁵⁵ kui⁵⁵	【一年四季】it⁰² ɲian¹¹ ɕi⁵⁵ kui⁵⁵
春天	【春天】tsʰun¹¹ tʰien²⁴	【春天】tsʰun¹¹ tʰen²⁴
夏天	【熱天】ɲiet⁰⁵ tʰien²⁴	【熱天】ɲiat⁰⁵ tʰen²⁴
秋天	【秋天】tɕʰiu¹¹ tʰien²⁴	【秋天】tɕʰiu¹¹ tʰen²⁴
冬天	【寒天】hon¹¹ tʰien²⁴	【寒天】hon¹¹ tʰen²⁴
節氣	【節氣】tɕiet⁰² hi⁵⁵	【節氣】tɕiet⁰² hi⁵⁵
立春	【立春】lip⁰⁵ tsʰun²⁴	【立春】lip⁰⁵ tsʰun²⁴
雨水	【雨水】ji³¹ sui³¹	【雨水】ji³¹ sui³¹
驚蟄	【驚蟄】kiaŋ¹¹ tsʰït⁰⁵	X
春分	【春分】tsʰun¹¹ hun²⁴	【春分】tsʰun¹¹ hun²⁴
清明	【清明】tɕʰiaŋ²⁴ miaŋ¹¹	【清明】tɕʰiaŋ²⁴ miaŋ¹¹
穀雨	【穀雨】kuk⁰² ji³¹	【穀雨】kuk⁰² ji³¹
立夏	【立夏】lip⁰⁵ ha⁵⁵	【立夏】lip⁰⁵ ha⁵⁵
小滿	【小滿】seu³¹ man²⁴	【小滿】seu³¹ man¹¹
芒種	【芒種】moŋ¹¹ tsuŋ⁵⁵	【芒種】moŋ¹¹ tsuŋ⁵⁵
夏至	【夏至】ha⁵⁵ tɕi⁵⁵	【夏至】ha⁵⁵ tsï⁵⁵
小暑	【小暑】seu³¹ tsʰu³¹	【小熱】seu³¹ ɲiat⁰⁵
大暑	【大暑】tʰai⁵⁵ tsʰu³¹	【大熱】tʰai⁵⁵ ɲiat⁰⁵
立秋	【立秋】lip⁰⁵ tɕʰiu²⁴	【立秋】lip⁰⁵ tɕʰiu²⁴
處暑	【處暑】tsʰu³¹ tsʰu³¹	X
白露	【白露】pʰak⁰⁵ lu⁵⁵	【白露】pʰak⁰⁵ lu⁵⁵
秋分	【秋分】tɕʰiu¹¹ hun²⁴	【秋分】tɕʰiu¹¹ hun²⁴
寒露	【寒露】hon¹¹ lu⁵⁵	【寒露】hon¹¹ lu⁵⁵
霜降	【落霜】lok⁰⁵ soŋ²⁴	【落霜】lok⁰⁵ soŋ²⁴

立冬	【立冬】lip⁰⁵ tuŋ²⁴	【立冬】lip⁰⁵ tuŋ²⁴
小雪	【小雪】seu³¹ ɕiet⁰²	【小雪】seu³¹ ɕiet⁰²
大雪	【大雪】tʰai⁵⁵ ɕiet⁰²	【大雪】tʰai⁵⁵ ɕiet⁰²
冬至	【冬至】tuŋ¹¹ tɕi⁵⁵	【冬至】tuŋ¹¹ tsï⁵⁵
小寒	【小寒】seu³¹ hon¹¹	【小寒】seu³¹ hon¹¹
大寒	【大寒】tʰai⁵⁵ hon¹¹	【大寒】tʰai⁵⁵hon¹¹
除夕夜	【三十暗晡】sam¹¹ sïp⁰⁵ am⁵⁵ pu²⁴	【年□】ȵian¹¹ ŋap⁰⁵
吃年夜飯	【食年夜飯】ɕit⁰⁵ ȵien¹¹ ia⁵⁵ huan⁵⁵	【食年□飯】ɕit⁰⁵ ȵian¹¹ ŋap⁰⁵ huan⁵⁵
圍爐（吃年夜飯時一種象徵團圓的說法）	【圍爐】bi¹¹ lu¹¹	【圍爐】bi²⁴ lu¹¹
正月初一	【正月初一】tsaŋ¹¹ ȵiet⁰⁵ tsʰu¹¹ it⁰²	【正月初一】tsaŋ¹¹ ȵiat⁰⁵ tsʰu¹¹ it⁰²
元宵節（農曆一月十五日）	【拈燈】ȵiam¹¹ ten²⁴	【元宵節】ȵian¹¹ seu²⁴ tɕiet⁰⁵
清明節	【清明節】tɕʰiaŋ²⁴ miaŋ¹¹ tɕiet⁰²	【清明節】tɕʰiaŋ²⁴ miaŋ¹¹ tɕiet⁰²
端午節	【五月節】ŋ³¹ ȵiet⁰⁵ tɕiet⁰²	【端午節】ton²⁴ ŋ³¹ tɕiet⁰² 【□粽節】ko¹¹ tsuŋ⁵⁵ tɕiet⁰²
七夕（農曆七月七日）	【七月節】tɕʰit⁰² ȵiet⁰⁵ tɕiet⁰²	【五娘節】tɕʰit⁰² ȵioŋ¹¹ tɕiet⁰²
中元節（農曆七月十五日）	【中元節】tsuŋ²⁴ ȵien¹¹ tɕiet⁰²	【中元節】tsuŋ²⁴ ȵian¹¹ tɕiet⁰² 【七月十五】tɕʰit⁰² ȵiat⁰⁵ sïp⁰⁵ ŋ³¹
中秋節（農曆八月十五日）	【八月十五】pat⁰² ȵiet⁰⁵ sïp⁰⁵ ŋ³¹	【中秋節】tsuŋ¹¹ tsʰiu²⁴ tɕiet⁰²
賞月	【賞月】soŋ³¹ ȵiet⁰⁵	【看月光】kʰon⁵⁵ ȵiat⁰⁵ koŋ²⁴
重陽節（農曆九月九日）	【敬老節】kin⁵⁵ lo³¹ tɕiet⁰²	【重陽節】tsʰuŋ²⁴ ioŋ¹¹ tɕiet⁰² 【九月節】kiu³¹ ȵiat⁰⁵ tɕiet⁰²
尾牙（農曆十二月十六日，農民和商人以牲禮供奉土地公，並宴請受雇者）	【尾牙】mi²⁴ ŋa¹¹	【尾牙】mi²⁴ ŋa¹¹

3. 方　位

詞　彙	玉泉村	洛陽村
東	【東】tuŋ²⁴	【東】tuŋ²⁴
西	【西】çi²⁴	【西】çi²⁴
南	【南】nam¹¹	【南】nam¹¹
北	【北】pet⁰²	【北】pet⁰²
中間、中央	【蒂中】ti⁵⁵ tuŋ²⁴	【蒂中】ti⁵⁵ tuŋ¹¹
	【中間】tsuŋ¹¹ kien²⁴	【中央】tsuŋ¹¹ ioŋ²⁴
前面	【頭前】tʰeu¹¹ tɕʰien¹¹	【前面】tɕʰien¹¹ men⁵⁵
後面	【後背】heu⁵⁵ poi⁵⁵	【後面】heu⁵⁵ men⁵⁵
上面	【頂硫】taŋ³¹ hoŋ⁵⁵	【上面】soŋ⁵⁵ men⁵⁵
下面	【底下】tai³¹ ha²⁴·	【下面】ha¹¹ men⁵⁵
旁邊	【脣口】sïn¹¹ heu³¹	【脣口】sun¹¹ heu³¹
		【旁邊】pʰoŋ¹¹ pen²⁴
對面	【對面】tui⁵⁵ mien⁵⁵	【對面】tui⁵⁵ men⁵⁵
外面	【外面】ŋoi⁵⁵ mien⁵⁵	【外面】ŋoi⁵⁵ men⁵⁵
裡面	【底背】ti¹¹ poi⁵⁵	【內面】nui⁵⁵ men⁵⁵
右邊	【右片】iu⁵⁵ pʰien³¹	【右片】iu⁵⁵ pʰen³¹
左邊	【左片】tso³¹ pʰien³¹	【左片】tso³¹ pʰen³¹
哪裡	【俇仔】nai⁵⁵ e¹¹	【俇位仔】nai⁵⁵ bi⁵⁵ ie³¹
到處	【俇都係】nai⁵⁵ lu⁵⁵ he⁵⁵	【俇處】nai⁵⁵ tsʰu⁵⁵
隔壁	【隔壁】kak⁰² piak⁰²	【隔壁】kak⁰² piak⁰²
鄰居	【鄰舍】lin¹¹ sa⁵⁵	【鄰舍】lin¹¹ sa⁵⁵
地方	【地方】tʰi⁵⁵ fuoŋ²⁴	【地方】tʰi⁵⁵ fuoŋ²⁴
	【所在】so³¹ tsʰai⁵⁵	【所在】so³¹ tsʰai⁵⁵
羅盤、指南針（用以指示方向的器具）	【羅盤】lo¹¹ pʰan¹¹	【羅盤】lo¹¹ pʰan¹¹
	【指南針】tɕi³¹ nam¹¹ tɕiam²⁴	

4. 日常用品

一般用品		
詞　彙	玉泉村	洛陽村
東西	【東西】tuŋ^{11} çi^{24}	【東西】tuŋ^{11} çi^{24}
工具	【家拉伙司】ka^{11} la^{11} ho^{31} çi^{55}	【家拉伙司】ka^{11} la^{11} ho^{31} çi^{55}
財產	【財產】tshoi^{11} san^{31}	【財產】tshoi^{11} san^{31}
私房錢	【私胿錢】çi^{11} koi^{24} tçhien^{11}	【私胿錢】çi^{11} koi^{24} tçhien^{11}

家庭用品		
詞　彙	玉泉村	洛陽村
洗衣板	【洗衫褲板】se^{31} sam^{11} fu^{55} pioŋ^{24}	【洗衫板】se^{31} sam^{24} pan^{31}
洗衣棒	【洗衫褲棍】se^{31} sam^{11} fu^{55} kun^{55}	【洗衫棍】se^{31} sam^{11} kun^{55}
肥皂	【番鹼】huan^{11} kien^{31}	【番鹼】huan^{11} kian^{31}
肥皂泡沫	【番鹼泡】huan^{11} kien^{31} p^{h}o^{24}	【番鹼泡】huan^{11} kian^{31} p^{h}ok^{05}
肥皂粉	【番鹼粉】huan^{11} kien^{31} hun^{31}	【番鹼粉】huan^{11} kian^{31} hun^{31}
浮石（一種可以洗滌用的石子）	【冇石】p^{h}aŋ^{55} sak^{05}	X
牙膏	【牙膏】ŋa^{11} kau^{24}	【牙膏】ŋa^{11} kau^{24}
漱口杯	【牙角杯】ŋa^{11} kok^{02} pi^{24}	【□水杯】lok^{05} sui^{31} pi^{24} 【□嘴杯】lok^{05} tsoi^{55} pi^{24}
牙刷	【牙搓仔】ŋa^{11} ts^{h}o^{55} e^{31}	【牙搓】ŋa^{11} ts^{h}o^{55}
牙籤	【牙籤】ŋa^{11} ts^{h}iam^{24}	【牙籤】ŋa^{11} ts^{h}iam^{24}
洗臉盆	【面盆】mien^{55} p^{h}un^{11}	【洗面盆】se^{31} men^{55} p^{h}un^{11}
金屬桶	【錫桶仔】çiak^{02} t^{h}uŋ^{31} ŋe^{31}	【金銀桶】k^{h}in^{24} ɲiun^{11} t^{h}uŋ^{31}
水桶	【水桶】sui^{31} t^{h}uŋ^{31}	【水桶】sui^{31} t^{h}uŋ^{31}
洗腳或洗澡用的桶子	【腳盆】kiok^{02} p^{h}un^{11}	【洗腳桶】se^{31} çin^{24} t^{h}uŋ^{31}
毛巾（洗臉用）	【面帕】mien^{55} p^{h}a^{55}	【面帕】men^{55} p^{h}a^{55}
手帕	【手帕】su^{31} p^{h}a^{55}	【手帕】su^{31} p^{h}a^{55}
雨傘	【遮仔】tsa^{24} e^{31}	【遮仔】tsa^{24} e^{31}
蓑衣	【蓑衣】so^{11} ji^{24}	【草衣】ts^{h}o^{31} ji^{24}

雨衣	【水衣】sui^{31} ji^{24}	【水衣】sui^{31} ji^{24}
斗笠	【笠嬤】lip^{02} ma^{11}	【笠嬤】lip^{02} ma^{11}
斗笠最尖端的部分	【笠嬤頂】lip^{02} ma^{11} taŋ^{31}	X
雨鞋	【靴筒】hio^{24} tʰuŋ^{11}	【靴筒】heu^{24} tʰuŋ^{11}
箱子	【箱仔】çioŋ^{24} ŋe^{31}	【箱仔】çioŋ^{24} ŋe^{31}
桌櫃（一種躺櫃式的床，上面睡覺下面可以存放東西）	【櫃頭】kʰui^{55} tʰeu^{11}	【桌櫃】tsok^{02} kui^{55}
針	【針】tçiam^{24}	【針】tçiam^{24}
線	【線】çien^{55}	【線】çien^{55}
剪刀	【剪刀】tçien^{31} to^{24}	【剪刀】tçien^{31} to^{24}
錐子、鑽子	【鑽仔】tson^{55} ne^{31}	【鑽仔】tson^{55} ne^{31}
尺	【尺】tsʰak^{02}	【尺】tsʰak^{02}
紙	【紙】tçi^{31}	【紙】tçi^{31}
熨斗	【熨斗】iun^{55} teu^{31}	【熨斗】iun^{55} teu^{31}
裁縫車	【裁縫車】tsʰai^{11} huŋ^{11} tsʰa^{24}	【裁縫車】tsʰai^{11} huŋ^{11} tsʰa^{24}
織布機	【織布機】tçit^{02} pu^{55} ki^{24}	【織布機】tçi^{55} pu^{55} ki^{24}
耳挖子（用來挖耳屎的器具）	【耳屎耙子】n̩i^{31} çi^{31} pʰa^{11} e^{31}	【耳屎鉤】n̩i^{31} çi^{31} kieu^{24}
不求人（抓背養的器具）	【爪癢仔】tsau^{31} ioŋ^{24} ŋe^{55}	【無求人】mo^{11} kʰiu^{11} n̩in^{11}
扇子	【扇仔】san^{55} ne^{31}	【扇仔】san^{55} ne^{31}
時鐘	【時鐘】çi^{11} tsuŋ^{24}	【時鐘】çi^{11} tsuŋ^{24}
手錶	【手錶仔】su^{31} peu^{24} e^{31}	【手錶】su^{31} peu^{24}
鬧鐘	【鬧鐘】nau^{55} tsuŋ^{24}	【鬧鐘】nau^{55} tsuŋ^{24}
眼鏡	【目鏡】muk^{02} kiaŋ^{55}	【眼鏡】n̩ian^{31} kiaŋ^{55}
鏡框	【目鏡框】muk^{02} kiaŋ^{55} kʰioŋ^{24}	【眼框】n̩ian^{31} kʰioŋ^{24}
鏡子	【鏡仔】kiaŋ^{55} ŋe^{31}	【鏡仔】kiaŋ^{55} ŋe^{31}
溫度計	【溫度針】bun^{11} tʰu^{55} tçim^{24}	【溫度針】bun^{11} tʰu^{55} tçiam^{24}
抹布	【桌布】tsok^{02} pu^{55}	【桌布】tsok^{02} pu^{55}
打氣筒	【風筒】huŋ^{24} tʰuŋ^{11}	【灌氣筒】kon^{55} hi^{55} tʰuŋ^{31}
垃圾	【地圾】tʰi^{55} sep^{02}	【垃圾】let^{02} çiep^{02}
垃圾桶	【地圾桶】lep^{02} sep^{02} tʰuŋ^{31}	【垃圾桶】let^{02} çiep^{02} tʰuŋ^{31}

垃圾車	【地圾車】lep⁰² sep⁰² tsʰa²⁴	【地圾車】let⁰² ɕiep⁰² tsʰa²⁴
畚斗	【畚斗】pun⁵⁵ teu³¹	【畚斗】pun⁵⁵ teu³¹
掃帚	【掃把】so⁵⁵ pa³¹	【掃把】so⁵⁵ pa³¹
竹掃把	【祛把】kʰia⁵⁵ pa³¹	【竹掃把】tsuk⁰² so⁵⁵ pa³¹
細竹枝	【祛把鬚】kʰia⁵⁵ pa³¹ ɕi²⁴ 【竹修仔】tsuk⁰² ɕiu²⁴ e³¹	【幼竹枝】iu⁵⁵ tsuk⁰² ki²⁴
嬰兒車	【細人車】sɛ⁵⁵ n̩in¹¹ tsʰa²⁴	【細人車】se⁵⁵ n̩in¹¹ tsʰa²⁴
學步車	【學步車】hok⁰⁵ pu⁵⁵ tsʰa²⁴	【學步車】hok⁰⁵ pu⁵⁵ tsʰa²⁴ 【學踏車】hok⁰⁵ tʰap⁵⁵ tsʰa²⁴
木馬（小孩騎的）	【雞公車】kie¹¹ kuŋ¹¹ tsʰa²⁴	【騎馬車】kʰi¹¹ ma¹¹ tsʰa²⁴
搖籃	【晃槓】koŋ¹¹ koŋ⁵⁵	【晃槓】koŋ¹¹ koŋ⁵⁵
算盤	【算盤】son⁵⁵ pʰan¹¹	【算盤】son⁵⁵ pʰan¹¹
大秤	【量仔】lioŋ⁵⁵ ŋe³¹	【大秤】tʰai⁵⁵ tɕin⁵⁵
桿秤	【秤仔】tɕin⁵⁵ ne³¹	X
秤鉤	【秤鉤仔】tɕin⁵⁵ kieu²⁴ e³¹	X
斤兩秤的分量	【秤頭】tɕin⁵⁵ tʰeu¹¹	X
秤錘	【秤錘】tɕin⁵⁵ tʰo¹¹	【秤頭】tɕin⁵⁵ tʰeu¹¹
磅秤	【磅仔】poŋ¹¹ ŋe³¹	【秤磅】tɕin⁵⁵ poŋ¹¹
砝碼	【磅子】poŋ¹¹ tɕi³¹	X
戥子	【戥仔】ten³¹ ne³¹	X
煙斗	【煙筒】ien²⁴ tʰuŋ¹¹	【煙斗】ian²⁴ teu³¹
煙嘴	【煙嘴】ien¹¹ tsoi⁵⁵	【煙嘴】ian¹¹ tsoi⁵⁵
桌子	【桌仔】tsok⁰² ke³¹	【桌仔】tsok⁰² ke³¹
八仙桌（四方形的桌子，剛好可以坐八個人）	【八仙桌】pat⁰² ɕien²⁴ tsok⁰⁵	【八仙桌】pat⁰² sen²⁴ tsok⁰⁵
供桌	【神桌】ɕin¹¹ tsok⁰²	【牲體桌】sen²⁴ tʰi³¹ tsok⁰²
抽屜	【拖仔】tʰo²⁴ e³¹	【拖仔】tʰo²⁴ e³¹
化妝箱	【化妝箱】hua⁵⁵ tsoŋ¹¹ ɕioŋ²⁴	【化妝箱】hua⁵⁵ tsoŋ¹¹ ɕioŋ²⁴
化妝檯	【化妝檯】hua⁵⁵ tsoŋ¹¹ tʰoi²⁴	【化妝檯】hua⁵⁵ tsoŋ¹¹ tʰoi²⁴
鏡檯	【鏡檯】kiaŋ⁵⁵ tʰoi²⁴	【鏡檯】kiaŋ⁵⁵ tʰoi²⁴

凳子	【凳仔】ten⁵⁵ ne³¹	【凳仔】ten⁵⁵ ne³¹
		【矮杶仔】ai³¹ tun³¹ tʰeu¹¹
沙發椅	【膨凳】pʰoŋ⁵⁵ ten⁵⁵	【沙發凳】sa¹¹ hua²⁴ ten⁵⁵
躺椅	【憑椅】pʰen⁵⁵ i³¹	【憑凳仔】pʰen⁵⁵ ten⁵⁵ ne³¹
長板凳	【長凳】tsʰoŋ¹¹ ten⁵⁵	【長板凳】tsʰoŋ¹¹ pan³¹ ten⁵⁵
小凳子	【矮杶頭】ai³¹ tun³¹ tʰeu¹¹	【細杶頭】se⁵⁵ tun³¹ tʰeu¹¹
	【矮凳仔】ai³¹ ten⁵⁵ ne³¹	
靠背椅（一種有扶手且可靠背的椅子，坐起來很舒服）	【憑凳】pʰen⁵⁵ ten⁵⁵	【靠憑凳】kʰo⁵⁵ pʰen⁵⁵ ten⁵⁵
竹凳	【竹凳仔】tsuk⁰² ten⁵⁵ ne³¹	【竹凳】tsuk⁰² ten⁵⁵
痰盂	【痰盆】tʰam¹¹ pʰun¹¹	X
浴桶	【洗身桶】se³¹ ɕin²⁴ tʰuŋ³¹	X
尿桶	【尿桶】ɲiau⁵⁵ tʰuŋ³¹	【尿桶】ɲiau⁵⁵ tʰuŋ³¹
夜壺	【尿斗】ɲiau⁵⁵ teu³¹	X
	【尿壺】ɲiau⁵⁵ hu¹¹	
舀糞具（從糞坑中舀取糞便的工具）	【肥杓】pʰi¹¹ sok⁰⁵	【舀糞桶】ieu³¹ pun⁵⁵ tʰuŋ³¹
馬桶	【屎桶】ɕi³¹ tʰuŋ³¹	【屎桶】ɕi³¹ tʰuŋ³¹
	【糞缸】pun⁵⁵ koŋ²⁴	【糞缸】pun⁵⁵ koŋ²⁴
廁所	【便所】pʰien⁵⁵ so³¹	【便所】pʰen⁵⁵ so³¹
擦便具（早期用來擦屁股的器具）	【竹摒仔】tsuk⁰² pin³¹ ne¹¹	【竹排】tsuk⁰² pʰai¹¹
粗紙（早期的衛生紙）	【粗紙】tsʰu²⁴ tɕi³¹	【粗紙】tsʰu²⁴ tɕi³¹
衛生紙	【衛生紙】bi⁵⁵ sen²⁴ tɕi³¹	【衛生紙】bi⁵⁵ sen²⁴ tɕi³¹
月經布（早期的衛生棉，為一塊黑色的布）	【烏布】bu¹¹ pu⁵⁵	X
鎖	【鎖頭】so³¹ tʰeu¹¹	【鎖頭】so³¹ tʰeu¹¹
鑰匙	【鎖匙】so³¹ ɕi³¹	【鎖匙】so³¹ ɕi³¹
磁鐵	【吸石】kʰip⁰² sak⁰⁵	【吸石】kʰip⁰² sak⁰⁵
茶壺	【茶壺仔】tsʰa¹¹ hu¹¹ e³¹	【茶壺仔】tsʰa¹¹ hu¹¹ e³¹
熱水瓶	【滾水罐】kun³¹ sui³¹ kon⁵⁵	【熱水瓶】ɲiat⁰⁵ sui³¹ pʰin¹¹

保溫杯（用來保溫的杯子）	【保溫瓶】po³¹ bun¹¹ pi²⁴	【保溫瓶】po³¹ bun¹¹ pi²⁴
茶杯	【茶杯仔】tsʰa¹¹ pi²⁴ e³¹	【茶杯】tsʰa¹¹ pi²⁴
花瓶	【花盎仔】hua¹¹ aŋ²⁴ ŋe³¹	【花瓶】hua²⁴ pʰin¹¹
花盆	【花瓶】hua²⁴ pʰun¹¹	【花瓶】hua²⁴ pʰun¹¹
瓶蓋	【酒塞仔】tɕiu³¹ set⁰² te¹¹	【蓋仔】koi⁵⁵ e³¹
彈簧床	【膨床】pʰoŋ⁵⁵ tsʰoŋ¹¹	【膨床】pʰoŋ⁵⁵ tsʰoŋ¹¹
通鋪	【總鋪】tsuŋ³¹ pʰu²⁴	【總鋪】tsuŋ³¹ pʰu²⁴
草蓆	【草蓆】tsʰo³¹ tɕʰiak⁰⁵	【草蓆仔】tsʰo³¹ tɕʰiak⁰⁵ ke³¹
竹蓆	【竹蓆仔】tsuk⁰² tɕʰiak⁰⁵ ke³¹	【竹蓆】tsuk⁰² tɕʰiak⁰⁵
榻榻米（日文）	【榻榻米】tʰa¹¹ tʰa⁵⁵ mi³¹	【榻榻米】tʰak⁰² tʰak⁰⁵ mi³¹
床	【眠床】min¹¹ tsʰoŋ¹¹	【眠床】min¹¹ tsʰoŋ¹¹
梳子（梳齒較寬疏）	【梳仔】ɕi²⁴ e³¹	【梳仔】su²⁴ e³¹
細梳子（中間有樑，梳齒窄密）	【摒仔】pin⁵⁵ ne³¹	X
鞋拔子	【鞋抹仔】hai¹¹ mat⁰² te³¹	【鞋腳仔】hai¹¹ kiok⁰² ke³¹
禮籃（在喜慶時放置禮品的圓形籃子）	【籮篙】lo¹¹ kak⁰²	【圓檐仔】ian¹¹ iam¹¹ me³¹
扛槤（婚嫁迎親時，放置禮品的方形籃子）	【橤】tsʰaŋ⁵⁵	X
煤油燈	【挑燈】tiau⁵⁵ ten²⁴	【油燈】iu¹¹ ten²⁴
火籠（烤熱用的小火爐）	【火遮】fuo³¹ tsak⁰²	【火爐仔】huŋ²⁴ lu¹¹ e³¹
手電筒	【手電筒】su³¹ tʰien⁵⁵ tʰuŋ³¹	【手電筒】su³¹ tʰen⁵⁵ tʰuŋ³¹
電燈	【電火】tʰien⁵⁵ fo³¹	【電火】tʰen⁵⁵ ho³¹
電燈泡	【電火泡仔】tʰien⁵⁵ fo³¹ pʰok⁰⁵ ke³¹	【電火泡仔】tʰen⁵⁵ ho³¹ pʰok⁰⁵ ke³¹
塑膠袋	【塑膠袋仔】sok⁰² kau²⁴ tʰoi⁵⁵ e³¹	【塑膠袋】sok⁰² ka¹¹ tʰoi⁵⁵
電風扇	【電扇】tʰien⁵⁵ san⁵⁵	【電風扇】tʰen⁵⁵ huŋ¹¹ san⁵⁵
電冰箱	【電冰箱】tʰien⁵⁵ pen¹¹ ɕioŋ²⁴	【電冰箱】tʰen⁵⁵ pen¹¹ ɕioŋ²⁴
電影	【電影】tʰien⁵⁵ iaŋ³¹	【電影】tʰen⁵⁵ iaŋ³¹

電鍋	【電煲仔】t^{h}ien^{55} po^{24} e^{31}	【電鍋】t^{h}en^{55} ko^{24}
		【電煲仔】t^{h}en^{55} po^{24} e^{31}
電視	【電視】t^{h}ien^{55} çi^{55}	【電視】t^{h}en^{55} çi^{55}
電唱機（用來放錄音唱片的裝置）	【電唱機】t^{h}ien^{55} ts^{h}oŋ^{55} ki^{24}	【電唱機】t^{h}en^{55} ts^{h}oŋ^{55} ki^{24}
吹風機	【吹風機】ts^{h}oi^{11} huŋ^{11} ki^{24}	【吹風機】ts^{h}ui^{11} huŋ^{11} ki^{24}
電話	【電話】t^{h}ien^{55} hua^{55}	【電話】t^{h}en^{55} hua^{55}
乾電池	【電池】t^{h}ien^{55} tç^{h}i^{11}	【電池仔】t^{h}en^{55} tç^{h}i^{11} e^{31}
電石（瓦斯）	【瓦斯】ŋa^{31} sï^{11}	【瓦斯】ŋa^{31} çi^{11}
	【電泥】t^{h}ien^{55} nai^{11}	
錄音機	【錄音機】liuk^{05} im^{11} ki^{24}	【錄音機】luk^{05} im^{11} ki^{24}
搪瓷	X	X
蠟燭	【蠟燭】lap^{05} tsuk^{02}	【蠟燭】lap^{05} tsuk^{02}
冷氣機	【冷氣】laŋ^{11} hi^{55}	【冷氣機】laŋ^{11} hi^{55} ki^{24}
望遠鏡	【眺鏡】tiau^{55} kiaŋ^{55}	【望遠鏡】moŋ^{55} ian^{31} kiaŋ^{55}
放大鏡	【放大鏡】fuoŋ^{55} t^{h}ai^{55} kiaŋ^{55}	【放大鏡】hoŋ^{55} t^{h}ai^{55} kiaŋ^{55}
彈簧	【弓仔】kiuŋ^{24} ŋe^{31}	【彈簧】t^{h}an^{11} foŋ^{11}
小棍子	【棍仔】kun^{55} ne^{31}	【細棍仔】se^{55} kun^{55} ne^{31}
紙袋	【紙袋】tçi^{31} t^{h}oi^{55}	【紙袋】tçi^{31} t^{h}oi^{55}
殺蟲劑	【蚊仔水】mun^{24} ne^{31} sui^{31}	【殺蟲水】sa^{24} ts^{h}uŋ^{11} sui^{31}
		【殺蟲藥】sa^{24} ts^{h}uŋ^{11} iok^{05}
蚊香	【蚊香】mun^{11} hioŋ^{24}	【蚊香】mun^{11} hioŋ^{24}

廚房用品		
詞　彙	玉泉村	洛陽村
廚房	【廚房】ts^{h}u^{11} fuoŋ^{11}	【廚房】ts^{h}u^{11} hoŋ^{11}
	【灶下】tso^{55} ha^{24}	【灶下】tso^{55} ha^{24}
灶（早期在廚房裡生火做飯的設備）	【灶頭】tso^{55} t^{h}eu^{11}	【灶頭】tso^{55} t^{h}eu^{11}
灰燼	【灰烌】hue^{11} hu^{24}	【灰烌】fue^{11} hu^{24}
撥弄柴火的工具	【鐵精】t^{h}et^{02} tçin^{24}	【夾仔】kiap^{05} pe^{31}
灰鏟（產灰燼的工具）	【火鏟仔】fuo^{31} ts^{h}an^{31} ne^{31}	【火鏟仔】ho^{31} ts^{h}an^{55} ne^{31}

風櫃	【風箱】huŋ^{11} çioŋ^{24}	【風櫃】huŋ^{11} kui^{55}
火鉗（鐵製的夾柴火的工具）	【火鉗】fuo^{31} k^{h}iam^{11}	【火鉗】ho^{31} k^{h}iam^{11}
火柴	【番仔火】huan^{24} ne^{31} fo^{31}	【火拭仔】ho^{31} ts^{h}ut^{05} te^{31}
打火機	【ライター】lai^{31} ta^{11}	【拭來火】ts^{h}ut^{05} loi^{11} ho^{31}
打火石	【火石】fuo^{31} sak^{05}	【打火石】ta^{31} ho^{31} sak^{05}
煙囪	【煙囪】ien^{11} ts^{h}uŋ^{24}	【煙囪】ian^{11} ts^{h}uŋ^{11}
煙垢（鍋子底下的黑煙塵）	【火炭煤】fuo^{31} t^{h}an^{11} moi^{11}	【發㿈】fuat^{02} lat^{02}
吹氣筒（吹氣使火點著的竹管）	【火燒筒】fuo^{31} seu^{24} t^{h}uŋ^{11}	【噴氣筒】p^{h}un^{11} hi^{55} t^{h}uŋ^{11}
火爐（小型灶爐）	【火爐仔】huŋ^{24} lu^{11} e^{31}	【火爐】ho^{31} lu^{11}
火爐子（用來間隔火灰的器具）	【爐湢仔】lu^{11} pi^{55} e^{31}	X
煤球	【煤炭】moi^{11} t^{h}an^{55}	【煤球】moi^{11} k^{h}iu^{11}
煤炭	【煤炭】moi^{11} t^{h}an^{55}	【煤炭】moi^{11} t^{h}an^{55}
木炭	【火炭】fuo^{31} t^{h}an^{55}	【木炭】muk^{02} t^{h}an^{55}
焦炭	X	X
原子柴	【烏柴】bu^{24} ts^{h}eu^{11}	X
煤氣	【瓦斯】ŋa^{31} sï^{24}	X
煤油	【番仔油】huan^{24} ne^{31} iu^{11}	【煤油】moi^{11} iu^{11}
抽水機（手按式）	【水拹仔】sui^{31} hiap^{05} pe^{31}	【拹水機】hiap^{05} sui^{31} ki^{24}
水龍頭	【水龍頭】sui^{31} liuŋ^{11} t^{h}eu^{11}	【水龍頭】sui^{31} liuŋ^{11} t^{h}eu^{11}
自來水	【自來水】tɕ^{h}i^{55} loi^{11} sui^{31}	【自來水】tɕ^{h}i^{55} loi^{11} sui^{31} 【水道水】sui^{31} t^{h}o^{55} sui^{31}
水缸	【水缸】sui^{31} koŋ^{24}	【水缸】sui^{31} koŋ^{24}
陶缸（用來醃製食物的陶土缸）	【罨缸】am^{11} koŋ^{24}	【罨缸】am^{11} koŋ^{24}
桌蓋（桌上蓋住菜餚的蓋子）	【桌揜】tsok^{02} kem^{11}	【桌蓋】tsok^{02} kue^{55} 【揜桌仔】kem^{11} tsok^{02} kue^{55}
蒸飯桶（裝飯的桶子）	【飯甑】huan^{55} tsen^{55}	【蒸飯仔】tɕim^{11} huan^{55} t^{h}uŋ^{31}

放飯甑的架子	【飯甑架】huan^{55} tsen^{55} ka^{55}	【蒸飯桶架】 tɕim^{11} huan^{55} tʰuŋ^{31} ka^{55}
飯盒	【飯殼仔】huan^{55} kʰok^{02} ke^{31}	【飯殼】huan^{55} kʰok^{02}
盒子	【盒仔】hap^{05} pe^{31}	【盒仔】hap^{05} pe^{31}
笊籬（在滾水中撈東西的器具）	【笊篗】tsau^{55} leu^{11}	【笊篗】tsau^{55} leu^{11}
生鐵鍋	【煏鑼】pʰu^{11} lo^{11}	【煏鑼】pʰu^{11} lo^{11}
陶鍋	【缽仔】pat^{02} te^{31}	【缽仔】pat^{02} te^{31}
火鍋	【火鍋】fuo^{31} ko^{24}	【火鑊】ho^{31} vok^{05}
菜刀	【菜刀】tsʰoi^{55} to^{24}	【菜刀】tsʰoi^{55} to^{24}
砧板	【砧枋】tsem^{11} pioŋ^{24}	【砧枋】tsem^{11} pioŋ^{24} 【□板】ten^{55} pan^{31}
鍋子	【鑊仔】bok^{05} ke^{31}	【鑊仔】bok^{05} ke^{31}
鍋蓋	【鑊蓋】bok^{05} koi^{55}	【鑊蓋】bok^{05} kue^{55}
鍋刷（用竹篾做成洗刷鍋子的刷子）	【竹□仔】tsuk^{02} kʰia^{55} e^{31}	【鐵刷仔】tʰet^{02} tsʰo^{55} e^{31} 【洗鑊板】se^{31} vok^{05} pan^{31}
絲瓜布	【菜瓜布】tsʰoi^{55} kua^{11} pu^{55}	【菜瓜布】tsʰoi^{55} kua^{11} pu^{55}
棕刷	【棕搓仔】tsuŋ^{11} tsʰo^{55} e^{31}	【搓仔】tsʰo^{55} e^{31}
刨絲器（礤床，把瓜或蘿蔔絲刨成絲的器具，在木板上釘上有孔的金屬）	【番薯刷仔】 huan^{24} su^{11} sot^{02} te^{31}	【刷仔】sot^{02} te^{31}
飯匙	【飯匙仔】huan^{55} tɕi^{11} e^{31}	【飯匙仔】huan^{55} tɕi^{11} e^{31}
湯匙	【調羹仔】tʰeu^{11} kaŋ^{24} ŋe^{31}	【調羹仔】tʰiau^{11} kaŋ^{24} ŋe^{31} 【湯匙仔】tʰoŋ^{24} tɕi^{11} e^{31}
鍋鏟	【鑊鏟】bok^{05} tsʰan^{31}	【鑊鏟】vok^{05} tsʰan^{31}
削皮器（刮皮的工具）	【瓜刨仔】kua^{24} pʰau^{11} e^{31}	【削皮仔】ɕiok^{02} pʰi^{11} e^{55}
鐵勺	【勺仔】sok^{05} ke^{31}	【鐵勺】tʰet^{02} sok^{05}
漏勺（有洞的鍋瓢）	【漏仔】leu^{55} e^{31}	【漏勺】leu^{55} sok^{05}
米篩	【米篩】mi^{31} tɕʰi^{24}	【米篩】mi^{31} tɕʰi^{24}
托盤（用來端菜的器具）	【托盤】tʰok^{02} pʰan^{11}	【托盤】tʰok^{02} pʰan^{11}
盤子	【盤仔】pʰan^{11} ne^{31}	【盤仔】pʰan^{11} ne^{31}
瓷	【甉仔】fui^{24} e^{31}	【甉仔】hui^{24} e^{31}

醬油碟子 （放佐料的小碟子）	【米碟子】mi⁵⁵ tʰiap⁰⁵ pe³¹	【豆油碟】tʰeu⁵⁵ iu¹¹ tʰiap⁰⁵
吸管	【吸管】suʔ⁰⁵ koŋ³¹	【吸管】çip⁰⁵ koŋ³¹
筷子	【筷仔】kʰuai⁵⁵ e³¹	【筷仔】kʰuai⁵⁵ e³¹
筷筒	【筷筒】kʰuai⁵⁵ tʰuŋ¹¹	【筷筒】kʰuai⁵⁵ tʰuŋ¹¹
叉子	【籤仔】tɕʰiam⁵⁵ me³¹	【籤仔】tɕʰiam²⁴ me³¹
菜櫥	【籤廚仔】tɕʰiaŋ⁵⁵ tsʰu¹¹ e¹¹	【菜廚仔】tɕʰoi⁵⁵ tsʰu¹¹ e¹¹
墊在菜櫥腳下，防止 螞蟻往上爬的器具	【水盤】sui³¹ pʰan¹¹	【碗盤】von³¹ pʰan¹¹
開瓶器	【酒開仔】tɕiu³¹ kʰoi²⁴ e³¹	【開仔】kʰoi²⁴ e³¹
作米篩目的工具	【米篩目刷仔】 mi³¹ tɕʰi²⁴ muk⁰² sot⁰² te³¹	【米篩板】mi³¹ tɕʰi²⁴ pan³¹
蒼蠅拍	【烏蠅拍仔】 bu²⁴ jin¹¹ pʰat⁰⁵ te³¹	【打烏蠅仔】 ta³¹ vu²⁴ jin¹¹ ne⁵⁵
蒼蠅紙（黏蒼蠅的紙）	【烏蠅黏仔】 bu²⁴ jin¹¹ n̠iam¹¹ me³¹	【黏烏蠅紙】 n̠iam¹¹ vu²⁴ jin¹¹ tɕi³¹
拂塵（趕蚊子、撢灰 塵的器具）	【拍蚊仔的】 pʰat⁰⁵ mun²⁴ ne³¹ e⁵⁵	【逐蚊仔的】 kiuk⁰² mun²⁴ ne³¹ e⁵⁵
捕鼠籠	【老鼠囷仔】 no⁵⁵ tsʰu³¹ kʰiuk⁰⁵ ke³¹	【老鼠籠仔】 no⁵⁵ tsʰu³¹ luŋ²⁴ ŋe³¹
捕鼠夾（裝上誘餌， 用來夾住果子狸的器 具）	【老鼠夾仔】 no⁵⁵ tsʰu³¹ kʰiap⁰⁵ pe³¹ 【老鼠鍘仔】 no⁵⁵ tsʰu³¹ tɕien⁰⁵ ne³¹	【老鼠夾仔】 no⁵⁵ tsʰu³¹ kʰiap⁰⁵ pe³¹
碗	【碗】buon³¹	【碗】bon³¹
碗公（較大的碗）	【碗公】buon³¹ kuŋ²⁴	【碗公】bon³¹ kuŋ²⁴
水瓢（用來灑水澆灑 的用具）	【蒲杓】pʰu¹¹ sok⁰⁵	【蒲杓】pʰu¹¹ sok⁰⁵ 【杓嬤】sok⁰⁵ ma¹¹
印模（用來做紅龜粄 的模具）	【板印】pan³¹ jin⁵⁵	【印板模】 jin⁵⁵ pan³¹ mo²⁴
蒸籠	【粄床】pan³¹ tsʰoŋ¹¹	【粄床】pan³¹ tsʰoŋ¹¹
蒸籠隔板	【簝仔】liau²⁴ e³¹	【簝仔】liau²⁴ e³¹
雞毛撢子	【雞毛掃仔】 kie²⁴ mo¹¹ so⁵⁵ e³¹	【雞毛掃仔】 kie²⁴ mo¹¹ so⁵⁵ e³¹
塑膠	【塑膠】sok⁰² ka¹¹	【塑膠】sok⁰² ka¹¹

塑膠水管	【塑膠管】sok^{02} ka^{11} kon^{31}	【塑膠管】sok^{02} ka^{11} kon^{31}
甕（口小肚大的陶製容器）	【盎仔】aŋ^{24} ŋe^{31}	【盎仔】aŋ^{11} koŋ^{55}
鹽罐	【鹽盎仔】iam^{11} aŋ^{24} ŋe^{31}	【鹽罐】iam^{11} kon^{55}
油唧筒（集油分裝的器具）	X	【抽油仔】tsʰu^{24} iu^{11} e^{31}
漏斗	【漏仔】leu^{55} e^{31}	【漏斗】leu^{55} teu^{31}
橡皮筋	【樹奶】su^{55} nen^{55}	【樹奶】su^{55} nen^{55}
樟腦丸	【樟腦丸】tsoŋ^{24} no^{31} ien^{11} 【臭丸仔】tsʰu^{55} ien^{11} ne^{31}	【樟腦丸】tsoŋ^{24} no^{31} ian^{11}
磨刀石	【刀石】to^{11} sak^{05}	【刀石】to^{11} sak^{05} 【磨石】no^{11} sak^{05}
用藺草編織成的籃子	【加薦仔】ka^{11} tɕi^{55} e^{31}	【加薦仔】ka^{11} tɕi^{55} e^{31}
舂刀具（長柄）	【鉅銼】ki^{55} tsʰo^{55}	【鉅銼】ki^{55} tsʰo^{55} 【拍刀】pʰat^{02} to^{24}
石磨（用來磨米漿的工具）	【磨石】mo^{55} sak^{05}	【磨石】mo^{55} sak^{05}
研缽（鍋子裡面有溝槽，可以磨東西）	【擂缽仔】lui^{11} pat^{02} le^{11}	【磨拍仔】mo^{55} pat^{02} le^{11}
明礬	【礬】huan^{11}	【礬】huan^{11}
玻璃	【玻璃】po^{24} li^{11}	【玻璃】po^{24} li^{11}

5. 農工用品

一般工具		
詞　彙	玉泉村	洛陽村
穀倉	【穀倉】kuk^{02} tsʰoŋ^{24}	【穀倉】kuk^{02} tsʰoŋ^{24}
一種放穀子的設置	【穀倉】kuk^{02} tsʰoŋ^{24}	【穀櫥仔】kuk^{02} tsʰu^{11} e^{31}
鐵耙（耙田的工具）	【割耙】kot^{02} pʰa^{11} 【鐵耙】tʰiet^{02} pʰa^{11}	【鐵耙】tʰet^{02} pʰa^{11}
手耙（耙田的工具）	【手耙】su^{31} pʰa^{11}	【手耙】su^{31} pʰa^{11}
犁	【犁】lai^{11}	【犁】lai^{11}
鋤頭	【钁頭】kiok^{02} tʰeu^{11}	【钁頭】kot^{02} tʰeu^{11}

砍刀（長柄割草用的刀）	【拍鐮】p^{h}at^{02} liam^{11}	【拍刀】p^{h}at^{02} to^{24}
秧盆（插秧時放置秧苗的圓盆狀器具）	【秧盆】ioŋ^{24} p^{h}un^{11}	【秧盤】ioŋ^{24} p^{h}an^{11}
耙穀的工具	【盪耙】t^{h}oŋ^{55} p^{h}a^{11}	【盪耙】t^{h}oŋ^{55} p^{h}a^{11}
用來集中或打散穀子的工具	【大盪耙】t^{h}ai^{55} t^{h}oŋ^{55} p^{h}a^{11}	【盪耙】t^{h}oŋ^{55} p^{h}a^{11}
水田要插秧之前把田刮平的農具	【盪棍】t^{h}oŋ^{55} kun^{55}	【盪棍】t^{h}oŋ^{55} kun^{55}
耙子（耙土的農具）	【五指耙仔】ŋ^{31} tɕ^{h}i^{31} p^{h}a^{11} e^{31}	【耙仔】p^{h}a^{11} e^{31}
四齒耙	【鐵鍤】t^{h}iet^{02} tsap^{02}	【鐵耙】t^{h}et^{02} p^{h}a^{11}
耕耘機	【鐵牛仔】t^{h}iet^{02} n̠iu^{11} e^{31}	【鐵牛仔】t^{h}et^{02} n̠iu^{11} e^{31}
一種除蟲的農具	【梳仔】ɕi^{24} e^{31}	【挾筒】hiap^{05} t^{h}uŋ^{31}
石碌（將稻穀碾壓脫粒或輾平地面的工具）	【石碌】sak^{05} lun^{11}	【石碌】sak^{05} lun^{11}
水車（利用水的動力的機械裝置）	【水車】sui^{31} ts^{h}a^{24}	【水車】sui^{31} ts^{h}a^{24}
風車（利用風的動力的機械裝置）	【風車】huŋ^{11} ts^{h}a^{24}	【風車】fuŋ^{11} ts^{h}a^{24}
引水管（引水的器具）	【竹筧仔】 tsuk^{02} kien^{31} ne^{11}	【水筧】sui^{31} kian^{31} 【竹筧】tsuk^{02} kian^{31}
用竹子編的柵欄	X	【竹籬仔】tsuk^{02} li^{11} e^{11}
曬稻穀用的竹蓆	【竹笪仔】tsuk^{02} tat^{02} le^{31}	【草圍仔】ts^{h}o^{31} vi^{24} e^{31}
打穀機（去掉不實穀物的農具）	【風車】huŋ^{11} ts^{h}a^{24}	【風車】fuŋ^{11} ts^{h}a^{24}
連枷	【豆虹】t^{h}eu^{55} koŋ^{55}	【豆絞】t^{h}eu^{55} kau^{31}
龜殼（除草石背在背上的器具）	X	【龜殼】kui^{11} hok^{05}
轆轤	【軔轆】ka^{11} lak^{02}	【輪車】lun^{11} ts^{h}a^{24}
牛嘴罩（罩住牛嘴的器具）	【牛嘴納】n̠iu^{11} tsoi^{55} lap^{02}	【牛嘴納】n̠iu^{11} tsoi^{55} lap^{02}
灌藥桶（餵牛吃藥的器具）	【牛灌桶】n̠iu^{11} kon^{55} t^{h}uŋ^{11}	【牛灌桶】n̠iu^{11} kon^{55} t^{h}uŋ^{11}

牛鞭子（趕牛用的鞭子）	【牛藤】n̦iu^{11} t^{h}en^{11}	【牛捽仔】n̦iu^{11} sut^{55} te^{31}
	【黃藤】boŋ^{11} t^{h}en^{11}	
牛鼻環（套牛鼻的鐵環）	【牛鼻桊】n̦iu^{11} p^{h}i^{55} k^{h}ien^{55}	【牛鼻桊】n̦iu^{11} p^{h}i^{55} k^{h}ian^{55}
小木樁（綁牛用的）	【柱杶】ts^{h}u^{24} tun^{31}	【杶仔】tun^{31} ne^{11}
打樁	X	【打杶仔】ta^{31} tun^{31} ne^{11}
整副的牛軛（在車子兩端用來和拉車牲畜相連的東西，掛搭在牛背上的整副拖車具）	【車槓】ts^{h}a^{11} koŋ^{55}	【牛車槓】n̦iu^{11} ts^{h}a^{11} koŋ^{55}
牛軛	【牛軛】n̦iu^{11} ak^{02}	【牛軛】n̦iu^{11} ak^{02}
舂臼（用來搗去穀物外殼的器具）	【舂臼】tsuŋ^{11} k^{h}iu^{24}	【米舂】mi^{31} tsuŋ^{24}
碾米機（將稻穀壓碎或去除穀殼的器具）	【礱穀機】luŋ^{11} kuk^{02} ki^{24}	【礱穀機】luŋ^{11} kuk^{02} ki^{24}
礱穀機（將穀物去殼的農具）	X	【礱穀機】nuŋ^{11} kuk^{02} ki^{24}
舂米用具	X	【水碓仔】sui^{31} toi^{55} e^{31}
鐮刀（收割莊稼和割草的農具，有齒）	【鐮仔】liam^{11} me^{31}	【割鐮】kot^{02} liam^{11}
大鐮刀（割草用）	【大鐮板】t^{h}ai^{55} liam^{11} pan^{31}	【大板鐮】t^{h}ai^{55} pan^{31} liam^{11}
鐮刀（割草用）	【割草鐮仔】kot^{02} ts^{h}o^{31} liam^{11} me^{31}	【草鐮】ts^{h}o^{31} liam^{11}
		【細鐮仔】se^{55} liam^{11} me^{31}
甘蔗刀	【甘蔗刀】kam^{11} tsa^{55} to^{24}	【甘蔗刀】kam^{11} tsa^{55} to^{24}
插秧時戴在手指上的工具	X	【蒔田梽】si^{55} t^{h}ien^{11} kuŋ^{24}
戽斗（裝土的竹編器具）	【戽斗】hu^{55} teu^{31}	【戽斗】hu^{55} teu^{31}
畚箕	【畚箕】pun^{55} ki^{24}	【畚箕】pun^{55} ki^{24}
簸箕（用竹篾編成的器具，用來簸糧以去除穀中的雜物）	【簸箕】pai^{55} ki^{24}	【簸箕】pai^{55} ki^{24}
笚箕（裝粟的器具）	【笚箕】ts^{h}ap^{02} ki^{24}	【通笚】t^{h}uŋ^{55} ts^{h}ap^{02}

豬籠（放豬哥的長型籠子）	【豬欄仔】tsu^{11} lam^{24} me^{31}	【豬欄】tsu^{11} lam^{24}
用竹篾編成的一種大的圓形淺框	【毛籃】mo^{24} lam^{11}	【豬圍框】tsuk^{02} vi^{11} k^{h}ioŋ^{24}
		【毛籃】mo^{24} lam^{11}
套豬索（捉豬的時候，用麻繩做成的腳套）	【掠索】liap^{05} sok^{02}	【麻索】ma^{11} sok^{02}
豬槽（放餿水給豬吃的器具）	【豬筬】tsu^{11} teu^{24}	【豬筬】tsu^{11} teu^{24}
豬舍	【豬欄】tsu^{11} lan^{11}	【豬欄】tsu^{11} lan^{11}
		【豬寮】tsu^{24} liau^{11}
屠宰場（殺豬的地方）	【豬灶仔】tsu^{11} tso^{55} e^{31}	【㓣豬場】tɕ^{h}i^{11} tsu^{24} ts^{h}oŋ^{11}
		【豬灶】tsu^{11} tso^{55}
豬肉攤（賣豬肉的地方）	【豬砧】tsu^{11} tiam^{24}	【豬肉砧】tsu^{11} ɲiuk^{02} tam^{24}
		【豬灶砧】tsu^{11} tso^{55} tam^{24}
繩子	【索仔】sok^{02} ke^{11}	【索仔】sok^{02} ke^{11}
棍子	【棍仔】kun^{55} ne^{31}	【棍仔】kun^{55} ne^{31}
澆菜桶	【水射】sui^{31} sa^{55}	【射水】sa^{55} sui^{31}
餿水桶	【汁桶】tɕip^{02} t^{h}uŋ^{31}	【汁桶】tɕip^{02} t^{h}uŋ^{31}
餿水	【汁】tɕip^{02}	【汁】tɕip^{02}
磟碡（輾翻土地成平整的軟泥）	【磟碡】luk^{05} ts^{h}uk^{05}	【磟碡】luk^{05} ts^{h}uk^{05}
除穀桶（除穀粒的桶子）	【斛桶】huk^{05} t^{h}uŋ^{31}	【斛桶】huk^{05} t^{h}uŋ^{31}
放在除穀粒的桶子內部的梯狀器具	【斛桶】huk^{05} t^{h}uŋ^{31}	【斛桶】huk^{05} t^{h}uŋ^{31}
用腳踩動的摔桶	【機器桶】ki^{11} hi^{55} t^{h}uŋ^{31}	【□桶】k^{h}iap^{05} t^{h}uŋ^{31}
扁擔（竹製）	【擔竿】tam^{55} kon^{24}	【擔竿】tam^{55} kon^{24}
扦擔（扁擔的一種）	【槓仔】koŋ^{55} ŋe^{31}	【禾槓仔】bo^{11} koŋ^{55} ŋe^{31}
粗木擔（需要兩人合抬）	【槓棍】koŋ^{11} kun^{55}	【長槓】ts^{h}oŋ^{11} koŋ^{55}
米鑯（檢查米質好壞的尖管）	【穀鑯仔】kuk^{02} ts^{h}iam^{55} me^{31}	【鑯管】ts^{h}iam^{24} kon^{31}

米籮筐（用竹篾編成的裝米器具）	【米籮】mi³¹ lo¹¹	【米籃】mi³¹ lam¹¹
吊籃（吊在屋脊上的籃子）	【吊籃】tiau⁵⁵ lam²⁴	【吊籃仔】tiau⁵⁵ lam²⁴ me³¹
雞罩（竹製，無底）	【雞弇】kie²⁴ kʰem¹¹	【雞□仔】kie¹¹ tsʰiap⁰⁵ pe³¹
雞籠（關雞用，有底）	【雞籠仔】kie¹¹ luŋ²⁴ ŋe³¹	【雞籃仔】kie²⁴ lam¹¹ me³¹
雞舍（閩語為「雞椆子」）	【雞棲】kie¹¹ tɕi⁵⁵	【雞棲】kie¹¹ tɕi⁵⁵
		【雞寮】kie²⁴ liau¹¹
趕雞用的工具	【雞祛】kie¹¹ kʰia⁵⁵	【雞棍仔】kie¹¹ kun⁵⁵ ne³¹
竹竿	【竹篙】tsuk⁰² ko²⁴	【竹篙】tsuk⁰² ko²⁴

捕魚工具		
詞　彙	玉泉村	洛陽村
漁網（用來捕魚的網具）	【漁網】ŋ¹¹ mioŋ³¹	【漁網仔】ŋ¹¹ mioŋ³¹ ŋe¹¹
撈具（一種撈魚的網具）	【撈披】leu¹¹ pʰi²⁴	【撈披】leu¹¹ pʰi²⁴
釣竿	【釣枰】tiau⁵⁵ pin²⁴	【釣枰】tiau⁵⁵ pin²⁴
魚鉤（釣竿線端的小鉤）	【鉤仔】keu²⁴ e³¹	【魚鉤仔】ŋ¹¹ keu²⁴ e³¹
		【魚釣仔】ŋ¹¹ tiau⁵⁵ e³¹
鉛墜（使魚鉤沒入水中的裝置）	【墜仔】tsʰui⁵⁵ e³¹	【墜仔】tsʰui⁵⁵ e³¹
浮標	【漂冇仔】pʰeu¹¹ pʰaŋ¹¹ ŋe³¹	【浮冇仔】pʰu¹¹ pʰaŋ¹¹ ŋe³¹
釣餌（引誘魚上鉤的食物）	【魚料仔】ŋ¹¹ liau⁵⁵ e³¹	【魚料】ŋ¹¹ liau⁵⁵
		【鉤料】keu¹¹ liau⁵⁵
魚簍子	【纍公】lui³¹ kuŋ²⁴	【纍公】lui³¹ kuŋ²⁴
筍（設定在河流中的捕魚工具）	【筍仔】ho¹¹ e³¹	【筍】ho¹¹

木工工具		
詞　彙	玉泉村	洛陽村
柴刀	【刀嬤】to²⁴ ma¹¹	【刀嬤】to²⁴ ma¹¹
斧頭	【斧頭】pu³¹ tʰeu¹¹	【斧頭】pu³¹ tʰeu¹¹

斧頭楔（嵌進斧頭鐵框內的鐵楔子）	【斧頭纖】pu^{31} t^{h}eu^{11} tɕiam^{24}	【斧頭纖】pu^{31} t^{h}eu^{11} tɕiam^{24}
鋸子	【鋸仔】ki^{55} e^{31}	【鋸仔】ki^{55} e^{31}
鋸屑（鋸子鋸下來的木屑）	【鋸屎】ki^{55} ɕi^{31}	【鋸屎】ki^{55} ɕi^{31}
鑿子	【鑿仔】ts^{h}ok^{05} ge^{31}	【鑿仔】ts^{h}ok^{05} ge^{31}
鑿石具（用來鑿石頭或金屬的鑿子）	【塹仔】ts^{h}am^{55} mc^{31}	【塹仔】ts^{h}am^{55} me^{31}
榫（利用凹凸方式作為相接的方法，相接觸凸出的部分）	【榫頭】sun^{31} t^{h}eu^{11}	【榫頭】sun^{31} t^{h}eu^{11}
吊線（看牆壁是否呈現完全水平的工具）	【線墜仔】ɕien^{55} ts^{h}iu^{55} e^{31}	【吊墜】tiau^{55} ts^{h}iu^{55}
螺絲起子	【ドライバー】lo^{24} lai^{31} ba^{11}	【ドライバー】lo^{24} lai^{31} ba^{11}
板手	【螺絲鈕仔】lo^{11} ɕi^{24} ɳiu^{31} e^{11}	【スパナ】su^{31} pan^{55} na^{31}
鉗子	【鉗仔】k^{h}iam^{11} me^{31}	【鉗仔】k^{h}iam^{11} me^{31}
		【ペンチ】p^{h}en^{53} tɕi^{31}
虎頭鉗（用來夾斷釘子或剪斷鉛線的鉗子）	【咬鉗】ŋau^{24} k^{h}iam^{11}	【虎頭鉗】hu^{31} t^{h}eu^{11} k^{h}iam^{11}
鉋刀	【鉋刀】p^{h}au^{11} to^{24}	【鉋刀】p^{h}au^{11} to^{24}
鉋木花（鉋刀所鉋出來的木片）	【木片】muk^{02} p^{h}ien^{31}	【樹皮】su^{55} p^{h}i^{11}
		【鉋刀花】p^{h}au^{11} to^{24} hua^{24}
釘子	【釘仔】taŋ^{24} ŋe^{31}	【釘仔】taŋ^{24} ŋe^{31}
鐵錘	【鐵錘仔】t^{h}iet^{02} ts^{h}ui^{11} e^{31}	【鐵錘】t^{h}et^{02} ts^{h}ui^{11}
拔釘器	【バール】ba^{55} lu^{31}	【バール】ba^{55} lu^{31}
鑽木器	【銇鑽】lui^{55} tson^{55}	【銇鑽】lui^{55} tson^{55}
銼刀	【鋸鉈】ki^{55} ts^{h}o^{55}	【剃鋸】t^{h}i^{55} ts^{h}o^{55}
墨斗（木工畫直線的工具）	【墨斗】met^{05} teu^{31}	【墨斗】met^{05} teu^{31}
彈繩（彈動墨斗的黑線）	【摘線】tiak^{05} ɕien^{55}	【擗線】p^{h}iak^{05} ɕien^{55}
箍桶（早期製作木桶的技藝）	【箍桶】k^{h}ieu^{24} t^{h}uŋ^{31}	【箍桶】k^{h}ieu^{24} t^{h}uŋ^{31}

水泥工工具		
詞　彙	玉泉村	洛陽村
水平尺（看地面是否呈現完全水平）	【水秤】sui³¹ tɕʰin⁵⁵	【水秤】sui³¹ tɕʰin⁵⁵
鏟子	【鉛筆】ien¹¹ pit⁰²	【沙撩】sa¹¹ liau²⁴
鉛筆	【鉛筆】ien¹¹ pit⁰²	【鉛筆】ian¹¹ pit⁰²
沙耙（耙沙器具）	【沙耙仔】sa²⁴ pʰa¹¹ e³¹	【沙耙仔】sa²⁴ pʰa¹¹ e³¹
抹刀（抹牆壁的工具）	【抹刀】mat⁰² to²⁴	【抹刀】mat⁰² to²⁴
灰匙（抹牆壁的工具）	【灰匙仔】hue²⁴ tɕʰi¹¹ e³¹	【灰匙仔】foi²⁴ tɕʰi¹¹ e³¹
泥盤	【灰盤仔】hue²⁴ pʰan¹¹ ne³¹	【灰盤仔】hoi²⁴ pʰan¹¹ ne³¹
十字鎬	【灌嘴】kon⁵⁵ tsui³¹	【灌嘴】kon⁵⁵ tsui³¹
土篩（篩土用）	【篩仔】tɕʰi²⁴ e³¹	【沙篩】sa¹¹ tɕʰi²⁴

6. 糧　食

莊稼作物		
詞　彙	玉泉村	洛陽村
稻子	【禾仔】bo¹¹ e³¹	【禾仔】bo¹¹ e³¹
稻穗	【禾串】bo¹¹ tsʰan⁵⁵	【禾串】bo¹¹ tsʰan⁵⁵
稻苗（稻子的幼苗）	【秧仔】ioŋ²⁴ ŋe³¹	【秧仔】ioŋ²⁴ ŋe³¹
穀子（稻、麥等糧食作物尚未去穀的狀態）	【穀仔】kuk⁰² ge³¹	【穀仔】kuk⁰² ge³¹
稻芒（稻穀上面的針狀物）	【穀毛】kuk⁰² mo²⁴	【穀毛】kuk⁰² mo²⁴
稗草（稻田裡常見的雜草）	【稗仔】pʰai⁵⁵ e³¹	【稗草仔】pʰai⁵⁵ tsʰo³¹ e¹¹
小米（比稻米稍大的穀類，煮熟後有黏性）	【粟仔】ɕiuk⁰² ke³¹	【粟仔】ɕiuk⁰² ke³¹ 【黍仔】se⁵⁵ a³¹
米（將稻穀碾去糠）	【米】mi³¹	【米】mi³¹
糯米	【糯米】no⁵⁵ mi³¹	【糯米】no⁵⁵ mi³¹
糙米（輾過不太精的米）	【糙米】tsʰo⁵⁵ mi³¹	【糙米】tsʰo⁵⁵ mi³¹

蓬萊米	【蓬萊米】huŋ¹¹ loi¹¹ mi³¹	【蓬萊米】huŋ¹¹ loi¹¹ mi³¹
在來米	【在來米】tsʰai⁵⁵ loi¹¹ mi³¹	【在來米】tsʰai⁵⁵ loi¹¹ mi³¹
秥米	【秥仔米】tsam²⁴ me³¹ mi³¹	【秥仔米】tɕiam²⁴ me³¹ mi³¹
西貢米	X	【西貢米】ɕi²⁴ koŋ³¹ mi³¹
暹羅米（泰國米）	【暹羅米】ɕiam¹¹ lo¹¹ mi³¹	【泰國米】tʰai⁵⁵ ket⁰² mi³¹
米糠（米的外殼）	【糠仔】hoŋ²⁴ ŋe³¹	【米糠】mi³¹ hoŋ²⁴
粗米糠	【穠糠】luŋ¹¹ hoŋ²⁴	【穠糠】nuŋ¹¹ hoŋ²⁴
麥子	【麥仔】mak⁰⁵ ge³¹	【麥仔】mak⁰⁵ ge³¹
薏仁	【薏仁】i⁵⁵ jin¹¹	【薏仁】i⁵⁵ jin¹¹
豆餅（把大豆榨油後剩下的豆渣壓成餅狀，用來當作飼料）	【豆餅】tʰeu⁵⁵ piaŋ³¹	【豆餅】tʰeu⁵⁵ piaŋ³¹
麵粉	【麵粉】mien⁵⁵ hun³¹	【麵粉】men⁵⁵ hun³¹
玉米	【包黍】pau¹¹ ɕiuk⁰²	【包黍】pau²⁴ ɕiuk⁰⁵
高粱	【高粱】ko²⁴ lioŋ¹¹	【高粱】ko²⁴ lioŋ¹¹
番薯	【番薯】huan²⁴ su¹¹	【番薯】huan²⁴ su¹¹
甘蔗	【甘蔗】kam¹¹ tsa⁵⁵	【甘蔗】kam¹¹ tsa⁵⁵
冰糖蔗	【紅甘蔗】huŋ¹¹ kam¹¹ tsa⁵⁵	【烏甘蔗】bu¹¹ kam¹¹ tsa⁵⁵
白甘蔗（製糖專用）	【會社蔗】hui⁵⁵ sa⁵⁵ tsa⁵⁵ 【白蔗】pʰak⁰⁵ tsa⁵⁵	【會社蔗】hui⁵⁵ sa⁵⁵ tsa⁵⁵

7. 蔬　菜

蔬　菜		
詞　彙	玉泉村	洛陽村
嫩薑	【苴薑】tɕi⁵⁵ kioŋ²⁴	【苴薑】tɕi⁵⁵ kioŋ²⁴
老薑	【薑嬤】kioŋ²⁴ ma¹¹ 【老薑】lo³¹ kioŋ²⁴	【薑嬤】kioŋ²⁴ ma¹¹ 【老薑】lo³¹ kioŋ²⁴
香菜	【芫荽】ien¹¹ ɕi²⁴	【芫荽】ian¹¹ ɕi²⁴
茴香	【大芫荽】tʰai⁵⁵ ien¹¹ ɕi²⁴	【大芫荽】tʰai⁵⁵ ian¹¹ ɕi²⁴
九層塔	【七層塔】tɕʰit⁰² tɕʰien¹¹ tsʰap⁰²	【七層塔】tɕʰit⁰² tɕʰien¹¹ tsʰap⁰²
紅蔥頭	【蔥頭】tsʰuŋ²⁴ tʰeu¹¹	【蔥頭】tsʰuŋ²⁴ tʰeu¹¹

葱（多年生草本植物，主要用來調味）	【葱仔】tsʰuŋ²⁴ ŋe³¹	【葱仔】tsʰuŋ²⁴ ŋe³¹
洋葱	【大葱頭】tʰai⁵⁵ tsʰuŋ²⁴ tʰeu¹¹	【大粒葱】tʰai⁵⁵ liap⁰⁵ tsʰuŋ²⁴
蒜頭	【蒜頭】son⁵⁵ tʰeu¹¹	【蒜頭】son⁵⁵ tʰeu¹¹
蒜苗	【蒜仔】son⁵⁵ ne³¹	【蒜仔】son⁵⁵ ne³¹
青椒	【山椒仔】san¹¹ tseu²⁴ e³¹	【山椒仔】san¹¹ tseu²⁴ e³¹
辣椒	【辣椒仔】lat⁰⁵ tseu²⁴ e³¹	【辣椒】lat⁰⁵ tseu²⁴
薤	【藠仔】kʰieu²⁴ e³¹	X
牛蒡	【牛蒡】ɲiu¹¹ pʰoŋ¹¹	【牛蒡】ɲiu¹¹ pʰoŋ¹¹
菠菜	【角菜仔】kok⁰² tsʰoi⁵⁵ e³¹	【角菜】kok⁰² tsʰoi⁵⁵
萵苣	【萵仔】mak⁰² ge¹¹	【萵仔】mak⁰² ge¹¹
捲葉萵苣（通常用來舖盤）	【皺萵仔】tɕiu⁵⁵ mak⁰² ge¹¹	【皺萵】tɕiu⁵⁵ mak⁰² 【菜萵仔】kʰiu¹¹ mak⁰² ge¹¹
苦萵苣	【苦萵仔】hu³¹ mak⁰² ge¹¹	【苦萵仔】hu³¹ mak⁰² ge¹¹
大芥菜	【芥菜】ke⁵⁵ tsʰoi⁵⁵	【芥菜】ke⁵⁵ tsʰoi⁵⁵
芥菜心	【芥菜心】ke⁵⁵ tsʰoi⁵⁵ ɕim²⁴	【芥菜心】ke⁵⁵ tsʰoi⁵⁵ ɕim²⁴
包心芥菜	【包心菜】pau¹¹ ɕim¹¹ tsʰoi⁵⁵	【包心菜】pau¹¹ ɕim¹¹ tsʰoi⁵⁵
榨菜	【榨菜】tsa⁵⁵ tsʰoi⁵⁵	【榨菜】tsa⁵⁵ tsʰoi⁵⁵
萵苣菜心（萵苣的嫩莖）	【菜心】tsʰoi⁵⁵ ɕim²⁴	【菜心】tsʰoi⁵⁵ ɕim²⁴
高麗菜	【高麗菜】ko¹¹ li⁵⁵ tsʰoi⁵⁵	【高麗菜】ko¹¹ li⁵⁵ tsʰoi⁵⁵
高麗菜心（高麗菜的嫩芽）	【高麗菜心】 ko¹¹ li⁵⁵ tsʰoi⁵⁵ ɕim²⁴	【高麗菜心】 ko¹¹ li⁵⁵ tsʰoi⁵⁵ ɕim²⁴
芥藍菜	【芥藍菜】ke⁵⁵ lam¹¹ tsʰoi⁵⁵	【芥藍菜】kia⁵⁵ lian¹¹ tsʰoi⁵⁵
茼菜	【勺菜】sok⁰⁵ tsʰoi⁵⁵	【勺菜】sok⁰⁵ tsʰoi⁵⁵
白菜	【白菜】pʰak⁰⁵ tsʰoi⁵⁵	【白菜】pʰak⁰⁵ tsʰoi⁵⁵
包心菜心	【山東白】san¹¹ tuŋ¹¹ pʰak⁰⁵	【山東白】san¹¹ tuŋ¹¹ pʰak⁰⁵
小白菜	X	【細白菜】se⁵⁵ pʰak⁰⁵ tsʰoi⁵⁵
青江菜	【調羹菜】tʰiau¹¹ kaŋ¹¹ tsʰoi⁵⁵	【調羹菜】tʰiau¹¹ kaŋ¹¹ tsʰoi⁵⁵
莧菜	【莧菜】han⁵⁵ tsʰoi⁵⁵	【莧菜】han⁵⁵ tsʰoi⁵⁵
韭菜	【快菜】kʰuai⁵⁵ tsʰoi⁵⁵	【快菜】kʰuai⁵⁵ tsʰoi⁵⁵
韭菜花	【快菜花】kʰuai⁵⁵ tsʰoi⁵⁵ hua²⁴	【快菜花】kʰuai⁵⁵ tsʰoi⁵⁵ hua²⁴
韭黃	【白快菜】pʰak⁰⁵ kʰuai⁵⁵ tsʰoi⁵⁵	X

芹菜	【芹花】kʰiun¹¹ tsʰoi⁵⁵	【芹花】kʰiun¹¹ tsʰoi⁵⁵
番薯葉	【番薯葉】huan²⁴ su¹¹ iap⁰⁵	【番薯葉】huan²⁴ su¹¹ iap⁰⁵
空心菜	【蕹菜】buŋ⁵⁵ tsʰoi⁵⁵	【蕹菜】huŋ⁵⁵ tsʰoi⁵⁵
水芥菜	【水蕹菜】sui³¹ buŋ⁵⁵ tsʰoi⁵⁵	【水蕹菜】sui³¹ huŋ⁵⁵ tsʰoi⁵⁵
紅鳳菜	【紅菜】huŋ¹¹ tsʰoi⁵⁵	【紅莧菜】huŋ¹¹ han⁵⁵ tsʰoi⁵⁵
酸菜	【鹹菜】ham¹¹ tsʰoi⁵⁵	【鹹菜】ham¹¹ tsʰoi⁵⁵
福菜	【覆菜】pʰuk⁰² tsʰoi⁵⁵	【覆菜】pʰuk⁰² tsʰoi⁵⁵
油菜	【油菜】iu¹¹ tsʰoi⁵⁵	【油菜】iu¹¹ tsʰoi⁵⁵
花椰菜	【花菜】hua¹¹ tsʰoi⁵⁵	【花菜】hua¹¹ tsʰoi⁵⁵
豆芽	【豆菜】tʰeu⁵⁵ tsʰoi⁵⁵	【豆菜】tʰeu⁵⁵ tsʰoi⁵⁵
龍葵	【烏肚仔】bu¹¹ tu⁵⁵ e³¹	【烏肚仔】bu¹¹ tu⁵⁵ e³¹
		【面母菜】men⁵⁵ mu¹¹ tsʰoi⁵⁵
萵苣	【艾菜】ɲie⁵⁵ tsʰoi⁵⁵	【艾菜】ɲie⁵⁵ tsʰoi⁵⁵
山蘇	【山蘇】san¹¹ su²⁴	X
野蓮（美濃特有蔬菜）	X	【野蓮】ia²⁴ len¹¹
茄子（諱飾詞）	【吊菜】tiau⁵⁵ tsʰoi⁵⁵	【吊菜】tiau⁵⁵ tsʰoi⁵⁵
扁蒲	【蒲仔】pʰu¹¹ e³¹	【蒲仔】pʰu¹¹ e³¹
葫蘆	【葫蘆蒲仔】hu¹¹ lu¹¹ pʰu¹¹ e³¹	【葫蘆】hu¹¹ lu¹¹
芋頭	【芋仔】bu⁵⁵ e³¹	【芋仔】bu⁵⁵ e³¹
芋梗（芋的嫩葉柄部分）	【芋禾】bu⁵⁵ ho¹¹	【芋禾】bu⁵⁵ ho¹¹
樹薯	【樹薯】su⁵⁵ su¹¹	【樹薯】su⁵⁵ su¹¹
馬鈴薯	【馬鈴薯】ma²⁴ laŋ¹¹ su¹¹	【馬鈴薯】ma²⁴ lin¹¹ su¹¹
山藥	【山藥】ʂan⁵⁵ iau⁵³	【山藥】san¹¹ iok⁰⁵
豆薯	【豆薯】tʰeu⁵⁵ su¹¹	【豆薯】tʰeu⁵⁵ su¹¹
荸薺	【荸薺】be⁵⁵ tɕi²⁴	【馬薯】ma²⁴ su¹¹
蕪菁（大頭菜）	【結頭菜】kiet⁰² tʰeu¹¹ tsʰoi⁵⁵	【大頭菜】tʰai⁵⁵ tʰeu¹¹ tsʰoi⁵⁵
蘿蔔	【蘿蔔仔】lo¹¹ pʰet⁰⁵ le³¹	【蘿蔔】lo¹¹ pʰet⁰⁵
蘿蔔乾	【蘿蔔乾】lo¹¹ pʰet⁰⁵ kon²⁴	【蘿蔔乾】lo¹¹ pʰet⁰⁵ kon²⁴
胡蘿蔔	【紅蘿蔔】huŋ¹¹ lo¹¹ pʰet⁰⁵	【紅蘿蔔】huŋ¹¹ lo¹¹ pʰet⁰⁵
金針（萱草的花瓣）	【金針】kim¹¹ tɕiam²⁴	【金針】kim¹¹ tɕiam²⁴
木耳	【木米】muk⁰² mi³¹	【木米】muk⁰² mi³¹
香菇	【香菇】hioŋ¹¹ ku²⁴	【香菇】hioŋ¹¹ ku²⁴

草菇	【草菇】tsʰo³¹ ku²⁴	【草菇】tsʰo³¹ ku²⁴
蘑菇	【蘑菇】mo¹¹ ku²⁴	【蘑菇】mo¹¹ ku²⁴
金針菇	【金針菇】kim¹¹ tɕiam¹¹ ku²⁴	【金針菇】kim¹¹ tɕiam¹¹ ku²⁴
胡瓜	【芳瓜】net⁰² kua²⁴	【芳瓜】net⁰² kua²⁴
小黃瓜	【花瓜仔】hua¹¹ kua²⁴ e³¹	【花瓜】hua¹¹ kua²⁴
冬瓜	【冬瓜】tuŋ¹¹ kua²⁴	【冬瓜】tuŋ¹¹ kua²⁴
澎湖絲瓜、稜角絲瓜	【澎湖瓜仔】phuŋ¹¹ hu¹¹ kua²⁴ e³¹	【澎湖个菜瓜】pʰian¹¹ hu¹¹ e⁵⁵ tsʰoi⁵⁵ kua²⁴
絲瓜	【菜瓜仔】tsʰoi⁵⁵ kua²⁴ e³¹	【菜瓜】tsʰoi⁵⁵ kua²⁴
蛇瓜	【蛇瓜仔】sa¹¹ kua²⁴ e³¹	【蛇瓜】sa¹¹ kua²⁴
南瓜	【金瓜】kim¹¹ kua²⁴	【金瓜】kim¹¹ kua²⁴
		【南瓜】nam¹¹ kua²⁴
		【番瓜】huan¹¹ kua²⁴
苦瓜	【苦瓜】hu³¹ kua²⁴	【苦瓜】kʰu³¹ kua²⁴
越瓜	【醃瓜仔】am¹¹ kua²⁴ e³¹	【醃瓜仔】am¹¹ kua²⁴ e³¹
隼人瓜	【喇舌瓜】le¹¹ sat⁰⁵ kua²⁴	【香櫞瓜】hioŋ²⁴ ian¹¹ kua²⁴
筊白筍	【筊白筍】kʰau³³ pe¹¹ sun³¹	【筊白筍】kʰau¹¹ pʰak⁰⁵ sun³¹
竹筍（竹子的嫩莖，可食用）	【竹筍】tsuk⁰² sun³¹	【竹筍】tsuk⁰² sun³¹
麻竹筍	【麻筍】ma¹¹ sun³¹	【麻竹筍】ma¹¹ tsuk⁰² sun³¹
綠竹筍	【綠竹筍】liuk⁰⁵ tsuk⁰² sun³¹	【綠竹筍】liuk⁰⁵ tsuk⁰² sun³¹
桂竹筍	【桂竹筍】kui⁵⁵ tsuk⁰² sun³¹	【桂竹筍】kui⁵⁵ tsuk⁰² sun³¹
箭竹筍	【箭筍】kiam⁵³ sun³¹	【箭筍】kiam⁵⁵ sun³¹
冬筍（冬天出產的竹筍）	【冬筍】tuŋ²⁴ sun³¹	【冬筍】tuŋ²⁴ sun³¹
桶筍	【桶筍】tʰuŋ³¹ sun³¹	【桶筍】tʰuŋ³¹ sun³¹
酸筍	【酸筍】son²⁴ sun³¹	【酸筍】son²⁴ sun³¹
筍乾	【筍乾】sun³¹ kon²⁴	【筍乾】sun³¹ kon²⁴
筍絲	【筍絲】sun³¹ ɕi²⁴	【筍絲】sun³¹ ɕi²⁴
蘆筍	【蘆筍】lu¹¹ sun³¹	【蘆筍】lu¹¹ sun³¹
檳榔	【檳榔】pin²⁴ noŋ¹¹	【檳榔】pin²⁴ noŋ¹¹
菁仔（嫩檳榔，未加工過）	【菁仔】tɕʰiaŋ²⁴ ŋe³¹	【菁仔籽】tɕʰiaŋ²⁴ ŋe³¹ tɕi³¹

檳榔心	【半天筍】pan⁵⁵ tʰien²⁴ sun³¹	【半天筍】pan⁵⁵ tʰen²⁴ sun³¹
腰果	【腰果】ieu²⁴ ko³¹	【腰果】ieu²⁴ ko³¹
花生	【番豆】huan¹¹ tʰeu⁵⁵	【番豆】huan¹¹ tʰeu⁵⁵
長豇豆	【長角豆】tsʰoŋ¹¹ kok⁰² tʰeu⁵⁵	【長角豆】tsʰoŋ¹¹ kok⁰² tʰeu⁵⁵
黑豆	【烏豆仔】bu¹¹ tʰeu⁵⁵ e³¹	【烏豆】bu¹¹ tʰeu⁵⁵
黃豆	【黃豆仔】boŋ¹¹ tʰeu⁵⁵ e³¹	【黃豆】boŋ¹¹ tʰeu⁵⁵
綠豆	【綠豆仔】liuk⁰⁵ tʰeu⁵⁵ e³¹	【綠豆】liuk⁰⁵ tʰeu⁵⁵
紅豆	【紅豆仔】huŋ¹¹ tʰeu⁵⁵ e³¹	【紅豆】huŋ¹¹ tʰeu⁵⁵
甜豌豆	【雪豆仔】çiet⁰² tʰeu⁵⁵ e³¹	【甜豆仔】tʰiam¹¹ tʰeu⁵⁵ e³¹
四季豆	【敏豆仔】bin⁵⁵ tʰeu⁵⁵ e³¹	【敏豆仔】min⁵⁵ tʰeu⁵⁵ e³¹
皇帝豆	【觀音豆】kon¹¹ im²⁴ tʰeu⁵⁵	【觀音豆】kon¹¹ im²⁴ tʰeu⁵⁵
豌豆	【荷蘭豆】ho¹¹ la¹¹ tʰeu⁵⁵	【荷蘭豆】ho¹¹ la¹¹ tʰeu⁵⁵
蠶豆	【十石豆】sïp⁰⁵ sak⁰⁵ tʰeu⁵⁵	【蠶豆】tsʰan³³ tau⁵⁵
樹豆	【樹豆】su⁵⁵ tʰeu⁵⁵	【樹豆】su⁵⁵ tʰeu⁵⁵
毛豆	【毛豆】mo¹¹ tʰeu⁵⁵	【毛豆】mo¹¹ tʰeu⁵⁵
豆莢	【豆莢】tʰeu⁵⁵ kiap⁰²	【豆莢】tʰeu⁵⁵ kiap⁰²
栗子	【栗籽】lat⁰² tçi³¹	【栗仔】lit⁰⁵ le³¹
杏仁	【杏仁】hen⁵⁵ jin¹¹	【杏仁】hiŋ¹¹ jin²⁴
海帶	【海帶】hoi³¹ tʰoi⁵⁵	【海帶】hoi³¹ tai⁵⁵
紫菜	【紫菜】tçi³¹ tsʰoi⁵⁵	【紫菜】tçi³¹ tsʰoi⁵⁵
蕨菜	【蕨仔】kiet⁰² le³¹	【蕨仔】kiat⁰² le³¹
稜角	【稜角】lin¹¹ kok⁰²	【稜角】lin¹¹ kok⁰²
蓮藕	【蓮藕】lien³³ ŋau³³	【蓮藕】lien¹¹ ŋo¹¹
破布子（蔔苣樹的果實）	【破破子】pʰo⁵⁵ pʰo⁵⁵ tçi⁵⁵	【破破籽】pʰok⁰⁵ pʰok⁰⁵ tçi³¹
髮菜	【頭毛菜】tʰeu¹¹ mo¹¹ tsʰoi⁵⁵	【髮菜】hua¹¹ tsʰoi⁵⁵

8. 飲　食

一般食品		
詞　彙	玉泉村	洛陽村
米飯	【飯】huan⁵⁵	【飯】huan⁵⁵
隔餐飯	【舊飯】kʰiu⁵⁵ huan⁵⁵	【舊飯】kʰiu⁵⁵ huan⁵⁵

飯粒	【飯糝】huan⁵⁵ sam³¹	【飯糝】huan⁵⁵ sam³¹
油飯	【油飯】iu¹¹ huan⁵⁵	【油飯】iu¹¹ huan⁵⁵
		【飯乾】huan⁵⁵ kon²⁴
壽司	【すしあ】su³¹ ɕi²⁴ a³¹	【すし】su³¹ ɕi²⁴
鍋巴	【飯爏】huan⁵⁵ lat⁰²	【飯爏】huan⁵⁵ lat⁰²
飯糰	【飯糰】huan⁵⁵ tʰon¹¹	【飯糰】huan⁵⁵ tʰon¹¹
稀飯	【粥】tsuk⁰²	【粥】tsuk⁰²
鹹粥	【鹹粥】ham¹¹ tsuk⁰²	【鹹粥】ham¹¹ tsuk⁰²
米湯（稀飯的湯汁）	【飯湯】huan⁵⁵ tʰoŋ²⁴	【飯湯】huan⁵⁵ tʰoŋ²⁴
湯	【湯】tʰoŋ²⁴	【湯】tʰoŋ²⁴
高湯（用大骨熬煮成湯）	【肥湯】pʰi¹¹ tʰoŋ²⁴	【肥湯】pʰi¹¹ tʰoŋ²⁴
		【大骨湯】tʰai⁵⁵ kut⁰² tʰoŋ²⁴
豬肉	【豬肉】tsu²⁴ ȵiuk⁰⁵	【豬肉】tsu¹¹ ȵiuk⁰²
網油（油層）	【網油】mioŋ³¹ iu¹¹	【網油】mioŋ³¹ iu¹¹
胛心肉（豬腿上方瘦肉）	【胛心】kap⁰² ɕim²⁴	【胛心肉】kap⁰² ɕim²⁴ ȵiuk⁰⁵
瘦肉	【精肉】tɕiaŋ²⁴ ȵiuk⁰⁵	【精肉】tɕiaŋ²⁴ ȵiuk⁰⁵
肥肉（脂肪多的肉）	【肥豬肉】pʰi¹¹ tsu¹¹ ȵiuk⁰⁵	【肥肉】pʰi¹¹ ȵiuk⁰²
腱子肉（指牛羊豬等動物小腿上肌肉發達的部分）	X	【筋肉】kin²⁴ ȵiuk⁰⁵
		【腳囊肉】kiok⁰² naŋ¹¹ tu³¹
五花肉（肥瘦肉疊層相間的豬肉）	【三層】sam²⁴ tsʰien¹¹	【三層肉】sam²⁴ tsʰen¹¹ ȵiuk⁰⁵
脂肪層	【豬囊】tsu¹¹ noŋ²⁴	【豬囊】tsu²⁴ noŋ¹¹
後腿肉	【後腿】heu⁵⁵ tʰui³¹	【後腿肉】heu⁵⁵ tʰui³¹ ȵiuk⁰²
	【後腳】heu⁵⁵ kiok⁰²	
里脊肉	【ロース】lo³¹ su¹¹	【背豬肉】poi⁵⁵ tsui²⁴ ȵiuk⁰²
豬肝	【豬肝】tsu¹¹ kon²⁴	【豬肝】tsu¹¹ kon²⁴
豬肚	【豬肚】tsu²⁴ tu³¹	【豬肚】tsu²⁴ tu³¹
豬肺	【豬肺】tsu¹¹ hi⁵⁵	【豬肺】tsu¹¹ hi⁵⁵
豬心	【豬心】tsu¹¹ ɕim²⁴	【豬心】tsu¹¹ ɕim²⁴
豬腎	【豬腰仔】tsu¹¹ ieu²⁴ e³¹	【豬腰仔】tsu¹¹ ieu²⁴ e³¹

豬胰臟	【禾鐮結】bo¹¹ liam¹¹ kiet⁰²	X
豬腳	【豬腳】tsu²⁴ kiok⁰⁵	【豬腳】tsu¹¹ kiok⁰²
豬蹄膀、豬肘子	【豬骹蹄仔】ti³³ kʰa³³ tsʰe²⁴ a⁵³	【豬腳掌】tsu¹¹ kiok⁰² tsaŋ²⁴ 【腳腿】kiok⁰² tʰui³¹
槽頭肉（豬脖子肉）	【槽頭肉】tsɔ³³ tʰau³³ baʔ⁰²	【槽頭肉】tsʰo¹¹ tʰeu¹¹ ȵiuk⁰²
豬頭皮（指豬臉面上的皮肉）	【豬頭皮】tsu²⁴ tʰeu¹¹ pʰi¹¹	【豬頭皮】tsu²⁴ tʰeu¹¹ pʰi¹¹
豬血	【豬旺仔】tsu¹¹ boŋ⁵⁵ ŋe³¹	【豬旺仔】tsu¹¹ boŋ⁵⁵ ŋe³¹
豬舌頭	【豬舌嬤】tsu¹¹ sat⁰⁵ ma¹¹	【豬舌頭】tsu¹¹ sat⁰⁵ tʰeu¹¹
大腸	【大腸】tʰai⁵⁵ tsʰoŋ¹¹	【大腸】tʰai⁵⁵ tsʰoŋ¹¹
小腸	【細腸】se⁵⁵ tsʰoŋ¹¹	【細腸】se⁵⁵ tsʰoŋ¹¹ 【小腸】seu³¹ tsʰoŋ¹¹
粉腸	【粉腸】hun³¹ tsʰoŋ¹¹	【粉腸】hun³¹ tsʰoŋ¹¹
生腸（指動物的子宮和卵巢，通常作冷盤食用）	【生腸】saŋ²⁴ tsʰoŋ¹¹	【生腸】saŋ²⁴ tsʰoŋ¹¹
封肉（肉加上醬油經過燜燒，似紅燒肉）	【封肉】huŋ²⁴ ȵiuk⁰⁵	【封肉】huŋ²⁴ ȵiuk⁰⁵
糯米腸	【糯米腸】no⁵⁵ mi³¹ tsʰoŋ¹¹	【糯米腸】no⁵⁵ mi³¹ tsʰoŋ¹¹
家畜的內臟	【腹內】puk⁰² nui⁵⁵	【肚內】tu³¹ nui⁵⁵ 【內臟】nui⁵⁵ tsʰoŋ⁵⁵
下水（家禽的內臟）	【下水】ha⁵⁵ sui³¹	【下水】ha⁵⁵ sui³¹
炸豬皮	X	【炸豬皮】tsa⁵⁵ tsu²⁴ pʰi¹¹
肉脯（用牛、於、豬等動物的瘦肉加工製成絨絲狀的食品）	【肉脯】ȵiuk⁰² hu²⁴	【肉脯】ȵiuk⁰² hu²⁴
肉鬆（用牛、於、豬等動物的瘦肉加工製成碎末狀的食品）	【肉脯】ȵiuk⁰² hu²⁴	【肉脯】ȵiuk⁰² hu²⁴
肉乾（將肉品除去水份所製成的加工食品）	【肉乾】ȵiuk⁰² kon²⁴	【肉乾】ȵiuk⁰² kon²⁴
肉捲（用網油層裹肉餡後油炸的食品）	【繭仔】kien⁵⁵ ne³¹	【肉捲】ȵiuk⁰² kian³¹

臘肉（將肉浸過特製的醃料，在經過曬乾煙燻之後的肉類食品）	【臘肉】lap^{05} n.iuk^{02}	【臘肉】lap^{05} n.iuk^{02}
肉羹	【肉羹】ba^{31} kẽ^{55}	【肉羹】ba^{31} kẽ^{55}
豬腳筋	【豬腳筋】tsu^{24} kiok^{05} kin^{24}	【豬腳筋】tsu^{11} kiok^{02} kin^{24}
香腸	【灌腸】kon^{55} ts^{h}oŋ^{11}	【灌腸】kon^{55} ts^{h}oŋ^{11}
粉錢（用豬腸裝上碎肉和作料，和番薯粉等製成的粉腸）	【粉腸】hun^{31} ts^{h}ien^{11}	【粉腸】hun^{31} ts^{h}ien^{11}
皮蛋	【皮蛋】p^{h}i^{24} tan^{53}	【皮蛋】p^{h}i^{11} tan^{55}
蛋	【卵】lon^{31}	【卵】lon^{31}
荷包蛋	【卵包】lon^{31} pau^{24}	【卵包】lon^{31} pau^{24}
蛋白	【卵白】lon^{31} p^{h}ak^{05}	【卵白】lon^{31} p^{h}ak^{05}
蛋黃	【卵黃】lon^{31} boŋ^{11}	【卵黃】lon^{31} boŋ^{11}
糖	【糖】t^{h}oŋ^{11}	【糖】t^{h}oŋ^{11}
冰糖	【冰糖】pen^{24} t^{h}oŋ^{11}	【冰糖】pen^{24} t^{h}oŋ^{11}
黑糖	【烏糖】bu^{24} t^{h}oŋ^{11}	【烏糖】bu^{24} t^{h}oŋ^{11}
紅糖	【紅糖】boŋ^{11} t^{h}oŋ^{11}	【紅糖】boŋ^{11} t^{h}oŋ^{11}
麥芽糖	【麥芽糖】mak^{05} ma^{11} t^{h}oŋ^{11}	【芽膏糖】ie^{11} ko^{24} t^{h}oŋ^{11}
龍鬚糖	X	【龍鬚糖】liuŋ^{11} ɕi^{24} t^{h}oŋ^{11}
豬油	【豬油】tsu^{24} iu^{11}	【豬油】tsu^{24} iu^{11}
豬板油（豬的體腔內壁上呈板狀的脂肪）	【豬板油】tsu^{24} pan^{31} iu^{11}	【豬板油】tsu^{24} pan^{31} iu^{11}
豬油渣	【豬油渣】tsu^{24} iu^{11} tsa^{24}	【豬油渣】tsu^{24} iu^{11} tsa^{24}
麻油	【麻油】ma^{11} iu^{11}	【麻油】ma^{11} iu^{11}
黑麻油	【烏麻油】bu^{24} ma^{11} iu^{11}	【烏麻油】bu^{24} ma^{11} iu^{11}
茶油	【茶油】ts^{h}a^{11} iu^{11}	【茶油】ts^{h}a^{11} iu^{11}
苦茶油	【苦茶油】k^{h}o^{55} te^{33} iu^{24}	【苦茶油】k^{h}u^{31} ts^{h}a^{11} iu^{11}
火油（早期用來點燈的花生油）	【火油】fuo^{31} iu^{11}	【番豆油】huan^{11} t^{h}eu^{55} iu^{11}
豆花	【豆腐花】t^{h}eu^{55} hu^{55} hua^{24}	【豆腐花】t^{h}eu^{55} hu^{55} hua^{24}
豆腐	【豆腐】t^{h}eu^{55} hu^{55}	【豆腐】t^{h}eu^{55} hu^{55}
豆乾	【豆乾】t^{h}eu^{55} kon^{24}	【豆乾】t^{h}eu^{55} kon^{24}

豆沙	【豆沙】tʰeu⁵⁵ sa²⁴	【豆沙】tʰeu⁵⁵ sa²⁴
豆漿	【豆奶】tʰeu⁵⁵ nen⁵⁵	【豆奶】tʰeu⁵⁵ nen⁵⁵
油豆腐	tau¹¹ kuã³³ tsĩ¹¹	a³³ pu⁵⁵ la⁵⁵ ge³¹
臭豆腐	【臭豆腐】tsʰu⁵⁵ tʰeu⁵⁵ hu⁵⁵	【臭豆腐】tsʰu⁵⁵ tʰeu⁵⁵ hu⁵⁵
豆渣（黃豆磨漿之後過濾出來的渣渣）	【豆渣】tʰeu⁵⁵ tsa²⁴	【豆渣】tʰeu⁵⁵ tsa²⁴
豆餅（豆類榨油之後的殘渣壓成圓餅狀，可當作飼料或肥調）	【豆餅】tʰeu⁵⁵ piaŋ³¹	【豆餅】tʰeu⁵⁵ piaŋ³¹
味噌	【豆醬】tʰeu⁵⁵ tɕioŋ⁵⁵	【豆醬】tʰeu⁵⁵ tɕioŋ⁵⁵ 【みそ】mi⁵⁵ so³¹
豆豉	【豆豉烳】tʰeu⁵⁵ ɕi⁵⁵ pʰu¹¹	【豆豉烳】tʰeu⁵⁵ ɕi⁵⁵ pʰu¹¹
豆腐乳	【豆腐乳】tʰeu⁵⁵ hu⁵⁵ ji²⁴	【豆腐乳】tʰeu⁵⁵ hu⁵⁵ ji²⁴
豆簽（用豇豆加工製成的食品，狀似麵條）	【豆簽】tʰeu⁵⁵ tsʰiam²⁴	【豆簽】tʰeu⁵⁵ tsʰiam²⁴
油條	【油條】iu¹¹ tʰiau¹¹	【油條】iu¹¹ tʰiau¹¹
餡料	【餡】ŋa¹¹	【餡】a¹¹
蛋糕	【蛋糕】tan⁵³ kau⁵⁵	【蛋糕】tan⁵³ kau⁵⁵
糕（用米類製作成的塊狀食品）	【粄】pan³¹	【粄】pan³¹ 【糕】kau²⁴
米胚	【米粗】pan³¹ tsʰe⁵⁵	【粄粗】pan³¹ tsʰe⁵⁵
發糕	【發粄】pot⁰² pan³¹	【發糕】huat⁰² kau²⁴
米麩（將糯米炒過，磨成粉用糖去和，再蒸過）	【米麩粄】mi³¹ hu²⁴ pan³¹	【米麩粄】mi³¹ hu²⁴ pan³¹
碗糕、碗粿	【碗仔粄】buon³¹ ne³¹ pan³¹	【碗仔粄】bon³¹ ne³¹ pan³¹
鹹年糕	【鹹粄】ham¹¹ pan³¹	【鹹粄】ham¹¹ pan³¹
粉粿	【粉粄】hun³¹ pan³¹	【粉粄】hun³¹ pan³¹
甜年糕	【甜粄】tʰiam¹¹ pan³¹	【甜粄】tʰiam¹¹ pan³¹
芋頭糕	【芋粄】bu⁵⁵ pan³¹	【芋仔粄】bu⁵⁵ e³¹ pan³¹
艾草糕	【白頭公粄】 pʰak⁰² tʰeu¹¹ kuŋ²⁴ pan³¹	【白頭公粄】 pʰak⁰² tʰeu¹¹ kuŋ²⁴ pan³¹ 【艾仔粄】nie⁵⁵ e³¹ pan³¹
九層糕	【掩木粿】am⁵⁵ bok⁰² kue⁵³	【九層粄】kiu³¹ tɕʰien¹¹ pan³¹

紅龜糕	【紅龜粄】huŋ¹¹ kui²⁴ pan³¹	【紅龜粄】huŋ¹¹ kui²⁴ pan³¹
		【龜仔粄】kui²⁴ e³¹ pan³¹
蘿蔔糕	【蘿蔔粄】lo¹¹ pʰet⁰⁵ pan³¹	【蘿蔔粄】lo¹¹ pʰet⁰⁵ pan³¹
		【蘿蔔糕】lo¹¹ pʰet⁰⁵ kau²⁴
潤餅	【潤餅餯】lun¹¹ piã⁵⁵ kauʔ⁰²	【潤餅】lun⁵⁵ piaŋ³¹
粽子	【粽仔】tsuŋ⁵⁵ ŋe³¹	【粽仔】tsuŋ⁵⁵ ŋe³¹
鹹粽	ki¹¹ tsuŋ⁵⁵	ki¹¹ tsuŋ⁵⁵
粄粽（用粄稼包成的粽子，北部客家人的特產）	【粄粽】pan³¹ tsuŋ⁵⁵	【粄粽】pan³¹ tsuŋ⁵⁵
爆米花	【米行】mi³¹ pʰaŋ⁵⁵	【米程】mi³¹ tsʰaŋ¹¹
麵條	【麵】mien⁵⁵	【麵】men⁵⁵
意麵	X	【意麵】ji³¹ men⁵⁵
米粉	【米粉】mi³¹ hun³¹	【米粉】mi³¹ hun³¹
米苔目	【米篩目】mi³¹ tɕʰi¹¹ muk⁰⁵	【米篩目】mi³¹ tɕʰi¹¹ muk⁰⁵
冬粉	【冬粉】tuŋ²⁴ hun³¹	【冬粉】tuŋ²⁴ hun³¹
粄條	【面帕粄】mien⁵⁵ pʰa⁵⁵ pan³¹	【面帕粄】men⁵⁵ pʰa⁵⁵ pan³¹
餈粑	【餈粑仔】tɕʰi¹¹ pa²⁴ e³¹	【餈粑仔】tɕʰi¹¹ pa²⁴ e³¹
湯圓	【圓粄仔】ien¹¹ pan³¹ ne³¹	【圓粄仔】ian¹¹ pan³¹ ne³¹
糕餅（用糯米粉、綠豆粉和糖粉混合放在模子裡作成的食品）	【糕仔】kau²⁴ e³¹	【糕仔】kau²⁴ e³¹
麵線	【麵線】mien⁵⁵ ɕien⁵⁵	【麵線】men⁵⁵ sen⁵⁵
包子	【包仔】pau²⁴ e³¹	【包仔】pau²⁴ e³¹
割包	【割包】kua³¹ pau⁵⁵	【割包】kua³¹ pau⁵⁵
饅頭	【饅頭】man²⁴ tʰo¹¹	【饅頭】man²⁴ tʰo¹¹
麵包	【パン】pʰaŋ³¹	【パン】pʰaŋ³¹
	【麵包】mien⁵⁵ pau²⁴	【麵包】men⁵⁵ pau²⁴
醬瓜	【醬瓜】tɕioŋ⁵⁵ kua²⁴	【醬瓜】tɕioŋ⁵⁵ kua²⁴
醃漬物（用螺當醃漬品）	X	X
茶（用茶葉泡出來的茶水）	【茶】tsʰa¹¹	【茶】tsʰa¹¹

茶葉	【茶心】tsʰa¹¹ ɕim²⁴	【茶心】tsʰa¹¹ ɕim²⁴
		【茶葉】tsʰa¹¹ iap⁰⁵
決明子茶（用決明子泡出來的茶水）	【茶米】tsʰa¹¹ mi³¹	【米茶】mi³¹ tsʰa¹¹
滾水（沸騰的水）	【滾水】kun³¹ sui³¹	【滾水】kun³¹ sui³¹
白開水	【白滾水】pʰak⁰⁵ kun³¹ sui³¹	【白湯茶】pʰak⁰⁵ tʰoŋ²⁴ tsʰa¹¹
水垢	【茶滓】tsʰa¹¹ tai³¹	【茶腳】tsʰa¹¹ kiok⁰²
		【石灰滓】sak⁰⁵ fue²⁴ tai³¹
咖啡	【咖啡】ka¹¹ pi²⁴	【咖啡】ka¹¹ pi²⁴
粉圓（用番薯粉作成的圓狀粒食品）	【粉圓】hun³¹ ien¹¹	【粉圓】hun³¹ ian¹¹
魚丸（用魚漿作成的丸子）	【魚圓】ŋ³¹ ien¹¹	【魚圓】ŋ³¹ ian¹¹
肉圓	【肉圓】ba⁵³ uan²⁴	【肉圓】n̠iuk⁰² ian¹¹
肉丸子	【肉圓】n̠iuk⁰² ien¹¹	【肉圓】n̠iuk⁰² ian¹¹
牛乳	【牛奶】n̠iu¹¹ nen⁵⁵	【牛奶】n̠iu¹¹ nen⁵⁵
杏仁茶	【杏仁茶】hen⁵⁵ jin¹¹ tsʰa¹¹	【杏仁茶】hiŋ¹¹ jin²⁴ tsʰa¹¹
冰棒	【枝仔冰】ki²⁴ e³¹ pen²⁴	【枝仔冰】ki²⁴ e³¹ pen²⁴
仙草凍	【仙草】tsʰan³³ tsʰau⁵³	【仙人粄】sen²⁴ n̠in¹¹ pan³¹
洋菜	【西洋菜】ɕi²⁴ ioŋ¹¹ tsʰoi⁵⁵	【臙菜】ien⁵⁵ tsʰoi⁵⁵
	【菜臙】tsʰai⁵³ ien¹¹	
羊羹（日本甜食）	【洋羹】iaŋ²⁴ kŋ⁵⁵	【洋羹】ioŋ¹¹ kaŋ²⁴
愛玉	【愛玉】o⁵⁵ io¹¹	【愛玉】o⁵⁵ ieu¹¹
冷飲（泛稱冰過的飲料）	【涼水】lioŋ¹¹ sui³¹	【涼水】lioŋ¹¹ sui³¹
	【冰茶】pen²⁴ tsʰa¹¹	
冬瓜茶	【冬瓜茶】tuŋ¹¹ kua²⁴ tsʰa¹¹	【冬瓜茶】tuŋ¹¹ kua²⁴ tsʰa¹¹
青草茶	【青草茶】tɕʰiaŋ²⁴ tsʰo³¹ tsʰa¹¹	【青草茶】tɕʰiaŋ²⁴ tsʰo³¹ tsʰa¹¹
枸杞茶	【枸杞茶】ko⁵⁵ ki⁵⁵ te²⁴	【枸杞茶】kieu³¹ ki³¹ tsʰa¹¹
紅茶	【紅茶】huŋ¹¹ tsʰa¹¹	【紅茶】huŋ¹¹ tsʰa¹¹
汽水	【汽水】kʰi⁵⁵ sui³¹	【汽水】kʰi⁵⁵ sui³¹
楊桃汁	【楊桃汁】ioŋ¹¹ tʰo¹¹ tɕiap⁰²	【楊桃汁】ioŋ¹¹ tʰo¹¹ tɕiap⁰²
金桔汁	【桔仔汁】kit⁰² le³¹ tɕiap⁰²	【桔仔汁】kit⁰² le³¹ tɕiap⁰²

柳丁汁	【柳丁汁】liu⁵⁵ tiŋ³³ tɕiap⁰²	【柳丁汁】liu⁵⁵ ten²⁴ tɕiap⁰⁵
蜜餞	【鹹酸甜】ham¹¹ son²⁴ tʰiam¹¹	【鹹酸甜】ham¹¹ son²⁴ tʰiam¹¹
瓜子	【瓜籽】kua²⁴ tɕi³¹	【瓜籽】kua²⁴ tɕi³¹
話梅	【酸梅】son²⁴ moi¹¹	【酸梅】son²⁴ moi¹¹
		【鹹梅】ham¹¹ moi¹¹
		【梅仔】moi¹¹ e³¹
芋頭冰	【芋仔粄】bu⁵⁵ e³¹ pen²⁴	【芋仔粄】bu⁵⁵ e³¹ pen²⁴
零食	【零溚】laŋ¹¹ tap⁰⁵	【零溚】laŋ¹¹ tap⁰⁵
小圓糖	【圓糖仔】ien¹¹ tʰoŋ¹¹ ŋe³¹	【圓糖仔】ian¹¹ tʰoŋ¹¹ ŋe³¹
餛飩	【扁食】pʰen⁵⁵ ɕit⁰⁵	【扁食】pʰen⁵⁵ ɕit⁰⁵
水餃	【水餃】ʂue¹¹ tɕiau¹¹	【水餃】sui³¹ kieu³¹
海帶	【海帶】hoi³¹ tai⁵⁵	【海帶】hoi³¹ tai⁵⁵
		【海菜】hoi³¹ tsʰoi⁵⁵
吃葷	【食葷】ɕit⁰⁵ fun²⁴	【食葷】ɕit⁰⁵ fun²⁴
吃素	【食齋】ɕit⁰⁵ tsai²⁴	【食齋】ɕit⁰⁵ tsai²⁴
泡泡糖	【泡泡糖】pʰau⁵³ pʰau⁵³ tʰaŋ²⁴	【樹奶糖】su⁵⁵ nen⁵⁵ tʰoŋ¹¹
		【泡泡糖】pok⁰⁵ pok⁰⁵ tʰoŋ¹¹
奶油	【クリーム】kʰu³³ lin⁵³ mu¹¹	【クリーム】kʰu³³ lin⁵³ mu¹¹
黑輪	【おでん】o³³ len⁵³	【おでん】o³³ ten⁵³
健素糖	【おかもと】ua³³ kʰa⁵⁵ mo⁵⁵ to³¹	【おかもと】ua³³ kʰa⁵⁵ mo⁵⁵ to³¹
雜菜（把不同的菜餚混合一起）	【雜菜】tsʰap⁰⁵ tsʰoi⁵⁵	【雜菜】tsʰap⁰⁵ tsʰoi⁵⁵
剩菜	【菜尾】tsʰoi⁵⁵ mi²⁴	【菜尾】tsʰoi⁵⁵ mi²⁴
	【舊菜】kʰiu⁵⁵ tsʰoi⁵⁵	
四物（合當歸、川芎、白芍和熟地為一劑，在中藥裡有補血的療效）	【四物】ɕi⁵⁵ but⁰⁵	【四物】ɕi⁵⁵ but⁰⁵
四神湯（指淮山、蓮子、茯苓和芡實四種藥材熬煮成的湯）	【四神湯】ɕi⁵⁵ sïn¹¹ tʰoŋ²⁴	【四神湯】ɕi⁵⁵ ɕin¹¹ tʰoŋ²⁴
泡麵	【泡麵】pʰau⁵⁵ mien⁵⁵	【泡麵】pʰau⁵⁵ men⁵⁵
麻花	【紐皺糖】n.iu³¹ tɕiu³¹ tʰoŋ¹¹	【蜜麻糖】mit⁰⁵ ma¹¹ tʰoŋ¹¹

調味佐料		
詞　彙	玉泉村	洛陽村
鹽	【鹽】iam^{11}	【鹽】iam^{11}
醋	【醋】tɕʰi^{55}	【醋】tɕʰi^{55}
黑醋	【烏醋】o^{33} tsʰo^{11}	【烏醋】bu^{11} tɕʰi^{55}
白醋（可指美乃滋或無色的醋）	【白醋】pʰak^{05} tɕʰi^{55}	【白醋】pʰak^{05} tɕʰi^{55}
醬油	【豆油】tʰeu^{55} iu^{11}	【豆油】tʰeu^{55} iu^{11}
山葵醬	【わさび】ua^{33} sa^{55} bi^{31}	【わさび】ua^{33} sa^{55} bi^{31}
黃芥末醬	【芥辣】ke^{55} lat^{05}	【芥辣】ke^{55} lat^{05}
沙茶醬	【沙茶醬】sa^{24} tsʰa^{11} tɕioŋ^{55}	【沙茶醬】sa^{24} tsʰa^{11} tɕioŋ^{55}
咖哩	【咖哩】ka^{55} li^{11}	【咖哩】ka^{24} li^{11}
味精	【味素】mi^{55} su^{55}	【味素】mi^{55} su^{55}
胡椒	【胡椒】hu^{11} tseu^{24}	【胡椒】hu^{11} tseu^{24}
五香	【五香散】ŋ^{31} hioŋ^{24} san^{31}	【五香】ŋ^{31} hioŋ^{24}
八角（八角茴香或大茴香，滷東西的香料）	【八角】pat^{02} kok^{02}	【八角】pat^{02} kok^{02}
太白粉	【太白粉】tʰai^{55} pʰak^{05} hun^{31}	【太白粉】tʰai^{55} pʰak^{05} hun^{31}
番薯粉	【番薯粉】huan^{24} su^{11} hun^{31}	【番薯粉】huan^{24} su^{11} hun^{31}
紅糟	【紅糟】huŋ^{11} tso^{11}	【紅糟】huŋ^{11} tsau^{24}
紅麴（一種酵母）	【紅麴】huŋ^{11} kʰiuk^{05}	【紅麴】huŋ^{11} kʰiuk^{05}
辣椒醬	【辣椒醬】lat^{05} tseu^{11} tɕioŋ^{55}	【辣椒醬】lat^{05} tseu^{11} tɕioŋ^{55}
番茄醬	【柑仔蜜醬】kam^{11} ma^{55} mit^{05} tɕioŋ^{55}	【トマト醬】tho^{33} ma55 toʔ^{02} tɕioŋ^{55}
發粉	【發粉】huat^{02} hun^{31}	【發粉】huat^{02} hun^{31}
發酵	【發酵】huat^{02} kau^{55}	【發酵】huat^{02} kau^{55}
酒釀	【酒糟】tɕiu^{31} tso^{11}	【酒糟】tɕiu^{31} ɲioŋ^{11}
粄釀（先將一部分的粄煮熟，再放進粄粭中揉合）	X	【粄釀】pan^{31} ɲiaŋ^{55}
硼砂（可使食品增加韌性、彈性及脆性，但有毒）	【硼砂】pʰin^{11} sa^{24}	【硼砂】pʰoŋ^{11} sa^{24}

酒　　　類		
詞　彙	玉泉村	洛陽村
米酒	【米酒】mi^{31} tɕiu^{31}	【米酒】mi^{31} tɕiu^{31}
米酒頭	【米酒頭】mi^{31} tɕiu^{31} tʰeu^{11}	【米酒頭】mi^{31} tɕiu^{31} tʰeu^{11}
番薯酒	【大白酒】tʰai^{55} pʰak^{05} tɕiu^{31}	【番薯酒】huan^{24} su^{11} tɕiu^{31}
黃酒	【黃酒】boŋ^{11} tɕiu^{31}	【黃酒】boŋ^{11} tɕiu^{31}
啤酒	【麥酒】mak^{05} tɕiu^{31}	【麥酒】mak^{05} tɕiu^{31}
		【ビール】bi^{53} lu^{11}
烏梅酒	【烏梅酒】bu^{24} moi^{11} tɕiu^{31}	【烏梅酒】bu^{24} moi^{11} tɕiu^{31}
紹興酒	【紹興酒】seu^{55} hin^{24} tɕiu^{31}	【紹興酒】seu^{55} hin^{24} tɕiu^{31}
竹葉青	【竹葉青】tsuk^{02} iap^{05} tɕʰiaŋ^{24}	【竹葉青】tsuk^{02} iap^{05} tɕʰiaŋ^{24}
高梁酒	【高梁酒】ko^{24} lioŋ^{11} tɕiu^{31}	【高梁酒】ko^{24} lioŋ^{11} tɕiu^{31}
紅露酒	【紅露酒】huŋ^{11} lu^{55} tɕiu^{31}	【紅露酒】huŋ^{11} lu^{55} tɕiu^{31}
五加皮	【五加皮】ŋ^{31} ka^{24} pʰi^{11}	【五加皮】ŋ^{31} ka^{24} pʰi^{11}
虎骨酒	【虎骨酒】hu^{31} kut^{02} tɕiu^{31}	【虎骨酒】hu^{31} kut^{02} tɕiu^{31}
蔘茸藥酒	【蔘茸酒】sem^{24} iuŋ^{11} tɕiu^{31}	【蔘茸藥酒】sem^{24} ioŋ^{11} iok^{05} tɕiu^{31}
雄黃酒	【雄黃酒】hiuŋ^{11} boŋ^{11} tɕiu^{31}	【雄黃酒】hiuŋ^{11} boŋ^{11} tɕiu^{31}

當地小吃		
詞　彙	玉泉村	洛陽村
擂茶	【擂茶】lui^{11} tsʰa^{11}	【擂茶】lui^{11} tsʰa^{11}
點心	【點心】tiam^{31} ɕim^{24}	【點心 tiam^{31} ɕim^{24}
筒仔米糕	【飯乾】huan^{55} kon^{24}	【竹筒米糕】tsuk^{02} tʰuŋ^{11} mi^{31} kau^{24}
蚵嗲	【蝦公粄】ha^{11} kuŋ^{24} pan^{31}	【蝦公粄】ha^{11} kuŋ^{24} pan^{31}
蚵仔煎	【蚵仔煎】ɔ^{33} a^{55} tɕien^{55}	【蚵仔煎】o^{33} a^{55} tɕien^{55}
麵線糊	【麵線糊】mĩ^{11} suã^{53} ko^{24}	【麵線糊】men^{55} sen^{55} ko^{24}
石頭餅	【煎餅】tɕien^{24} piaŋ^{31}	【煎餅】tɕien^{24} piaŋ^{31}
		【石頭餅】sak^{05} tʰeu^{11} piaŋ^{31}
米粩（以麥芽糖沾黏爆米花爲外皮的橢圓形油炸食品）	【米粩】mi^{31} lau^{55}	【米粩】mi^{31} lau^{55}

麻粩（以麥芽糖沾黏芝麻爲外皮的橢圓形油炸食品）	【麻粩】ma¹¹ lau⁵⁵	【麻粩】ma¹¹ lau⁵⁵
芝麻球	【油錐仔】iu¹¹ tsui²⁴ e³¹	【燒馬卵】seu²⁴ ma¹¹ lon³¹
紅豆餅	【紅豆餅】huŋ¹¹ tʰeu⁵⁵ piaŋ³¹	【紅豆餅】huŋ¹¹ tʰeu⁵⁵ piaŋ³¹
月餅	【中秋餅】tsuŋ¹¹ tɕʰiu²⁴ piaŋ³¹	【月餅】ȵiat⁰⁵ piaŋ³¹
麵茶（把麵粉加油炒熟，加入細糖及芝麻。吃的時候，加上熱開水攪拌成糊狀）	X	【麵茶】men⁵⁵ tsʰa¹¹
刨冰	【剉冰】tsʰua⁵³ piŋ⁵⁵	【刷冰】sot⁰² pen²⁴
甜不辣	【てんぷら】tʰien²⁴ put⁰⁵ la³¹	【てんぷら】tʰien²⁴ put⁰⁵ lat⁰⁵
蔭冬瓜	【滷冬瓜】lu¹¹ tuŋ¹¹ kua²⁴	【滷冬瓜】lu¹¹ tuŋ¹¹ kua²⁴
		【蔭瓜】im¹¹ kua²⁴
花生豬腳	【番豆豬腳】huan¹¹ tʰeu⁵⁵ tsu²⁴ kiok⁰²	【番豆豬腳】huan¹¹ tʰeu⁵⁵ tsu²⁴ kiok⁰²
薑絲炒豬腸	【薑絲炒大腸】kioŋ¹¹ ɕi²⁴ tsʰau³¹ tʰai⁵⁵ tsʰoŋ¹¹	【薑絲炒豬腸】kioŋ¹¹ ɕi²⁴ tsʰau³¹ tsu²⁴ tsʰoŋ¹¹
白斬雞	【斬盤】tsam³¹ pʰan¹¹	【白斬雞】pʰak⁰⁵ tsam³¹ kie²⁴
炒粄條	【炒面帕粄】tsʰau³¹ mien⁵⁵ pʰa⁵⁵ pan³¹	【炒面帕粄】tsʰau³¹ men⁵⁵ pʰa⁵⁵ pan³¹
		【炒粄條】tsʰau³¹ pan³¹ tʰiau¹¹
客家小炒	X	【客家小炒】hak⁰² ka²⁴ seu³¹ tsʰau³¹
薑母鴨	【薑嬤鴨】kioŋ²⁴ ma¹¹ ap⁰²	【薑嬤鴨】kioŋ²⁴ ma¹¹ ap⁰²

味覺口感的形容		
詞　彙	玉泉村	洛陽村
豐盛	【腥臊】tsʰe¹¹ tsʰau²⁴	【豐沛】pʰoŋ¹¹ pʰai⁵⁵
		【□柴】tsʰam⁵⁵ tsʰoi⁵⁵
味道	【味緒】mi⁵⁵ ɕi⁵⁵	【味緒】mi⁵⁵ ɕi⁵⁵
		【味道】mi⁵⁵ tʰo⁵⁵
味道不搭配	【毋著味】m¹¹ tsʰok⁰⁵ mi⁵⁵	【毋著味】m¹¹ tsʰok⁰⁵ mi⁵⁵

腥味	【臊味】so^{11} mi^{55}	【臊味】so^{11} mi^{55}
魚腥味	【羶】ɕiaŋ^{24}	【羶】ɕiaŋ^{24}
土味（魚肉有泥土味）	【臭泥味】tsʰu^{55} nai^{11} mi^{55}	【臭角味】tsʰuk^{05} kok^{02} mi^{55}
淡	【淡】tʰam^{24}	【淡】tʰam^{55}
鹹	【鹹】ham^{11}	【鹹】ham^{11}
香	【香】hioŋ^{24}	【香】hioŋ^{24}
甜	【甜】tʰiam^{11}	【甜】tʰiam^{11}
酸	【酸】son^{24}	【酸】son^{24}
苦（味道）	【苦】hu^{31}	【苦】hu^{31}
苦（辛勞）	【苦】kʰu^{31}	【苦】kʰu^{31}
辣	【辣】lat^{05}	【辣】lat^{05}
澀	【澀】sep^{02}	【澀】ɕiap^{02}
沙沙（形容西瓜好吃的口感）	【沙沙】sa^{11} sa^{24}	【沙沙】sa^{11} sa^{24}
形容芋頭沒煮熟且難吃	【耶嘴】ia^{31} tsoi^{55}	【咬脡】ŋiau^{31} koi^{24}
舌頭的感覺不好	【麻麻】ma^{11} ma^{11}	X
綿爛	【綿】mien^{11}	【綿】men^{11}
酥（形容入口即化的口感）	【酥】su^{24}	【酥】su^{24}
甜脆多汁（形容水果好吃）	X	【冇】pʰaŋ^{55}
脆（形容易碎爽口的口感）	【脆】tsʰe^{55}	【脆】tsʰe^{55}
膩	【畏】bi^{55}	【畏】bi^{55}
靭（形容食物難以咬斷）	【靭】n̠iun^{55}	【靭】n̠iun^{55}
彈牙（形容食物彈性有嚼勁）	【□】kʰiu^{11}	【□】kʰiu^{24}
稀（形容稀飯或湯的水分過多）	【鮮】ɕien^{24}	【鮮】sen^{24}
稠（形容稀飯或湯的水分過少）	【濃】neu^{11}	【濃】neu^{11}

霉味（食物變質後所產生的怪味）	【臭殕】tsʰu⁵⁵ pʰu³¹	【臭殕】tsʰu⁵⁵ pʰu³¹
生青味（青菜沒煮熟的青澀味）	【臭腥】tsʰu⁵⁵ tɕiaŋ⁵⁵	【臭腥味】tsʰu⁵⁵ tɕiaŋ⁵⁵ mi⁵⁵
新鮮（指魚貨很新鮮）	【新鮮】ɕin¹¹ ɕien²⁴	【新鮮】ɕin¹¹ ɕien²⁴
清甜（指水清澈甘甜）	【甜】tʰiam¹¹	【甜】tʰiam¹¹
發霉	【生狗屎毛】saŋ²⁴ kieu³¹ ɕi³¹ mo²⁴	【霜白】soŋ¹¹ pʰak⁰⁵
形容食物的油份太少	【無油無臘】mo¹¹ iu¹¹ mo¹¹ lap⁰⁵	【無油無臘】mo¹¹ iu¹¹ mo¹¹ lap⁰⁵

9. 礦物及其他自然物

詞 彙	玉泉村	洛陽村
金	【金】kim²⁴	【金】kim²⁴
銀	【銀】n̠iun¹¹	【銀】n̠iun¹¹
銅	【銅】tʰuŋ¹¹	【銅】tʰuŋ¹¹
鐵	【鐵】tʰiet⁰²	【鐵】tʰet⁰²
鏽	【鏽】lu²⁴	【鏽】lu²⁴
生鐵	【生鐵】saŋ¹¹ tʰiet⁰²	【生鐵】saŋ²⁴ tʰet⁰⁵
鉛	【鉛】ien¹¹	【鉛】ian¹¹
鍍鋅鐵的通稱	【亞鉛】a³¹ ien¹¹	【亞鉛】a³¹ ian¹¹
薄鐵皮	【亞鉛筆】a³¹ ien¹¹ pʰi¹¹	【亞鉛筆】a³¹ ian¹¹ pʰi¹¹
淬鋼（把金屬加工後等到達到相當熱度，放入水中急速冷卻，以增加硬度）	【淬水】tɕʰi⁵⁵ sui³¹	【淬水】tɕʰi⁵⁵ sui³¹
不鏽鋼	【白鐵仔】pʰak⁰⁵ tʰiet⁰² le³¹	【白鐵仔】pʰak⁰⁵ tʰet⁰² le³¹
鋁	【アルミ】a³³ lu⁵⁵ mi³¹	【アルミ】a³³ lu⁵⁵ mi³¹ 〔金銀仔〕kʰin²⁴ n̠iun¹¹ ne³¹
錫	【錫】ɕiak⁰²	【錫】ɕiak⁰²
破銅爛鐵	【壞銅壞鐵】huai³¹ tʰuŋ¹¹ huai³¹ tʰiet⁰²	【壞銅壞鐵】huai³¹ tʰuŋ¹¹ huai³¹ tʰet⁰²
汞	【水銀】sui³¹ n̠iun¹¹	【水銀】sui³¹ n̠iun¹¹
煤油	【煤油】moi¹¹ iu¹¹	【煤油】moi¹¹ iu¹¹

汽油	【汽油】kʰi⁵⁵ iu¹¹	【汽油】kʰi⁵⁵ iu¹¹
柏油	【打馬膠】tam⁵⁵ ma¹¹ ka¹¹	【打馬膠】tam⁵⁵ ma¹¹ ka¹¹
石灰	【石灰】sak⁰⁵ hue²⁴	【石灰】sak⁰⁵ fue²⁴
石頭	【石頭】sak⁰⁵ tʰeu¹¹	【石頭】sak⁰⁵ tʰeu¹¹
硫磺	【硫磺】liu¹¹ buoŋ¹¹	【硫磺】liu¹¹ boŋ¹¹
水泥	【紅毛泥】huŋ¹¹ mo²⁴ nai¹¹	【紅毛泥】huŋ¹¹ mo²⁴ nai¹¹
鑽石	【鑽石】tson⁵⁵ sak⁰⁵	【鑽石】tson⁵⁵ sak⁰⁵
珊瑚	【珊瑚】ʂan⁵⁵ hu²⁴	【珊瑚】san²⁴ hu¹¹
硓𥑮石	【海石】hoi³¹ sak⁰⁵	【硓𥑮石】lo¹¹ ko¹¹ sak⁰⁵

10. 動　物

獸　　類		
詞　彙	玉泉村	洛陽村
牲畜（家禽或家畜）	【頭牲仔】tʰeu¹¹ saŋ²⁴ ŋe³¹	【頭牲仔】tʰeu¹¹ saŋ²⁴ ŋe³¹
畜牲（詈罵語）	【頭牲仔】tʰeu¹¹ saŋ²⁴ ŋe³¹	【畜牲】tɕʰiuk⁰² saŋ²⁴
駱駝	【駱駝】luk⁰⁵ tʰo¹¹	【駱駝】lot⁰⁵ tʰo¹¹
老虎	【老虎】no⁵⁵ hu³¹	【老虎】no⁵⁵ hu³¹
獅子	【獅仔】ɕi²⁴ e³¹	【獅仔】ɕi²⁴ e³¹
犀牛	【犀牛】ɕi²⁴ ȵiu¹¹	【犀牛】ɕi²⁴ ȵiu¹¹
山羊	【羊仔】kioŋ²⁴ ŋe³¹	【羊仔】kioŋ²⁴ ŋe³¹
豹	【豹仔】pau⁵⁵ e³¹	【豹仔】pau⁵⁵
熊	【熊】him¹¹	【熊】hiuŋ¹¹
鹿	【鹿仔】luk⁰⁵ ge³¹	【鹿】luk⁰⁵
長頸鹿	【長頸鹿】tsʰoŋ¹¹ kiaŋ³¹ luk⁰⁵	【長頸鹿】tsʰoŋ¹¹ kiaŋ³¹ luk⁰⁵
鹿茸	【鹿茸】luk⁰⁵ iuŋ¹¹	【鹿茸】luk⁰⁵ iuŋ¹¹
鹿角	【鹿角】luk⁰⁵ kok⁰²	【鹿角】luk⁰⁵ kok⁰²
猴子	【猴仔】heu¹¹ e³¹	【猴仔】heu¹¹ e³¹
兔子	【兔仔】tʰu⁵⁵ e³¹	【兔仔】tʰu⁵⁵ e³¹
貓	【貓仔】meu⁵⁵ e³¹	【貓仔】meu⁵⁵
狐狸	【狐狸】hu¹¹ li¹¹	【狐狸】hu¹¹ li¹¹
狼	【狼】loŋ¹¹	【狼】loŋ¹¹
穿山甲	【鯪鯉】lin¹¹ li²⁴	【鯪鯉】len¹¹ li²⁴
白鼻心	【白面仔】pʰak⁰⁵ mien⁵⁵ ne³¹	【果子貓】ko³¹ tɕi³¹ ba¹¹

山貉（可抓來食用的大老鼠）	【山鼠】san²⁴ tsʰu³¹	【山貉】san²⁴ ho¹¹
老鼠	【老鼠】no⁵⁵ tsʰu³¹	【老鼠】no⁵⁵ tsʰu³¹
大核鼠	【大核鼠】tʰai⁵⁵ hak⁰⁵ tsʰu³¹	【大核鼠】tʰai⁵⁵ hak⁰⁵ tsʰu³¹
大笨老鼠	【大種老鼠】tʰai⁵⁵ tsuŋ³¹ no⁵⁵ tsʰu³¹	X
錢鼠	【嘰哩鼠】tɕit⁰⁵ ni⁵⁵ tsʰu³¹	【嘰哩鼠】tɕi⁵⁵ ni⁵⁵ tsʰu³¹
松鼠	【膨尾鼠】pʰoŋ⁵⁵ mi²⁴ tsʰu³¹	【膨鼠】pʰoŋ⁵⁵ tsʰu³¹
土撥鼠	【遾地龍】pun⁵⁵ tʰi⁵⁵ liuŋ¹¹	【遾地龍】pun⁵⁵ tʰi⁵⁵ liuŋ¹¹
水牛	【水牛】sui³¹ n̦iu¹¹	【水牛】sui³¹ n̦iu¹¹
黃牛	【赤牛仔】tsʰak⁰² n̦iu¹¹ e³¹	【赤牛】tsʰak⁰² n̦iu¹¹
		【黃牛】boŋ¹¹ n̦iu¹¹
種牛、公牛	【牛牯】n̦iu¹¹ ku³¹	【牛哥】n̦iu¹¹ ko²⁴
尚未閹割的公牛	【牲牯】saŋ²⁴ ku³¹	【牛牯】n̦iu¹¹ ku³¹
公牛	【牛牯】n̦iu¹¹ ku³¹	【牛牯】n̦iu¹¹ ku³¹
母牛	【牛嬤】n̦iu¹¹ ma¹¹	【牛嬤】n̦iu¹¹ ma¹¹
小母牛	【牛牸仔】n̦iu¹¹ tɕʰi⁵⁵ e³¹	【牛牸仔】n̦iu¹¹ tɕʰi⁵⁵ e³¹
小牛	【細牛仔】se⁵⁵ n̦iu¹¹ e³¹	【細牛仔】se⁵⁵ n̦iu¹¹ e³¹
羊	【羊仔】ioŋ¹¹ ŋe³¹	【羊】ioŋ¹¹
種羊	【羊哥】ioŋ¹¹ ko²⁴	【羊哥】ioŋ¹¹ ko²⁴
被閹割過的一般公羊	【羊牯仔】ioŋ¹¹ ku³¹ e³¹	【羊牯】ioŋ¹¹ ku³¹
母羊	【羊嬤】ioŋ¹¹ ma¹¹	【羊嬤】ioŋ¹¹ ma¹¹
馬	【馬】ma²⁴	【馬仔】ma²⁴ e³¹
驢子	【驢仔】li¹¹ e³¹	【驢】li³¹
騾（公驢和母馬交配所生的動物）	X	X
豬	【豬仔】tsu²⁴ e³¹	【豬】tsu²⁴
種豬、公豬	【豬哥】tsu¹¹ ko²⁴	【豬哥】tsu¹¹ ko²⁴
祭祀用的公豬	【神豬】ɕin¹¹ tsu²⁴	【神豬】ɕin¹¹ tsu²⁴
		【大豬公】tʰai⁵⁵ tsu¹¹ kuŋ²⁴
母豬	【豬嬤】tsu²⁴ ma¹¹	【豬嬤】tsu²⁴ ma¹¹
小母豬	【豬牸仔】tsu¹¹ tɕʰi⁵⁵ e³¹	【豬牸仔】tsu¹¹ tɕʰi⁵⁵ e³¹
小豬	【細豬仔】se⁵⁵ tsu²⁴ e³¹	【細豬仔】se⁵⁵ tsu²⁴ e³¹
半大不小的豬	【豬胚仔】tsu¹¹ pʰoi²⁴ e³¹	【豬胚仔】tsu¹¹ pʰoi²⁴ e³¹

	玉泉村	洛陽村
毛豬	【肥豬】pʰi¹¹ tsu²⁴	【大豬】tʰai⁵⁵ tsu²⁴
閹豬	【閹豬仔】iam¹¹ tsu²⁴ e³¹	【閹豬】iam¹¹ tsu²⁴
野豬	【山豬】san¹¹ tsu²⁴	【山豬】san¹¹ tsu²⁴
狗	【狗仔】kieu³¹ e³¹	【狗】kieu³¹
大象	【象仔】ɕioŋ⁵⁵ ŋe³¹	【象仔】ɕioŋ⁵⁵ ŋe³¹
鞭（雄性動物的生殖器）	【鞭】pien²⁴	【鞭】pen²⁴
尾巴	【尾】mi²⁴	【尾】mi²⁴
爪子	【爪】iau³¹	【爪】iau³¹
蹄（馬牛羊等動物生在趾端的角質物）	【蹄】tʰai¹¹	【蹄】tʰai¹¹

十二生肖		
詞　彙	玉泉村	洛陽村
生肖（用十種動物來配十二地支所形成的記年系統）	【生肖】saŋ¹¹ seu⁵⁵	【生肖】saŋ¹¹ seu⁵⁵
鼠	【一鼠】it⁰² tsʰu³¹	【鼠】tsʰu³¹
牛	【二牛】ȵi⁵⁵ ȵiu¹¹	【牛】ȵiu¹¹
虎	【三虎】sam²⁴ hu³¹	【虎】hu³¹
兔	【四兔】ɕi⁵⁵ tʰu⁵⁵	【兔】tʰu⁵⁵
龍	【五龍】ŋ³¹ liuŋ¹¹	【龍】liuŋ¹¹
蛇	【六蛇】liuk⁰² sa¹¹	【蛇】sa¹¹
馬	【七馬】tɕʰit⁰² ma²⁴	【馬】ma²⁴
羊	【八羊】pat⁰² ioŋ¹¹	【羊】ioŋ¹¹
猴	【九猴】kiu³¹ heu¹¹	【猴】heu¹¹
雞	【十雞】sïp⁰⁵ kie²⁴	【雞】kie²⁴
狗	【十一狗】sïp⁰⁵ it⁰² kʰien³¹	【狗】kieu³¹
豬	【十二豬】sïp⁰⁵ ȵi⁵⁵ tsu²⁴	【豬】tsu²⁴
狗窩	【狗竇】kieu³¹ teu⁵⁵	【狗竇】kieu³¹ teu⁵⁵
鳥巢	【鳥竇】tiau¹¹ teu⁵⁵	【鳥竇】tiau¹¹ teu⁵⁵
	【鳥竇】ȵiau¹¹ teu⁵⁵	
蜂巢	【蜂竇】huŋ¹¹ teu⁵⁵	【蜂竇】huŋ¹¹ teu⁵⁵

牛舍	【牛欄】n̠iu¹¹ lan¹¹	【牛欄】n̠iu¹¹ lan¹¹
豬圈	【豬欄】tsu²⁴ lan¹¹	【豬欄】tsu²⁴ lan¹¹
屠宰場（屠宰動物的地方）	【豬灶仔】tsu¹¹ tso⁵⁵ e³¹	【豬灶】tsu¹¹ tso⁵⁵
豬肉攤	【豬砧】tsu¹¹ tam²⁴	【豬肉擔】tsu¹¹ n̠iuk⁰⁵ tam²⁴

禽　　類		
詞　彙	玉泉村	洛陽村
烏鴉	【烏鴉仔】bu¹¹ a²⁴ e³¹	【烏鴉仔】bu¹¹ ap⁰² pe³¹
捲尾	【阿啾箭仔】a¹¹ tɕʰiu¹¹ tɕien⁵⁵ ne³¹	【阿啾箭】a¹¹ tɕiu¹¹ tɕien⁵⁵
燕子	【燕仔】ien⁵⁵ ne³¹	【燕仔】ian⁵⁵ ne³¹
鴿子	【月鴿仔】n̠iet⁰⁵ kap⁰² be³¹	【月鴿仔】n̠iat⁰⁵ kap⁰² be³¹
八哥	【加鴒】ka³³ liŋ⁵⁵	【加鴒】ka¹¹ liŋ²⁴
鴛鴦	【鴛鴦】ien¹¹ ioŋ²⁴	【鴛鴦】ian¹¹ ioŋ²⁴
孔雀	【孔雀】kʰuŋ³¹ tɕʰiok⁰²	【孔雀】kʰuŋ³¹ tɕʰiok⁰⁵
鸚鵡	【鸚哥】zin¹¹ ko²⁴	【鸚哥】en¹¹ ko²⁴
斑頸鴿	【斑鳩仔】pan¹¹ kieu²⁴ e³¹	【斑鳩仔】pan¹¹ kieu²⁴ e³¹
白鷺鷥	【白鶴仔】pʰak⁰⁵ hok⁰⁵ ge³¹	【白鶴仔】pʰak⁰⁵ hok⁰⁵ ge³¹
貓頭鷹	【貓頭鳥】meu⁵⁵ tʰeu¹¹ tiau²⁴	【貓頭鳥】meu⁵⁵ tʰeu¹¹ tiau²⁴
老鷹	【鷂婆】ieu⁵⁵ pʰo¹¹	【鷂婆】ieu⁵⁵ pʰo¹¹
白頭翁	【白頭公】pʰak⁰⁵ tʰeu¹¹ kuŋ²⁴	【白頭公】pʰak⁰⁵ tʰeu¹¹ kuŋ²⁴
鵪鶉	【鵪鶉仔】em²⁴ tʰun¹¹ ne³¹	【鵪鶉仔】em²⁴ tʰun¹¹ ne³¹
伯勞鳥	【鵯勞仔】pit⁰² lo¹¹ e³¹	【伯勞仔】pat⁰² lo¹¹ e³¹
麻雀	【勞鵯仔】lo¹¹ pit⁰² te³¹	【屋簷鳥】buk⁰² iam¹¹ tiau²⁴
喜鵲	X	【客鳥】kʰe⁵³ tɕiau⁵³
褐頭鷦鶯	X	【勞鵯仔】lo¹¹ pit⁰² te³¹
杜鵑	【白面仔】pʰak⁰⁵ mien⁵⁵ ne³¹	【白面鳥】pʰak⁰⁵ men⁵⁵ tiau²⁴
文鳥	【烏嘴鵯】bu¹¹ tsoi⁵⁵ pit⁰²	【烏嘴鵯】bu¹¹ tsoi⁵⁵ pit⁰²
竹雞	X	【竹雞仔】tsuk⁰² kie²⁴ e³¹
野雞	X	X

白鶺鴒	【牛屎鶺】n̠iu^{11} ¢i^{31} t¢it^{02}	【牛屎鶺】n̠iu^{11} ¢i^{31} t¢it^{05}
鷗鴰鳥	X	X
白腹秧雞	【鴰鴰鳥】ku^{11} ku^{55} tiau^{24}	【鴰鴰鳥】ku^{11} ku^{55} tiau^{24}
翅膀	【翼胛】it^{05} kap^{02}	【翼胛】zit^{05} kap^{02}
雞	【雞】kie^{24}	【雞】kie^{24}
雜種雞（土雞和肉雞交配所生的雞）	【仿仔雞】hoŋ^{55} ŋa^{31} kie^{24}	【仿雞】hoŋ^{31} kie^{24}
雉雞（長尾的大型鳥類）	【雉雞】t¢^{h}i^{11} kie^{24}	【雉雞】t¢^{h}i^{11} kie^{24}
土雞	【土雞仔】t^{h}u^{31} kie^{24} e^{31}	【土雞仔】t^{h}u^{31} kie^{24} e^{31}
珠雞	【珠雞】tsu^{11} kie^{24}	【珠雞】tsu^{11} kie^{24}
九斤雞	【九斤雞】kiu^{31} kin^{11} kie^{24}	【九斤雞】kiu^{31} kin^{11} kie^{24}
烏骨雞	【烏骨雞】bu^{11} kut^{02} kie^{24}	【烏骨雞】bu^{11} kut^{02} kie^{24}
鬥雞	【相打雞】¢ioŋ^{24} ta^{31} kie^{24}	【相打雞】¢ioŋ^{11} ta^{31} kie^{24}
公雞	【雞公仔】kie^{11} kuŋ^{24} ŋe^{31}	【雞公】kie^{11} kuŋ^{24}
母雞	【雞嬤】kie^{24} ma^{11}	【雞嬤】kie^{24} ma^{11}
雞桃（大小中等的雞）	【雞桃仔】kie^{24} t^{h}o^{11} e^{31}	【雞桃】kie^{24} t^{h}o^{11}
小雞	【細雞仔】se^{55} kie^{24} e^{31}	【細雞】se^{55} kie^{24}
小母雞	【雞卵仔】kie^{11} lon^{55} ne^{31}	【細雞卵】se^{55} kie^{11} lon^{5}
閹雞（已被閹割的公雞）	【閹雞】iam^{11} kie^{24}	【閹雞】iam^{11} kie^{24}
水雄雞（沒閹割乾淨的公雞）	【雄雞】hiuŋ^{11} kie^{24}	X
種雞	【雞種】kie^{24} tsuŋ^{31}	【雞種】kie^{24} tsuŋ^{31}
雞冠	【雞髻】kie^{11} ki^{55}	【雞公髻】kie^{11} kuŋ^{11} ki^{55}
雞嗉囊	【雞胿】kie^{11} koi^{24}	【雞胿】kie^{11} kuei^{24}
雞胗	【雞胗】kie^{11} k^{h}in^{24}	【雞胗】kie^{11} k^{h}in^{24}
雞爪子	【雞爪】kie^{24} tsau^{31}	【雞爪】kie^{24} iau^{31}
雞腿	【雞髀】kie^{11} pi^{31}	【雞髀】kie^{11} pi^{31}
	【雞腿】kie^{11} t^{h}ui^{31}	【雞腿】kie^{11} t^{h}ui^{31}
雞睪丸	【雞核仔】kie^{11} hak^{05} ge^{31}	【雞核卵】kie^{11} hak^{05} lon^{31}
鴨子	【鴨仔】ap^{02} pe^{31}	【鴨仔】ap^{02} pe^{31}
小鴨子	【細鴨仔】se^{55} ap^{02} pe^{31}	【細鴨仔】se^{55} ap^{02} pe^{31}

紅面鴨	【番鴨】huan¹¹ ap⁰²	【番鴨】huan¹¹ ap⁰²
		【紅面鴨】huŋ¹¹ men⁵⁵ ap⁰²
麔鴨（食用鴨）	【麔鴨】lu¹¹ ap⁰²	【麔鴨】lu¹¹ ap⁰²
水鴨	【水鴨仔】sui³¹ ap⁰² pe³¹	【水鴨】sui³¹ ap⁰²
母鴨	【鴨嬤】ap⁰² ma¹¹	【鴨嬤】ap⁰² ma¹¹
公鴨	【鴨公仔】ap⁰² kuŋ²⁴ ŋe³¹	【鴨公】ap⁰² kuŋ²⁴
公鴨嗓（嗓音尖而沙啞）	【鴨公聲】ap⁰² kuŋ¹¹ saŋ²⁴	【鴨公聲】ap⁰² kuŋ¹¹ saŋ²⁴
蹼	【腳蹼】kiok⁰² pʰu¹¹	【腳蹼】kiok⁰² la⁵⁵
雞蛋	【雞卵】kie²⁴ lon³¹	【雞卵】kie²⁴ lon³¹
		【雞春】kie¹¹ tsʰun²⁴
孵不出來的雞蛋	【土雞春】tʰu¹¹ kie¹¹ tsʰun²⁴	【塗卵】tʰu²⁴ lon³¹
鴨蛋	【鴨卵】ap⁰² lon³¹	【鴨卵】ap⁰² lon³¹
鴨賞（用鹽醃漬再壓扁風乾的鴨肉食品）	【鴨鯗】a⁵³ sĩu⁵³	【鴨鯗】ap⁰² çiu³¹
鴨羶（鴨尾部的性器）	【鴨臊】ap⁰² so²⁴	【鴨臊】ap⁰² so²⁴
鵝	【鵝仔】ŋo¹¹ e³¹	【鵝仔】ŋo¹¹ e³¹
公鵝	【鵝公】ŋo¹¹ kuŋ²⁴	【鵝公】ŋo¹¹ kuŋ²⁴
母鵝	【鵝嬤】ŋo¹¹ ma¹¹	【鵝嬤】ŋo¹¹ ma¹¹
火雞	【火雞】fuo³¹ kie²⁴	【火雞】ho³¹ kie²⁴
公火雞	【火雞公】fuo³¹ kie¹¹ kuŋ²⁴	【火雞公】ho³¹ kie¹¹ kuŋ²⁴
母火雞	【火雞嬤】fuo³¹ kie²⁴ ma¹¹	【火雞嬤】ho³¹ kie²⁴ ma¹¹
小火雞	【細火雞】se⁵⁵ fuo³¹ kie²⁴	【細火雞】se⁵⁵ ho³¹ kie²⁴
孵蛋	【孵卵】pʰu⁵⁵ lon³¹	【孵卵】pʰu⁵⁵ lon³¹
在雞肚子裡尚未生出來未成熟的蛋	【卵崽】lon³¹ tsai²⁴	【卵崽】lon³¹ tsai²⁴

爬蟲類		
詞　彙	玉泉村	洛陽村
鱷魚	【鱷魚】kʰok⁰² hi²⁴	【鱷魚】kʰok⁰² hi²⁴
蛇	【蛇哥】sa¹¹ ko²⁴	【蛇哥】sa¹¹ ko²⁴
土龍（蛇的忌諱說法）	【土龍】tʰu³¹ liuŋ¹¹	【土龍】tʰu³¹ liuŋ¹¹
錦蛇	【蟒蛇】nam¹¹ sa¹¹	【蟒蛇】nam¹¹ sa¹¹

草花蛇	【草把蛇】tsʰo³¹ pa²⁴ sa¹¹	【草把蛇】tsʰo³¹ pa²⁴ sa¹¹
青竹絲	【青竹蛇】tɕʰiaŋ²⁴ tsuk⁰⁵ sa¹¹	【青竹絲】tɕʰiaŋ²⁴ tsuk⁰⁵ ɕi²⁴
雨傘節	【花蒜節】hua¹¹ son⁵⁵ tɕiet⁰²	【花蒜節】hua¹¹ son⁵⁵ tɕiet⁰²
眼鏡蛇	【㶊胿蛇】pʰaŋ¹¹ koi²⁴ sa¹¹	【㶊胿蛇】pʰaŋ¹¹ koi²⁴ sa¹¹
百步蛇	【百步蛇】pak⁰² pʰu⁵⁵ sa¹¹	【百步蛇】pak⁰² pʰu⁵⁵ sa¹¹
龜殼花	【龜殼蛇】kui²⁴ hok⁰⁵ sa¹¹	【龜殼蛇】kui²⁴ hok⁰⁵ sa¹¹
水蛇	【水蛇】sui³¹ sa¹¹	【水蛇】sui³¹ sa¹¹
臭腥母蛇	【臭腥孃】tsʰu⁵⁵ tɕʰiaŋ⁵⁵ ma¹¹	【臭腥蛇】tsʰu⁵⁵ tɕʰiaŋ⁵⁵ sa¹¹
蜥蜴	【狗孃蛇】kieu³¹ ma¹¹ sa¹¹	【狗孃蛇】kieu³¹ ma¹¹ sa¹¹
大的青蛙	【蛤蟆仔】ha¹¹ ma¹¹ e³¹	【蛤蟆仔】ha¹¹ ma¹¹ e³¹
綠色的小青蛙	【細拐仔】se⁵⁵ kuai³¹ e³¹	【壢拐】lak⁰⁵ kuai³¹
蝌蚪	【拐鱷仔】kuai³¹ ȵiam⁵⁵ me³¹	【拐鱷仔】kuai³¹ ȵiam⁵⁵ me³¹
癩蛤蟆	【蟾蜍螺】sam¹¹ pʰu¹¹ lo¹¹	【蟾蜍螺】sam¹¹ pʰu¹¹ lo¹¹
壁虎	【壁蛇仔】piak⁰² sa¹¹ e³¹	【壁蛇仔】piak⁰² sa¹¹ e³¹
蚯蚓	【蟮公】hien³¹ kuŋ²⁴	【蟮公】hian³¹ kuŋ²⁴
蛔蟲	【豺蟲】sai¹¹ tsʰuŋ¹¹	【豺蟲】sai¹¹ tsʰuŋ¹¹
水蛭	【鰗蜞】hu¹¹ kʰi¹¹	【鰗蜞】hu¹¹ kʰi¹¹
蛆	【屎蟲】ɕi³¹ tsʰuŋ¹¹	【糞缸蟲】pun⁵⁵ koŋ²⁴ tsʰuŋ¹¹
蟯蟲	【糞鈎蟲】pun⁵⁵ kʰicu³¹ tsʰuŋ¹¹	【糞鈎蟲】pun⁵⁵ kieu²⁴ tsʰuŋ¹¹

昆蟲類		
詞　　彙	玉泉村	洛陽村
蝴蝶	【蛘蝶仔】ioŋ¹¹ iap⁰⁵ pe³¹	【蛘蝶仔】ioŋ¹¹ iap⁰⁵ pe³¹
蜻蜓	【蛘尾仔】ioŋ¹¹ mi²⁴ e³¹	【蛘尾仔】ioŋ¹¹ mi²⁴ e³¹
蚊子	【蚊仔】mun²⁴ ne³¹	【蚊仔】mun²⁴ ne³¹
白線斑蚊	【花蚊仔】hua¹¹ mun²⁴ ne³¹	【花蚊仔】hua¹¹ mun²⁴ ne³¹
孑孓	【沙蟲】sa²⁴ tsʰuŋ¹¹	【沙蟲】sa²⁴ tsʰuŋ¹¹
金龜子	【金蛄仔】kim¹¹ ku²⁴ e³¹	【金蛄仔】kim¹¹ ku²⁴ e³¹
天牛	【天牛】tʰien²⁴ ȵiu¹¹	【天牛】tʰen²⁴ ȵiu¹¹
米蟲	【米蟲】mi³¹ tsʰuŋ¹¹	【米蟲】mi³¹ tsʰuŋ¹¹
跳蚤	【跳蚤】tʰiau⁵⁵ tsau³¹	【跳蚤】tʰiau⁵⁵ tsau³¹
臭蟲	【菅蜱】kon¹¹ pi²⁴	【臭蟲】tsʰu⁵⁵ tsʰuŋ¹¹

蒼蠅	【烏蠅】bu²⁴ jin¹¹	【烏蠅】bu²⁴ jin¹¹
大蒼蠅	【大烏蠅】tʰai⁵⁵ bu²⁴ jin¹¹	【大烏蠅】tʰai⁵⁵ bu²⁴ jin¹¹
蟑螂	【黃蚻】boŋ¹¹ tsʰat⁰⁵	【黃蚻】boŋ¹¹ tsʰat⁰⁵
虱子（寄生在人頭髮的蟲）	【虱嬤】set⁰² ma¹¹	【虱嬤】set⁰² ma¹¹
長腳蜘蛛（不會結網）	【蟧蜞仔】la¹¹ kʰia¹¹ e³¹	【蟧蜞仔】la¹¹ kʰia¹¹ e³¹
蜘蛛	【蟧蜞仔】la¹¹ kʰia¹¹ e³¹	【蟧蜞仔】la¹¹ kʰia¹¹ e³¹
豹虎哥（一種小蜘蛛）	X	X
水蟻（大雨之前會整群飛出來的螞蟻）	【大水蟻】tʰai⁵⁵ sui³¹ ɲie⁵⁵	【大水蟻】tʰai⁵⁵ sui³¹ ɲie⁵⁵
螞蟻	【蟻公】ɲie⁵⁵ kuŋ²⁴	【蟻公】ɲie⁵⁵ kuŋ²⁴
白蟻（專吃木柴的螞蟻）	【白蟻仔】pʰak⁰⁵ ɲie⁵⁵ e³¹	【白蟻仔】pʰak⁰⁵ ɲie⁵⁵ e³¹
黃蟋蟀	【土狗仔】tʰu³¹ kieu³¹ e³¹	【土狗仔】tʰu³¹ kieu³¹ e³¹
黑蟋蟀	【烏龍】bu²⁴ liuŋ¹¹	【烏龍】bu²⁴ liuŋ¹¹
		【烏龍】tsʰo³¹ tɕit⁰² le³¹
蜈蚣	【蜈蚣蟲】ŋ³¹ kuŋ²⁴ tsʰuŋ¹¹	【蜈蚣蟲】ŋ³¹ kuŋ²⁴ tsʰuŋ¹¹
糞金龜（在糞堆裡覓食的甲蟲）	【糞屎蛄】pun⁵⁵ çi³¹ ku²⁴	【牛屎蛄】ɲiu¹¹ çi³¹ ku²⁴
		【糞金蛄】pun⁵⁵ kim¹¹ ku²⁴
蜜蜂	【糖蜂仔】tʰoŋ¹¹ huŋ²⁴ ŋe³¹	【蜂仔】huŋ²⁴ ŋe³¹
虎頭蜂	【斧頭蜂】pu³¹ tʰeu¹¹ huŋ²⁴	【斧頭蜂】hu³¹ tʰeu¹¹ huŋ²⁴
蟬	【蟬仔】tsʰam¹¹ me³¹	【蟬仔】tsʰam¹¹ me³¹
蝙蝠	【蝙婆仔】pit⁰⁵ pʰo¹¹ e³¹	【蝙婆仔】pit⁰⁵ pʰo¹¹ e³¹
螳螂	【草猴】tsʰau⁵⁵ kau²⁴	【垓水擔竿】kʰai²⁴ sui³¹ tam⁵⁵ kon²⁴
螽斯	【禾蝦】bo¹¹ ha¹¹	X
蚱蜢	【草蠓】tsʰo³¹ mak⁰²	【草蠓】tsʰo³¹ mak⁰²
螢火蟲	【火焰蟲】fuo³¹ ɲiam¹¹ tsʰuŋ¹¹	【火焰蟲】ho³¹ ɲiam¹¹ tsʰuŋ¹¹
毛毛蟲	【聶毛蟲】ɲiap⁰² mo²⁴ tsʰuŋ¹¹	【聶毛蟲】ɲiap⁰² mo²⁴ tsʰuŋ¹¹
牛虱（寄生在牛身上會吸血的蟲子）	【牛蜱】ɲiu¹¹ pi²⁴	【牛蜱】ɲiu¹¹ pi²⁴
狗虱（寄生在狗身上會吸血的蟲子）	【狗虱】kieu³¹ set⁰²	【狗虱】kieu³¹ set⁰²
		【狗蜱】kieu³¹ pi²⁴

蠶	【蠶仔】tsʰam^{11} me^{31}	【蠶仔】tsʰam^{11} me^{31}
結繭	【蠶繭】tsʰam^{11} kien^{31}	【蠶仔包】tsʰam^{11} me^{31} pau^{24}
蛹（昆蟲類的幼蟲長至一定階段，把自己包起來動也不動，成長殼形）	X	【蛹】iuŋ^{31}
雞虱（附在雞窩上的蟲）	【雞蝨】kie^{24} tɕʰi^{11}	【雞蝨】kie^{11} tɕʰi^{24}
蛀蟲	【蛀蟲仔】tsu^{55} tsʰuŋ^{11} ŋe^{31}	【蛀蟲仔】tsu^{55} tsʰuŋ^{11} ŋe^{31}
	【蛀蛄仔】tsu^{55} ku^{24} e^{31}	【蛀蛄】tsu^{55} ku^{24}
雞母蟲	【雞嬤蟲】kie^{24} ma^{11} tsʰuŋ^{11}	【雞嬤蟲】kie^{24} ma^{11} tsʰuŋ^{11}
桃蚜	【蚜】kie^{31}	【蚜】ke^{31}

魚蝦海獸		
詞　彙	玉泉村	洛陽村
竹筴魚	X	【竹筴魚】tsuk^{02} kiap^{05} ŋ^{11}
鮑魚	【鮑魚】pau^{24} ŋ^{11}	【鮑魚】pau^{24} ŋ^{11}
臺灣馬加鰆	【白腹仔】pe^{11} pak^{05} ga^{31}	X
白帶魚	【白帶魚】pʰak^{05} tai^{55} ŋ^{11}	【白帶魚】pʰak^{05} tai^{55} ŋ^{11}
白鯧魚	【白鯧】pʰak^{05} tsʰoŋ^{24}	【白鯧魚】pʰak^{05} tsʰoŋ^{24} ŋ^{11}
扁魚	【扁魚】pien^{31} ŋ^{11}	【扁魚】pen^{31} ŋ^{11}
飛魚	【飛】pi^{11} bu^{24}	【飛】pi^{24} ŋ^{11}
肉魚（刺鯧、瓜子鯧）	【肉魚】ȵiuk^{02} ŋ^{11}	【肉魚】ȵiuk^{02} ŋ^{11}
馬頭魚	【馬頭魚】ma^{24} tʰeu^{11} ŋ^{11}	【馬頭魚】ma^{24} tʰeu^{11} ŋ^{11}
鯿魚	X	【鯿魚】pian^{24} ŋ^{11}
魩仔魚	【魩仔魚】but^{05} la^{55} hi^{24}	【魩仔魚】but^{05} let^{02} ŋ^{11}
鯉魚	【鯉嬤】li^{24} ma^{11}	【鯉嬤】li^{24} ma^{11}
豆腐鯊	【豆腐鯊】tʰeu^{55} hu^{55} sa^{24}	【豆腐鯊】tʰeu^{55} hu^{55} sa^{24}
鐵甲魚	【鐵甲魚】tʰiet^{02} kap^{02} ŋ^{11}	【鐵甲魚】tʰet^{02} kap^{02} ŋ^{11}
鰱魚	【大頭鰱】tʰai^{55} tʰeu^{11} lien^{11}	【鰱仔】lien^{11} ŋ^{11}
土魟魚	【土魟魚】tʰeu^{11} tʰok^{02} ŋ^{11}	【頭魟魚】tʰeu^{11} tʰok^{02} ŋ^{11}
大肚魚（肚子裡有大量魚卵的魚）	【大肚魚】tʰai^{55} tu^{31} ŋ^{11}	【大肚魚】tʰai^{55} tu^{31} ŋ^{11}

鬼頭刀（專門吃飛魚的魚）	【鬼頭刀】kui³¹ tʰeu¹¹ to²⁴	【鬼頭魚】kui³¹ tʰeu¹¹ ŋ¹¹
吳郭魚	【南洋鯽仔】nam¹¹ ioŋ¹¹ tɕit⁰² le³¹	【南洋鯽仔】nam¹¹ ioŋ¹¹ tɕit⁰² le³¹
紅目鰱	【嚴空】iam¹¹ koŋ²⁴	【紅目鰱】huŋ¹¹ muk⁰² lien¹¹
鰻魚	【鰻仔】man¹¹ ne³¹	【鰻仔】man¹¹ ne³¹
鱸魚	【鱸魚】lu¹¹ ŋ¹¹	【鱸魚】lu¹¹ ŋ¹¹
魷魚	【魷魚仔】iu¹¹ ŋ¹¹ ŋe³¹	【魷魚】iu¹¹ ŋ¹¹
鯽魚	【鯽魚】tɕit⁰² ŋ¹¹	【鯽魚仔】tɕit⁰² ŋ¹¹ ŋe³¹
石斑魚	【石斑】sak⁰⁵ pan²⁴	【石斑魚】sak⁰⁵ pan²⁴ ŋ¹¹
草魚	【草魚】tsʰo³¹ ŋ¹¹	【草魚】tsʰo³¹ ŋ¹¹
河豚	X	【河豚】ho¹¹ tʰun¹¹
臭肚魚	【臭肚魚】tsʰu⁵⁵ tu³¹ ŋ¹¹	【臭肚魚】tsʰu⁵⁵ tu³¹ ŋ¹¹
眞鯛魚	X	【赤鯮】tɕʰia⁵³ tsaŋ⁵⁵
鮪魚	【串仔】tsʰŋ⁵⁵ ŋã⁵³	【鯧仔魚】tsʰuŋ⁵⁵ ŋe³¹ ŋ¹¹
虱目魚	【海草魚】hoi³¹ tsʰo³¹ ŋ¹¹	【海草魚】hoi³¹ tsʰo³¹ ŋ¹¹
四破魚（藍圓鰺）	X	【四破魚】ɕi⁵⁵ pʰet⁰² ŋ¹¹
鱔魚	【黃鱔】boŋ¹¹ san²⁴	【黃鱔】boŋ¹¹ san²⁴
鯊魚	【鯊魚】sa²⁴ ŋ¹¹	【鯊魚】sa²⁴ ŋ¹¹
鱈魚	【鱈魚】ɕiet⁰² ŋ¹¹	【鱈魚】ɕiet⁰² ŋ¹¹
秋刀魚	【さんま】san⁵³ ba³¹	【尖嘴魚】tɕiam¹¹ tsoi⁵⁵ ŋ¹¹
加鱲魚	【加鱲】ka³³ laʔ⁰²	X
狗母魚	【狗嬤魚】kieu³¹ ma¹¹ ŋ¹¹	【狗嬤魚】kieu³¹ ma¹¹ ŋ¹¹
蝦虎魚	X	X
旗魚	【旗魚】kʰi²⁴ ŋ¹¹	【旗魚】kʰi¹¹ ŋ¹¹
鯠過魚	【鯠過】tsu²⁴ kue¹¹	【鯠過魚】tsu²⁴ kue³¹ ŋ¹¹
溪哥、粗首	【白哥仔】pʰak⁰⁵ ko²⁴ e³¹	【白哥仔】pʰa³¹ ko²⁴ e³¹
紅尾冬（烏面赤尾冬）	【紅尾冬】aŋ³³ bue⁵⁵ taŋ⁵⁵	【赤尾仔】tɕʰia⁰⁵ bue⁵⁵ a⁵³
紅魽	【紅魽】aŋ³³ kam⁵⁵	【紅魽】huŋ¹¹ kam²⁴
鮭魚	【紅鰱魚】huŋ¹¹ lien¹¹ ŋ¹¹	【鹹鰱魚】ham¹¹ lien¹¹ ŋ¹¹
黑鯧魚	【烏鯧】bu¹¹ tsʰoŋ	【烏鯧】bu¹¹ tsʰoŋ²⁴
烏魚	【烏魚】bu²⁴ ŋ¹¹	【烏魚】bu²⁴ ŋ¹¹
烏魚子	【烏魚鰆】bu²⁴ ŋ¹¹ tsʰun²⁴	【烏魚子】bu²⁴ ŋ¹¹ tɕi³¹

油魚	【油魚】iu¹¹ ŋ¹¹	【油魚】iu¹¹ ŋ¹¹
黃花魚	【黃魚仔】boŋ¹¹ ŋ¹¹ ŋe³¹	【黃魚仔】boŋ¹¹ ŋ¹¹ ŋe³¹
小鯰魚	【塘虱】tʰoŋ¹¹ set⁰²	【塘虱】tʰoŋ¹¹ set⁰²
泥鰍	【胡鰍仔】hu¹¹ tsʰiu²⁴ e³¹	【胡鰍仔】hu¹¹ liu²⁴ e³¹
烏賊	【墨賊仔】bak⁰² tsat⁰² la⁵³	【墨賊仔】bak⁰² tsat⁰² la⁵³
花枝	【花枝】hue³³ ki⁵⁵	【花枝】hua¹¹ ki²⁴
章魚	【たこ】tʰa⁵⁵ kʰo³¹	【たこ】tʰa⁵⁵ kʰo³¹
中卷、透抽（真鎖管，頭足類海產）	【透抽】tʰau⁵³ tʰiu⁵⁵	【透抽】tʰau⁵³ tʰiu⁵⁵
小卷	【小卷仔】ɕiə⁵⁵ kŋ⁵⁵ ŋã⁵³	【小卷仔】seu³¹ kien³¹ ne³¹
海豚	【海豚】hai¹¹ tʰun²⁴	【海豚】hoi³¹ tʰun¹¹
鯨魚	【海翁】hoi³¹ aŋ²⁴	【海翁】hai⁵⁵ aŋ⁵⁵
魚鰓	【魚鰭】ŋ¹¹ tɕʰi²⁴	【魚鰓】ŋ¹¹ soi²⁴
魚鰾（魚體內可以漲縮的囊狀物）	【魚白】ŋ¹¹ pʰak⁰⁵	【魚鰾】hi³³ piə⁰⁵
魚翅（指魚的鰭）	【魚翅】hi³³ tɕʰi¹¹	【魚翅】hi³³ tɕʰi¹¹
魚刺	【魚骨頭】ŋ¹¹ kut⁰² tʰeu¹¹	【魚骨頭】ŋ¹¹ kut⁰² tʰeu¹¹
魚鰭（魚類或其他水生脊椎動物的運動器官）	【魚翼仔】ŋ¹¹ it⁰⁵ le³¹	【魚翼仔】ŋ¹¹ it⁰⁵ le³¹
魚鱗	【魚鱗】ŋ¹¹ lin¹¹	【魚鱗】ŋ¹¹ lin¹¹
海蔘	【海蔘】hoi³¹ sem²⁴	【海蔘】hoi³¹ sem²⁴
牡蠣	【蚵仔】o¹¹ e³¹	【蚵仔】ə³³ a⁵³
螃蟹	【老蟹】no⁵⁵ hai³¹	【老蟹】no⁵⁵ hai³¹
梭子蟹	X	【蟧仔】tɕʰi⁵⁵ a⁵³
鱟（鋼盔魚）	X	X
紅蟳	【紅蟳】huŋ¹¹ tɕim¹¹	【紅蟳】aŋ³³ tɕim²⁴
處女蟳	X	X
烏龜	【龜仔】kui²⁴ e³¹	【龜仔】kui²⁴ e³¹
鱉	【腳魚仔】kiok⁰² ŋ¹¹ ŋe³¹	【團魚仔】tʰon¹¹ ŋ¹¹ ŋe³¹
旭蟹	【蝦蛄仔】he³³ ko⁵⁵ a⁵³	X
蜆（淡水中的小蛤蜊）	【蜆仔】han³¹ ne³¹	【蜆仔】han³¹ ne³¹
蚌	【蟯鱉仔】ieu¹¹ pue²⁴ e³¹	【蟯鱉仔】ieu¹¹ pue²⁴ e³¹
干貝	【干貝】kan³³ pue¹¹	【干貝】kan³³ pue¹¹

西施舌	【西刀舌】sai¹¹ to¹¹ tɕiʔ⁰²	X
蚶（軟體動物）	【蚶仔】ham³³ mã⁵³	【蚶仔】ham³³ mã⁵³
血蚶	X	X
海瓜子	【海瓜子】hai⁵⁵ kue³³ tɕi³¹	X
竹蟶	X	X
日月蟶	X	X
水母	X	X
珠螺	【珠螺】tsu³³ le²⁴	【珠螺】tsu²⁴ lo¹¹
燒酒螺（生長於圳溝）	【釘螺仔】taŋ²⁴ lo¹¹ e³¹	【釘螺仔】taŋ²⁴ lo¹¹ e³¹
燒酒螺（生長於海洋）	【燒酒螺】ɕiə³³ tɕiu⁵⁵ le²⁴	X
蝦子	【蝦公】ha¹¹ kuŋ²⁴	【蝦公】ha¹¹ kuŋ²⁴
蝦米（曬乾去殼的小蝦）	【蝦米】ha¹¹ mi³¹	【蝦米】ha¹¹ mi³¹
蝦仁（去頭去尾且去殼的蝦肉）	【蝦仁】ha¹¹ jin¹¹	【蝦仁】ha¹¹ jin¹¹
龍蝦	【龍蝦】liuŋ¹¹ ha¹¹	【龍蝦】liuŋ¹¹ ha¹¹
泰國蝦	【泰國蝦】tʰai⁵⁵ kuet⁰² ha¹¹	【泰國蝦】tʰai⁵⁵ kuet⁰² ha¹¹
田螺	【田螺】tʰien¹¹ lo¹¹	【田螺】tʰen¹¹ lo¹¹
九孔	【九孔】kau⁵⁵ kʰaŋ⁵³	【九孔】kiu³¹ kʰuŋ³¹
蝸牛	【細螺仔】se¹¹ lo¹¹ e³¹	【螺仔】lo¹¹ le²⁴
寄居蟹	X	【瘋查某仔】ɕiau⁵⁵ tsa³³ bo⁵⁵ a⁵³
招潮蟹	X	【山尾仔】suã³³ bue⁵⁵ a⁵³
珊瑚	【珊瑚】ʂan⁵⁵ hu²⁴	【珊瑚】san²⁴ hu¹¹

11. 花草樹木

詞　彙	玉泉村	洛陽村
樹木	【樹仔】su⁵⁵ e³¹	【樹仔】su⁵⁵ e³¹
樹葉	【樹葉仔】su⁵⁵ iap⁰⁵ pe³¹	【樹葉仔】su⁵⁵ iap⁰⁵ pe³¹
竹籜	【竹殼】tsuk⁰² hok⁰²	【竹殼】tsuk⁰² hok⁰²
樹幹	【樹身】su⁵⁵ ɕin²⁴	【樹身】su⁵⁵ ɕin²⁴
樹椏（樹幹分岔處）	【樹杈】su⁵⁵ tsʰa⁵⁵	【樹椏】su⁵⁵ ba²⁴
樹杷（從樹幹旁邊生出來的枝條）	【樹杷】su⁵⁵ pʰa³¹	【樹杷】su⁵⁵ pʰa³¹

樹頭（樹底部長出根的部分）	【樹頭】su⁵⁵ tʰeu¹¹	【樹頭】su⁵⁵ tʰeu¹¹
樹根	【樹根】su⁵⁵ kin²⁴	【樹根】su⁵⁵ kin²⁴
樹蔭	【樹影】su⁵⁵ iaŋ³¹	【樹影】su⁵⁵ iaŋ³¹
藤	【藤】tʰen¹¹	【藤仔】tʰen¹¹ ne³¹
柴	【柴仔】tsʰeu¹¹ e³¹	【柴】tsʰeu¹¹
榕樹	【榕樹】iuŋ¹¹ su⁵⁵	【榕樹】iuŋ¹¹ su⁵⁵
松樹	【松樹】tɕʰiuŋ¹¹ su⁵⁵	【松樹】tɕʰiuŋ¹¹ su⁵⁵
柏樹	【松柏】tɕʰiuŋ¹¹ pak⁰²	【柏樹】pak⁰² su⁵⁵
扁柏	【扁柏】pien³¹ pak⁰²	【扁柏】pen³¹ pak⁰²
桑樹	【鹽酸樹】iam¹¹ son¹¹ su⁵⁵	【鹽酸仔樹】iam¹¹ son²⁴ ne³¹ su⁵⁵
桑葚	【鹽酸仔】iam¹¹ son²⁴ ne³¹	【鹽酸】iam¹¹ son²⁴
木麻黃	【木麻黃】muk⁰⁵ ma¹¹ boŋ¹¹	【木麻黃】muk⁰⁵ ma¹¹ boŋ¹¹
柳樹	【柳樹】liu¹¹ su⁵⁵	【柳樹】liu³¹ su⁵⁵
茶樹	【茶樹】tsʰa¹¹ su⁵⁵	【茶樹】tsʰa¹¹ su⁵⁵
楓樹	【楓樹】huŋ¹¹ su⁵⁵	【楓樹】huŋ¹¹ su⁵⁵
相思樹	【相思樹】hioŋ¹¹ ɕi¹¹ su⁵⁵	【相思樹】hioŋ¹¹ ɕi¹¹ su⁵⁵
茄苳樹	【茄苳樹】ka¹¹ tuŋ¹¹ su⁵⁵	【茄苳樹】ka¹¹ tuŋ¹¹ su⁵⁵
福杉	【福杉】huk⁰² sam⁵⁵	【福杉】huk⁰² sam²⁴
榆樹	【雞油樹】kie²⁴ iu¹¹ su⁵⁵	【雞油樹】kie²⁴ iu¹¹ su⁵⁵
樟樹	【樟樹】tsoŋ¹¹ su⁵⁵	【樟樹】tsoŋ¹¹ su⁵⁵
苦楝樹	【苦楝樹】hu¹¹ lien⁵⁵ su⁵⁵	【苦苓仔】kʰo⁵⁵ liŋ²⁴ ŋã⁵³
月桃（葉子可以用來包粽子）	【构薑】kieu³¹ kioŋ²⁴	【构薑】kieu³¹ kioŋ²⁴
九芎樹（木質兼任，可做成手杖；根部可入藥，治瘧疾）	【九芎仔】kiu³¹ kiuŋ²⁴ ŋe³¹	【九芎樹】kiu³¹ kioŋ²⁴ su⁵⁵
蘆薈	【蘆薈】lu²⁴ huei⁵³	【蘆薈】lu¹¹ hui⁵⁵
林投樹	【黃霸頭】boŋ¹¹ pa⁵⁵ tʰeu¹¹	【黃霸頭】boŋ¹¹ pa⁵⁵ tʰeu¹¹
檜木	【ひのき】hi³³ no⁵⁵ kʰi³¹	【ひのき】hi³³ no⁵⁵ kʰi³¹
梧桐樹	【梧桐】ŋo³³ toŋ²⁴	【梧桐樹】bu¹¹ tʰuŋ¹¹ su⁵⁵
木棉	【木棉樹】muk⁰² mien¹¹ su⁵⁵	【木棉樹】muk⁰² mien¹¹ su⁵⁵
竹子	【竹仔】tsuk⁰² ge³¹	【竹仔】tsuk⁰² ge³¹

綠竹	【綠竹仔】liuk⁰⁵ tsuk⁰² ge³¹	【綠竹】liuk⁰⁵ tsuk⁰²
桂竹	【桂竹】kui⁵⁵ tsuk⁰²	【桂竹】kui⁵⁵ tsuk⁰²
麻竹	【麻竹】ma¹¹ tsuk⁰²	【麻竹】ma¹¹ tsuk⁰²
箭竹	【箭竹】kiam⁵⁵ tsuk⁰²	【箭竹】tɕien⁵⁵ tsuk⁰²
刺竹	【芀竹】net⁰² tsuk⁰²	【芀竹】net⁰² tsuk⁰²
孟宗竹	【貓猊竹】ba³³ ʑi³³ tik⁰²	【貓猊竹】meu¹¹ li¹¹ tsuk⁰²
牡丹花	【牡丹】meu⁵⁵ tan²⁴	【牡丹】bo⁵⁵ tan⁵⁵
桂花	【桂花】kui⁵⁵ hua²⁴	【桂花】kui⁵⁵ hua²⁴
梅花	【梅花】moi¹¹ hua²⁴	【梅花】moi¹¹ hua²⁴
櫻花	【櫻花】jin¹¹ hua²⁴	【櫻花】jin¹¹ hua²⁴
蘭花	【蘭花】lan¹¹ hua²⁴	【蘭花】lan¹¹ hua²⁴
蓮花	【蓮花】lien¹¹ hua²⁴	【蓮花】len¹¹ hua²⁴
曇花	【曇花】tʰan¹¹ hua²⁴	【曇花】tʰam¹¹ hua²⁴
布袋蓮	【布袋蓮】pu⁵⁵ tʰoi⁵⁵ lien¹¹	【布袋蓮】pu⁵⁵ tʰoi⁵⁵ len¹¹
茉莉花	【茉莉花】muo⁵³ li⁵³ hua⁵⁵	【茉莉花】mat⁰⁵ li¹¹ hua²⁴
向日葵	【日頭花】ɲit⁰² tʰeu¹¹ hua²⁴	【日頭花】ɲit⁰² tʰeu¹¹ hua²⁴
玉蘭花	【玉蘭花】ɲiuk⁰⁵ lan¹¹ hua²⁴	【玉蘭花】ɲiuk⁰⁵ lan¹¹ hua²⁴
蓮蕉花	【蓮蕉花】lien¹¹ tseu¹¹ hua²⁴	【蓮蕉花】len¹¹ tseu¹¹ hua²⁴
菊花	【菊花】kʰiuk⁰² hua¹¹	【菊花】kʰiuk⁰² hua²⁴
玫瑰花	【玫瑰花】moi¹¹ kui⁵⁵ hua²⁴	【玫瑰花】mue¹¹ kui⁵⁵ hua²⁴
花蕾（含苞沒有開放的花）	【花蕾仔】hua²⁴ liu¹¹ e³¹	【花蕾】hua²⁴ liu¹¹
蘆葦	【沙遮仔】sa¹¹ tsa⁵⁵ e³¹	【沙遮仔】sa¹¹ tsa⁵⁵ e³¹ 【菅仔】kon²⁴ ne³¹
草	【草】tsʰo³¹	【草】tsʰo³¹
芒草	【茅仔】mau¹¹ e³¹	【菅榛仔】kon¹¹ tɕim²⁴ me³¹
月桃花的葉子	【枸薑葉】kieu³¹ kioŋ²⁴ iap⁰⁵	【枸薑葉】keu³¹ kioŋ²⁴ iap⁰⁵ 【粽葉】tsuŋ⁵⁵ iap⁰⁵
魚針草	【茉草】mat⁰² tsʰo³¹	【茉草】mat⁰² tsʰo³¹
牧草	【牧草】muk⁰² tsʰo³¹	【牧草】muk⁰² tsʰo³¹
含羞草	【見笑草】kien⁵⁵ seu⁵⁵ tsʰo³¹	【見笑草】kian⁵⁵ seu⁵⁵ tsʰo³¹

浮萍	【藻荇仔】pʰeu¹¹ pʰaŋ⁵⁵ ŋe³¹	【水藻】sui³¹ pʰeu¹¹
青苔	【溜苔】liu²⁴ tʰoi¹¹	【溜苔】liu²⁴ tʰoi¹¹
苧麻	X	X
薯莨（可用來染布）	X	X
艾草	【艾仔】ȵie⁵⁵ e³¹	【艾草】ȵie⁵⁵ tsʰo³¹
草霸王	【牛攔樟】ȵiu¹¹ sun⁵⁵ tsaŋ²⁴	【牛筋草】ȵiu¹¹ kin²⁴ tsʰo³¹
鼠麴草	【白頭公】pʰak⁰⁵ tʰeu¹¹ kuŋ²⁴	【白頭公草】pʰak⁰⁵ tʰeu¹¹ kuŋ²⁴ tsʰo³¹
莎草	【土灰】tʰo³³ hĩu⁵⁵	【臭頭香】tsʰu⁵⁵ tʰeu¹¹ hioŋ²⁴
穗（聚集成串的稻穀）	【禾串】bo¹¹ tsʰan⁵⁵ 【穀串】kuk⁰² tsʰan⁵⁵	【禾串】bo¹¹ tsʰan⁵⁵
芽	【芽】ŋa¹¹	【芽】ŋa¹¹
櫚萁（蕨類植物，可當柴火燒）	X	【櫚萁】lu¹¹ ki²⁴
烏心石（木質堅硬的木柴）	【烏心石】bu¹¹ ɕim¹¹ sak⁰⁵	【烏心石】bu¹¹ ɕim¹¹ sak⁰⁵
日光板（表面有一層光亮材質的木料，通常用來做裝潢的外層、桌子表面）	X	【日光枋】ȵit⁰² koŋ¹¹ pioŋ²⁴
木心板	【空心板】kʰuŋ¹¹ ɕim²⁴ pan³¹	【木心枋】muk⁰² ɕim¹¹ pioŋ²⁴
三夾板	【三合板】sam¹¹ hap⁰⁵ pan³¹	【三合板】sam¹¹ hap⁰⁵ pan³¹
蔓生植物的莖向上或向外延伸	【大藤】tʰai¹¹ tʰen¹¹	【大藤】tʰai²⁴ tʰen¹¹
木頭	【樹仔】su⁵⁵ e³¹	【樹頭】su⁵⁵ tʰeu¹¹
節（植物的莖或根上方之節與節的距離）	【想】ɕioŋ³¹	【想】ɕioŋ³¹
水草	【草薜】tsʰo³¹ se¹¹	【薜草】se²⁴ tsʰo³¹ 【水草】sui³¹ tsʰo³¹
茂密	【榮】iuŋ¹¹	【榮】iuŋ¹¹
指水果在樹上自然長到成熟了才摘取	【樹頂項黃】su⁵⁵ taŋ³¹ hoŋ⁵⁵ boŋ¹¹	【樹項黃】su⁵⁵ hoŋ⁵⁵ boŋ¹¹

12. 衣裝被服鞋

詞　彙	玉泉村	洛陽村
衣櫃	【たんす】tʰaŋ³¹ su¹¹	【たんす】tʰaŋ⁵³ suʔ⁰²
		【衣櫥】ji²⁴ tsʰu¹¹
衣服	【衫服】sam¹¹ hu⁵⁵	【衫服】sam¹¹ hu⁵⁵
洋服	【洋裝】ioŋ¹¹ tsoŋ²⁴	【洋裝】ioŋ¹¹ tsoŋ²⁴
外衣	【外衫】ŋoi⁵⁵ sam²⁴	【外衫】ŋoi⁵⁵ sam²⁴
外套	【外套】ŋoi⁵⁵ tʰo⁵⁵	【外套】ŋoi⁵⁵ tʰo⁵⁵
內衣	【內衫】nui⁵⁵ sam²⁴	【內衫】nui⁵⁵ sam²⁴
裡襯	【內裡】nui⁵⁵ li²⁴	【內裡】nui⁵⁵ li²⁴
毛線衣	【膨線衫】pʰoŋ⁵⁵ ɕien⁵⁵ sam²⁴	【膨線衫】pʰoŋ⁵⁵ ɕien⁵⁵ sam²⁴
大衣	【大衣】tʰai⁵⁵ ji²⁴	【大衣】tʰai⁵⁵ ji²⁴
	【コート】kʰo⁵³ to¹¹	【コート】kʰo⁵³ to¹¹
	X	【オーバー】o⁵³ ba³¹
棉襖	【襖仔】o³¹ e³¹	【大襖】tʰai⁵⁵ o³¹
夾克	【ジャンバ】tɕiam⁵³ pa³¹	【ジャンバ】tɕiam⁵³ ba³¹
大襟衫（客家藍衫）	【大襟衫】tʰai⁵⁵ kim¹¹ sam²⁴	【大裙衫】tʰai⁵⁵ kʰiun¹¹ sam²⁴
背心	【裌仔】kap⁰² pe³¹	【裌仔】kap⁰² be³¹
白襯衫	【シャツ】ɕiet⁰⁵ tsi³¹	【シャツ】ɕiat⁰⁵ tsu³¹
西裝	【西裝】ɕi¹¹ tsoŋ²⁴	【西裝】ɕi¹¹ tsoŋ²⁴
帽子	【帽仔】mo⁵⁵ e³¹	【帽仔】mo⁵⁵ e³¹
尿勺帽（橢圓形帽）	【尿勺帽】n̠iau⁵⁵ sok⁰⁵ mo⁵⁵	【へるめと】he³³ lu⁵⁵ me⁵⁵ toʔ⁰²
拐杖	【杖仔】tsʰoŋ³¹ ŋe³¹	【杖仔】tsʰoŋ⁵⁵ ŋe³¹
領子	【領仔】liaŋ²⁴ ŋe³¹	【領仔】liaŋ²⁴ ŋe³¹
領帶	【牛舌孾】n̠iu¹¹ sat⁰⁵ ma¹¹	【ネクタイ】ne³³ kut⁰⁵ tai⁵³
袖子	【衫袖】sam¹¹ tɕʰiu⁵⁵	【衫袖】sam¹¹ tɕʰiu⁵⁵
鈕扣	【鈕仔】kʰieu⁵⁵ e³¹	【鈕仔】kʰeu⁵⁵ e³¹
鈕扣洞	【鈕仔】kʰieu⁵⁵ n̠ien³¹	X
	【鈕空】kʰieu⁵⁵ kʰaŋ²⁴	【鈕仔空】kʰieu⁵⁵ e³¹ kʰaŋ²⁴
胸罩	【奶帕】nen⁵⁵ pʰa⁵⁵	【奶帕仔】nen⁵⁵ pʰa⁵⁵ e³¹
圍裙	【圍身裙】bi¹¹ ɕin²⁴ kʰiun¹¹	【圍裙】bi¹¹ kʰiun¹¹

百褶裙	【百褶裙】pak^{02} tsap^{02} k^{h}iun^{11}	【百褶裙】pak^{02} tsap^{02} k^{h}iun^{11}
打褶（在布料上做出皺褶）	【打褶】ta^{31} tsap^{02}	【打褶】ta^{31} tsap^{02}
絲羅綢緞	【絲羅綢緞】çi^{24} lo^{11} ts^{h}u^{11} t^{h}on^{55}	【絲羅綢緞】çi^{24} lo^{11} tç^{h}iu^{11} t^{h}on^{55}
綁腿	【腳包子】kiok^{02} pau^{24} e^{31}	【きゃはん】k^{h}ia^{11} haŋ^{53}
鞋子	【鞋】hai^{11}	【鞋】hai^{11}
皮鞋	【皮鞋】p^{h}i^{11} hai^{11}	【皮鞋】p^{h}i^{11} hai^{11}
布鞋	【布鞋】pu^{55} hai^{11}	【布鞋】pu^{55} hai^{11}
草鞋	【草鞋】ts^{h}o^{31} hai^{11}	【草鞋】ts^{h}o^{31} hai^{11}
高跟鞋	【高踭鞋】ko^{11} tsaŋ^{24} hai^{11}	【高踭鞋】ko^{11} tsaŋ^{24} hai^{11}
鞋拔	【鞋袜仔】hai^{11} mat^{02} le^{31}	【鞋袜仔】hai^{11} mat^{02} te^{31}
纏腳布	【纏腳布】ts^{h}an^{11} kiok^{02} pu^{55}	【綁腳仔】pak^{02} kiok^{02} ke^{55}
木屐	【屐仔】k^{h}iak^{05} ke^{31}	【屐仔】k^{h}iak^{05} ke^{11}
拖鞋	【拖鞋】t^{h}o^{24} hai^{11}	【拖仔鞋】t^{h}o^{24} e^{31} hai^{11}
草履	【草鞋】ts^{h}o^{31} hai^{11}	X
工作鞋	【腳褡仔】kiok^{02} tap^{05} pe^{31}	【たび】ta^{55} bi^{31}
臺灣褲（早期男生穿的四角內褲）	【水褲頭】sui^{31} hu^{55} t^{h}eu^{11}	【水褲頭】sui^{31} hu^{55} t^{h}eu^{11}
開襠褲（為了方便幼兒大小便而沒縫死褲襠的褲子）	【開散褲】k^{h}oi^{11} k^{h}a^{11} hu^{55}	【開籠褲】k^{h}oi^{11} loŋ^{11} hu^{55}
三角褲（指女生內褲）	【三角褲】sam^{24} kok^{05} hu^{55}	【三角褲】sam^{11} kok^{02} hu^{55}
皮帶	【皮帶】p^{h}i^{11} tai^{55}	【皮帶】p^{h}i^{11} tai^{55}
褲頭	【褲頭】hu^{55} t^{h}eu^{11}	【褲頭】hu^{55} t^{h}eu^{11}
拉鍊	【チャック】tçiak^{05} ku^{31}	【チャック】tçiak^{05} ku^{31}
褲耳（褲頭栓褲戴的小圈）	【褲圈仔】hu^{55} k^{h}ien^{24} ne^{31}	【褲圈仔】hu^{55} k^{h}ian^{24} ne^{31}
肚兜	【肚褡】tu^{31} tap^{02}	【肚褡仔】tu^{31} tap^{02} pe^{31}
衣袋（衣服上面的口袋）	【衫袋仔】sam^{11} t^{h}oi^{55} e^{31}	【袋仔】t^{h}oi^{55} e^{31}
褲帶（褲子上面的口袋）	【褲帶仔】hu^{55} t^{h}oi^{55} e^{31}	【褲帶仔】hu^{55} t^{h}oi^{55} e^{31}
暗袋	【暗袋仔】am^{55} t^{h}oi^{55} e^{31}	【暗袋】am^{55} t^{h}oi^{55}

揹巾	【揹袋】pi⁵⁵ tai⁵⁵	【揹袋】pi⁵⁵ tai⁵⁵
尿套（尿布外面的套布）	【尿帕仔】n̲iau⁵⁵ pʰa⁵⁵ e³¹	【尿布仔】n̲iau⁵⁵ pu⁵⁵ e³¹
尿布	【尿褲仔】n̲iau⁵⁵ hu⁵⁵ e³¹	X
圍兜兜	【エプロン】e³³ pu⁵⁵ loŋ⁵³	【エプロン】e³³ pu⁵⁵ loŋ⁵³
口水巾	【瀾啞仔】lan¹¹ a²⁴ e³¹	【口瀾褂仔】heu³¹ lan¹¹ kua⁵⁵ e³¹
棉被	【被】pʰi²⁴	【被】pʰi²⁴
棉絮	【被骨】pʰi¹¹ kut⁰⁵	【被骨】pʰi¹¹ kut⁰⁵
床單（鋪在床上或裏在棉被外面的布）	【被單】pʰi¹¹ tan²⁴	【床單】tsʰoŋ¹¹ tan²⁴
毯子	【毯仔】tʰan³¹ ne³¹	【毯仔】tʰan³¹ ne³¹
枕頭	【枕頭】tɕim³¹ tʰeu¹¹	【枕頭】tɕim³¹ tʰeu¹¹
枕頭套	【枕頭布仔】tɕim³¹ tʰeu¹¹ pu⁵⁵ e³¹	【枕頭布】tɕim³¹ tʰeu¹¹ pu⁵⁵
草蓆	【草蓆】tsʰo³¹ tɕʰiak⁰⁵	【草蓆】tsʰo³¹ tɕʰiak⁰⁵
竹蓆	【竹蓆仔】tsuk⁰² tɕʰiak⁰⁵ ge³¹	【竹蓆】tsuk⁰² tɕʰiak⁰⁵
蚊帳	【眠帳】min¹¹ tsʰoŋ⁵⁵	【眠帳】min¹¹ tsoŋ⁵⁵
窗簾	【窗簾】tsʰuŋ²⁴ liam¹¹	【窗簾】tsʰuŋ²⁴ liam¹¹
	【カーテン】ka³³ ten⁵³	【カーテン】kʰa³³ ten⁵³
襪子	【襪】mat⁰²	【襪】mat⁰²
衣架	【衫弓仔】sam¹¹ kiuŋ²⁴ ŋe³¹	【衫架仔】sam¹¹ ka⁵⁵ e³¹
手套	【手衲仔】su³¹ lap⁰² pe³¹	【手衲仔】su³¹ lap⁰² pe³¹
長手套	【手袖仔】su³¹ tɕʰiu⁵⁵ e³¹	【手袖仔】su³¹ tɕʰiu⁵⁵ e³¹
口紅	【口紅】kʰieu³¹ huŋ¹¹	【口紅】kʰieu³¹ huŋ¹¹
胭脂	【胭脂】ien¹¹ tɕi²⁴	【胭脂】ien¹¹ tɕi²⁴
蜜粉	【膨粉】pʰoŋ⁵⁵ hun³¹	【膨粉】pʰoŋ⁵⁵ hun³¹
袋子	【袋仔】tʰoi⁵⁵ e³¹	【袋仔】tʰoi⁵⁵ e³¹
手環	【袋鐶】su³¹ kʰuan¹¹	【袋鐶】su³¹ kʰuan¹¹
戒指	【戒指】kim⁵⁵ tɕi³¹	【戒指】kim⁵⁵ tɕi³¹
別針	【針刺仔】tɕiam¹¹ tɕʰiuk⁰² ge³¹	【釘針仔】tin⁵⁵ tɕiam²⁴ me³¹
耳環	【耳鐶仔】n̲i³¹ kʰuan¹¹ ne³¹	【耳盤】n̲i³¹ pʰan¹¹

項鍊	【金鍊仔】kim¹¹ lien⁵⁵ ne³¹	【鉑鍊】pʰak⁰⁵ len⁵⁵
髮夾	【頭那毛夾仔】 tʰeu¹¹ na¹¹ mo¹¹ kiap⁰⁵ pe³¹	【頭那毛夾仔】 tʰeu¹¹ na¹¹ mo¹¹ kiap⁰⁵ be³¹
髮箍	【弓仔】kiuŋ²⁴ ŋe⁵³	【頭扠仔】 tʰeu¹¹ tsʰat⁰² le³¹
腳褲（衣服尾端多餘的部分）	【褲腳】hu⁵⁵ kiok⁰²	【褲腳】hu⁵⁵ kiok⁰²
包袱	【包袱仔】pau¹¹ huk⁰⁵ ge³¹	【包袱仔】pau¹¹ huk⁰⁵ ge³¹
口罩	【口罩】kʰo¹¹ tʂau⁵³	【嘴袱仔】tsoi⁵⁵ lap⁰² pe³¹
緊	【擠】kit⁰⁵	【絚】hen¹¹
皺	【皺】tɕiu⁵⁵	【皺】tɕiu⁵⁵
縮水（衣服因泡過水而尺寸變小）	【勼水】kiu²⁴ sui³¹	【勼水】kiu¹¹ sui³¹

13. 建築物

詞　彙	玉泉村	洛陽村
倉庫	【倉庫】tsʰoŋ¹¹ kʰu⁵⁵	【倉庫】tsʰoŋ¹¹ kʰu⁵⁵
樓房	【樓棚】leu¹¹ pʰaŋ¹¹	【樓屋】leu¹¹ buk⁰²
祠堂	【祖堂】tsu³¹ tʰoŋ¹¹	【祖堂】tsu³¹ tʰoŋ¹¹
堂下（在家中安奉神位的廳堂）	【堂下】tʰoŋ¹¹ ha²⁴	【堂下】tʰoŋ¹¹ ha²⁴
正身（建築物中央為主的房舍）	【正間】tsïn⁵⁵ kien²⁴	【正身】tɕin⁵⁵ ɕin²⁴
伙房（同姓氏之家族一起居住的大宅院）	【伙房】fuo³¹ hoŋ¹¹	【伙房】ho³¹ hoŋ¹¹
樓梯	【樓臺】leu¹¹ tʰoi²⁴	【樓臺】leu¹¹ tʰoi¹¹
電梯	【電梯】tʰien⁵⁵ tʰoi²⁴	【電梯】tʰen⁵⁵ tʰoi²⁴
護龍（早期房子正身兩側的廂房）	【橫屋】baŋ¹¹ buk⁰²	【橫屋】baŋ¹¹ buk⁰²
纜車	【流籠】liu¹¹ loŋ¹¹	【流籠】liu¹¹ luŋ¹¹
樓上	【樓頂】leu¹¹ taŋ³¹	【樓頂項】leu¹¹ taŋ³¹ hoŋ⁵⁵
樓下	【樓下】leu¹¹ ha²⁴	【樓底下】leu¹¹ tai³¹ ha²⁴
房子	【屋仔】l buk⁰² ge³¹	【屋仔】buk⁰² ge³¹
家	【屋家】buk⁰² kʰa²⁴	【屋家】buk⁰² kʰa¹¹

住家	【住家】ts^hu^{55} ka^{24}	【住家】ts^hu^{55} ka^{24}
掃地	【掃地】so^{55} t^hi^{55}	【掃地泥】so^{55} t^hi^{55} nai^{11}
地上	【地泥】t^hi^{55} nai^{11}	【地泥】t^hi^{55} nai^{11}
入新屋（搬遷新家）	【入屋】$n.ip^{05}$ buk^{02}	【入屋】$n.ip^{05}$ buk^{02}
蓋房子	【起屋】hi^{31} buk^{02}	【起屋仔】hi^{31} buk^{02} ge^{31}
屋頂	【屋頂】buk^{02} $taŋ^{31}$	【屋頂】buk^{02} $taŋ^{31}$
天花板	【天篷】t^hien^{24} $p^haŋ^{11}$	【篷身】$p^haŋ^{11}$ $ɕin^{55}$
窗戶	【窗仔】$ts^huŋ^{24}$ $ŋe^{31}$	【窗仔門】$ts^huŋ^{11}$ $ŋe^{31}$ mun^{11}
天窗	【天窗】t^hien^{11} $ts^huŋ^{24}$	【天窗】t^hen^{11} $ts^huŋ^{24}$
客廳	【客廳】hak^{02} $t^haŋ^{24}$	【客廳】k^het^{02} $t^haŋ^{24}$ 【人客廳】$n.in^{11}$ hak^{02} $t^haŋ^{24}$
曬穀場（房子前面曬穀的平坦空地）	【禾埕】bo^{11} $t^haŋ^{11}$	【禾埕】bo^{11} $t^haŋ^{11}$
浴室	【藥堂】iok^{05} $t^hoŋ^{11}$	【藥堂】iok^{05} $t^hoŋ^{11}$
閒間（在舊時建築中留下來讓人休閒談天的地方）	【閒間】han^{11} $kien^{24}$	【閒間】han^{11} $kian^{24}$
廁所	【便所】p^hien^{55} so^{31}	【便所】p^hen^{55} so^{31}
糞坑（廁所舊式的說法）	【糞缸】pun^{55} $koŋ^{24}$	【糞缸】pun^{55} $koŋ^{24}$
井（從地面往下鑿成的能取水的深洞）	【井】$tɕiaŋ^{31}$	【井】$tɕiaŋ^{31}$
天井（在房屋內留出透天的地方）	【天井】t^hien^{24} $tɕiaŋ^{31}$	【天井】t^hen^{24} $tɕiaŋ^{31}$
門（房屋、圍牆、車船等出入口）	【門】mun^{11}	【門】mun^{11}
門拴	【門拴】mun^{11} son^{24}	【門拴】mun^{11} son^{24}
門口	【門口】mun^{11} heu^{31}	【門口】mun^{11} heu^{31}
門框	【門框】mun^{11} $k^hioŋ^{24}$	【門框】mun^{11} $k^hioŋ^{24}$
門墩	【門碗仔】mun^{11} $buon^{31}$ ne^{31}	X
門環	【門間仔】mun^{11} k^hien^{24} ne^{31}	【門間仔】mun^{11} k^hian^{24} ne^{31}
門檻	【伏檻】hu^{11} k^hien^{11}	【伏檻】hu^{11} k^hian^{11}
屋簷	【屋簷】buk^{02} iam^{11}	【屋簷】buk^{02} iam^{11}
房間	【間仔】$kien^{24}$ ne^{31}	【間仔】$kian^{24}$ ne^{31}

籬笆（用竹子或樹枝編成的柵欄）	【籬笆】li¹¹ pa²⁴	【籬笆】li¹¹ pa¹¹
圍牆	【圍牆】bi¹¹ tɕʰioŋ¹¹	【圍牆】bi¹¹ ɕioŋ¹¹
屏風（在室內遮蔽的器物）	【屏風】pʰin¹¹ huŋ²⁴	X
瓦（鋪屋頂用的建築材料）	【瓦】ŋa³¹	【瓦】ŋa³¹
柱子	【柱仔】tsʰu²⁴ tun³¹	【柱頭】tsʰu²⁴ tʰeu¹¹
房屋梁柱或門窗上的橫木	【杭仔】haŋ¹¹ ŋe³¹	【杭仔】haŋ¹¹ ŋe³¹
棟樑（架在屋架上或山墙上用來支持屋頂的大木頭）	【樑】lioŋ¹¹	【棟樑】tuŋ⁵⁵ lioŋ¹¹
長的門拴	【橫欖仔】baŋ¹¹ loŋ²⁴ ŋe³¹	【門串仔】mun¹¹ tsʰon²⁴ ne³¹
椽子	【桷仔】kok⁰² ge³¹	【桷仔】kok⁰² ge³¹
細椽子（窗戶上壓住玻璃的木條）	【細桷仔】se⁵⁵ kok⁰² ge³¹	【細桷仔】se⁵⁵ kok⁰² ge³¹
木板	【枋仔】pioŋ²⁴ ŋe³¹	【枋仔】pioŋ²⁴ ŋe³¹
杉木	【杉木】sam¹¹ muk⁰⁵	【杉木】tsʰam⁵⁵ me³¹
模板	【枋模】pioŋ²⁴ mu¹¹	【枋模】pioŋ²⁴ mu¹¹
磚塊	【磚仔】tson²⁴ ne³¹	【磚仔】tson²⁴ ne³¹
地磚	【地磚】tʰi⁵⁵ tson²⁴	【地板磚】tʰi⁵⁵ pan¹¹ tson²⁴
花磚	【花磚】hua¹¹ tson²⁴	【花磚仔】hua¹¹ tson²⁴ ne³¹
瓷磚	【瓷磚】tsʰi¹¹ tson²⁴	【瓷磚】tsʰi¹¹ tson²⁴
	【たいる】tʰai⁵³ lu¹¹	【たいる】tʰai⁵³ lu¹¹
泥磚（沒有燒過的土磚）	【土磚】tʰu³¹ tson²⁴	【泥磚】nai¹¹ tson²⁴
	【泥磚】nai¹¹ tson²⁴	
石灰	【石灰】sak⁰⁵ hue²⁴	【石灰】sak⁰⁵ fue²⁴
防空壕	【防空壕】hoŋ¹¹ kʰuŋ²⁴ ho¹¹	【防空壕】foŋ¹¹ kʰuŋ²⁴ ho¹¹
牆壁	【壁】piak⁰²	【壁】piak⁰²
門簾	【門簾】mun¹¹ liam¹¹	【門簾】mun¹¹ liam¹¹
		【門聯】mun¹¹ len¹¹
公寓	【公寓】kuŋ²⁴ n̩i³¹	【アパト】a¹¹ pʰa³¹ to¹¹
涵洞、下水道	【壢坑】lak⁰² haŋ²⁴	【涵空】ham¹¹ kʰaŋ²⁴

電線桿	【電火柱仔】 tʰien⁵⁵ fuo³¹ tsʰu²⁴ e³¹	【電火柱】tʰen⁵⁵ ho³¹ tsʰu²⁴
水橋（屋簷上的導水管）	【水橋】sui³¹ kʰieu³¹	【水筧】sui³¹ kian³¹
絞鍊	【合條】hap⁰² tʰiau¹¹	【後鈕】heu⁵⁵ neu³¹
地基	【地基】tʰi⁵⁵ ki²⁴	【地基】tʰi⁵⁵ ki²⁴
寮（用茅草搭蓋的屋舍）	【寮】liau¹¹	【寮】liau¹¹
學生宿舍	【學寮】hok⁰⁵ liau¹¹	【學寮】hok⁰⁵ liau¹¹
工寮（工人的宿舍）	【工寮】kuŋ²⁴ liau¹¹	【工寮】kuŋ²⁴ liau¹¹
三角窗（指轉角的房子）	【三角窗】sam²⁴ kok⁰² tsʰuŋ²⁴	【轉角仔】tson³¹ kok⁰² buk⁰²
路衝（建築物對準路口）	【路衝】lu⁵⁵ tsʰuŋ²⁴	【路衝】lu⁵⁵ tsʰuŋ¹¹
做店面（房子用來開店）	【做店面】tso⁵⁵ tiam⁵⁵ mien⁵⁵	【做店面】tso⁵⁵ tiam⁵⁵ men⁵⁵
別墅	【別莊】pʰiet⁰⁵ tsoŋ²⁴	【別莊】pʰet⁰⁵ tsoŋ²⁴
壁櫥櫃	【壁櫥】piak⁰² tsʰu¹¹	【壁櫥】piak⁰² tsʰu¹¹
洗石子	【洗石】se³¹ sak⁰⁵	【洗石】se³¹ sak⁰⁵
磨石子	【挼石】no¹¹ sak⁰⁵	【挼石仔】no¹¹ sak⁰⁵ ge³¹
成屋（建商蓋好準備用來販售的房子）	【販屋】huan⁵⁵ buk⁰²	【販屋】fan⁵⁵ buk⁰²
環境	【環境】kʰuan¹¹ kin⁵⁵	【環境】huan¹¹ kin⁵⁵
油漆	【油漆】iu¹¹ tɕʰit⁰²	【油漆】iu¹¹ tɕʰit⁰²

14. 親屬稱謂

詞　彙	玉泉村	洛陽村
親戚（和自己有血統或婚姻關係的家庭或個人）	【親戚】tɕʰin²⁴ tɕʰit⁰⁵	【親戚】tɕʰin¹¹ tɕʰit⁰²
朋友	【朋友】pʰen¹¹ iu²⁴	【朋友】pʰen¹¹ iu²⁴
族譜	【族譜】tsʰuk⁰⁵ pʰu²⁴	【族譜】tsʰuk⁰⁵ pʰu¹¹
祖先	【祖先】tsu³¹ ɕien²⁴	【祖先】tsu³¹ sen²⁴
曾祖父母	【阿太】a¹¹ tʰai⁵⁵	【阿太】a¹¹ tʰai⁵⁵
曾祖父	【公太】kuŋ¹¹ tʰai⁵⁵	【公太】kuŋ¹¹ tʰai⁵⁵

曾祖母	【婆太】pʰo¹¹ tʰai⁵⁵	【婆太】pʰo¹¹ tʰai⁵⁵
曾孫	【甥仔】sep⁰² pe³¹	【甥仔】sep⁰² pe³¹
長輩	【大人儕】tʰai⁵⁵ n̠in¹¹ sa¹¹	【大人儕】tʰai⁵⁵ n̠in¹¹ sa¹¹
		【長輩】tsoŋ³¹ pʰi⁵⁵
晚輩	【大細】tʰai⁵⁵ se⁵⁵	【後撐仔】heu⁵⁵ tsʰaŋ⁵⁵ ŋe³¹
祖父	【阿公】a¹¹ kuŋ²⁴	【阿公】a¹¹ kuŋ²⁴
祖母	【阿婆】a²⁴ pʰo¹¹	【阿婆】a²⁴ pʰo¹¹
外祖父	【外公】ŋoi⁵⁵ kuŋ²⁴	【外阿公】ŋoi⁵⁵ a¹¹ kuŋ²⁴
外祖母	【外婆】ŋoi⁵⁵ pʰo¹¹	【外阿婆】ŋoi⁵⁵ a²⁴ pʰo¹¹
父母	【爺孃】ia¹¹ oi²⁴	【爺孃】ia¹¹ oi²⁴
父親（背稱）	【阿爸】a¹¹ pa²⁴	【爺仔】ia¹¹ e¹¹
父親（面稱）	【阿爸】a¹¹ pa²⁴	【阿爸】a¹¹ pa²⁴
母親（背稱）	【阿姆】a¹¹ me²⁴	【孃仔】oi²⁴ e³¹
母親（面稱）	【阿姆】a¹¹ me²⁴	【阿姆】a¹¹ me²⁴
同父異母	【共爺各孃】kʰiuŋ⁵⁵ ia¹¹ kok⁰² oi²⁴	【共爺各孃】kʰiuŋ⁵⁵ ia¹¹ kok⁰² oi²⁴
兄弟	【兄弟】hiuŋ¹¹ tʰi⁵⁵	【兄弟】hiuŋ¹¹ tʰi⁵⁵
姊妹	【姊妹】tɕi³¹ moi⁵⁵	【姊妹】tɕi³¹ moi⁵⁵
哥哥	【阿哥】a¹¹ ko²⁴	【阿哥】a¹¹ ko²⁴
弟弟	【阿弟】lo³¹ tʰai²⁴	【阿弟】lo³¹ tʰai²⁴
妹妹	【老妹】lo³¹ moi⁵⁵	【老妹】lo³¹ moi⁵⁵
姊姊	【阿姐】a¹¹ tse⁵⁵	【阿姐】a¹¹ tse⁵⁵
兒子（背稱）	【賴仔】lai⁵⁵ e³¹	【賴仔】lai⁵⁵ e³¹
獨子	【單丁】tan¹¹ ten²⁴	【單丁】tan¹¹ ten²⁴
女兒（背稱）	【妹仔】moi⁵⁵ e³¹	【妹仔】moi⁵⁵ e³¹
男孩子	【細賴】se⁵⁵ lai⁵⁵	【細賴】se⁵⁵ lai⁵⁵ e³¹
女孩子	【細妹仔】se⁵⁵ moi⁵⁵ e³¹	【細妹仔】se⁵⁵ moi⁵⁵ e³¹
么子	【尾屘】mi¹¹ man²⁴ tɕi³¹	【屘仔】man²⁴ tɕi³¹
么女	【屘女】man²⁴ ŋ³¹	【屘女】man²⁴ ŋ³¹
夫妻	【公婆】kuŋ²⁴ pʰo¹¹	【公婆】kuŋ²⁴ pʰo¹¹

丈夫（背稱）	【老公】lo^{31} kuŋ^{24}	【老公】lo^{31} kuŋ^{24}
	【頭家】t^{h}eu^{11} ka^{24}	【頭家】t^{h}eu^{11} ka^{24}
	【屋家人】buk^{02} ka^{24} ɲin^{11}	X
丈夫（戲稱）	【老猴牯】lo^{31} heu^{11} ku^{31}	【老猴牯】lo^{31} heu^{11} ku^{31}
妻子	【老婆】lo^{31} p^{h}o^{11}	【老婆】lo^{31} p^{h}o^{11}
	【姐仔】tɕia^{31} e^{31}	【姐仔】tɕia^{31} e^{31}
	【煮飯仔】tsu^{31} huan^{55} ke^{55}	【煮飯仔】tsu^{31} huan^{55} ne^{55}
妻子（戲稱）	【老猴嬤】lo^{31} heu^{11} ma^{11}	【老猴嬤】lo^{31} heu^{11} ma^{11}
		【婦人家】hu^{55} ɲin^{11} ka^{24}
大老婆	【大婆】t^{h}ai^{55} p^{h}o^{11}	【大婆】t^{h}ai^{55} p^{h}o^{11}
小老婆	【小姐仔】se^{55} tɕia^{31} e^{31}	【細婆】se^{55} p^{h}o^{11}
		【河洛嬤】ho^{55} lo^{31} ma^{11}
續絃	【後嬡】heu^{55} oi^{24}	【後嬡】heu^{55} oi^{24}
		【後來嬤】heu^{55} loi^{11} ma^{11}
伯父	【阿伯】a^{11} pak^{02}	【阿伯】a^{11} pak^{02}
伯母	【伯姆】pak^{02} me^{24}	【伯姆】pak^{02} me^{24}
叔父	【阿叔】a^{11} suk^{02}	【阿叔】a^{11} suk^{02}
嬸嬸	【姆姆】me^{11} me^{24}	【姆姆】me^{11} me^{24}
舅舅	【阿舅】a^{11} k^{h}iu^{24}	【阿舅】a^{11} k^{h}iu^{24}
舅媽	【舅姆】k^{h}iu^{11} me^{24}	【舅姆】k^{h}iu^{11} me^{24}
姨媽	【阿姨】a^{24} ji^{11}	【阿姨】a^{24} ji^{11}
姨丈	【姨丈】ji^{11} ts^{h}oŋ^{24}	【姨丈】ji^{11} ts^{h}oŋ^{24}
姑媽	【阿姑】a^{11} ku^{24}	【阿姑】a^{11} ku^{24}
姑丈	【姑丈】ku^{11} ts^{h}oŋ^{24}	【姑丈】ku^{11} ts^{h}oŋ^{55}
伯公（祖父的哥哥）	【伯公】pak^{02} kuŋ^{24}	【伯公】pak^{02} kuŋ^{24}
伯婆（伯公的妻子）	【伯婆】pak^{02} p^{h}o^{11}	【伯婆】pak^{02} p^{h}o^{11}
叔公（祖父的弟弟）	【叔公】suk^{02} kuŋ^{24}	【叔公】suk^{02} kuŋ^{24}
嬸婆（叔公的妻子）	【叔婆】suk^{02} p^{h}o^{11}	【叔婆】suk^{02} p^{h}o^{11}
舅公（祖父的兄弟）	【舅公】k^{h}iu^{11} kuŋ^{24}	【舅公】k^{h}iu^{11} kuŋ^{24}
舅婆（舅公的妻子）	【舅婆】k^{h}iu^{24} p^{h}o^{11}	【舅婆】k^{h}iu^{24} p^{h}o^{11}
姑婆（祖父的姊妹）	【姑婆】ku^{24} p^{h}o^{11}	【姑婆】ku^{24} p^{h}o^{11}

丈公（姑婆、姨媽的丈夫）	【丈公】tsʰoŋ⁵⁵ kuŋ²⁴	【丈公】tsʰoŋ¹¹ kuŋ²⁴
姨婆（祖母的姊妹）	【姨婆】ji¹¹ pʰo¹¹	【姨婆】ji²⁴ pʰo¹¹
堂兄弟	【叔伯兄弟】suk⁰² pak⁰² hiuŋ¹¹ tʰi⁵⁵	【叔伯兄弟】suk⁰² pak⁰² hiuŋ¹¹ tʰi⁵⁵
堂姊妹	【叔伯姐妹】suk⁰² pak⁰² tɕi³¹ moi⁵⁵	【叔伯姐妹】suk⁰² pak⁰² tɕi³¹ moi⁵⁵
表兄弟（堂姑媽、舅舅、阿姨的兒子）	【表兄弟】peu³¹ hiuŋ¹¹ tʰi⁵⁵	【表兄弟】peu³¹ hiuŋ¹¹ tʰi⁵⁵
姊夫	【姐丈】tɕi³¹ tsʰoŋ²⁴	【姐丈】tɕi³¹ tsʰoŋ²⁴
大嫂	【阿嫂】a¹¹ so³¹	【阿嫂】a²⁴ so³¹
妹婿（妹妹的丈夫）	【老妹婿】lo³¹ moi⁵⁵ se⁵⁵	【老妹婿】lo³¹ moi⁵⁵ se⁵⁵
弟媳婦（弟弟的妻子）	【老弟新舅】lo³¹ tʰai²⁴ ɕim¹¹ kʰiu²⁴	【老弟新舅】lo³¹ tʰai¹¹ ɕim¹¹ kʰiu²⁴
連襟	【大細仙】tʰai⁵⁵ se⁵⁵ ɕien²⁴	【大細仙】tʰai⁵⁵ se⁵⁵ sen²⁴
妯娌	【姐嫂】tɕi³¹ so³¹	【姐嫂】tɕi³¹ so³¹
女婿	【婿郎】se⁵⁵ loŋ¹¹	【婿郎】se⁵⁵ loŋ¹¹
孫女婿	【孫婿】sun¹¹ se⁵⁵	【孫婿郎】sun¹¹ se⁵⁵ loŋ¹¹
親家	【親家】tɕʰin¹¹ ka²⁴	【親家】tɕʰin¹¹ ka²⁴
親家母	【且姆】tɕʰia¹¹ me²⁴	【且姆】tɕʰia¹¹ me²⁴
親家公（親家的父親）	【親家公】tɕʰin¹¹ ka¹¹ kuŋ²⁴	【親家公】tɕʰin¹¹ ka¹¹ kuŋ²⁴
親家婆（親家的母親）	【且姆婆】tɕʰia¹¹ me²⁴ pʰo¹¹	【親家婆】tɕʰin¹¹ ka²⁴ pʰo¹¹
婆婆（背稱，丈夫的母親）	【家娘】ka²⁴ ɲioŋ¹¹	【家娘】ka²⁴ ɲioŋ¹¹
公公（背稱，丈夫的父親）	【家官】ka¹¹ kon²⁴	【家官】ka¹¹ kon²⁴
岳父（妻子的父親）	【丈人老】tsʰoŋ¹¹ ɲin¹¹ lo³¹	【丈人老】tsʰoŋ²⁴ ɲin¹¹ lo³¹
岳母（妻子的母親）	【丈人嬡】tsʰoŋ¹¹ ɲin¹¹ oi²⁴	【丈人嬡】tsʰoŋ²⁴ ɲin¹¹ oi²⁴
大伯（丈夫的哥哥）	【大伯】tʰai⁵⁵ pak⁰²	【大伯】tʰai⁵⁵ pak⁰²
大伯的妻子	【伯姆】pak⁰² me²⁴	【伯姆】pak⁰² me²⁴
小叔（丈夫的弟弟）	【細叔】se⁵⁵ suk⁰²	【小郎】seu³¹ loŋ¹¹
弟妹（丈夫的弟弟的妻子）	【細姆姆】se⁵⁵ me¹¹ me²⁴	【姆姆】me¹¹ me²⁴
	【小郎姆】seu³¹ loŋ¹¹ me²⁴	【小郎新舅】seu³¹ loŋ¹¹ ɕim¹¹ kʰiu²⁴

大姑（丈夫的姊妹）	【大姑】tʰai⁵⁵ ku²⁴	【大娘姐】tʰai⁵⁵ n̩ioŋ¹¹ tɕi³¹
小姑（丈夫的妹妹）	【細姑】se⁵⁵ ku²⁴	【細姑仔】se⁵⁵ ku²⁴ e³¹
阿姨	【阿姨】a²⁴ ji¹¹	【阿姨】a²⁴ ji¹¹
舅子（妻子的兄弟）	【阿舅】a¹¹ kʰiu²⁴	【妻舅仔】tɕʰi¹¹ kʰiu²⁴ e³¹
外甥（對姊妹的兒子的稱呼）	【外甥仔】ŋoi⁵⁵ sen²⁴ ne³¹	【外甥】ŋoi⁵⁵ sen¹¹
姪子	【姪仔】tɕʰit⁰⁵ le³¹	【姪仔】tɕʰit⁰⁵ le³¹
孫子	【孫仔】sun²⁴ ne³¹	【孫仔】sun²⁴ ne³¹
內孫	【內孫】nui⁵⁵ sun²⁴	【內孫】nui⁵⁵ sun¹¹
外孫	【外孫】ŋoi⁵⁵ sun²⁴	【外孫】ŋoi⁵⁵ sun¹¹
小孩子	【細人】se⁵⁵ n̩in¹¹	【細人仔】se⁵⁵ n̩in¹¹ ne³¹
嬰兒	【偓伢仔】o¹¹ ŋa²⁴ e³¹	【偓伢仔】o¹¹ ŋa²⁴ e³¹
養父	【養父】ioŋ¹¹ hu⁵⁵	【養父】ioŋ¹¹ hu⁵⁵
養母	【養母】ioŋ¹¹ mu²⁴	【養母】ioŋ¹¹ mu¹¹
	【養嬡】ioŋ¹¹ oi²⁴	
乾爹	【相認阿爸】ɕioŋ¹¹ n̩in⁵⁵ a¹¹ pa²⁴	【相認爺仔】ɕioŋ¹¹ n̩in⁵⁵ ia¹¹ e³¹
乾媽	【相認阿姆】ɕioŋ¹¹ n̩in⁵⁵ a¹¹ me²⁴	【相認嬡】ɕioŋ¹¹ n̩in⁵⁵ oi²⁴
乾兒子	【相認賴仔】ɕioŋ¹¹ n̩in⁵⁵ lai⁵⁵ e³¹	【相認个賴仔】ɕioŋ¹¹ n̩in⁵⁵ ne⁵⁵ lai⁵⁵ e³¹
乾女兒	【相認妹仔】ɕioŋ¹¹ n̩in⁵⁵ moi⁵⁵ e³¹	【相認个妹仔】ɕioŋ¹¹ n̩in⁵⁵ ne⁵⁵ moi⁵⁵ e³¹
後母	【後嬡】heu⁵⁵ oi²⁴	【後姆】heu⁵⁵ me²⁴
奶媽	【奶姆】nen⁵⁵ mu²⁴	【奶姆】nen⁵⁵ mu¹¹
		【奶娘】nen⁵⁵ n̩ioŋ¹¹
童養媳	【細新舅仔】se⁵⁵ ɕim¹¹ kʰiu²⁴ e³¹	【細新舅仔】se⁵⁵ ɕim¹¹ kʰiu²⁴ e³¹
繼子女（丈夫的前妻所生的孩子）	【前人子】tɕʰien¹¹ n̩in¹¹ tɕi³¹	【前人子】tɕʰien¹¹ n̩in¹¹ tɕi³¹
養女	【養女】ioŋ²⁴ ŋ³¹	【養女】ioŋ²⁴ ŋ³¹
拖油瓶（隨著再嫁的女子一起到夫家的小孩）	【驕轎婆】tʰen¹¹ kʰieu⁵⁵ poi⁵⁵	【帶過來个】tai⁵⁵ ko⁵⁵ loi¹¹ e⁵⁵
續絃	【接腳】tɕiap⁰² kiok⁰²	【接腳个】tɕiap⁰² kiok⁰² ge⁵⁵

雙胞胎	【雙生】suŋ¹¹ saŋ²⁴	【雙生仔】suŋ¹¹ saŋ²⁴ ŋe⁵⁵
後嗣（後代傳人）	【後代】heu⁵⁵ tʰoi⁵⁵	【後倉仔】heu⁵⁵ tsʰaŋ⁵⁵ ŋe³¹
骨肉（比喻有血統關係的親人）	【骨肉】kut⁰² ȵiuk⁰²	【骨肉】kut⁰² ȵiuk⁰²

15. 姓 氏

詞　彙	玉泉村	洛陽村
文	【文】bun¹¹	【文】bun¹¹
方	【方】fuoŋ²⁴	【方】fuoŋ²⁴
王	【王】boŋ¹¹	【王】boŋ¹¹
孔	【孔】kʰuŋ³¹	【孔】kʰuŋ³¹
尤	【尤】iu¹¹	【尤】iu¹¹
牛	【牛】ȵiu¹¹	【牛】ȵiu¹¹
史	【史】sï³¹	【史】sï³¹
田	【田】tʰien¹¹	【田】tʰen¹¹
白	【白】pʰak⁰⁵	【白】pʰak⁰⁵
石	【石】sak⁰⁵	【石】sak⁰⁵
朱	【朱】tsu²⁴	【朱】tsu²⁴
江	【江】koŋ²⁴	【江】koŋ²⁴
艾	【艾】ȵie⁵⁵	【艾】ȵie⁵⁵
何	【何】ho¹¹	【何】ho¹¹
余	【余】ji²⁴	【余】ji¹¹
佘	X	【佘】sa⁵⁵
呂	【呂】li¹¹	【呂】liu³¹
宋	【宋】suŋ³¹	【宋】suŋ⁵⁵
李	【李】li³¹	【李】li³¹
杜	【杜】tʰu⁵⁵	【杜】tʰu⁵⁵
汪	【汪】boŋ⁵⁵	【汪】boŋ⁵⁵
沈	【沈】ɕim³¹	【沈】ɕim³¹
辛	【辛】ɕin²⁴	【辛】ɕin²⁴
阮	【阮】gien¹¹	【阮】ȵion²⁴
孟	【孟】men⁵⁵	【孟】men⁵⁵
岳	【岳】ŋok⁰⁵	【岳】ŋok⁰⁵

吳	【吳】ŋ¹¹	【吳】ŋ¹¹
卓	【卓】tsok⁰²	【卓】tsok⁰²
周	【周】tsu²⁴	【周】tsu²⁴
林	【林】lim¹¹	【林】lim¹¹
武	【武】bu³¹	【武】bu³¹
花	【花】hua²⁴	【花】hua²⁴
邱	【邱】hiu²⁴	【邱】hiu¹¹
邵	【邵】seu⁵⁵	【邵】seu⁵⁵
侯	【侯】heu¹¹	【侯】heu¹¹
俞	【俞】ji¹¹	【俞】ji¹¹
姚	【姚】ieu²⁴	【姚】iau¹¹
姜	【姜】kioŋ²⁴	【姜】kioŋ²⁴
施	【施】çi²⁴	【施】çi²⁴
柯	【柯】kʰo¹¹	【柯】kua⁵⁵
洪	【洪】huŋ¹¹	【洪】fuŋ¹¹
紀	【紀】ki⁵⁵	【紀】ki⁵⁵
胡	【胡】hu¹¹	【胡】hu¹¹
范	【范】fam⁵⁵	【范】fuam⁵⁵
耿	【耿】ken³¹	【耿】ken³¹
唐	【唐】tʰoŋ¹¹	【唐】tʰoŋ¹¹
夏	【夏】ha⁵⁵	【夏】ha⁵⁵
孫	【孫】sun²⁴	【孫】sun²⁴
徐	【徐】tɕʰi¹¹	【徐】tɕʰi¹¹
殷	【殷】jin²⁴	【殷】jin²⁴
翁	【翁】buŋ²⁴	【翁】oŋ⁵⁵
袁	【袁】gien¹¹	【袁】gian¹¹
馬	【馬】ma²⁴	【馬】ma²⁴
常	【常】soŋ¹¹	【常】soŋ¹¹
康	【康】kʰoŋ²⁴	【康】kʰoŋ²⁴
張	【張】tsoŋ²⁴	【張】tsoŋ²⁴
曹	【曹】tsʰo¹¹	【曹】tsʰeu¹¹
梁	【梁】lioŋ¹¹	【梁】lioŋ¹¹

章	【章】tsoŋ²⁴	【章】tsoŋ²⁴
莊	【莊】tsoŋ²⁴	【莊】tsoŋ²⁴
許	【許】hi³¹	【許】hi³¹
陳	【陳】tɕʰin¹¹	【陳】tɕʰin¹¹
郭	【郭】kok⁰²	【郭】kok⁰²
陸	【陸】liuk⁰⁵	【陸】liuk⁰⁵
連	【連】lien¹¹	【連】len¹¹
傅	【連】hu⁵⁵	【連】fu⁵⁵
彭	【彭】pʰaŋ¹¹	【彭】pʰaŋ¹¹
曾	【曾】tsen²⁴	【曾】tsen²⁴
湯	【湯】tʰoŋ²⁴	【湯】tʰoŋ²⁴
程	【程】tsʰaŋ¹¹	【程】tsʰaŋ¹¹
童	【童】tʰuŋ¹¹	【童】tʰuŋ¹¹
馮	【馮】pʰuŋ¹¹	【馮】pʰuŋ¹¹
黃	【黃】boŋ¹¹	【黃】boŋ¹¹
楊	【楊】ioŋ¹¹	【楊】ioŋ¹¹
雷	【雷】lui¹¹	【雷】lui¹¹
葉	【葉】iap⁰⁵	【葉】iap⁰⁵
董	【董】tuŋ³¹	【董】tuŋ³¹
詹	【詹】tsam²⁴	【詹】tsam²⁴
鄒	X	X
廖	【廖】liau⁵⁵	【廖】liau⁵⁵
熊	【熊】him¹¹	【熊】him¹¹
葛	【葛】ket⁰²	【葛】kot⁰²
趙	【趙】tsʰeu⁵⁵	【趙】tsʰeu⁵⁵
劉	【劉】liu¹¹	【劉】liu¹¹
樊	【樊】huan¹¹	【樊】fuan¹¹
歐	【歐】eu²⁴	【歐】eu²⁴
潘	【潘】pʰan²⁴	【潘】pʰan²⁴
蔡	【蔡】tsʰai⁵⁵	【蔡】tsʰai⁵⁵
蔣	【蔣】tɕiaŋ³¹	【蔣】tɕiaŋ³¹
鄧	【鄧】tʰen⁵⁵	【鄧】tʰen⁵⁵

鄭	【鄭】tsʰaŋ⁵⁵	【鄭】tsʰaŋ⁵⁵
黎	【黎】lai¹¹	【黎】lai¹¹
盧	【盧】lu¹¹	【盧】lu¹¹
賴	【賴】lai⁵⁵	【賴】lai⁵⁵
錢	【錢】tɕʰien¹¹	【錢】tɕʰien¹¹
應	【應】jin⁵⁵	【應】jin⁵⁵
戴	【戴】tai⁵⁵	【戴】tai⁵⁵
蕭	【蕭】seu²⁴	【蕭】seu²⁴
薛	【薛】ɕiet⁰²	【薛】set⁰²
謝	【謝】tɕʰia⁵⁵	【謝】tɕʰia⁵⁵
鍾	【鍾】tsuŋ²⁴	【鍾】tsuŋ²⁴
韓	【韓】hon¹¹	【韓】hon¹¹
簡	【簡】kien³¹	【簡】kian³¹
聶	X	X
藍	【藍】lam¹¹	【藍】lam¹¹
顏	【顏】ȵien¹¹	【顏】ȵien¹¹
魏	【魏】ŋui⁵⁵	【魏】bi⁵⁵
羅	【羅】lo¹¹	【羅】lo¹¹
關	【關】kuan²⁴	【關】kuan²⁴
蘇	【蘇】su²⁴	【蘇】su²⁴
顧	【顧】ku⁵⁵	【顧】ku⁵⁵
龔	【龔】kiuŋ³¹	【龔】kiuŋ³¹
嚴	【嚴】ȵiam¹¹	【嚴】ȵiam¹¹

16. 人體部位

詞　彙	玉泉村	洛陽村
頭	【頭腦】tʰeu¹¹ na¹¹	【頭腦】tʰeu¹¹ na¹¹
頭髮	【頭腦毛】tʰeu¹¹ na¹¹ mo²⁴	【頭腦毛】tʰeu¹¹ na¹¹ mo²⁴
辮子	【撓辮子】no¹¹ pien²⁴ ne³¹	【撓辮子】no¹¹ pen²⁴ ne³¹
頭皮屑	【頭麩】tʰeu¹¹ pʰo²⁴	【頭麩】tʰeu¹¹ pʰo¹¹
腦門（胎兒或幼兒的顱骨之間覆蓋著一層薄膜的間隙）	【腦頂】no³¹ taŋ³¹	【腦頂】no³¹ ɕim²⁴

腦子	【頭腦】tʰeu¹¹ no³¹	【頭腦】tʰeu¹¹ no³¹
腦髓	【腦漿】no³¹ tɕioŋ²⁴	【腦水】no³¹ sui¹¹
後腦杓	【腦肢背】no³¹ tɕʰi¹¹ poi⁵⁵	【腦肢背】no³¹ tɕi¹¹ poi⁵⁵
太陽穴	【脢盎】moi¹¹ aŋ²⁴	【脢盎仔】moi¹¹ aŋ²⁴ ŋe³¹
天庭	【天門】tʰien²⁴ mun¹¹	X
上額	【額頭】ŋiak⁰² tʰeu¹¹	【額頭】ŋiak⁰² tʰeu¹¹
臉	【面】mien⁵⁵	【面】men⁵⁵
臉色	【面色】mien⁵⁵ set⁰²	【面色】men⁵⁵ set⁰²
眼睛	【目珠】muk⁰² tsu²⁴	【目珠】muk⁰² tsu²⁴
上眼皮	【上瞼】soŋ⁵⁵ ŋiam²⁴	X
下眼皮	【下瞼】ha¹¹ ŋiam²⁴	X
眼珠子	【目珠仁】muk⁰² tsu²⁴ jin¹¹	【目珠仁】muk⁰² tsu²⁴ jin¹¹
眼皮	【目珠皮】muk⁰² tsu²⁴ pʰi¹¹	【目珠皮】muk⁰² tsu²⁴ pʰi¹¹
眼睫毛	【目珠毛】muk⁰² tsu¹¹ mo²⁴	【目珠毛】muk⁰² tsu¹¹ mo²⁴
眉毛	【目眉毛】muk⁰² mi¹¹ mo²⁴	【目眉毛】muk⁰² mi¹¹ mo²⁴
雙眼皮	【雙眼目】suŋ¹¹ ŋiam²⁴ muk⁰⁵	【雙眼目】suŋ¹¹ ŋiam²⁴ muk⁰⁵
眼眶	【目珠框】muk⁰² tsu¹¹ kʰioŋ²⁴	【眼框】ŋian³¹ kʰioŋ²⁴
眼淚	【目汁】muk⁰² tɕip⁰²	【目汁】muk⁰² tɕip⁰²
眼屎	【目屎】muk⁰² ɕi³¹	【目屎】muk⁰² ɕi³¹
鼻子	【鼻公】pʰi⁵⁵ kuŋ²⁴	【鼻公】pʰi⁵⁵ kuŋ²⁴
鼻樑	【鼻囊間】pʰi⁵⁵ nuŋ¹¹ kien⁵⁵	【鼻樑】pʰi⁵⁵ lioŋ¹¹
耳朵	【耳公】ŋi³¹ kuŋ²⁴	【耳公】ŋi³¹ kuŋ²⁴
耳垂	【耳珠仔】ŋi³¹ tsu²⁴ e³¹	【耳珠】ŋi³¹ tsu²⁴
耳膜	【耳鏡】ŋi³¹ kiaŋ⁵⁵	【耳膜】ŋi³¹ mok⁰⁵
下巴	【下嘴頷】ha¹¹ tsoi⁵⁵ ŋam²⁴	【下嘴頷】ha¹¹ tsoi⁵⁵ ŋam²⁴
嘴巴	【嘴】tsoi⁵⁵	【嘴】tsoi⁵⁵
臉頰	【嘴角】tsoi⁵⁵ kok⁰²	【面角】men⁵⁵ kok⁰²
酒窩	【酒窟仔】tɕiu³¹ hut⁰² le³¹	【酒窟仔】tɕiu³¹ kʰut⁰² le³¹
嘴唇	【嘴脣】tsoi⁵⁵ sun¹¹	【嘴脣】tsoi⁵⁵ ɕin¹¹
顴骨（眼睛下面兩腮上面突出的顏面骨）	【面頰卵】mien⁵⁵ kap⁰² lon³¹	【面頰卵】men⁵⁵ kap⁰² lon³¹
牙齒	【牙齒】ŋa¹¹ tɕʰi³¹	【牙齒】ŋa¹¹ tɕʰi³¹
牙床	【牙床】ŋa¹¹ tsʰoŋ¹¹	【牙床】ŋa¹¹ tsʰoŋ¹¹

門牙	【中門牙】tsuŋ²⁴ mun¹¹ ŋa¹¹	【門牙】mun¹¹ ŋa¹¹
犬齒	【虎牙】hu³¹ ŋa¹¹	【虎牙】hu³¹ ŋa¹¹
	【狗牙】kieu³¹ ŋa¹¹	
智齒	【大牙板】tʰai⁵⁵ ŋa¹¹ pan³¹	【大牙板】tʰai⁵⁵ ŋa¹¹ pan³¹
豬哥牙（橫生的牙齒）	【豬哥牙】tsu¹¹ ko²⁴ ŋa¹¹	【豬哥牙】tsu¹¹ ko²⁴ ŋa¹¹
舌頭	【舌嬤】sat⁰⁵ ma¹¹	【舌嬤】sat⁰⁵ ma¹¹
喉嚨	【喉嚨□】heu³¹ laŋ¹¹ kaŋ⁵⁵	【喉嚨】heu³¹ len¹¹
下頜（指脖子和下巴之間的部位）	【蛤蟆腮】ha¹¹ ma¹¹ koi²⁴	【蛤蟆腮】ha¹¹ ma¹¹ koi²⁴
喉結	【搶食腮】tɕʰioŋ³¹ ɕit⁰⁵ koi²⁴	【搶食腮】tɕʰioŋ³¹ ɕit⁰⁵ koi²⁴
脖子	【頸筋】kiaŋ³¹ kin²⁴	【頸筋】kiaŋ³¹ kin²⁴
上吊	【吊頸】tiau⁵⁵ kiaŋ³¹	【吊頸】tiau⁵⁵ kiaŋ³¹
脖子的前面部分	【大腮】tʰai⁵⁵ koi²⁴	【大腮】tʰai⁵⁵ koi²⁴
肩膀	【肩頭】kien²⁴ tʰeu¹¹	【肩頭】kiaŋ²⁴ tʰeu¹¹
胸部	【胸前】hiuŋ²⁴ tɕʰien¹¹	【胸部】hiuŋ¹¹ pʰu⁵⁵
心窩	【心肝窟仔】ɕim¹¹ kon²⁴ hut⁰⁵ le³¹	【心肝窟仔】ɕim¹¹ kon¹¹ hut⁰⁵ le³¹
背脊	【背囊】poi⁵⁵ noŋ²⁴	【背囊】poi⁵⁵ noŋ¹¹
乳房	【奶姑】nen⁵⁵ ku²⁴	【奶姑】nen⁵⁵ ku²⁴
乳汁	【奶】nen⁵⁵	【奶】nen⁵⁵
腰	【腰仔】ieu²⁴ e³¹	【腰仔】ieu²⁴ e³¹
肚子	【肚屎】tu³¹ ɕi³¹	【肚屎】tu³¹ ɕi³¹
肚臍	【肚臍】tu³¹ tɕʰi¹¹	【肚臍】tu³¹ tɕʰi¹¹
丹田（指肚臍下面一寸半之三吋的地方）	【丹田】tan²⁴ tʰien¹¹	【丹田】tan²⁴ tʰen¹¹
腋下	【胅下】hiap⁰² ha²⁴	【胅下】iap⁰² ha²⁴
尾椎（脊椎骨的尾端）	【尾鐘骨】mi¹¹ tsuŋ¹¹ kut⁰²	【笋窟尾】ɕi⁵⁵ hut⁰² mi²⁴
		【尾鐘骨】mi¹¹ tsuŋ¹¹ kut⁰²
屁股	【笋窟仔】ɕi⁵⁵ hut⁰² le³¹	【笋窟】ɕi⁵⁵ hut⁰²
肛門	【糞門】pun⁵⁵ mun¹¹	X
臀部	【笋窟豚】ɕi⁵⁵ hut⁰² tʰuŋ¹¹	【笋窟豚】ɕi⁵⁵ hut⁰²
陰莖	【㞗腰仔】lin³¹ tɕiau⁵⁵ e³¹	【㞗】lin³¹
龜頭	【㞗棍仔】lin³¹ kun⁵⁵ tʰeu¹¹	【㞗棍頭】lin³¹ kun⁵⁵ tʰeu¹¹

睪丸	【核卵】hak⁰⁵ lon³¹	【核卵】hak⁰⁵ lon³¹
陰囊	【核卵袋】hak⁰⁵ lon³¹ tʰoi⁵⁵	【卵袋仔】lon³¹ tʰoi⁵⁵ e³¹
陰部	【膣腓】tɕi²⁴ pai¹¹	【膣腓】tɕi²⁴ pai¹¹
	【蝦蟆仔】ha¹¹ ma¹¹ e³¹	【蜱仔】pit⁰⁵ le³¹
手	【手】su³¹	【手】su³¹
胳臂	【手棍】su³¹ kun⁵⁵	【手棍】su³¹ kun⁵⁵
手腕（前臂和手腕相連的部位）	【手腕】su³¹ buon³¹	【手腕】su³¹ buon³¹
右手	【右手】iu⁵⁵ su³¹	【右手】iu⁵⁵ su³¹
左手	【左手】tso³¹ su³¹	【左手】tso³¹ su³¹
左撇子	【左掉犁】tso³¹ pai²⁴ lai¹¹	【左掉犁】tso³¹ pai²⁴ lai¹¹
肘關節（手掌背和小臂之間外側突起的骨頭）	【手仁仔】su³¹ jin¹¹ ne³¹	【手目珠】su³¹ muk⁰² tsu²⁴
手肘	【手節】su³¹ tɕiet⁰²	【手節】su³¹ tɕiet⁰²
拳頭	【拳頭】kʰien¹¹ tʰeu¹¹	【拳頭】kʰian¹¹ tʰeu¹¹
巴掌	【手巴掌】su³¹ pa²⁴ tson³¹	【巴掌】pa²⁴ tson³¹
斷掌（手紋橫斷）	【斷掌】tʰon¹¹ tson³¹	【斷掌】tʰon¹¹ tson³¹
手指頭	【手指】su³¹ tɕi³¹	【手指頭】su³¹ tɕi³¹ tʰeu¹¹
大拇指	【手指公】su³¹ tɕi³¹ kun²⁴	【手指公】su³¹ tɕi³¹ kun²⁴
食指	【第二枝】tʰi⁵⁵ ni⁵⁵ ki²⁴	【第二枝】tʰi⁵⁵ ni⁵⁵ ki²⁴
中指	【中指】tsun²⁴ tɕi³¹	【中指】tsun²⁴ tɕi³¹
無名指	【第四枝】tʰi⁵⁵ ɕi⁵⁵ ki²⁴	【無名指】mo¹¹ mian¹¹ tɕi³¹
小指	【手指尾】su³¹ tɕi³¹ mi²⁴	【尾指】mi¹¹ tɕi³¹
指甲	【手指甲】su³¹ tɕi³¹ kap⁰²	【手指甲】su³¹ tɕi³¹ kap⁰²
硬繭（皮膚上的死肉）	【死肉】ɕi³¹ ɲiuk⁰²	【死肉】ɕi³¹ ɲiuk⁰²
手紋	【手痕】su³¹ hun¹¹	【手痕】su³¹ hun¹¹
螺紋（手指肚上皮膚的圓形紋路）	【手指螺】su³¹ tɕi³¹ lo¹¹	X
畚箕紋（手指肚上皮膚的非圓形紋路）	【畚箕佫】pun⁵⁵ ki²⁴ tsʰap⁰⁵	X
腳	【腳】kiok⁰²	【腳】kiok⁰²
腳部	【腳棍】kiok⁰² kun⁵⁵	【腳棍】kiok⁰² kun⁵⁵

腳背	【腳盤】kiok^{02} p^{h}an^{11}	【腳盤】kiok^{02} p^{h}an^{11}
右腳	【右腳】iu^{55} kiok^{02}	【右腳】iu^{55} kiok^{02}
左腳	【左腳】tso^{31} kiok^{02}	【左腳】tso^{31} kiok^{02}
腿（由臀部到踝關節用來支撐身體站立和行走的部分）	【大腿】t^{h}ai^{55} t^{h}ui^{31}	【大腿】t^{h}ai^{55} t^{h}ui^{31}
大腿（臀部到膝蓋的部分）	【大羅髀】t^{h}ai^{55} lo^{11} pi^{31}	【大羅髀】t^{h}ai^{55} lo^{11} pi^{31}
跨下	【腳脥下】kiok^{02} hiap^{02} ha^{24}	【腳腋下】kiok^{02} iap^{02} ha^{24}
鼠蹊部	【脥下】hiap^{02} ha^{24}	【腋下】iap^{02} ha^{24}
腿肚	【腳囊肚】kiok^{02} naŋ^{11} tu^{31}	【腳囊肚】kiok^{02} naŋ^{11} tu^{31}
膝蓋	【膝頭】tɕ^{h}it^{02} t^{h}eu^{11}	【腳膝頭】kiok^{02} tɕ^{h}it^{02} t^{h}eu^{11}
膝蓋骨	【腳頭碗】kiok^{02} t^{h}eu^{11} buon^{31}	【膝頭碗】tɕ^{h}it^{02} t^{h}eu^{11} bon^{31}
腿後跟	【腳踭】kiok^{02} tsaŋ^{24}	【腳踭】kiok^{02} tsaŋ^{24}
腳筋	【腳筋】kiok^{02} kin^{24}	【腳筋】kiok^{02} kin^{24}
腳踝	【腳眼珠】kiok^{02} ȵien^{31} tsu^{24}	【腳眼珠】kiok^{02} ȵian^{31} tsu^{24}
扁平足	【鴨嬤腳】ap^{02} ma^{11} kiok^{02}	【鴨嬤腳】ap^{02} ma^{11} kiok^{02}
腳底	【腳底】kiok^{02} tai^{31}	【腳底】kiok^{02} tai^{31}
八字腳（指走路時腳間向外或向內撇成八字）	【八字腳】pat^{02} ɕi^{55} kiok^{02}	【八字腳】pat^{02} ɕi^{55} kiok^{02}
心臟	【心臟】ɕim^{11} ts^{h}oŋ^{55}	【心臟】ɕim^{11} ts^{h}oŋ^{55}
肺臟	【肺】hi^{55}	【肺】fui^{55}
氣管	【氣管】hi^{55} kon^{31}	【氣管】hi^{55} kon^{31}
胃	【胃】bi^{55}	【胃】bi^{55}
肝臟	【肝】kon^{24}	【肝】kon^{24}
腎臟	【腰仔】ieu^{24} e^{31}	【腰仔】ieu^{24} e^{31}
膀胱	【膀胱】p^{h}oŋ^{11} koŋ^{24}	【膀胱】p^{h}oŋ^{11} koŋ^{24} 【尿袋仔】ȵiau^{55} t^{h}oi^{55} e^{31}
胰臟	【禾鐮結】bo^{11} liam^{11} kiet^{02}	【腰尺】ieu^{11} ts^{h}ak^{05}
脾臟	【脾臟】pi^{11} ts^{h}oŋ^{55}	【脾臟】pi^{11} ts^{h}oŋ^{55}
胃口	【胃口】bi^{55} k^{h}eu^{31}	【胃口】bi^{55} heu^{31}
膽	【膽】tam^{31}	【膽】tam^{31}

腸	【腸】tsʰoŋ¹¹	【腸】tsʰoŋ¹¹
大腸	【大腸】tʰai⁵⁵ tsʰoŋ¹¹	【大腸】tʰai⁵⁵ tsʰoŋ¹¹
小腸	【細腸】se⁵⁵ tsʰoŋ¹¹	【小腸】seu³¹ tsʰoŋ¹¹
腸液	【腸蛥】tsʰoŋ¹¹ gie¹¹	【腸液】tsʰoŋ¹¹ jie¹¹
盲腸	【盲腸】mo²⁴ tsʰoŋ¹¹	【盲腸】mo²⁴ tsʰoŋ¹¹
脊椎骨	【龍骨】liuŋ¹¹ kut⁰²	【龍骨】liuŋ¹¹ kut⁰²
肩膀	【肩頭骨】kien²⁴ tʰeu¹¹ kut⁰²	【肩頭骨】kian²⁴ tʰeu¹¹ kut⁰²
膏肓（人體心臟與橫膈膜之間的部分）	【膏肓】kə³³ boŋ⁵⁵	【膏肓】ko²⁴ moŋ¹¹
肩胛骨	【飯匙骨】huan⁵⁵ tɕi¹¹ kut⁰²	【肩骨】kian²⁴ kut⁰⁵
腰骨	【腰骨】ieu²⁴ kut⁰⁵	【腰骨】ieu¹¹ kut⁰²
腳骨	【腳骨】kiok⁰² kut⁰²	【腳骨】kiok⁰² kut⁰²
手骨	【手骨】su³¹ kut⁰²	【手骨 su³¹ kut⁰²
肋骨	【排骨】pʰai¹¹ kut⁰²	【排骨】pʰai¹¹ kut⁰²
身體	【圓身】gien¹¹ sïn²⁴	【圓身】gian¹¹ ɕin²⁴
皮	【皮】pʰi¹¹	【皮】pʰi¹¹
皮膚	【皮膚】pʰi¹¹ hu²⁴	【皮膚】pʰi¹¹ hu¹¹
神經	【神經】ɕin¹¹ kin²⁴	【神經】ɕin¹¹ kin²⁴
精神	【精神】tɕin²⁴ ɕin¹¹	【精神 tɕin²⁴ ɕin¹¹
血管	【血管】hiet⁰² kon³¹	【血管】hiat⁰² kon³¹
筋（肌腱或附在骨頭上面的韌帶）	【筋】kin²⁴	【筋】kin²⁴
脈絡（分布在人體全身的血脈）	【脈】mak⁰²	【脈】mak⁰⁵
口水	【口瀾】heu³¹ lan²⁴	【口瀾】heu³¹ lan²⁴
痰（肺泡、支氣管和氣管分泌出來的黏液）	【痰】tʰam¹¹	【痰】tʰam¹¹
汗液（從皮膚排泄出來的液體）	【汗】hon⁵⁵	【汗】hon⁵⁵
出冷汗（由於驚嚇或休克所流的汗）	【出冷汗】tsʰut⁰² laŋ¹¹ hon⁵⁵	【出冷汗】tsʰut⁰² laŋ¹¹ hon⁵⁵
鼻涕	【鼻】pʰi⁵⁵	【鼻水】pʰi⁵⁵ sui³¹
小便	【尿】ɲiau⁵⁵	【痾尿】o¹¹ ɲiau⁵⁵

大便	【屎】 çi^{31}	【痾屎】 o^{11} çi^{31}
耳垢	【耳屎】 ṇi^{31} çi^{31}	【耳屎】 ṇi^{31} çi^{31}
精液	【潲】 çiau^{11}	【潲】 çiau^{11}
屁（從肛門排放出的氣體）	【屁】 $\text{p}^\text{h}\text{i}^{55}$	【屁】 $\text{p}^\text{h}\text{i}^{55}$
手汗	【轉潤】 tson^{31} iun^{55}	【手轉潤】 su^{31} tson^{31} ṇiun^{55}
身垢	【墁】 man^{55}	【墁】 man^{55}
汗毛	【面毛】 mien^{55} mo^{24} 【汗毛仔】 hon^{11} mo^{24} e^{31}	【汗毛】 hon^{11} mo^{24}
髮旋	【旋】 $\text{tç}^\text{h}\text{ion}^{55}$	【旋】 $\text{tç}^\text{h}\text{ion}^{55}$
鬍鬚	【鬚姑】 çi^{11} ku^{24}	【鬚姑】 çi^{11} ku^{24}
絡腮鬍	【鬍鬚】 hu^{11} çi^{11}	【鬍鬚仔】 hu^{11} çi^{24} e^{31}
打赤膊	【無著衫】 mo^{11} tsok^{02} sam^{24}	【無著衫】 mo^{11} tsok^{02} sam^{24}
痣（皮膚上的斑痕或小疙瘩）	【痣】 tçi^{55}	【痣】 tçi^{55}
青春痘	【種黍仔】 tson^{31} su^{11} e^{31}	【種黍仔】 tson^{31} su^{11} e^{31}
老人斑	【老人斑】 lo^{31} ṇin^{11} pan^{24}	【老人斑】 lo^{31} ṇin^{11} pan^{24}
脾氣	【性地】 çin^{55} $\text{t}^\text{h}\text{i}^{31}$	【脾氣】 $\text{p}^\text{h}\text{i}^{11}$ hi^{55}

17. 交際應酬

詞　彙	玉泉村	洛陽村
熟人	【熟似人】 suk^{05} çi^{55} ṇin^{11}	【熟似人】 suk^{05} çi^{55} ṇin^{11}
陌生人	【生疏人】 san^{11} su^{24} ṇin^{11}	【生份人】 san^{11} hun^{55} ṇin^{11}
打招呼問候	【相借問】 çion^{11} tçia^{55} mun^{55}	【相借問】 çion^{11} tçia^{55} mun^{55}
你吃飽了沒？（問候語）	【食飽矣無】 çit^{05} pau^{31} e^{11} mo^{24}	【食飽無】 çit^{05} pau^{31} mo^{11}
還沒睡！	【毋曾睡】 m^{11} $\text{tç}^\text{h}\text{ien}^{11}$ soi^{55}	【毋曾睡】 m^{11} $\text{tç}^\text{h}\text{ien}^{11}$ soi^{55}
要去哪裡？	【愛去徠】 oi^{55} hi^{55} nai^{31}	【去徠呢】 hi^{55} nai^{31} no^{31}
好久不見？	【恁久無看到】 an^{31} kiu^{31} mo^{11} $\text{k}^\text{h}\text{on}^{55}$ to^{31}	【盡久無看到】 $\text{tç}^\text{h}\text{in}^{55}$ kiu^{31} mo^{11} $\text{k}^\text{h}\text{on}^{55}$ to^{31}
早安	【恁早】 an^{31} tso^{31}	【恁早】 an^{31} tso^{31}
再來玩喔！	【再來嫽】 tsai^{55} loi^{11} liau^{55} 【另來嫽】 nan^{55} loi^{11} liau^{55}	【另來嫽】 nan^{55} loi^{11} liau^{55}

慢走	【順行】sun⁵⁵ haŋ¹¹	【順行】sun⁵⁵ haŋ¹¹
		【慢慢个行】man⁵⁵ man⁵⁵ ne³¹ haŋ¹¹
對不起	【失禮】ɕit⁰² li²⁴	【失禮】ɕit⁰² li²⁴
沒關係	【無要緊】mo¹¹ ieu⁵⁵ kin³¹	【毋怕】m¹¹ pʰa⁵⁵
	【毋怕】m¹¹ pʰa⁵⁵	
不好意思	【壞勢】huai¹¹ se⁵⁵	【壞勢】fuai³¹ se⁵⁵
謝謝你	【多謝】to¹¹ tɕʰia⁵⁵	【多謝】to¹¹ tɕia⁵⁵
伴手禮（去探望人家隨手攜帶的禮品）	【等路】ten³¹ lu⁵⁵	【等路】ten³¹ lu⁵⁵
		【弄想】noŋ⁵⁵ ɕioŋ³¹
面子	【面子】mien⁵⁵ tɕi³¹	【面子】men⁵⁵ tɕi³¹
客氣	【細膩】se⁵⁵ n̩i⁵⁵	【細膩】se⁵⁵ n̩i⁵⁵
		【客氣】hak⁰² hi⁵⁵
客人	【人客】n̩in¹¹ hak⁰²	【人客】n̩in¹¹ hak⁰²
不客氣	【無要緊】mo¹¹ ieu⁵⁵ kin³¹	【無要緊】mo¹¹ ieu⁵⁵ kin³¹
		【無細膩】mo¹¹ se⁵⁵ n̩i⁵⁵
隨便	【清彩】tɕʰin⁵⁵ tsʰai²⁴	【清彩】tɕʰin⁵⁵ tsʰai²⁴
		【隨便】sui¹¹ pʰien⁵⁵
結拜兄弟	【結拜兄弟】kiet⁰² pai⁵⁵ hiuŋ¹¹ tʰi⁵⁵	【結拜兄弟】kiet⁰² pai⁵⁵ hiuŋ¹¹ tʰi⁵⁵
麻煩你	【麻煩你】ma¹¹ huan¹¹ ŋ¹¹	【麻煩你】ma¹¹ huan¹¹ ŋ¹¹
	【勞駕你】lo¹¹ kau³¹ ŋ¹¹	
交往	【交陪】kau²⁴ pʰi¹¹	【交陪】kau²⁴ pʰi¹¹
很好相處	【好共下】ho³¹ kʰiuŋ¹¹ ha⁵⁵	【盡好共下】tɕʰin⁵⁵ ho³¹ kʰiuŋ¹¹ ha⁵⁵
禮數周到	【蓋有禮貌】koi⁵⁵ iu¹¹ li¹¹ mau⁵⁵	【恁多禮】an³¹ to¹¹ li²⁴
投機（比與雙方的意見和想法很一致，很合得來）	【投機】tʰeu¹¹ ki²⁴	【投機】tʰeu¹¹ ki²⁴
背叛	【反背】huan³¹ poi⁵⁵	【反背】huan³¹ poi⁵⁵
出賣（背棄並加害）	【出賣】tsʰut⁰² mai⁵⁵	【出賣】tsʰut⁰² mai⁵⁵
翻臉	【變面】pien⁵⁵ mien⁵⁵	【變面】pen³¹ men⁵⁵

絕交（不再來往）	【切交】tɕʰiet⁰² kau²⁴	【切交】tɕʰiet⁰⁵ kau²⁴
幫忙	【騰手】tʰen⁵⁵ su³¹	【騰手】tʰen⁵⁵ su³¹
後臺	【背景】poi⁵⁵ kin³¹	【背景】poi⁵⁵ kin³¹
		【バック】bak⁰⁵ kuʔ⁰²
選舉	【選舉】ɕien³¹ ki³¹	【選舉】ɕien³¹ ki³¹
空頭支票	【空頭支票】kʰuŋ²⁴ tʰeu¹¹ tɕi¹¹ pʰeu⁵⁵	【空殼支票】kʰuŋ²⁴ hok⁰⁵ tɕi¹¹ pʰeu⁵⁵
走路工（賄選的一種手段）	【行路工】haŋ¹¹ lu⁵⁵ kuŋ²⁴	【行路工】haŋ¹¹ lu⁵⁵ kuŋ²⁴
搭伙	【貼人食】tʰiap⁰² n̩in¹¹ ɕit⁰⁵	【貼人食】tʰap⁰² n̩in¹¹ ɕit⁰⁵
後援會	【後援會】heu⁵⁵ gien¹¹ hui⁵⁵	【後援會】heu⁵⁵ gian¹¹ hui⁵⁵

18. 婚　喪

詞　彙	玉泉村	洛陽村
婚姻	【婚姻】hun¹¹ in²⁴	【婚姻】hun¹¹ in²⁴
討老婆	【討姐仔】tʰo³¹ tɕia³¹ e³¹	【討姐仔】tʰo³¹ tɕia³¹ e³¹
娶媳婦	【討新舅】tʰo³¹ ɕim¹¹ kʰiu²⁴	【討新舅】tʰo³¹ ɕim¹¹ kʰiu²⁴
嫁女兒	【嫁妹仔】ka⁵⁵ moi⁵⁵ e³¹	【嫁妹仔】ka⁵⁵ moi⁵⁵ e³¹
嫁人	【嫁老公】ka⁵⁵ lo³¹ kuŋ²⁴	【嫁老公】ka⁵⁵ lo³¹ kuŋ²⁴
媒人	【媒人婆】moi¹¹ n̩in¹¹ pʰo¹¹	【媒人婆】moi¹¹ n̩in¹¹ pʰo¹¹
提親	【做媒人】tso⁵⁵ moi¹¹ n̩in¹¹	【講親】koŋ³¹ tɕʰin²⁴
訂婚	【訂婚】tʰin⁵⁵ hun²⁴	【訂婚】tʰin⁵⁵ hun²⁴
許配（幫女兒確定對象）	【問分人矣】mun⁵⁵ pun²⁴ n̩in¹¹ e¹¹	【分人問走矣】pun²⁴ n̩in¹¹ mun⁵⁵ tseu³¹ e¹¹
入贅	【分人招】pun²⁴ n̩in¹¹ tseu²⁴	【分人招】pun²⁴ n̩in¹¹ tseu¹¹
冠母性（入贅生的頭一胎小孩必須冠母性）	【分外家】pun¹¹ ŋoi⁵⁵ ka²⁴	【抽豬嬤稅】tsʰu¹¹ tsu²⁴ ma¹¹ soi⁵⁵
使童養媳和男孩結婚	【送做人】suŋ⁵⁵ tso⁵⁵ n̩in¹¹	【送做堆】suŋ⁵⁵ tso⁵⁵ toi²⁴
嫁妝（新娘出嫁隨帶的物品）	【嫁妝】ka⁵⁵ tsoŋ²⁴	【嫁妝】ka⁵⁵ tsoŋ²⁴
大餅	【大餅】tʰai⁵⁵ piaŋ³¹	【大餅】tʰai⁵⁵ piaŋ³¹
戒指	【禁指】kim⁵⁵ tɕi³¹	【禁指】kim⁵⁵ tɕi³¹
項鍊	【脖鍊】pʰat⁰⁵ lien⁵⁵	【脖鍊】pʰat⁰⁵ len⁵⁵

耳環	【耳盤子】n̩i³¹ pʰan¹¹ ne³¹	【耳盤子】n̩i³¹ pʰan¹¹ ne¹¹
手鐲	【手鐶】su³¹ kʰuan¹¹	【手鍔】su³¹ ak⁰²
聘金（訂婚時男方贈與女方的錢）	【聘金】pʰin³¹ kim²⁴	【聘金】pʰin⁵⁵ kim²⁴
插花	【插花】tsʰap⁰² hua²⁴	【插花】tsʰap⁰² hua²⁴
壓紅包	【磧紅包】tsak⁰² huŋ¹¹ pau²⁴	【磧紅包】tsak⁰² huŋ¹¹ pau²⁴
添嫁妝	【添妝】tʰiam¹¹ tsoŋ²⁴	【添妝】tʰiam¹¹ tsoŋ²⁴
帶路雞	【帶路雞】tai⁵⁵ lu⁵⁵ kie²⁴	【帶路雞】tai⁵⁵ lu⁵⁵ kie²⁴
定日子（男方通知女方娶親的時間）	【送日仔】suŋ⁵⁵ n̩it⁰² te³¹	【送日帖】suŋ⁵⁵ n̩it⁰² tʰiap⁰²
入洞房	【洞房】tʰuŋ⁵⁵ fuoŋ¹¹	【入新娘間】n̩it⁰⁵ ɕin²⁴ n̩ioŋ¹¹ kian²⁴
探房（結婚之後新娘的弟弟或妹妹來看新娘）	【探房】tʰam⁵⁵ fuoŋ¹¹	【探房】tʰam⁵⁵ fuoŋ¹¹
娘家	【外家】ŋoi⁵⁵ ka²⁴	【外家】ŋoi⁵⁵ ka²⁴
結婚	【結婚】kiet⁰² hun²⁴	【結婚】kiet⁰² hun²⁴
處女	【人家女】n̩in¹¹ ka²⁴ ŋ³¹	【人家女】n̩in¹¹ ka²⁴ ŋ³¹
新郎	【新娘公】ɕin²⁴ n̩ioŋ¹¹ kuŋ²⁴	【新郎公】ɕin²⁴ loŋ¹¹ kuŋ²⁴
新娘子	【新娘】ɕin²⁴ n̩ioŋ¹¹	【新娘】ɕin²⁴ n̩ioŋ¹¹
伴郎	【且郎】tɕʰia²⁴ loŋ¹¹	【且郎】tɕʰia²⁴ loŋ¹¹
伴娘	【送嫁】suŋ⁵⁵ ka⁵⁵	【送嫁】suŋ⁵⁵ ka⁵⁵
大老婆	【大婆】tʰai⁵⁵ pʰo¹¹	【大姐婆】tʰai⁵⁵ tɕia³¹ e³¹
小老婆	【細姆】se⁵⁵ me²⁴	【細姐仔】se⁵⁵ tɕia³¹ e³¹
續絃	【後嬡】heu⁵⁵ oi²⁴	【後嬡】heu⁵⁵ oi²⁴
懷孕	【有身】iu¹¹ ɕin²⁴ 【大肚屎】tʰai⁵⁵ tu³¹ ɕi³¹	【有身】iu¹¹ ɕin²⁴
害喜	【病子】pʰiaŋ⁵⁵ tɕi³¹	【病子】pʰiaŋ⁵⁵ tɕi³¹
流產	【落胎】leu⁵⁵ tʰoi²⁴	【落胎】liu³¹ san³¹
墮胎	【打胎】ta³¹ tʰoi²⁴	【拿細人仔】na¹¹ se⁵⁵ n̩in¹¹ ne³¹
生小孩	【供細人仔】kiuŋ⁵⁵ se⁵⁵ n̩in¹¹ ne³¹	【供細人仔】kiuŋ⁵⁵ se⁵⁵ n̩in¹¹ ne³¹
坐月子	【做月】tso⁵⁵ n̩iet⁰⁵	【做月】tso⁵⁵ n̩iat⁰⁵

滿月（慶祝小孩出生滿一個月舉行的儀式）	【滿月】man¹¹ ȵiet⁰⁵	【滿月】man¹¹ ȵiat⁰⁵
周歲	【對歲】tui⁵⁵ se⁵⁵	【對歲】tui⁵⁵ se⁵⁵
剪斷臍帶	【斷臍】ton³¹ tɕʰi¹¹	【斷臍】ton³¹ tɕʰi¹¹
胎盤	【胞衣】pau¹¹ ji²⁴	【胞衣】pau¹¹ ji²⁴
喪事（在人死後所要辦理的殮葬、祭拜等事宜）	【喪事】soŋ¹¹ sï⁵⁵	【歹事】bai¹¹ ɕi⁵⁵
		【喪事】soŋ¹¹ ɕi⁵⁵
死亡	【死忒矣】ɕi³¹ het⁰² le¹¹	【死忒】ɕi³¹ het⁰²
		【走忒】tseu³¹ het⁰²
		【死亡】ɕi³¹ boŋ¹¹
過世	【過身】ko⁵⁵ ɕin²⁴	【過身】ko⁵⁵ ɕin¹¹
紙紮屋（紙糊的模型屋，供死者在另一個世界使用）	【靈屋】lin¹¹ buk⁰²	【靈屋】lin¹¹ buk⁰²
訃聞	【訃聞】hu²⁴ bun¹¹	【白帖仔】pʰak⁰⁵ tʰiap⁰⁵ pe³¹
出殯	【出山】tsʰut⁰² san¹¹	【送山頭】suŋ⁵⁵ san²⁴ tʰeu¹¹
		【出山】tsʰut⁰² san¹¹
墓地	【風水】huŋ²⁴ sui³¹	【墓地】muŋ⁵⁵ tʰi⁵⁵
墓穴	【穴地】hiet⁰⁵ tʰi⁵⁵	【墓穴】muŋ⁵⁵ hiat⁰⁵
墳場	【牛埔仔】ȵiu¹¹ pʰu²⁴ e³¹	【牛埔仔】ȵiu¹¹ pʰu²⁴ e³¹
棺材	【棺材】kon²⁴ tsʰoi¹¹	【棺墓】kon¹¹ muk⁰²
棺材的雅稱	X	【壽】su⁵⁵
		【大屋】tʰai⁵⁵ buk⁰²
守寡	【守寡】su³¹ kua³¹	【守寡】su³¹ kua³¹
孝男（喪家的兒子）	【孝男】hau⁵⁵ nam¹¹	【孝男】hau⁵⁵ nam¹¹
捧斗（一種奠祭的儀式）	【捧斗】muŋ³¹ teu³¹	【捧斗】muŋ³¹ teu³¹
骨灰罈	【金盎】kim¹¹ aŋ²⁴	【骨盎仔】kut⁰² aŋ²⁴ ŋe³¹
帶孝	【帶孝】tai⁵⁵ hau⁵⁵	【帶孝】tai⁵⁵ hau⁵⁵
孝杖（進食出殯時孝子所持的哀杖）	【孝杖】hau⁵⁵ tsʰoŋ⁵⁵	【孝杖】hau⁵⁵ tsʰoŋ³¹

做七旬（死者死後第四十九天，每隔七天都要由子孫穿戴孝服到死者靈前祭拜）	【做七】tso⁵⁵ tɕʰit⁰²	【做七】tso⁵⁵ tɕʰit⁰²
入殮	【入殮】n̩ip⁰⁵ liam⁵⁵	【入殮】n̩ip⁰⁵ liam⁵⁵
打桶（將棺材密封，使屍體的腐水和臭味不致溢出）	【打桶】ta³¹ tʰuŋ³¹	【打桶】ta³¹ tʰuŋ³¹
手尾錢（往生者留給子孫的前）	【手尾錢】su³¹ mi²⁴ tɕʰien¹¹	【手尾錢】su³¹ mi²⁴ tɕʰien¹¹
上香（對死者祭弔上香）	【拈香】n̩iam¹¹ hioŋ²⁴	【拈香】n̩iam¹¹ hioŋ²⁴
撿骨	【拈骨石】n̩iam¹¹ kut⁰² sak⁰²	【拈骨】n̩iam²⁴ kut⁰²
掃墓	【掛紙】kua⁵⁵ tɕi³¹	【掛紙】kua⁵⁵ tɕi³¹
		【做清明】tso⁵⁵ tɕʰiaŋ²⁴ mian¹¹
做對年（已故先輩誕辰和一周年的日子，要擺設供品菜餚在先人靈前祭拜）	【對年】tui⁵⁵ n̩ien¹¹	【對年】tui⁵⁵ n̩ian¹¹
做忌（已故先輩誕辰和逝世的日子，要擺設供品菜餚在先人靈前祭拜）	【做忌】tsə⁵³ ki¹¹	【做忌】tso⁵⁵ ki⁵⁵
小孩子去墓地向掃墓人家乞討祭拜的食品	【打粄仔】ta³¹ pan³¹ ne³¹	【分粄仔】pun²⁴ pan³¹ ne¹¹
埋	【埋】mai¹¹	【埋】mai¹¹

19. 各色人稱、活動

詞　彙	玉泉村	洛陽村
老百姓	【老百姓】lo³¹ pak⁰² ɕiaŋ⁵⁵	【老百姓】lo³¹ pak⁰² ɕiaŋ⁵⁵
職業、工作	【頭路】tʰeu¹¹ lu⁵⁵	【頭路】tʰeu¹¹ lu⁵⁵
		【工作】kuŋ¹¹ tsok⁰²
		【職業】tɕit⁰² n̩iap⁰⁵
手藝	【手藝】su³¹ n̩i⁵⁵	【手藝】su³¹ n̩i⁵⁵
拿手菜	【拿手菜】na²⁴ su³¹ tsʰoi⁵⁵	【手路菜】su³¹ lu⁵⁵ tsʰoi⁵⁵

工作	【做事】tso⁵⁵ se⁵⁵	【做事】tso⁵⁵ se⁵⁵
雇員	【辛勞】ɕin²⁴ lo¹¹	【請个】tɕʰiaŋ³¹ ŋe⁵⁵
		【職員】tɕit⁰² n̩ian¹¹
長工	【長工】tsʰoŋ¹¹ kuŋ²⁴	【長工】tsʰoŋ¹¹ kuŋ²⁴
鐵匠	【打鐵師傅】 ta³¹ tʰiet⁰² ɕi¹¹ hu⁵⁵	【打鐵師傅】 ta³¹ tʰet⁰² ɕi¹¹ hu⁵⁵
石匠	【打石个師傅】 ta³¹ sak⁰⁵ ke⁵⁵ ɕi¹¹ hu⁵⁵	【打石師傅】 ta³¹ sak⁰⁵ ɕi¹¹ hu⁵⁵
鑄造模型	【鑄鍟】tsu⁵⁵ saŋ²⁴	【鑄模仔】tsu⁵⁵ mo¹¹ e³¹
木匠	【木匠師傅】 muk⁰² ɕioŋ⁵⁵ ɕi¹¹ hu⁵⁵	【木匠】muk⁰² ɕioŋ⁵⁵
泥水匠	【泥水師傅】 nai¹¹ sui³¹ ɕi¹¹ hu⁵⁵	【泥水師傅】 nai¹¹ sui³¹ ɕi¹¹ hu⁵⁵
農夫	【耕田人】kaŋ²⁴ tʰien¹¹ n̩in¹¹	【耕田儕】kaŋ²⁴ tʰen¹¹ sa¹¹
漁夫	【撓魚仔】neu³¹ ŋ¹¹ ŋe⁵⁵	【捉魚个人】 tsok⁰² ŋ¹¹ e⁵⁵ n̩in¹¹
技工	【做烏手】tso⁵⁵ bu²⁴ su³¹	【烏手工】bu¹¹ su³¹ kuŋ²⁴
		【技術工】ki¹¹ sut⁰⁵ kuŋ²⁴
郵差	【送信仔】suŋ⁵⁵ ɕin⁵⁵ ne⁵⁵	【送信仔】suŋ⁵⁵ ɕin⁵⁵ ne³¹
消防隊	【消防隊】seu²⁴ hoŋ¹¹ tui⁵⁵	【消防隊】seu²⁴ fuoŋ¹¹ tui⁵⁵
廚師	【廚師】tsʰu¹¹ si²⁴	【廚師】tsʰu¹¹ ɕi²⁴
理髮師	【剃頭師傅】 tʰi⁵⁵ tʰeu¹¹ ɕi¹¹ hu⁵⁵	【剃頭師傅】 tʰi⁵⁵ tʰeu¹¹ ɕi¹¹ hu⁵⁵
		【剪頭那毛个】 tɕien³¹ tʰeu¹¹ na¹¹ mo²⁴ e⁵⁵
開船的人	【駛船个人】 ɕi³¹ son¹¹ e⁵⁵ n̩in¹¹	【駛船个人】 ɕi³¹ son¹¹ e⁵⁵ n̩in¹¹
撐船的人	【撐排个】tsʰaŋ⁵⁵ pʰai¹¹ e³¹	【撐船个人】 tsʰaŋ⁵⁵ son¹¹ e⁵⁵ n̩in¹¹
跑堂、侍者	【走腳板】 tseu³¹ kiok⁰² pan³¹	【走腳个】 tseu³¹ tsok⁰² ke⁵⁵
律師	【律師】lit⁰⁵ si²⁴	【律師】lut⁰⁵ ɕi¹¹
代書	【代書】tʰoi⁵⁵ su²⁴	【代書】tʰoi⁵⁵ su²⁴

打零工	【打零工】ta³¹ laŋ¹¹ kuŋ²⁴	【零散工】laŋ¹¹ saŋ¹¹ kuŋ²⁴
秀才（讀書人）	【秀才】ɕiu⁵⁵ tsʰoi¹¹	【秀才】ɕiu⁵⁵ tsʰoi¹¹
有錢人	【好額人】ho⁵⁵ iak⁰⁵ n̠in¹¹	【有錢人】iu²⁴ tɕʰien¹¹ n̠in¹¹
員外	【員外】n̠ien¹¹ ŋoi⁵⁵	【員外】n̠ian¹¹ ŋoi⁵⁵
窮人	【窮苦人】kʰiuŋ¹¹ kʰu³¹ n̠in¹¹	【窮人】kʰiuŋ¹¹ n̠in¹¹
奴才	【奴才】nu¹¹ tsʰoi¹¹	【奴才】nu¹¹ tsʰoi¹¹
苦力（專門做粗活的人）	【箍絡仔】kʰo¹¹ lok⁰⁵ ge³¹	【苦絡仔】kʰu³¹ lok⁰⁵ ge³¹
婢女（專門聽命僱主做事的女性僕人）	【老婢仔】lo³¹ pʰi²⁴ e³¹	【老婢仔】lo³¹ pʰi²⁴ e³¹
雙性人（不男不女的人）	【半公孃】pan⁵⁵ kuŋ²⁴ ma¹¹	【半公孃】pan⁵⁵ kuŋ²⁴ ma¹¹
江湖郎中（泛稱打拳賣藥膏、醫卜命相，各種擺攤賣雜物維生的人；亦可形容講話不實在的人）	【王祿仔仙】oŋ¹¹ lok⁰⁵ ka⁵⁵ ɕien⁵⁵　【搓把戲个】tsʰot⁰² pa³¹ hi⁵⁵ e⁵⁵	【搓把戲个】tsʰot⁰² pa³¹ hi⁵⁵ e⁵⁵
接骨師	【接骨師】tɕiap⁰² kut⁰² si²⁴	【接骨師】tɕiap⁰² kut⁰² ɕi²⁴
牛販子	【牛販仔】n̠iu¹¹ huan⁵⁵ ne³¹	【牛販仔】n̠iu¹¹ huan⁵⁵ ne³¹
單身漢	【羅漢骹仔】lo¹¹ hon⁵⁵ kʰa²⁴ e¹¹	【單身哥】tan¹¹ ɕin¹¹ ko²⁴
老處女（年老的單身女子）	【老姑婆】lo³¹ ku²⁴ pʰo¹¹	【老姑婆】lo³¹ ku²⁴ pʰo¹¹
妓女	【賺食孃】tsʰon⁵⁵ ɕit⁰⁵ ma¹¹	【賺食孃】tsʰon⁵⁵ ɕit⁰⁵ ma¹¹
妓院	【骹蹋間仔】kʰa¹¹ sau¹¹ kien²⁴ ne³¹	【骹蹋間仔】kʰa¹¹ sau¹¹ kian²⁴ ne³¹
老鴇	【老葱仔】lo³¹ tsʰuŋ²⁴ tʰeu¹¹	【老葱仔】lo³¹ tsʰuŋ²⁴ tʰeu¹¹
算命（以人的生辰八字替人預斷吉凶）	【算命】son⁵⁵ miaŋ⁵⁵	【算命】son⁵⁵ miaŋ⁵⁵
排八字	【排八字】pai¹¹ pat⁰² ɕi⁵⁵	【排八字】pʰai¹¹ pat⁰² ɕi⁵⁵
算命師（替人占卜兼看地理風水）	【算命先生】son⁵⁵ miaŋ⁵⁵ ɕin¹¹ saŋ²⁴	【算命先生】son⁵⁵ miaŋ⁵⁵ ɕin¹¹ saŋ²⁴
測字	【拆字】tsʰak⁰² ɕi⁵⁵	【拆字】tsʰak⁰² ɕi⁵⁵
地理師（看風水的人）	【地理先生】tʰi⁵⁵ li¹¹ ɕin¹¹ saŋ²⁴	【地理先生】tʰi⁵⁵ li¹¹ ɕin¹¹ saŋ²⁴

道士（負責辦理喪事）	【和尙】bo¹¹ soŋ⁵⁵	【和尙】bo¹¹ soŋ⁵⁵
和尙	【齋公】tsai¹¹ kuŋ²⁴	【齋公】tsai¹¹ kuŋ²⁴
尼姑	【齋孃】tsai²⁴ ma¹¹	【齋孃】tsai¹¹ ku²⁴
居士（在家修行的佛教徒）	【居士】ki¹¹ su⁵⁵	【行道个人】haŋ¹¹ tʰo⁵⁵ e⁵⁵ n̩in¹¹
師公（道士的俗稱）	【西公仔】se¹¹ kuŋ²⁴ ŋe³¹	【師公】sai¹¹ kuŋ²⁴
抬棺人	【扛死佬】koŋ²⁴ çi³¹ lo¹¹	【扛棺材个人】koŋ¹¹ kon²⁴ tsʰoi¹¹ e⁵⁵ n̩in¹¹
女巫	【仙姑孃】çien¹¹ ku²⁴ ma¹¹	【仙姑婆】kʰian¹¹ ku²⁴ pʰo¹¹
牽魂	【牽仙】kʰien¹¹ çien²⁴	【牽亡】kʰian¹¹ boŋ¹¹
牽豬哥（專門飼養種豬餵母豬配種的行業）	【牽豬哥】kʰien¹¹ tsu¹¹ ko²⁴	【牽豬哥】kʰian¹¹ tsu¹¹ ko²⁴
乞丐	【乞食仔】kʰiet⁰⁵ çit⁰⁵ le³¹	【乞食仔】kʰiet⁰⁵ çit⁰⁵ le¹¹
牧童（看牛維生的人）	【掌牛哥】tsoŋ³¹ n̩iu¹¹ ko²⁴	【掌牛郎】tsoŋ³¹ n̩iu¹¹ loŋ¹¹
小姐	【細妹仔】se⁵⁵ moi⁵⁵ e³¹	【細妹仔】se⁵⁵ moi⁵⁵ e³¹
		【小姐】seu³¹ tçi³¹
醫生	【醫生】ji¹¹ sen²⁴	【醫生】ji¹¹ sen²⁴
	【先生】çin¹¹ saŋ²⁴	
蒙古大夫	【赤骹仙仔】tçʰia⁵³ kʰa³³ çien³³ na³¹	【無牌个】mo¹¹ pʰai¹¹ e⁵⁵
接生婆	【產婆】san³¹ pʰo¹¹	【產婆】san³¹ pʰo¹¹
藥劑師	【藥劑師】iok⁰⁵ tçi⁵⁵ sï²⁴	【藥劑師】iok⁰⁵ tçi⁵⁵ sï²⁴
護士	【護士】hu⁵⁵ si⁵⁵	【護士】hu⁵⁵ si⁵⁵
女密醫（專門醫治孩童各項小疾病的老婦人）	【先生娘】çin¹¹ saŋ²⁴ n̩ioŋ¹¹	【先生娘】çin¹¹ saŋ²⁴ n̩ioŋ¹¹
收驚	【收驚】su¹¹ kiaŋ²⁴	【收驚】su¹¹ kiaŋ²⁴
師傅（指有專門手藝的人、傳授技藝給徒弟的人）	【師傅】sï¹¹ hu⁵⁵	【師傅】çi¹¹ hu⁵⁵
學徒	【師仔】çi²⁴ e³¹	【師仔】çi²⁴ e³¹
		【學徒】hok⁰⁵ tʰu¹¹
女人	【婦人家】hu⁵⁵ n̩in¹¹ ka²⁴	【婦人家】hu⁵⁵ n̩in¹¹ ka²⁴
男人	【男个人】nam¹¹ me³¹ n̩in¹¹	【男个人】nam¹¹ me⁵⁵ n̩in¹¹

同事	【同事】tʰuŋ¹¹ sɿ⁵⁵	【同事】tʰuŋ¹¹ sɿ⁵⁵
老人家（年紀大的人）	【老人家】lo³¹ n̩in¹¹ ka²⁴	【老人家】lo³¹ n̩in¹¹ ka²⁴
對老年不尊敬的稱呼	【老貨仔】lo³¹ huo⁵⁵ e³¹	【老貨仔】lo³¹ huo⁵⁵ e³¹
對老婦人不尊敬的稱呼	【老貨孃】lo³¹ huo⁵⁵ ma¹¹	【老貨孃】lo³¹ huo⁵⁵ ma¹¹
年輕人	【後生仔】heu⁵⁵ saŋ²⁴ ŋe³¹	【後生仔】heu⁵⁵ saŋ²⁴ ŋe³¹
鄰居	【鄰舍】lin¹¹ sa⁵⁵	【鄰舍】lin¹¹ sa⁵⁵
警察	【警察】kin³¹ tsʰat⁰²	【警察】kin³¹ tsʰat⁰²
牧師	【牧師】muk⁰² sɿ²⁴	【牧師】muk⁰² sɿ²⁴
修女	【修女】ɕiu²⁴ ŋ³¹	【修女】ɕiu²⁴ ŋ³¹
樁腳（選舉時替替候選人拉票的人）	【柱仔骹】tiau³³ a⁵⁵ kʰa⁵⁵	【柱仔骹】tiau³³ a⁵⁵ kʰa⁵⁵
和事佬	【公親】koŋ¹¹ tɕʰin²⁴	【講和个】koŋ³¹ ho¹¹ e⁵⁵
做壞人（專門做一些吃力不討好事情的人）	【做臭人】tso⁵⁵ tsʰu⁵⁵ n̩in¹¹	【做臭人】tso⁵⁵ tsʰu⁵⁵ n̩in¹¹
老芋仔（指外省退伍的軍人）	【老芋仔】lau¹¹ o²⁴ a³¹	【老芋仔】lau¹¹ o²⁴ a³¹
帥哥	【烏狗】o³³ kau⁵³	【烏狗兄】o³³ kau⁵⁵ hiã⁵⁵
		【緣投】ien¹¹ tau¹¹
時髦女	【烏貓】o³³ niau⁵⁵	【案量个細妹】an³¹ tɕiaŋ²⁴ ŋe⁵⁵ se⁵⁵ moi⁵⁵
對原住民的謔稱	【魁儡仔】ka¹¹ li¹¹ e³¹	【魁儡仔】ka¹¹ li¹¹ e³¹
稱男性原住民	【魁儡牯】ka¹¹ li¹¹ ku³¹	【魁儡牯】ka¹¹ li¹¹ ku³¹
稱女性原住民	【魁儡孃】ka¹¹ li¹¹ ma¹¹	【魁儡孃】ka¹¹ li¹¹ ma¹¹
報馬仔（報訊而討賞錢的人）	【報馬仔】po⁵³ be⁵⁵ a⁵³	【奸臣鬼】kian²⁴ ɕin¹¹ kui³¹
跑船	【行船】haŋ¹¹ son¹¹	【行船】haŋ¹¹ son¹¹
		【走船】tseu³¹ son¹¹
房東	【屋主】buk⁰² tsu³¹	【屋主】buk⁰² tsu³¹
房客（租房屋住的人）	【稅屋个人】soi⁵⁵ buk⁰² ge⁵⁵ n̩in¹¹	【房客】fuoŋ¹¹ hak⁰²
地主	【地主】tʰi⁵⁵ tsu³¹	【地主】tʰi⁵⁵ tsu³¹

20. 商業活動

詞　彙	玉泉村	洛陽村
做生意	【做生理】tso⁵⁵ sen¹¹ li²⁴	【做生理】tso⁵⁵ sen¹¹ li²⁴
老闆	【頭家】tʰeu¹¹ ka¹¹	【頭家】tʰeu¹¹ ka¹¹
老闆娘	【頭家娘】tʰeu¹¹ ka²⁴ ȵion¹¹	【頭家娘】tʰeu¹¹ ka²⁴ ȵion¹¹
標工程的人	【貿頭】mau⁵⁵ tʰeu¹¹	【貿頭】mau⁵⁵ tʰeu¹¹
工頭（負責工地施工的人）	【工頭】kuŋ²⁴ tʰeu¹¹	【工頭】kuŋ²⁴ tʰeu¹¹
僱員	【辛勞】ɕin²⁴ lo¹¹	【辛勞】ɕin²⁴ lo¹¹
人手	【骹手】kʰa¹¹ su³¹	【骹手】kʰa¹¹ su³¹
帳目	【數】seu⁵⁵	【數】ɕi⁵⁵
帳房（管理銀錢貨物出入的人）	【管數】kon³¹ seu⁵⁵	【管數个人】kon³¹ seu⁵⁵ e⁵⁵ ȵin¹¹
賒帳	【欠數】kʰiam⁵⁵ seu⁵⁵	【欠數】kʰiam⁵⁵ seu⁵⁵
客人	【人客】ȵin¹¹ hak⁰²	【人客】ȵin¹¹ hak⁰²
客家人	【客家人】hak⁰² ka²⁴ ȵin¹¹	【客家人】hak⁰² ka²⁴ ȵin¹¹
市場	【市場】si⁵⁵ tsʰoŋ¹¹	【市場】ɕi⁵⁵ tsʰoŋ¹¹
雜貨店	【雜貨店】tsʰap⁰⁵ huo⁵⁵ tiam⁵⁵	【雜貨店】tsʰap⁰⁵ huo⁵⁵ tiam⁵⁵
菜市場	【菜市仔】tsʰoi⁵⁵ tɕʰi²⁴ e³¹	【菜市場】tsʰoi⁵⁵ ɕi⁵⁵ tsʰoŋ¹¹
跳蚤市場	【賊仔市】tɕʰiet⁰⁵ le³¹ tɕʰi²⁴	【賊仔市】tɕʰet⁰⁵ le³¹ si⁵⁵
敗市（生意不好）	【敗市】pʰai⁵⁵ tɕʰi²⁴	【敗市】pʰai⁵⁵ tɕʰi²⁴
搶市（指做生意的時候，容易吸引人的地點）	【蓋鬧熱】koi⁵⁵ nau⁵⁵ ȵiet⁰⁵	【搶市】tɕʰioŋ³¹ ɕi⁵⁵
超級市場	【超級市場】tsʰeu²⁴ kip⁰⁵ si⁵⁵ tsʰoŋ¹¹	【超級市場】tsʰeu²⁴ kip⁰⁵ ɕi⁵⁵ tsʰoŋ¹¹
百貨店	【百貨店】pak⁰² huo⁵⁵ tiam⁵⁵	【百貨店】pak⁰² huo⁵⁵ tiam⁵⁵
百貨公司	【百貨公司】pak⁰² fuo⁰⁵ kuŋ¹¹ ɕi²⁴	【百貨公司】pak⁰² fuo⁰⁵ kuŋ¹¹ si²⁴
裁縫店（做衣服的店）	【裁縫店】tsʰoi¹¹ huŋ¹¹ tiam⁵⁵	【裁縫店】tsʰai¹¹ fuŋ¹¹ tiam⁵⁵
銀樓	【金仔店】kim²⁴ me³¹ tiam⁵⁵	【金仔店】kim²⁴ me³¹ tiam⁵⁵
		【銀樓】ȵiun¹¹ leu¹¹
銀行	【銀行】ȵiun¹¹ hoŋ¹¹	【銀行】ȵiun¹¹ hoŋ¹¹

本金	【紙頭】tɕi³¹ tʰeu¹¹	【本金】pun³¹ kim²⁴
利息（因存款、放款而得到的本金以外的錢）	【利息】li⁵⁵ ɕit⁰²	【利息】li⁵⁵ ɕit⁰²
高利貸	【高利貸】ko¹¹ li⁵⁵ tʰoi⁵⁵	【高利】ko¹¹ li⁵⁵
地下錢莊	【地下錢莊】tʰi⁵⁵ ha¹¹ tɕʰien¹¹ tsoŋ²⁴	【地下錢莊】tʰi⁵⁵ ha¹¹ tɕʰien¹¹ tsoŋ²⁴
紙鈔	【紙票】tɕi³¹ pʰeu⁵⁵	【金票】kim¹¹ pʰeu⁵⁵
銅板	【銀角仔】n̩iun¹¹ kok⁰² ge³¹	【銀角仔】n̩iun¹¹ kok⁰² ge³¹
旅館	【旅社】li³¹ sa⁵⁵	【旅社】li³¹ sa⁵⁵
		【旅館】li³¹ kon³¹
旅社（早期的平價旅社）	【總間】tsuŋ³¹ kien²⁴	【總間】tsuŋ³¹ kian²⁴
唱片	【唱片】tsʰoŋ⁵⁵ pʰien³¹	【唱片】tsʰoŋ⁵⁵ pʰen³¹
錄音帶	【錄音帶】liuk⁰⁵ im¹¹ tai⁵⁵	【錄音帶】luk⁰⁵ im¹¹ tai⁵⁵
當鋪	【當店】toŋ⁵⁵ tiam⁵⁵	【當店】toŋ⁵⁵ tiam⁵⁵
洗衣店	【洗衫店】se³¹ sam¹¹ tiam⁵⁵	【洗衫店】se³¹ sam¹¹ tiam⁵⁵
書店	【書店】su¹¹ tiam⁵⁵	【書店】su¹¹ tiam⁵⁵
藥局	【藥店】iok⁰⁵ tiam⁵⁵	【藥店】iok⁰⁵ tiam⁵⁵
		【藥局】iok⁰⁵ kʰiuk⁰⁵
中藥店	【中藥店】tsuŋ¹¹ iok⁰⁵ tiam⁵⁵	【中藥店】tsuŋ¹¹ iok⁰⁵ tiam⁵⁵
		【中藥行】tsuŋ¹¹ iok⁰⁵ hoŋ¹¹
西藥店	【西藥店】ɕi¹¹ iok⁰⁵ tiam⁵⁵	【西藥店】ɕi¹¹ iok⁰⁵ tiam⁵⁵
青草店（專門賣草藥的店）	【青草店】tɕʰiaŋ²⁴ tsʰo³¹ tiam⁵⁵	【青草店】tɕʰiaŋ²⁴ tsʰo³¹ tiam⁵⁵
五金行	【五金行】ŋ³¹ kim²⁴ hoŋ¹¹	【五金行】ŋ³¹ kim²⁴ hoŋ¹¹
麵館	【麵店】mien⁵⁵ tiam⁵⁵	【麵店】men⁵⁵ tiam⁵⁵
包子店（賣饅頭包子的店）	【包仔店】pau²⁴ e³¹ tiam⁵⁵	【包仔店】pau²⁴ e³¹ tiam⁵⁵
糕餅店	【餅仔店】piaŋ³¹ ŋe³¹ tiam⁵⁵	【餅仔店】piaŋ³¹ ŋe⁵⁵ tiam⁵⁵
麵攤	【麵店仔】mien⁵⁵ tam²⁴ me³¹	【麵店仔】men⁵⁵ tam²⁴ me³¹
冰果室（販賣冰品的店）	【冰店】pen¹¹ tiam⁵⁵	【冰果室】pen²⁴ ko³¹ ɕit⁰²

理髮店	【剃頭店】t^{h}i^{55} t^{h}eu^{11} tiam^{55}	【剃頭店】t^{h}i^{55} t^{h}eu^{11} tiam^{55}
美髮院	【電毛店】t^{h}ien^{55} mo^{11} tiam^{55}	【電毛店】t^{h}en^{55} mo^{11} tiam^{55}
照相館	【翕相館】hip^{02} çioŋ^{55} kon^{31}	【翕相館】hip^{02} çioŋ^{55} kon^{31}
相片	【相片】çioŋ^{55} p^{h}ien^{31}	【相片】çioŋ^{55} p^{h}en^{31}
金紙店（專賣相、銀紙的店）	【金香店】kim^{11} hioŋ^{11} tiam^{55}	【金紙店】kim^{11} tçi^{31} tiam^{55}
餐館	【餐廳】ts^{h}on^{11} t^{h}aŋ^{24}	【餐廳】ts^{h}on^{11} t^{h}aŋ^{24}
		【食堂】çit^{05} t^{h}oŋ^{11}
開桌（指宴席開始）	【開桌】k^{h}oi^{24} tsok^{02}	【開桌】k^{h}oi^{24} tsok^{05}
設宴、辦酒席	【辦桌】p^{h}an^{55} tsok^{02}	【辦桌】p^{h}an^{55} tsok^{02}
茶室（賣茶水的鋪子，後指色情交易場所）	【茶館】ts^{h}a^{11} kon^{31}	【茶店仔】ts^{h}a^{11} tiam^{55} me^{31}
估物商（專門蒐集破銅爛鐵的商人）	【估物商】ku^{11} but^{05} soŋ^{24}	【估物商】ku^{31} but^{05} soŋ^{24}
暢銷（銷路好）	【有銷】iu^{11} seu^{24}	【銷路好】seu^{11} lu^{55} ho^{31}
滯銷（銷路差）	【無銷】mo^{11} seu^{24}	【大銷】tai^{55} seu^{24}
旺季（銷路好的月份）	【大月】t^{h}ai^{55} ȵiet^{05}	【大月】t^{h}ai^{55} ȵiat^{05}
淡季（銷路差的月份）	【小月】seu^{31} ȵiet^{05}	【小月】seu^{31} ȵiat^{05}
大盤商	【大盤】t^{h}ai^{55} p^{h}an^{11}	【大盤】t^{h}ai^{55} p^{h}an^{11}
中盤商	【中盤】tsuŋ^{24} p^{h}an^{11}	【中盤】tsuŋ^{24} p^{h}an^{11}
零售商	【小盤】seu^{31} p^{h}an^{11}	【小盤】seu^{31} mai^{55}
批發	【剟】tot^{02}	【剟】tot^{02}
零星	【零星】laŋ^{11} saŋ^{24}	【零星】lan^{11} san^{24}
剩下	【偆个】ts^{h}un^{11} ne^{55}	【偆个】ts^{h}un^{11} ne^{55}
囤貨	【囤貨】tun^{31} fuo^{55}	【囤貨】tun^{31} fuo^{55}
費用	【所費】so^{31} hui^{55}	【費用】hui^{55} iuŋ^{55}
本錢（經營事業所投下的資本）	【本錢】pun^{31} tç^{h}ien^{11}	【本錢】pun^{31} tç^{h}ien^{11}
		【本金】pun^{31} kim^{24}
賺錢	【賺錢】ts^{h}on^{55} tç^{h}ien^{11}	【賺錢】ts^{h}on^{55} tç^{h}ien^{11}
利潤	【利純】li^{55} sun^{11}	【利純】li^{55} sun^{11}
		【利生】li^{55} saŋ^{24}

利潤好	【好賺】ho^{31} ts^{h}on^{55}	【好賺】ho^{31} ts^{h}on^{55}
利潤差	【壞賺】huai^{31} ts^{h}on^{55}	【壞賺】huai^{31} ts^{h}on^{55}
存錢	【貯錢】tu^{31} tɕ^{h}ien^{11}	【挾錢】hiap^{02} tɕ^{h}ien^{11}
		【偆錢】ts^{h}un^{24} tɕ^{h}ien^{11}
虧本	【了錢】liau^{31} tɕ^{h}ien^{11}	liau^{31} tɕ^{h}ien^{11}
倒店（因爲經營不善而倒閉）	【倒店矣】to^{31} tiam^{55} me^{11}	【賺忒矣】ts^{h}on^{55} het^{02} le^{55}
找錢	【找錢】tsau^{31} tɕ^{h}ien^{11}	【找錢】tsau^{31} tɕ^{h}ien^{11}
交易	【交關】kau^{11} kon^{24}	【交關】kau^{11} kon^{24}
帳簿	【數簿】seu^{55} p^{h}u^{24}	【交關】tson^{55} p^{h}u^{24}
記帳	【記數】ki^{55} seu^{55}	【記數】ki^{55} ɕi^{55}
		【記帳】ki^{55} tson^{55}
算帳	【算數】son^{55} seu^{55}	【算數】son^{55} ɕi^{55}
		【算帳】son^{55} tson^{55}
抵帳	【貯數】tu^{31} seu^{55}	【貯數】tu^{11} ɕi^{55}
價錢	【行情】hoŋ^{11} tɕ^{h}in^{11}	【行情】hoŋ^{11} tɕ^{h}in^{11}
開價（討論價錢）	【開價】k^{h}oi^{11} ka^{55}	【開價】k^{h}oi^{11} ka^{55}
殺價	【出價】ts^{h}ut^{02} ka^{55}	【㨨價】tɕ^{h}i^{11} ka^{55}
漲價	【起價】hi^{31} ka^{55}	【起價】hi^{31} ka^{55}
跌價	【落價】lok^{05} ka^{55}	【落價】lok^{05} ka^{55}
打折（降低商品的售價）	【打折】ta^{31} tset^{02}	【打折】ta^{31} tset^{02}
昂貴（價錢高）	【貴】kui^{55}	【貴】kui^{55}
便宜（價錢低）	【便宜】p^{h}ien^{11} n̬i^{11}	【俗】ɕiok^{05}
補斤兩（補足不夠的分量）	【搭秤頭】tap^{05} tɕ^{h}in^{55} t^{h}eu^{11}	【搭秤頭】tap^{05} tɕ^{h}in^{55} t^{h}eu^{11}
斤兩夠（很有分量）	【有額】iu^{24} n̬iak^{05}	【有額】iu^{24} n̬iak^{05}
斤兩不夠（分量不足）	【毋罅擺】m^{11} la^{55} pai^{31}	【無罅擺】mo^{11} la^{55} pai^{31}
商標	【標頭】p^{h}eu^{24} t^{h}eu^{11}	【標頭】p^{h}eu^{24} t^{h}eu^{11}
招牌	【招牌】tseu^{24} p^{h}ai^{11}	【招牌】tseu^{24} p^{h}ai^{11}
		【カンバン】k^{h}aŋ^{24} paŋ^{31}

仲介（牽和買賣雙方完成交易的中間人）	【中人】tsuŋ^{24} ȵin^{11}	【中人】tsuŋ^{24} ȵin^{11}
划不來	【算毋和】son^{55} m^{11} ho^{11}	【算毋和】son^{55} m^{11} fuo^{11}
警察局	【警察局】kin^{31} tsʰat^{02} kʰiuk^{05}	【警察局】kin^{31} tsʰat^{02} kʰiuk^{05}
派出所（基層的警察機構）	【派出所】pʰai^{55} tsʰut^{02} so^{31}	【派出所】pʰai^{55} tsʰut^{02} so^{31}
管區（執行例行的巡邏勤務的警察）	【管區】kon^{31} kʰi^{24}	【管區】kon^{31} kʰi^{24}
契約書	【契約】kʰe^{55} iok^{02}	【契約書】kʰe^{55} iok^{02} su^{24}
田契（田地的契約書）	【田契】tʰien^{11} kʰe^{55}	【田契】tʰen^{11} kʰe^{55}
米店	【米店】mi^{31} tiam^{55}	【米店】mi^{31} tiam^{55}
榨油房	【搩油店】tɕiam^{24} iu^{11} tiam^{55}	【油茶間】iu^{11} tsʰa^{11} kian^{24}
榨油	【搩油】tɕiam^{24} iu^{11}	【搩油】tɕiam^{24} iu^{11}
製糖廠	【糖廠】tʰoŋ^{11} tsʰoŋ^{11}	【糖廠】tʰoŋ^{11} tsʰoŋ^{11} 【糖廊】tʰoŋ^{11} pʰu^{55}
糖廠	【會社】hui^{55} sa^{55}	【會社】hui^{55} sa^{55}
外快	【外水】ŋoi^{55} sui^{31}	【外水】ŋoi^{55} sui^{31}
傷本（需花費很多的本錢）	【傷本】soŋ^{24} pun^{31}	【傷本】soŋ^{11} pun^{31}
賺錢營生	【賺食】tsʰon^{55} ɕit^{05}	【賺食】tsʰon^{55} ɕit^{05}
形容貨物的品質並不如流傳中的好	【食名聲】ɕit^{05} miaŋ^{11} saŋ^{24}	【食名聲】ɕit^{05} miaŋ^{11} saŋ^{24}
黑市	【烏市】bu^{11} tɕʰi^{24}	【烏市】bu^{11} tɕʰi^{55}
戶頭	【口座】kʰeu^{31} tsʰo^{55}	【口座】kʰeu^{31} tsʰo^{55}
吃飽了趕早	【食飽矣趕早】ɕit^{05} pau^{31} e^{11} kon^{31} tso^{31}	【食飽矣趕早】ɕit^{05} pau^{31} e^{11} tsʰon^{55} tso^{31}
互助會	【驕會仔】tʰen^{11} hui^{55} e^{31}	【驕會仔】tʰen^{11} hui^{55} e^{31}
活會	【生會】saŋ^{11} hui^{55}	【生會】saŋ^{11} fui^{55}
死會	【死會】ɕi^{31} hui^{55}	【死會】ɕi^{31} fui^{55}
會頭（互助會的會首）	【會頭】hui^{55} tʰeu^{11}	【會頭】fui^{55} tʰeu^{11}
會友	【驕腳】tʰen^{11} kiok^{02}	【會腳】fui^{55} kiok^{02}
儲金簿	【貯金簿仔】tu^{31} kim^{11} pʰu^{24} e^{31}	【貯金簿仔】tu^{31} kim^{11} pʰu^{24} e^{31}
客滿	【滿員】man^{24} ien^{11}	【客滿】kʰet^{02} man^{24}

21. 交通科技

詞　彙	玉泉村	洛陽村
道路	【路】lu⁵⁵	【路】lu⁵⁵
柏油路	【打馬膠路】ta⁵⁵ ma⁵⁵ ka¹¹ lu⁵⁵	【柏油路】piet⁰² iu¹¹ lu⁵⁵
石頭路	【石仔路】sak⁰⁵ ge³¹ lu⁵⁵	【石頭路】sak⁰⁵ tʰeu¹¹ lu⁵⁵
鐵路	【鐵路】tʰiet⁰² lu⁵⁵	【鐵路】tʰet⁰² lu⁵⁵
三叉路（交叉的道路）	【三叉路】sam¹¹ tsʰa¹¹ lu⁵⁵	【三叉路】sam¹¹ tsʰa¹¹ lu⁵⁵
巷子	【巷仔】hoŋ⁵⁵ ŋe³¹	【巷仔】hoŋ⁵⁵ ŋe³¹
橋	【橋】kʰieu¹¹	【橋】kʰieu¹¹
三輪車	【三輪車】sam¹¹ len⁵⁵ tsʰa²⁴	【三輪車】sam¹¹ len⁵⁵ tsʰa²⁴
吉普車	【吉普車】tɕi⁵⁵ pu³¹ tsʰa²⁴	【吉普車】tɕit⁰⁵ pʰu³¹ tsʰa²⁴
輕便車（手動的臺車）	【輕便車】kʰiaŋ¹¹ pʰen⁵⁵ tsʰa²⁴	【輕便車】kʰiaŋ¹¹ pʰen⁵⁵ tsʰa²⁴
五分車（早期載運甘蔗或木材的小火車）	【五分車】ŋ³¹ hun¹¹ tsʰa²⁴	【五分車】ŋ³¹ hun¹¹ tsʰa²⁴
公路局	【公路局】kuŋ¹¹ lu⁵⁵ kʰiuk⁰⁵	【公路局】kuŋ¹¹ lu⁵⁵ kʰiuk⁰⁵
客運	【客運】kʰiet⁰² iun⁵⁵	【客運】hak⁰² iun⁵⁵
手推車	【リヤカ―】li³³ a⁵⁵ kʰaʔ⁰²	【リヤカ―】li³³ a⁵⁵ kʰaʔ⁰²
摩托車	【オ―トバイ】o³³ to⁵⁵ pai³¹	【オ―トバイ】o³³ to⁵⁵ pai³¹
汽車	【汽車】kʰi⁵⁵ tsʰa²⁴	【汽車】kʰi⁵⁵ tsʰa²⁴
公共汽車	【バス】pa⁵⁵ si³¹	【バス】ba⁵⁵ su³¹
包租車	【ハイヤ―】hai⁵³ ia³¹	【ハイヤ―】hai⁵³ ia³¹
計程車	【計程車】kʰi⁵⁵ haŋ¹¹ tsʰa²⁴	【計程車】ki⁵⁵ tsʰaŋ¹¹ tsʰa²⁴
轎車（自家用小轎車）	【烏龜車】bu¹¹ kui¹¹ tsʰa²⁴	【家用个】ka¹¹ iuŋ⁵⁵ ŋe⁵⁵
		【轎車】kieu⁵⁵ tsʰa²⁴
卡車	【トラック】tʰo³³ la⁵⁵ kuʔ⁰²	【トラック】tʰo³³ la⁵⁵ kuʔ⁰²
	【貨運車】huo⁵⁵ iun⁵⁵ tsʰa²⁴	
火車	【火車】huo³¹ tsʰa²⁴	【火車】fuo³¹ tsʰa²⁴
夜班車	【夜車】ia⁵⁵ tsʰa²⁴	【夜班車】ia⁵⁵ pan¹¹ tsʰa²⁴
		【暗車】am⁵⁵ tsʰa²⁴
車站	【車站】tsʰa¹¹ tsam⁵⁵	【車站】tsʰa¹¹ tsam⁵⁵
		【車頭】tsʰa²⁴ tʰeu¹¹
前站	【前站】tɕʰien¹¹ tsʰam⁵⁵	【前站】tɕʰien¹¹ tsʰam⁵⁵

後站	【後站】heu^{55} ts^{h}am^{55}	【後站】heu^{55} ts^{h}am^{55}
碼頭	【碼頭】ma^{24} t^{h}eu^{11}	【碼頭】ma^{24} t^{h}eu^{11}
腳踏車	【腳踏車】kiok^{02} t^{h}ap^{05} ts^{h}a^{24}	【腳踏車】kiok^{02} t^{h}ap^{05} ts^{h}a^{24}
把手	【車手仔】ts^{h}a^{24} su^{31} e^{11}	【車手】ts^{h}a^{11} su^{31}
車鈴鐺（腳踏車把手上的鈴鐺）	【哈哓仔】lin^{55} liaŋ^{55} ŋe^{31}	【哈哓仔】lin^{55} liaŋ^{55} ŋe^{31}
車墊（腳踏車上的椅墊）	【墊坉仔】tem^{24} tun^{31} ne^{11}	【座坉仔】ts^{h}o^{11} tun^{31} ne^{31}
在車把和椅墊之間的骨架	【戶骨】hu^{55} kut^{02}	【車骨】ts^{h}a^{11} kut^{02}
後座（腳踏車的後座）	【後架仔】heu^{55} ka^{55} e^{31}	【後架】heu^{55} ka^{55}
腳撐架（用來控制腳踏車直立的支架）	【腳撐仔】kiok^{02} ts^{h}aŋ^{55} ŋe^{31}	【腳撐仔】kiok^{02} ts^{h}aŋ^{55} ŋe^{31}
輪子	【車輪仔】ts^{h}a^{11} len^{55} ne^{31}	【車輪】ts^{h}a^{24} len^{11}
鋼線（輪子框上的輻射鋼條）	【鋼線】koŋ^{55} ɕien^{55}	【鋼線】koŋ^{55} ɕien^{55}
刹車	【擋仔】toŋ^{31} ŋe^{31}	【擋仔】toŋ^{31} ŋe^{31}
腳刹車	【腳擋仔】kiok^{02} toŋ^{31} ŋe^{31}	【腳擋仔】kiok^{02} toŋ^{31} ŋe^{31}
手刹車	【手擋仔】su^{31} toŋ^{31} ŋe^{31}	【手擋仔】su^{31} toŋ^{31} ŋe^{31}
小孩子騎大人的腳踏車，將一隻腳穿過車前的橫槓，以便踩到腳踏板的騎法	【騎橫杆仔】k^{h}i^{11} baŋ^{11} kuaŋ^{24} ŋe^{31}	【嘍橫杆仔】liuŋ^{11} baŋ^{11} kaŋ^{24} ŋe^{31}
速客達（機車的品牌）	【スクーター】su^{33} k^{h}ut^{05} taʔ^{31}	【スクーター】su^{33} ku^{55} taʔ^{31}
離合器	【クラッチ】k^{h}u^{33} la^{55} tɕiʔ^{02}	【クラッチ】k^{h}u^{33} la^{55} tɕiʔ^{02}
飛機	【飛行機】hui^{24} haŋ^{11} ki^{24}	【飛行機】pi^{24} haŋ^{11} ki^{24}
噴射機	【噴射機】p^{h}un^{55} sa^{55} ki^{24}	【噴射機】p^{h}un^{55} sa^{55} ki^{24}
直升機	【直升機】tɕ^{h}it^{05} sïn^{11} ki^{24}	【直升機】tɕ^{h}it^{05} sen^{11} ki^{24}
牛車	【牛車】n̠iu^{11} ts^{h}a^{24}	【牛車】n̠iu^{11} ts^{h}a^{24}
消防車	【消防車】seu^{24} fuoŋ^{11} ts^{h}a^{24}	【消防車】seu^{24} fuoŋ^{11} ts^{h}a^{24}
遊覽車	【遊覽車】iu^{11} lam^{55} ts^{h}a^{24}	【遊覽車】iu^{11} lam^{55} ts^{h}a^{24}
紅綠燈	【紅青燈】huŋ^{11} ts^{h}iaŋ^{11} ten^{24}	【青紅燈】ts^{h}iaŋ^{24} huŋ^{11} ten^{24}
救護車（載運傷患的車輛）	【救護車】kiu^{55} hu^{55} ts^{h}a^{24}	【救護車】kiu^{55} hu^{55} ts^{h}a^{24}

浮筒（漂浮在水面上的密閉金屬桶）	【漂棚仔】p^heu^{11} $p^haŋ^{11}$ $ŋe^{31}$	【漂棚仔】p^heu^{11} $p^haŋ^{11}$ $ŋe^{31}$
船（在水上運輸的交通工具）	【船仔】son^{11} ne^{31}	【船仔】son^{11} ne^{31}
渡船	【渡船】t^hu^{55} son^{11}	【渡船】t^hu^{55} son^{11}
渡船頭（停靠渡船的碼頭）	【渡船頭】t^hu^{55} son^{11} t^heu^{11}	【渡船頭】t^hu^{55} son^{11} t^heu^{11}
龍船	【龍船】$liuŋ^{11}$ son^{11}	【龍船】$liuŋ^{11}$ son^{11}
帆船（利用風帆前進的船）	【篷船】$p^hoŋ^{11}$ son^{11}	【篷船】$p^huŋ^{11}$ son^{11}
舢舨	X	X
竹筏	【排仔】p^hai^{11} e^{31}	【竹排仔船】 $tsuk^{02}$ p^hai^{11} e^{55} son^{11}
搖櫓（使船前進的工具，比槳長且大，裝在船的後面）	X	X
槳	【槳排】$tɕioŋ^{31}$ p^hai^{11}	X
舵（控制船前進方向的工具，裝在船的後面）	【舵】t^ho^{11}	【舵】t^ho^{11}
打電話	【打電話】ta^{31} t^hien^{55} hua^{55}	【打電話】ta^{31} t^hen^{55} hua^{55}
燻熟香蕉	【熰弓蕉】eu^{55} kin^{11} $tseu^{24}$	【熰弓蕉】eu^{55} kin^{11} $tseu^{24}$
電線	【電線】t^hien^{55} $ɕien^{55}$	【電線】t^hen^{55} sen^{55}
插頭	【插頭】ts^hap^{02} t^heu^{11}	【插頭】ts^hap^{02} t^heu^{11}
開關	【開關】k^hoi^{11} $kuan^{24}$	【開關】k^hoi^{11} $kuan^{24}$
碾米	【礱穀】$luŋ^{11}$ kuk^{02}	【礱穀】$luŋ^{11}$ mi^{31}
碾米場	【礱穀間】$luŋ^{11}$ kuk^{02} $kien^{24}$	【礱穀場】$luŋ^{11}$ kuk^{02} $ts^hoŋ^{11}$ 【礱米場】$luŋ^{11}$ mi^{31} $ts^hoŋ^{11}$
收音機	【收音機】su^{11} im^{11} ki^{24} 【ラジオ】la^{33} $tɕi^{55}$ $oʔ^{02}$	【收音機】su^{11} im^{11} ki^{24} 【ラジオ】la^{33} $tɕi^{55}$ $oʔ^{02}$
錄音機	【錄音機】$liuk^{05}$ im^{11} ki^{24}	【錄音機】luk^{05} im^{11} ki^{24}
廣播	【放送】$hoŋ^{55}$ $suŋ^{55}$	【放送機】$fuŋ^{55}$ $suŋ^{55}$ ki^{24}
加油站	【加油站】ka^{24} iu^{11} ts^ham^{55}	【加油站】ka^{24} iu^{11} ts^ham^{55}
橡膠輪胎	【樹奶】su^{55} nen^{55}	【輦仔】len^{55} ne^{31}
轎子	【轎仔】k^hieu^{55} e^{31}	【轎仔】k^hieu^{55} e^{31}

電石	【瓦斯】ga^{31} sï^{11}	【電泥】tʰen^{55} nai^{11}
喇叭（擴音器）	【喇叭】lat^{05} pa^{31}	【喇叭】lat^{05} pa^{31}
天橋（行人或車輛穿越鐵道或馬路所架設的高架橋樑）	【天橋】tʰien^{24} kʰieu^{11}	【天橋】tʰen^{24} kʰieu^{11}
地下道（設於地面下的通道）	【地下道】tʰi^{55} ha^{11} tʰo^{55}	【地下道】tʰi^{55} ha^{11} tʰo^{55}
招呼站（為便利乘客上下車而設立的固定站）	【招呼站】tseu^{11} hu^{55} tsʰam^{55}	【招呼站】tseu^{11} hu^{55} tsʰam^{55}
招客（計程車載客不是按照里程數給予費用，而是根據雙方的協議）	【招客】tseu^{24} hak^{02}	【招客】tseu^{11} hak^{02}
保養廠	【保養廠】po^{31} ioŋ^{24} tsʰoŋ^{11}	【保養廠】po^{31} ioŋ^{24} tsʰoŋ^{31}
變電器	【變電器】pen^{55} tʰen^{55} hi^{55}	【スタータ】su^{33} ta^{55} ta^{11}
起重機	【吊車】tiau^{55} tsʰa^{24}	【吊車】tiau^{55} tsʰa^{24}
推土機（用於剷平或整平土地的機器）	【挲泥機】lu^{24} nai^{11} ki^{24}	【推土機】tʰui^{11} tʰu^{31} ki^{24}
吊橋（以大鋼索為主體把橋吊在鋼索上的橋樑）	【吊橋】tiau^{55} kʰieu^{11}	【吊橋】tiau^{55} kʰieu^{11}
陸橋	【陸橋】liuk^{05} kʰieu^{11}	【陸橋】liuk^{05} kʰieu^{11}
怪手（有箕形裝置掘地的機械）	【怪手】kuai^{55} su^{31}	【怪手】kuai^{55} su^{31}
小型推土機	【山貓仔】suã^{33} niãu^{33} ã^{31}	【山貓仔】san^{11} meu^{55} e^{31}
圓環（在各道路匯集的中心，以環狀道路疏導車流）	【圓環】ien^{11} kʰuan^{11}	【圓環】ian^{11} kʰian^{11}
街頭巷尾（泛指街巷的每個地方）	【街頭巷尾】kiai^{24} tʰeu^{11} hoŋ^{55} mi^{24}	【街頭巷尾】kie^{24} tʰeu^{11} hoŋ^{55} mi^{24}
形容破爛車	【銅槓仔車】taŋ^{33} koŋ^{55} ŋã^{55} tsʰia^{55}	【硈硈車】lok^{02} kʰok^{02} tsʰa^{24}
短路（電線短路）	【相打電】çioŋ^{24} ta^{31} tʰien^{55}	【ショート】çio^{31} toʔ^{02}
停電	【失電】çit^{02} tʰien^{55}	【停電】tʰin^{11} tʰen^{55}
站票	【企票】kʰi^{11} pʰeu^{55}	【企票】kʰi^{11} pʰeu^{55}

買票	【打票】ta³¹ pʰeu⁵⁵	【買票】mai¹¹ pʰeu⁵⁵
被放鴿子	【分人放鳥仔】 pun²⁴ ɲin¹¹ pioŋ⁵⁵ tiau²⁴ e³¹	【放鳥仔】pioŋ⁵⁵ tiau²⁴ e³¹
會車（車輛相向行駛交會而過）	【相閃車】çioŋ²⁴ sam³¹ tsʰa²⁴	【相閃車】çioŋ²⁴ sam³¹ tsʰa²⁴

22. 疾　病

詞　彙	玉泉村	洛陽村
生病	【破病】pʰo⁵⁵ pʰiaŋ⁵⁵	【破病】pʰo⁵⁵ pʰiaŋ⁵⁵ 【發病】pot⁰² pʰiaŋ⁵⁵
症狀（病的癥狀）	【症頭】tçin⁵⁵ tʰeu¹¹	【症頭】tçin⁵⁵ tʰeu¹¹
內科	【內科】nui⁵⁵ kʰo²⁴	【內科】nui⁵⁵ kʰo²⁴
外科	【外科】ŋoi⁵⁵ kʰo²⁴	【外科】ŋoi⁵⁵ kʰo²⁴
痛	【痛】tʰuŋ⁵⁵	【痛】tʰuŋ⁵⁵
著涼	【凍著】tuŋ⁵⁵ to³¹	【凍著】tuŋ⁵⁵ to³¹ 【寒著】hon¹¹ to³¹
感冒	【感冒】kam³¹ mo⁵⁵	【感冒】kam³¹ mo⁵⁵
發燒	【發燒】huat⁰² seu²⁴	【發燒】huat⁰² seu²⁴
打冷顫	【會顫】boi⁵⁵ tsun²⁴	【打清伢】ta³¹ tçʰin⁵⁵ ɲin⁵⁵
中暑	【熱到】ɲiet⁰⁵ to³¹	【熱到】ɲiat⁰⁵ to³¹
中暑（昏厥或因流汗過多而痙攣）	【發痧】pot⁰² sa²⁴	【發痧】pot⁰² sa²⁴
霍亂	【コレラ】kʰo³³ le⁵⁵ laʔ⁰²	【コレラ】kʰo³³ le⁵⁵ la³¹
暈倒	【暈忒】hun²⁴ het⁰²	【暈忒】fun²⁴ het⁰²
咳嗽	【嗽】tsʰuk⁰⁵	【咳嗽】kʰet⁰² tsʰuk⁰⁵
冷咳（指沒有痰的咳嗽）	【冷嗽】laŋ¹¹ tsʰuk⁰⁵	【冷嗽】laŋ¹¹ tsʰuk⁰⁵
熱咳（指有痰的咳嗽）	【熱嗽】ɲiet⁰⁵ tsʰuk⁰⁵	【熱嗽】ɲiat⁰⁵ tsʰuk⁰⁵
由氣喘所引起的咳嗽	【發咳】pot⁰² hap⁰²	【發咳】pot⁰² hap⁰²
百日咳	【百日嗽】pak⁰² ɲit⁰² tsʰuk⁰⁵	【百日嗽】pak⁰² ɲit⁰² tsʰuk⁰⁵
肺結核	【はいけつかく】 hai²⁴ kʰe⁵⁵ kʰa⁵⁵ kʰuʔ⁰²	【肺癆】hi⁵⁵ lo¹¹
肺炎（一種呼吸系統的疾病）	【肺炎】hi⁵⁵ iam¹¹	【肺炎】hi⁵⁵ iam¹¹

頭暈	【頭暈腦暈】 tʰeu¹¹ hun¹¹ no³¹ zin²⁴	【頭暈】tʰeu¹¹ hun¹¹
火氣大	【火氣大】huo³¹ hi⁵⁵ tʰai⁵⁵	【火氣大】fuo³¹ hi⁵⁵ tʰai⁵⁵
發炎	【發炎】huat⁰² iam¹¹	【發炎】fuat⁰² iam¹¹
外傷發炎	【發紅】huat⁰² huoŋ¹¹	【發紅】fuat⁰² huŋ¹¹
腦膜炎	【腦膜炎】no³¹ mok⁰⁵ iam¹¹	【腦膜炎】no³¹ mok⁰⁵ iam¹¹
中風	【爆腦筋】piak⁰⁵ no³¹ kin²⁴	【爆腦筋】piak⁰⁵ no³¹ kin²⁴
		【中風】tsuŋ⁵⁵ fuŋ²⁴
關節炎	【關節炎】kuan²⁴ tɕiet⁰² iam¹¹	【關節炎】kuan²⁴ tset⁰² iam¹¹
風濕	【風濕】huŋ²⁴ ɕip⁰⁵	【風濕】fuŋ²⁴ ɕip⁰⁵
盲腸炎	【盲腸炎】mo²⁴ tsʰoŋ¹¹ iam¹¹	【盲腸炎】mo²⁴ tsʰoŋ¹¹ iam¹¹
肝炎	【肝炎】kon²⁴ iam¹¹	【肝炎】kon²⁴ iam¹¹
瘧疾	【打擺仔】ta³¹ pai³¹ e³¹	【打擺仔】ta³¹ pai³¹ e³¹
	【マラリヤ】ma¹¹ la⁵⁵ li⁵⁵ a⁵³	【マラリヤ】ma³³ la⁵⁵ li⁵⁵ a⁵³
鼻塞	【鼻公塞塞】 pʰi⁵⁵ kuŋ²⁴ set⁰² set⁰²	【鼻塞塞】pʰi⁵⁵ set⁰² set⁰²
腎臟病	【腰仔病】ieu²⁴ e³¹ pʰiaŋ⁵⁵	【腰仔病】ieu²⁴ e³¹ pʰiaŋ⁵⁵
心臟病	【心臟病】ɕim¹¹ tsoŋ⁵⁵ pʰiaŋ⁵⁵	【心臟病】 ɕim¹¹ tsʰoŋ⁵⁵ pʰiaŋ⁵⁵
糖尿病	【糖尿病】tʰoŋ¹¹ ȵiau⁵⁵ pʰiaŋ⁵⁵	【糖尿病】tʰoŋ¹¹ ȵiau⁵⁵ pʰiaŋ⁵⁵
發瘋	【發瘋】pot⁰² tien²⁴	【發瘋】pot⁰² ten²⁴
		【發猴】pot⁰² kau²⁴
氣喘	【痎痀】he¹¹ ku²⁴	【痎痀】he¹¹ ku²⁴
血崩（指女人月經期 間流血不止）	【血崩山】hiet⁰² pen¹¹ san²⁴	【血崩】hiat⁰² pen²⁴
貧血	【貧血】pʰin¹¹ hiet⁰²	【貧血】pʰin¹¹ hiat⁰²
肚子痛	【肚屎痛】tu³¹ ɕi³¹ tʰuŋ⁵⁵	【肚屎痛】tu³¹ ɕi³¹ tʰuŋ⁵⁵
脹氣	【膨風】pʰaŋ⁵⁵ huŋ²⁴	【飽氣】pau³¹ hi⁵⁵
		【膨肚】pʰoŋ⁵⁵ tu³¹
反胃（胃嘔出酸水）	【溢酸】iet⁰² son²⁴	【溢酸】et⁰² son²⁴
		【溢酸】iok⁰² son²⁴
拉肚子	【溜瀉】liu³¹ ɕia⁵⁵	【溜瀉】liu³¹ ɕia⁵⁵
	【痾瀉把】o¹¹ ɕia⁵⁵ pa¹¹	【痾瀉把】o¹¹ ɕia⁵⁵ pa¹¹
	X	【痾痢肚】o¹¹ li⁵⁵ tu³¹

便祕	【祕結】pi⁵⁵ kiet⁰²	【痾硬屎】o¹¹ ŋaŋ⁵⁵ çi³¹
放屁	【打屁卵】ta³¹ pʰi⁵⁵ lon³¹	【打屁卵】ta³¹ pʰi⁵⁵ lon³¹
中毒	【中毒】tsuŋ⁵⁵ tʰuk⁰⁵	【中毒】tsuŋ⁵⁵ tʰuk⁰⁵
破傷風	【破傷風】pʰo⁵⁵ soŋ¹¹ huŋ²⁴	【破傷風】pʰo⁵⁵ soŋ¹¹ huŋ²⁴
痲瘋病	【癩疙病】tʰai³¹ ko¹¹ pʰiaŋ⁵⁵	【發癩】pot⁰² tʰai³¹
生癬（一種皮膚病）	【發癬】pot⁰² çien³¹	【發癬】pot⁰² sen³¹
白斑	【白斑】pʰak⁰⁵ pan²⁴	【白斑】pʰak⁰⁵ pan²⁴
性病	【花柳病】hua²⁴ liu¹¹ pʰiaŋ⁵⁵	【花柳病】hua²⁴ liu¹¹ pʰiaŋ⁵⁵
梅毒	【梅毒】moi¹¹ tʰuk⁰⁵	【梅毒】moi¹¹ tʰuk⁰⁵
橫痃（一種性病的俗稱）	【發番蒜】pot⁰² huan¹¹ son⁵⁵	【發番蒜】pot⁰² huan¹¹ son⁵⁵
得癌症	【發癌】pot⁰² ŋam¹¹	【發癌】pot⁰² ŋam¹¹
蕁痲疹	【起囊目】hi³¹ laŋ¹¹ muk⁰⁵	【發囊目】pot⁰² laŋ¹¹ muk⁰⁵
浮腫	【水腫】sui³¹ tsuŋ³¹	【水腫】sui³¹ tsuŋ³¹
面部浮腫	【䏞䏞】ham¹¹ ham²⁴	【䏞䏞】haŋ¹¹ haŋ²⁴
膀胱無力	【下消】ha⁵⁵ seu²⁴	【下消】ha⁵⁵ seu²⁴
老花眼	【老花眼】lo³¹ hua²⁴ ɲien³¹	【老花眼】lo³¹ hua²⁴ ɲian³¹
眼矇矇（形容眼睛看不清楚）	【目珠矇矇】muk⁰² tsu²⁴ muŋ¹¹ muŋ¹¹	【目珠矇矇】muk⁰² tsu²⁴ muŋ¹¹ muŋ¹¹
近視	【近視】kʰiun⁵⁵ çi⁵⁵	【近視】kʰiun⁵⁵ çi⁵⁵
瞎子	【眼瞎】ɲien³¹ hat⁰²	【目苦】muk⁰² kʰu³¹
鬥雞眼、眼睛斜視	【推窗眼】tʰui¹¹ tsʰuŋ²⁴ ɲien³¹	【鬥雞眼】teu⁵⁵ kie²⁴ ɲian³¹
夜盲症	【雞仔目】kie²⁴ e³¹ muk⁰²	【雞仔眼】kie²⁴ e³¹ ɲian³¹
長針眼	【發目癗】pot⁰² muk⁰² tsʰoi¹¹	【發目癗】pot⁰² muk⁰² tsʰoi¹¹
耳聾	【耳聾】ɲi³¹ luŋ²⁴	【耳聾】ɲi³¹ luŋ¹¹
牙齒痛	【牙齒痛】ŋa¹¹ tɕʰi³¹ tʰuŋ⁵⁵	【牙齒痛】ŋa¹¹ tɕʰi³¹ tʰuŋ⁵⁵
腮腺炎	【豬頭皮】tsu²⁴ tʰeu¹¹ pʰi¹¹	【豬頭皮】tsu²⁴ tʰeu¹¹ pʰi¹¹
甲狀腺腫大	【大胲】tʰai⁵⁵ koi²⁴	【大胲】tʰai⁵⁵ koi²⁴
遭瘟疫	【發瘟】pot⁰² bun²⁴	【發瘟】pot⁰² bun²⁴
長疥瘡	【發粒】pot⁰² liap⁰⁵ 【發瘡仔】pot⁰² tsʰoŋ²⁴ ŋe³¹	【發粒】pot⁰² liap⁰⁵
長痔瘡	【發痔仔】pot⁰² tɕʰi⁵⁵ e³¹	【發痔仔】pot⁰² tɕʰi⁵⁵ e³¹
痱子	【熱痱仔】ɲiet⁰⁵ pi⁵⁵ e³¹	【熱痱仔】ɲiat⁰⁵ pi⁵⁵ e³¹
小黑痣	【烏蠅屎】bu²⁴ jin¹¹ çi³¹	【烏蠅屎】bu²⁴ jin¹¹ çi³¹

雀斑	【雀斑】tɕʰiok⁰² pan²⁴	X
駝背	【痀背】pʰu¹¹ poi⁵⁵	【痀背】pʰu¹¹ poi⁵⁵
破相（臉部受到傷害或某些原因而失去了原來的相貌）	【破相】pʰo⁵⁵ ɕioŋ⁵⁵	【破相】pʰo⁵⁵ ɕioŋ⁵⁵
中風癱瘓	【發癱風】pot⁰² tʰan¹¹ huŋ²⁴	【癱瘓】tʰan¹¹ huan⁵⁵
癩痢頭	【臭頭】tsʰu⁵⁵ tʰeu¹¹	【臭頭】tsʰu⁵⁵ tʰeu¹¹ 【發雞屎堆】pot⁰² kie²⁴ ɕi³¹ toi²⁴
傷口結疤	【結爢】kiet⁰² lat⁰²	【堅疕】kien²⁴ pʰi³¹
癢	【癢】ioŋ²⁴	【癢】ioŋ²⁴
濕疹	【濕疹】ɕip⁰² tɕim³¹	【濕疹】ɕip⁰² tɕim³¹
搔癢	【撓】nˌiau²⁴	【撓】nˌiau²⁴ 【吱】tɕi⁵⁵
腫	【腫】tsuŋ³¹	【腫】tsuŋ³¹
跛腿	【跛腳】pai²⁴ kiok⁰⁵	【跛腳】pai²⁴ kiok⁰⁵
腳氣病	【水腫】sui³¹ tsuŋ³¹	【腳水腫】kiok⁰² sui³¹ tsuŋ³¹
瘸手（胳膊壞了）	【瘸手】kʰio¹¹ su³¹	【瘸手】kʰio¹¹ su³¹
塌鼻子	【平鼻】pʰiaŋ¹¹ pʰi⁵⁵	【囁鼻】lap⁰² pʰi⁵⁵
啞巴	【啞子】a³¹ tɕi³¹ 【啞狗】a³¹ kieu³¹	【啞狗】a³¹ kieu³¹
鼻音重	【齆鼻】aŋ⁵⁵ pʰi⁵⁵	【齆鼻】aŋ⁵⁵ pʰi⁵⁵
口吃	【結舌】kiet⁰² sat⁰⁵	【結舌】kiat⁰² sat⁰⁵
大舌頭（說話時舌尖總會接觸牙齒，以致口齒不清）	【大舌孋】tʰai⁵⁵ sat⁰⁵ ma¹¹ 【鳥舌】tiau¹¹ sat⁰⁵	【鳥舌】tiau¹¹ sat⁰⁵
小孩子講話不清楚	【嚶嚶哦哦】ni¹¹ ni²⁴ no¹¹ no¹¹	【嚶嚶哦哦】ni¹¹ ni²⁴ no¹¹ no¹¹ 【含瀾】hem¹¹ lan²⁴
口角炎	【爛嘴花】lan⁵⁵ tsoi⁵⁵ ba¹¹	【爛嘴角】lan⁵⁵ tsoi⁵⁵ kok⁰²
脣顎裂	【缺嘴】kʰiet⁰² tsoi⁵⁵	【缺嘴仔】kʰet⁰² tsoi⁵⁵ e³¹
沙啞	【失聲】ɕit⁰² saŋ²⁴	【失聲】ɕit⁰² saŋ²⁴
天花	【天蠶豆】tʰien²⁴ tsʰan¹¹ tʰeu⁵⁵	【天花】tʰen¹¹ hua²⁴
傳染給別人	【滯人】tsʰe⁵⁵ nˌin¹¹	【滯人】tsʰe⁵⁵ nˌin¹¹

麻臉	【貓面】niau¹¹ mien⁵⁵	【麻面】ma¹¹ men⁵⁵
傻瓜	【憨面】ŋoŋ⁵⁵ n.in¹¹	【憨人】ŋoŋ⁵⁵ n.in¹¹
羊癲瘋	【發死】pot⁰² ci³¹	【發死】pot⁰² ci³¹
罵人老人癡呆症	【老番癲】lo³¹ huan¹¹ tien²⁴	【老番癲】lo³¹ huan¹¹ ten²⁴
疝氣	【墜氣】tsʰui⁵⁵ hi⁵⁵	【漏氣】leu⁵⁵ tsʰoŋ¹¹
戽斗（下巴前翹）	【戽斗】ho⁵³ tau⁵³	【戽斗】hu⁵⁵ teu³¹
受驚	【驚到】kiaŋ²⁴ to³¹	【著驚】tsʰok⁰⁵ kiaŋ²⁴
		【嚇到】hak⁰² to³¹
出麻疹	【出麻仔】tsʰut⁰² ma¹¹ e³¹	【出麻仔】tsʰut⁰² ma¹¹ e³¹
瘡	【粒仔】liap⁰⁵ pe³¹	【粒仔】liap⁰⁵ pe³¹
擦破皮	【散皮】liu⁵⁵ pʰi¹¹	【散皮】liu⁵⁵ pʰi¹¹
燙到	【燶著】luk⁰⁵ to³¹	【燶著】luk⁰⁵ to³¹
起水泡	【起疱仔】hi³¹ pʰeu⁵⁵ e³¹	【起疱】hi³¹ pʰeu⁵⁵
魚鱗瘡	【魚鱗癬】ŋ¹¹ lin¹¹ cien³¹	【魚鱗痔】ŋ¹¹ lan¹¹ tci⁵⁵
生瘡	【發疔仔】pot⁰² taŋ²⁴ ŋe³¹	【發疔】pot⁰² taŋ²⁴
長惡性膿瘡	【發癰仔】pot⁰² iuŋ²⁴ ŋe³¹	【發癰仔】pot⁰² iuŋ²⁴ ŋe³¹
生瘑瘡	【發瘑仔】pot⁰² tsʰoi¹¹ e³¹	【發瘑仔】pot⁰² tsʰoi¹¹ e³¹
雞皮疙瘩	【雞嬤皮】kie²⁴ ma¹¹ pʰi¹¹	【雞嬤皮】kie²⁴ ma¹¹ pʰi¹¹
長膿	【鼓膿】ku³¹ nuŋ¹¹	【鼓膿】ku³¹ nuŋ¹¹
瘀青	【烏青痀血】bu¹¹ tsʰiaŋ²⁴ ku³¹ hiet⁰²	【烏青痀血】bu¹¹ tsʰiaŋ²⁴ ku³¹ hiat⁰²
淋巴腺腫大	【襯陽癧】tcʰien⁵⁵ ioŋ¹¹ lak⁰⁵	【發陽癧】pot⁰² ioŋ¹¹ lak⁰⁵
淋巴結核	【發癧仔】pot⁰² lit⁰⁵ le³¹	【發癧仔】pot⁰² lit⁰⁵ le³¹
足癬	【香港腳】hioŋ²⁴ koŋ³¹ kiok⁰²	【香港腳】hioŋ²⁴ koŋ³¹ kiok⁰²
腳因爲泡在水裡過久所引起的潰爛	【沙蟲食腳】sa²⁴ tsʰuŋ¹¹ cit⁰⁵ kiok⁰²	【發沙蟲】pot⁰² sa²⁴ tsʰuŋ¹¹
扭到	【扭到】n.iu³¹ to³¹	【跛到】poi³¹ to³¹
		【嘴到】tsun³¹ to³¹
閃到腰	【嘴到】tsun³¹ to³¹	【閃到腰仔】ciam³¹ to³¹ ieu²⁴ e³¹
	【閃到】sam³¹ to³¹	
脫臼	【脫腕】tʰot⁰² buon³¹	【脫腕】tʰot⁰² bon³¹
睏累	【癢】kʰioi⁵⁵	【癢】kʰioi⁵⁵
	【悿】tʰiam³¹	【悿】tʰiam³¹

抽筋（雞肉痙攣抽搐）	【糾筋】kiu⁵⁵ kin²⁴	【糾筋】kiu⁵⁵ kin²⁴
反症（指病狀的轉變，也可比喻事情變化無常）	【反症】huan³¹ tɕin⁵⁵	【反症頭】fan³¹ tɕin⁵⁵ tʰeu¹¹
來月經	【來洗】loi¹¹ se³¹	【來洗】loi¹¹ se³¹
把脈	【打脈】ta³¹ mak⁰²	【磧脈】tsak⁰² mak⁰²
打針	【注射】tsu⁵⁵ sa⁵⁵	【注射】tsu⁵⁵ sa⁵⁵
種牛痘	【注痘仔】tsuŋ⁵⁵ tʰeu⁵⁵ e³¹	【注痘仔】tsuŋ⁵⁵ tʰeu⁵⁵ e³¹
手術	【手術】su³¹ sut⁰⁵	【手術】su³¹ sut⁰⁵
開刀	【開刀】kʰoi¹¹ to²⁴	【開刀】kʰoi¹¹ to²⁴
捉痧筋	【捉背筋】tsok⁰² poi⁵⁵ kin²⁴	【捉筋頭】tsok⁰² kin²⁴ tʰeu¹¹
刮痧	【刮痧】kuat⁰² sa²⁴	【刮痧】kot⁰² sa²⁴
針灸	【針灸】tʂən⁵⁵ tɕio⁵⁵	【針灸】tɕiam¹¹ kiu⁵⁵
拔火罐	【拔罐】pa²⁴ kuan⁵³	【吸罐】kʰip⁰² kon⁵⁵
接骨	【接骨】tɕiap⁰² kut⁰²	【接骨】tɕiap⁰² kut⁰²
推拿	【推】tʰui²⁴	【推】tʰui²⁴
暈車	【暈車】hun¹¹ tsʰa²⁴	【暈車】fin¹¹ tsʰa²⁴
小兒麻痺	【小兒麻痺】seu³¹ ji¹¹ ma¹¹ pi⁵⁵	【小兒麻痺】seu³¹ ji¹¹ ma¹¹ pi⁵⁵
細菌	【バンキン】bai²⁴ kʰin⁵³	【バンキン】bai²⁴ kʰin⁵³
陽痿	【毋會硬】m¹¹ boi⁵⁵ ŋaŋ⁵⁵	【鑽腳】tson⁵⁵ kiok⁰²
看病（去給醫生診斷）	【分先生看】pun¹¹ ɕin¹¹ saŋ²⁴ kʰon⁵⁵	【看病】kʰon⁵⁵ pʰiaŋ⁵⁵
	【分醫生看】pun¹¹ ji¹¹ sen²⁴ kʰon⁵⁵	【看醫生】kʰon⁵⁵ ji¹¹ sen²⁴
診所	【醫生館】ji¹¹ sen²⁴ kon³¹	【醫生館】ji¹¹ sen²⁴ kon³¹
醫院	【醫院】ji¹¹ ien⁵⁵	【醫院】ji¹¹ ian⁵⁵
斷根（病完全醫好且不再復發）	【斷根】tʰon¹¹ kin²⁴	【斷根】tʰon¹¹ kin²⁴
吊點滴	【注吊射】tsu⁵⁵ tiau⁵⁵ sa⁵⁵	【吊大筒】tiau⁵⁵ tʰai⁵⁵ tʰuŋ¹¹
照 X 光	【照電光】tseu⁵⁵ tʰien⁵⁵ koŋ²⁴	【照電光】tseu⁵⁵ tʰen⁵⁵ koŋ²⁴
拔牙	【搒牙齒】paŋ²⁴ ŋa¹¹ tɕʰi³¹	【搒牙齒】paŋ²⁴ ŋa¹¹ tɕʰi³¹

23. 藥　品

中藥專用的用品		
詞　彙	玉泉村	洛陽村
藥	【藥仔】iok^{05} ge^{31}	【藥仔】iok^{05} ke^{31}
藥（委婉語）	【好茶】ho^{31} ts^{h}a^{11}	【好茶】ho^{31} ts^{h}a^{11}
藥臼（搗藥的器具）	【好茶】tsuŋ^{11} k^{h}iu^{24} e^{31}	【臼仔】tsuŋ^{11} k^{h}iu^{24} e^{31}
藥缽（把藥研磨成粉末的工具）	【擂缽】lui^{11} pat^{02}	【擂缽】lui^{11} pat^{02}
研槽（中藥加工的工具）	【研槽】ȵien^{24} ts^{h}o^{11}	【研槽】ȵian^{24} ts^{h}o^{11}
		【揉槽】no^{24} ts^{h}o^{11}
鍘刀	【藥剪仔】iok^{05} tɕien^{31} ne^{11}	【切刀】tɕ^{h}iat^{02} to^{24}
丹膏丸散	【丹膏丸散】tan^{11} kau^{24} ien^{11} san^{31}	【丹膏丸散】tan^{11} kau^{24} ian^{11} san^{31}
藥片	【藥片】iok^{05} p^{h}ien^{31}	【藥片】iok^{05} p^{h}en^{31}
藥丸子	【藥丸】iok^{05} ien^{11}	【藥丸】iok^{05} ian^{11}
藥水	【藥水】iok^{05} sui^{31}	【藥水】iok^{05} sui^{31}
藥膏	【藥膏】iok^{05} kau^{24}	【藥膏】iok^{05} kau^{24}
藥粉	【藥粉】iok^{05} hun^{31}	【藥粉】iok^{05} hun^{31}
藥單	【藥方】iok^{05} huoŋ^{24}	【藥方】iok^{05} fuoŋ^{11}
煮藥罐	【藥炙仔】iok^{05} tsak^{02} ge^{31}	【藥炙仔】iok^{05} tsak^{02} ge^{31}
中藥	【漢藥】hon^{55} iok^{05}	【漢藥】hon^{55} iok^{05}
		【中藥】tsuŋ^{11} iok^{05}
西藥	【西藥】ɕi^{11} iok^{05}	【西藥】ɕi^{11} iok^{05}
草藥	【草藥】ts^{h}o^{31} iok^{05}	【草藥】ts^{h}o^{31} iok^{05}
配藥	【配藥】p^{h}i^{55} iok^{05}	【配藥】p^{h}i^{55} iok^{05}
抓藥	【拈藥仔】ȵiam^{11} iok^{05} ge^{31}	【拈藥】ȵiam^{11} iok^{05}
		【炙藥仔】tsak^{02} iok^{05} ge^{31}
戥子（秤藥工具）	【戥仔】ten^{31} ne^{31}	【小秤仔】se^{55} tɕ^{h}in^{55} ne^{31}

中藥藥名		
詞　彙	玉泉村	洛陽村
甘草	【甘草】kam^{24} ts^{h}o^{31}	【甘草】kam^{24} ts^{h}o^{31}
當歸	【當歸】toŋ^{11} kui^{24}	【當歸】toŋ^{11} kui^{24}

川芎	【川芎】tsʰuan¹¹ kiuŋ²⁴	【川芎】tsʰuan¹¹ kiuŋ²⁴
紅花	【紅花】huŋ¹¹ hua²⁴	【紅花】huŋ¹¹ hua²⁴
黃連	【黃連】boŋ¹¹ len¹¹	【黃連】boŋ¹¹ len¹¹
人蔘	【人蔘】n̠in¹¹ sem²⁴	【人蔘】n̠in¹¹ sem¹¹
沉香	【沉香】tsʰem¹¹ hioŋ²⁴	【沉香】tɕʰim¹¹ hioŋ²⁴
麝香	【麝香】sa⁵⁵ hioŋ²⁴	【麝香】sa⁵⁵ hioŋ²⁴
鹿茸	【鹿茸】luk⁰⁵ iuŋ¹¹	【鹿茸】luk⁰⁵ iuŋ¹¹
蓮子	【蓮子】len¹¹ tsï³¹	【蓮子】len¹¹ tsï³¹
薄荷	【薄荷】pʰok⁰⁵ ho¹¹	【薄荷】pʰok⁰⁵ ho¹¹
川貝	【川貝】tʂʰuan⁵⁵ pe⁵³	【川貝】tsʰon¹¹ pi⁵⁵
靈芝	【靈芝】lin¹¹ tsï²⁴	【靈芝】lin¹¹ tɕi³¹
川七	【川七】tsʰon¹¹ tɕʰit⁰²	【川七】tsʰon¹¹ tɕʰit⁰²
艾草	【香茅】hioŋ²⁴ mau¹¹	【艾仔】n̠ie⁵⁵ e³¹
茅根	【茅根】mau¹¹ kin²⁴	【茅根】mau¹¹ kin²⁴
金線蓮	【金線蓮】kim¹¹ ɕien⁵⁵ lien¹¹	【金線蓮】kim¹¹ sen⁵⁵ len¹¹
肉桂（桂樹的樹皮，可供藥用或香料）	【肉桂】n̠iuk⁰² kui⁵⁵	【肉桂】n̠iuk⁰² kui⁵⁵
犀牛角	【犀牛角】ɕi²⁴ n̠iu¹¹ kok⁰²	【犀牛角】tɕʰi¹¹ n̠iu¹¹ kok⁰²
雄黃	【黃雄】boŋ¹¹ hiuŋ¹¹	【雄黃】hiuŋ¹¹ boŋ¹¹
枸杞	【枸杞仔】kieu³¹ ki³¹ e³¹	【枸杞】kieu³¹ ki³¹
硃砂	【硃砂】tsu¹¹ sa²⁴	【硃砂】tsu¹¹ sa²⁴
膨大海	【膨大海】pʰoŋ⁵³ tai¹¹ hai⁵³	【膨大海】pʰoŋ⁵³ tai¹¹ hoi⁵³
羅漢果	【羅漢果】lo¹¹ hon⁵⁵ ko³¹	【羅漢果】lo¹¹ hon⁵⁵ ko³¹
寄藥包	【搭藥包仔】tap⁰² iok⁰⁵ pau²⁴ e³¹	【寄藥包】ki⁵⁵ iok⁰⁵ pau²⁴
成藥	【便藥仔】pʰien⁵⁵ iok⁰⁵ ge³¹	【便藥】pʰen⁵⁵ iok⁰⁵
安眠藥	【安眠藥】on²⁴ min¹¹ iok⁰⁵	【安眠藥】on²⁴ men¹¹ iok⁰⁵
藥洗（推拿用的藥水）	【藥水】iok⁰⁵ sui³¹	【藥洗】iok⁰⁵ se³¹
鷓鴣菜（以前給小孩服食，用來驅除蛔蟲的藥）	【鷓鴣菜】tsa⁵⁵ ku¹¹ tsʰoi⁵⁵	【鷓鴣菜】tsa⁵⁵ ku¹¹ tsʰoi⁵⁵
傷風克（一種感冒藥）	【傷風克】soŋ¹¹ huŋ²⁴ kʰet⁰⁵	【傷風克】soŋ¹¹ huŋ¹¹ kʰet⁰⁵
沙龍巴司（傷痛藥布）	【サロンパス】sa³³ loŋ⁵⁵ pa⁵⁵ sïʔ⁰²	【サロンパス】sa³³ loŋ⁵⁵ pa⁵⁵ sïʔ⁰²

24. 風俗、宗教活動

內埔當地祭拜的神明		
詞　彙	玉泉村	洛陽村
神明（神的總稱）	【神明】sïn¹¹ min¹¹	【神明】çin¹¹ min¹¹
天公	【天公】tʰen¹¹ kuŋ²⁴	【天公】tʰen¹¹ kuŋ²⁴
玉皇大帝	【玉皇大帝】 n̩iuk⁰⁵ houŋ¹¹ tʰai⁵⁵ tʰi⁵⁵	【玉皇大帝】 n̩iuk⁰⁵ fouŋ¹¹ tʰai⁵⁵ tʰi⁵⁵
佛祖（對釋迦牟尼的敬稱）	【佛祖】hut⁰⁵ tsu³¹	【佛祖】fut⁰⁵ tsu³¹
如來佛	【如來佛】lu¹¹ loi¹¹ hut⁰⁵	【如來佛】lu¹¹ lai¹¹ fut⁰⁵
觀世音	【觀音娘】kon¹¹ im²⁴ n̩ioŋ¹¹	【觀音娘】kon¹¹ im²⁴ n̩ioŋ¹¹
		【觀世音】kon¹¹ çi⁵⁵ im²⁴
媽祖	【媽祖】ma²⁴ tsu³¹	【媽祖】ma²⁴ tsu³¹
七爺八爺	【七爺八爺】 tɕʰit⁰² ia¹¹ pat⁰² ia¹¹	【七爺八爺】 tɕʰit⁰² ia¹¹ pat⁰² ia¹¹
閻羅王（地獄中的鬼王）	【閻羅王】n̩iam¹¹ lo¹¹ boŋ¹¹	【閻羅王】n̩iam¹¹ lo¹¹ boŋ¹¹
地藏王菩薩	【地藏王菩薩】 tʰi⁵⁵ tsʰoŋ¹¹ boŋ¹¹ pʰu¹¹ sat⁰²	【地藏王菩薩】 tʰi⁵⁵ tsʰoŋ¹¹ boŋ¹¹ pʰu¹¹ sat⁰²
王爺（代天巡狩神）	【王爺】boŋ¹¹ ia¹¹	【王爺】boŋ¹¹ ia¹¹
義民爺	【義民爺】n̩i⁵⁵ min¹¹ ia¹¹	【義民爺】n̩i⁵⁵ min¹¹ ia¹¹
七娘媽（庇護十六歲以下孩童的神明）	【七娘】tɕʰit⁰² n̩ioŋ¹¹	【七娘】tɕʰit⁰² n̩ioŋ¹¹
灶神	【灶君爺】tso⁵⁵ kiun²⁴ ia¹¹	【灶君爺】tso⁵⁵ kiun²⁴ ia¹¹
有應公（無主骨灰成為參拜的對象）	【有應公】iu¹¹ in⁵⁵ kuŋ²⁴	【有應公】iu¹¹ in⁵⁵ kuŋ²⁴
三山國王（客家人和潮州人都拜的神）	【三山國王】 sam¹¹ san²⁴ kuet⁰² boŋ¹¹	【三山國王】 sam¹¹ san²⁴ kuet⁰² boŋ¹¹
財神爺	【財神爺】tsʰoi¹¹ sïn¹¹ ia¹¹	【財神爺】tsʰoi¹¹ çin¹¹ ia¹¹
床母（保護幼兒的神祇）	【床公婆】tsʰoŋ¹¹ kuŋ²⁴ pʰo¹¹	【床婆】tsʰoŋ¹¹ pʰo¹¹
土地公	【伯公】pak⁰² kuŋ²⁴	【伯公】pak⁰² kuŋ²⁴
		【土地公】tʰu³¹ tʰi⁵⁵ kuŋ²⁴

八家將	【八家將】pat⁰² ka¹¹ tɕioŋ⁵⁵	【八家將】pat⁰² ka¹¹ tɕioŋ⁵⁵
佛堂	【佛堂】hut⁰⁵ tʰoŋ¹¹	【佛堂】fut⁰⁵ tʰoŋ¹¹
佛龕	【神龕仔】sïn¹¹ kʰam²⁴ me³¹	【佛櫥仔】fut⁰⁵ tsʰu¹¹ e³¹
神祖牌（祖先牌位）	【神祖牌仔】 ɕin¹¹ tsu³¹ pʰai¹¹ e³¹	【神祖牌】ɕin¹¹ tsu³¹ pʰai¹¹
牲禮	【牲體】sen²⁴ tʰi³¹	【牲體】sen²⁴ tʰi³¹ 【牲禮】sen¹¹ li²⁴
三牲	【三牲】sam¹¹ sen²⁴	【三牲】sam¹¹ sen²⁴
拿香拜拜	【唱喏】tsʰoŋ⁵⁵ ia²⁴	【唱喏】tsʰoŋ⁵⁵ ia²⁴
誦經	【誦經】ɕiuŋ⁵⁵ kin²⁴	【誦經】suŋ⁵⁵ kin²⁴
擲筊杯	【跌順筊】tiet⁰² sun⁵⁵ kau⁵⁵	【跌筊】tet⁰² kau⁵⁵
聖杯	【順筊】sun⁵⁵ kau⁵⁵	【順筊】sun⁵⁵ kau⁵⁵
陰杯	【陰筊】im¹¹ kau⁵⁵	【陰筊】im¹¹ kau⁵⁵
笑杯	【笑筊】seu⁵⁵ kau⁵⁵	【謔筊】nak⁰² kau⁵⁵
抽籤	【抽籤】tsʰu¹¹ tɕʰiam²⁴	【抽籤】tsʰu¹¹ tɕʰiam²⁴
解籤詩	【解籤詩】kiai³¹ tɕʰiam¹¹ ɕi²⁴	【解籤詩】kie³¹ tɕʰiam¹¹ ɕi²⁴
籤詩	【籤詩】tɕʰiam¹¹ ɕi²⁴	【籤詩】tɕʰiam¹¹ ɕi²⁴
卜卦（占卜卦象以視吉凶）	【卜卦】puk⁰² kua⁵⁵	【卜卦】puk⁰² kua⁵⁵
香火	【帶爺】tai⁵⁵ kʰien⁵⁵	【帶爺】tai⁵⁵ kʰian⁵⁵
問神	【請神】tɕʰiaŋ³¹ ɕin¹¹	【請神】tɕʰiaŋ³¹ ɕin¹¹
點香（拜神佛時把香點著插在香爐中）	【點香】tiam³¹ hioŋ²⁴	【點香】tiam³¹ hioŋ²⁴
燒金紙（焚化紙錢以敬鬼神）	【燒金】seu¹¹ kim²⁴	【燒金紙】seu¹¹ kim²⁴ tɕi³¹
保佑	【保庇】po³¹ pi⁵⁵	【保庇】po³¹ pi⁵⁵
許願	【許願】hi³¹ ɲien⁵⁵	【許願】hi³¹ ɲian⁵⁵
還願	【還願】vʷan¹¹ ɲien⁵⁵	【還願】vʷan¹¹ ɲian⁵⁵
做醮（道士設壇念經做法事）	【打醮】ta³¹ tseu⁵⁵	【打醮】ta³¹ tseu⁵⁵
普渡（民間舉辦的大規模祭鬼神儀式）	【普渡】pʰu¹¹ tʰu⁵⁵	【普渡】pʰu³¹ tʰu⁵⁵
舞獅	【弄獅頭】nuŋ⁵⁵ ɕi²⁴ tʰeu¹¹	【弄獅】nuŋ⁵⁵ ɕi²⁴

善男信女	【善男信女】 san⁵⁵ nam¹¹ ɕin⁵⁵ ŋ³¹	【善男信女】 san⁵⁵ nam¹¹ ɕin⁵⁵ ŋ³¹
迎神（抬著或抱著神像結隊上街遊行）	【迎神】ȵiaŋ¹¹ ɕin¹¹	【迎神】ȵiaŋ¹¹ ɕin¹¹
庇蔭保護	【蔭】im⁵⁵	【庇蔭】pi⁵⁵ im⁵⁵
供奉神明	【服事】huk⁰⁵ ɕi⁵⁵	【服事】huk⁰⁵ ɕi⁵⁵
抬神轎（一種四人抬的小轎子，容易上下抖動，常在隊伍中快速移動）	【輦轎】len⁵⁵ kʰieu⁵⁵	【輦轎】len⁵⁵ kʰieu⁵⁵
廟祝	【廟公】meu⁵⁵ kuŋ²⁴	【廟公】meu⁵⁵ kuŋ²⁴
乩童	【童乩】tʰuŋ¹¹ ki²⁴	【童乩】tʰuŋ¹¹ ki²⁴
桌頭（翻譯神明說話的人）	【法師】huap⁰² si²⁴	【法師】fuat⁰² ɕi²⁴
起乩（乩童讓神附身的過程）	【起乩】hi³¹ ki²⁴	【起乩】hi³¹ ki²⁴
捐獻（向善男信女募款）	【寄付錢】ki⁵⁵ hu⁵⁵ tsʰien²⁴	【題捐】tʰi¹¹ ian¹¹
尼姑庵	【齋堂】tsai²⁴ tʰoŋ¹¹	【齋姑廟】tsai¹¹ ku²⁴ meu⁵⁵
敬字亭、惜字亭（客家人居住地區，設置供鄉民焚化字紙之用）	【敬字亭】kin⁵⁵ si⁵⁵ tʰin¹¹	【惜字亭】ɕiak⁰² ɕi⁵⁵ tʰin¹¹
阿彌陀佛	【阿彌陀佛】 o¹¹ mi²⁴ tʰo¹¹ hut⁰²	【阿彌陀佛】 a⁵⁵ mi³¹ tʰo²⁴ fuo²⁴
香爐（燒香所用的器具）	【香爐】hioŋ²⁴ lu¹¹	【香爐】hioŋ²⁴ lu¹¹
金爐（燒金紙所用的器具）	【金爐】kim²⁴ lu¹¹	【金爐】kim²⁴ lu¹¹
天主教	【天主教】tʰen²⁴ tsu³¹ kau⁵⁵	【天主教】tʰen²⁴ tsu³¹ kau⁵⁵
基督教	【基督教】ki²⁴ tuk⁰⁵ kau⁵⁵	【基督教】ki¹¹ tuk⁰⁵ kau⁵⁵
香灰	【仙丹】ɕien¹¹ tan²⁴	【爐丹】lu¹¹ tan²⁴
神轎（神明的轎子）	【轎仔】kʰieu⁵⁵ e³¹	【神轎】ɕin¹¹ kʰieu⁵⁵
神轎出巡時，放置在轎子前面的圓傘	【涼扇】lioŋ¹¹ san⁵⁵	【涼遮】lioŋ¹¹ tsa²⁴

做功德（請和尚道士誦經念佛以超渡亡魂）	【做功德】tso⁵⁵ kuŋ²⁴ tet⁰⁵	【做功德】tso⁵⁵ kuŋ¹¹ tet⁰²
祈禱	【祈禱】ki¹¹ to³¹	【祈求】kʰi¹¹ kʰiu¹¹ kʰi¹¹ to³¹
改變運氣	【改運】koi³¹ iun⁵⁵	【改運】koi³¹ iun⁵⁵
分香（將主廟的神請另一個地方祭祀）	【割香】kot⁰² hioŋ²⁴	【割香】kot⁰² hioŋ²⁴
廟宇	【廟】meu⁵⁵	【廟】meu⁵⁵

金紙的種類		
詞　彙	玉泉村	洛陽村
壽金（用於神佛誕辰或祈福的紙錢）	【壽金】su⁵⁵ kim²⁴	【壽金】su⁵⁵ kim²⁴
天公金（向天公祭拜時所燒用）	【天公金】tʰen¹¹ kuŋ²⁴ kim²⁴	【天公金】tʰen¹¹ kuŋ²⁴ kim²⁴
蓮花金（燒給往生的人）	【蓮花金】lien¹¹ hua¹¹ kim²⁴	【蓮花金】len¹¹ hua¹¹ kim²⁴
九金（在謝神時使用）	【九金】kiu³¹ kim²⁴	【九金】kiu³¹ kim²⁴
伯公金（拜土地公時燒的紙錢）	【伯公金】pak⁰² kuŋ¹¹ kim²⁴	【伯公金】pak⁰² kuŋ¹¹ kim²⁴
本命錢（用來祈求本命陰陽福氣的紙錢）	【本命金】pun³¹ miaŋ⁵⁵ kim²⁴	【本命錢】pun³¹ miaŋ⁵⁵ tɕʰien¹¹
銀紙（用來祭祖和拜鬼魂燒用的紙錢）	【銀紙】ɲiun¹¹ tɕi³¹	【銀紙】ɲiun¹¹ tɕi³¹

25. 文化娛樂

文化娛樂		
詞彙	玉泉村	洛陽村
公學校	【公學校】kuŋ¹¹ hok⁰⁵ kau³¹	【公學校】kuŋ¹¹ hok⁰⁵ kau³¹
國民小學	【國民學校】kuet⁰² min¹¹ hok⁰⁵ kau³¹	【國民學校】kuet⁰² min¹¹ hok⁰⁵ kau³¹
打夜校（舊時家庭自己設立的教學處所）	【打夜校】ta³¹ ia⁵⁵ hok⁰⁵	【打夜校】ta³¹ ia⁵⁵ hok⁰⁵
私塾	【學堂】hok⁰⁵ tʰoŋ¹¹	【學堂】hok⁰⁵ tʰoŋ¹¹

讀漢文古書	【讀唐書】tʰuk⁰⁵ tʰoŋ¹¹ su²⁴	【讀古文】tʰuk⁰⁵ ku³¹ bun¹¹
講習所	【講習所】koŋ³¹ ɕip⁰⁵ so³¹	【講習所】koŋ³¹ ɕip⁰⁵ so³¹
大學	【大學】tʰai⁵⁵ hok⁰⁵	【大學】tʰai⁵⁵ hok⁰⁵
中學（實施初級教育的學校）	【中學】tsuŋ¹¹ hok⁰⁵	【中學】tsuŋ¹¹ hok⁰⁵
小學（實施初級教育的學校）	【小學】seu³¹ hok⁰⁵	【小學】ɕieu³¹ hok⁰⁵
幼稚園（專門招收六歲以下兒童的教育機構）	【幼稚園】iu⁵⁵ tɕi²⁴ ien¹¹	【幼稚園】iu⁵⁵ tɕi²⁴ ian¹¹
托兒所（學齡前兒童的保育機構）	【托兒所】tʰok⁰² ji¹¹ so³¹	【托兒所】tʰok⁰² ji²⁴ so³¹
運動場	【運動場】iun⁵⁵ tʰuŋ⁵⁵ tsʰoŋ¹¹	【運動場】iun⁵⁵ tʰuŋ⁵⁵ tsʰoŋ¹¹
入學唸書	【入學】n̠ip⁰⁵ hok⁰⁵	【入學】n̠ip⁰⁵ hok⁰⁵
上學	【上學】soŋ⁵⁵ hok⁰⁵	【上學】soŋ⁵⁵ hok⁰⁵
放學	【放學】pioŋ⁵⁵ hok⁰⁵	【放學】pioŋ⁵⁵ hok⁰⁵
放假	【放假】fuoŋ⁵⁵ ka³¹	【放假】pioŋ⁵⁵ ka³¹
放寒假	【嫽寒假】liau⁵⁵ hon¹¹ ka³¹	【放寒假】pioŋ⁵⁵ hon¹¹ ka³¹
放暑假	【嫽暑假】liau⁵⁵ su³¹ ka³¹	【放暑假】pioŋ⁵⁵ su³¹ ka³¹
上學、唸書	【讀書】tʰuk⁰⁵ su²⁴	【讀書】tʰuk⁰⁵ su²⁴
背書（背誦讀過的書）	【背書】pʰoi⁵⁵ su²⁴	【背書】pʰoi⁵⁵ su²⁴
書架	【書架仔】su¹¹ ka⁵⁵ e³¹	【書架仔】su¹¹ ka⁵⁵ e³¹
老師、教師	【先生】ɕin¹¹ saŋ²⁴	【先生】ɕin¹¹ saŋ²⁴
	【老師】lo³¹ si²⁴	【老師】lo³¹ ɕi²⁴
	X	【せんせい】sen²⁴ se³¹
教授	【教授】kau⁵⁵ su⁵⁵	【教授】kau⁵⁵ su⁵⁵
學生	【學生】hok⁰⁵ saŋ²⁴	【學生】hok⁰⁵ saŋ²⁴
同學	【同學】tʰuŋ¹¹ hok⁰⁵	【同學】tʰuŋ¹¹ hok⁰⁵
放榜（考試後公布入錄取者名單）	【放榜】fuoŋ⁵⁵ poŋ³¹	【放榜】fuoŋ⁵⁵ poŋ³¹
留級（讀書成績太差而留級）	【落第】lok⁰⁵ tʰi⁵⁵	【落第】lok⁰⁵ tʰi⁵⁵
成績	【成績】ɕin¹¹ tɕit⁰²	【成績】ɕin¹¹ tɕit⁰²
及格（績效評量達到基本的要求）	【及格】kʰip⁰⁵ ket⁰²	【入格】n̠ip⁰⁵ ket⁰²

畢業（在學校或訓練班修完規定的課程）	【畢業】pit^{02} ŋiap^{05}	【畢業】pit^{02} ŋiap^{05}
一年級生	【一年生】it^{02} ŋien^{11} sen^{24}	【一年生】it^{02} ŋian^{11} sen^{24}
鉛筆	【鉛筆】ien^{11} pit^{02}	【鉛筆】ian^{11} pit^{02}
筆記簿	【手抄仔】su^{31} tsʰau^{24} e^{31}	【記事簿】ki^{55} çi^{55} pʰu^{24}
簿子	【簿仔】pʰu^{24} e^{31}	【簿仔】pʰu^{24} e^{31}
橡皮擦	【拊仔】hu^{55} e^{31}	【擄仔】lu^{55} e^{31}
毛筆	【毛筆】mo^{24} pit^{05}	【毛筆】mo^{24} pit^{05}
鋼筆	【鋼筆】koŋ^{55} pit^{02}	【鋼筆】koŋ^{55} pit^{02}
原子筆	【原子筆】ŋien^{11} tsï^{31} pit^{02}	【原子筆】ŋian^{11} tçi^{31} pit^{02}
紙張	【紙】tçi^{31}	【紙】tçi^{31}
複寫紙	【複寫紙】huk^{05} çia^{31} tçi^{31}	【複寫紙】huk^{05} çia^{31} tçi^{31}
糨糊	【羹】kaŋ^{24}	【羹】kaŋ^{24}
墨（書畫用的黑色顏料）	【墨】met^{05}	【墨】met^{05}
硯臺	【墨盤】met^{05} pʰan^{11}	【墨盤】met^{05} pʰan^{11}
墨汁	【墨汁】met^{05} tçit^{02}	【墨水】met^{05} sui^{31}
		【墨汁】met^{05} tçiap^{02}
信	【信仔】çin^{55} ne^{31}	【信仔】çin^{55} ne^{31}
信封	【信封】çin^{55} huŋ^{24}	【信封】çin^{55} fuŋ^{24}
黑板	【粉牌】hun^{31} pʰai^{11}	【烏板】bu^{24} pan^{31}
板擦（擦黑板的工具）	【搓仔】tsʰo^{55} e^{31}	【擦仔】tsʰut^{05} le^{31}
日曆	【日曆】ŋit^{05} lak^{05}	【日曆】ŋit^{02} lak^{05}
月曆	【月曆】ŋiet^{05} lak^{05}	【月曆】ŋiat^{05} lak^{05}
農民曆	【通書】tʰuŋ^{11} su^{24}	【通書】tʰuŋ^{11} su^{24}
春牛曆	【春牛圖】tsʰun^{24} ŋiu^{11} tʰu^{11}	【春牛圖】tsʰun^{24} ŋiu^{11} tʰu^{11}
郵票	【郵票】iu^{11} pʰeu^{55}	【郵票】iu^{11} pʰeu^{55}
漫畫書	【漫畫書】man^{55} hua^{55} su^{24}	【漫畫書】man^{55} hua^{55} su^{24}
卡通影片	【まんが】baŋ^{53} gaʔ^{02}	【まんが】maŋ^{53} ga^{31}
新聞報導、報紙	【新聞】çin^{24} bun^{11}	【新聞】çin^{24} bun^{11}
戲院	【戲院】hi^{55} ien^{55}	【戲院】hi^{55} ian^{55}

戲臺（臨時搭建的舞臺，班演野臺戲的場所）	【戲棚】hi⁵⁵ pʰaŋ¹¹	【戲臺】hi⁵⁵ tʰoi¹¹
大戲（大型的劇種）	【大戲】tʰai⁵⁵ hi⁵⁵	【大戲】tʰai⁵⁵ hi⁵⁵
人親自搬演的戲	【做人戲】tso⁵⁵ n̦in¹¹ hi⁵⁵	【做人戲】tso⁵⁵ n̦in¹¹ hi⁵⁵
歌仔戲	【歌仔戲】kua³³ a⁵⁵ hi⁵⁵	【歌仔戲】kua³³ a⁵⁵ hi⁵⁵
默片	【無聲个電影】 mo¹¹ saŋ²⁴ e⁵⁵ tʰen⁵⁵ iaŋ³¹	【無聲電影】 mo¹¹ saŋ²⁴ tʰen⁵⁵ iaŋ³¹ 【烏白个片】 bu¹¹ pʰak⁰⁵ e⁵⁵ pʰen³¹
默片的旁白	【傳話】tsʰon¹¹ hua⁵⁵	【傳話】tsʰon¹¹ hua⁵⁵
皮影戲	【紙影仔】tɕi³¹ iaŋ³¹ ŋe¹¹	【紙影戲】tɕi³¹ iaŋ³¹ hi⁵⁵
布袋戲	【布袋戲】pu⁵⁵ tʰoi⁵⁵ hi⁵⁵	【布袋戲】pu⁵⁵ tʰoi⁵⁵ hi⁵⁵
魁儡戲	【吊牽絲】tiau⁵⁵ kʰien¹¹ ɕi²⁴	【吊牽絲】tiau⁵⁵ kʰian¹¹ ɕi²⁴
說書	【講古】koŋ³¹ ku³¹	【講古】koŋ³¹ ku³¹
玩偶	【人盎仔】n̦in¹¹ aŋ²⁴ ŋe³¹	【人盎仔】n̦in¹¹ aŋ²⁴ ŋe³¹ 【おにんぎょう】 o³³ nin⁵⁵ n̦io³¹
小孩子的玩偶	【人公仔】n̦in¹¹ kuŋ²⁴ ŋe³¹	【人公仔】n̦in¹¹ kuŋ²⁴ ŋe³¹
捏麵人	【捏人盎仔】 n̦iap⁰² n̦in¹¹ aŋ²⁴ ŋe³¹	【捏麵人】 n̦iap⁰² men⁵⁵ n̦in¹¹
糖葫蘆	【李仔糖】li³¹ e³¹ tʰoŋ¹¹	【李仔糖】li³¹ e³¹ tʰoŋ¹¹
畫糖人	【做糖人】tso⁵⁵ tʰoŋ¹¹ n̦in¹¹	X
打麻將	【打麻雀】ta³¹ ma¹¹ tsʰiok⁰²	【打麻雀】ta³¹ ma¹¹ tɕʰiok⁰⁵
麻將牌	【麻雀牌】ma¹¹ tɕʰiok⁰² pʰai¹¹	【麻雀牌】ma¹¹ tɕʰiok⁰² pʰai¹¹
下棋	【行棋】haŋ¹¹ kʰi¹¹	【行棋】haŋ¹¹ kʰi¹¹
磧棋（一種用旗子來下注的賭博行為）	【磧棋】tsak⁰² kʰi¹¹	【磧棋】tsak⁰² kʰi¹¹
紅帥	【紅么】huŋ¹¹ ieu²⁴	【王君】boŋ¹¹ kiun²⁴
黑將	【烏么】bu¹¹ ieu²⁴	【烏君】bu¹¹ kiun²⁴
士	【士】sï⁵⁵	【士】sï⁵⁵
象	【象】ɕioŋ⁵⁵	【象】ɕioŋ⁵⁵

車	【車】ki^{24}	【車】ki^{24}
馬	【馬】ma^{24}	【馬】ma^{24}
砲	【砲】p^{h}au^{55}	【砲】p^{h}au^{55}
兵	【兵仔】pin^{24} ne^{31}	【兵】pin^{24}
卒	【卒仔】tsut^{02} le^{31}	【卒】ts^{h}ut^{05}
將軍	【將軍】tɕioŋ^{11} kiun^{24}	【將軍】tɕioŋ^{11} kiun^{24}
撿紅點	【拈紅點】ȵiam^{24} huŋ^{11} tiam^{31}	【拈紅點】ȵiam^{24} huŋ^{11} tiam^{31}
撲克牌	【ページワン】 t^{h}e^{33} tɕi^{55} baŋ^{53}	【ページワン】 k^{h}e^{33} zi^{55} baŋ^{53}
四色牌	【四色牌】ɕi^{55} set^{02} p^{h}ai^{11}	【四色牌】ɕi^{55} set^{02} p^{h}ai^{11}
圓紙牌	【紙牌仔】tɕi^{31} p^{h}ai^{11} e^{31}	【人公牌】ȵin^{11} kuŋ^{24} p^{h}ai^{11}
撞球	【捅球】t^{h}uŋ^{55} k^{h}iu^{11}	【捅球】t^{h}uŋ^{55} k^{h}iu^{11} 【撞球】loŋ^{55} k^{h}iu^{11}
遠足	【遠足】ien^{31} tɕiuk^{02}	【遠足】ian^{31} tɕiuk^{02}
旅行	【旅行】li^{31} haŋ^{11}	【旅行】li^{31} haŋ^{11}
爬山	【爬山】pat^{02} san^{24}	【爬山】pat^{02} san^{24}
拔河	【搒大索】paŋ^{11} t^{h}ai^{55} sok^{02}	【搒索仔】paŋ^{24} sok^{05} ge^{31}
跳繩	【跳索仔】t^{h}iau^{55} sok^{02} ge^{31}	【跳索仔】t^{h}iau^{55} sok^{02} ge^{31}
踢毽子	X	【踢雞毛球】 t^{h}et^{02} kie^{24} mo^{11} k^{h}iu^{11}
翻跟斗	【種筋斗】tsuŋ^{55} k^{h}in^{55} teu^{31}	【種筋斗】tsuŋ^{55} kin^{55} teu^{31}
側翻	【打翻車】ta^{31} huan^{11} ts^{h}a^{24}	【打翻車】ta^{31} huan^{11} ts^{h}a^{24}
向後倒	【打倒躪】ta^{31} to^{55} baŋ^{55}	【打倒抹】ta^{31} to^{55} mak^{05}
跳高	【跳高】t^{h}iau^{55} ko^{24}	【跳高】t^{h}iau^{55} ko^{24}
倒立	【倒種】to^{55} tsuŋ^{55}	【倒頭種】to^{55} t^{h}eu^{11} tsuŋ^{55} 【騎閹雞】k^{h}i^{24} iam^{11} kie^{24}
盪鞦韆	【吊晃槓】tiau^{55} koŋ^{11} koŋ^{55}	【吊晃槓】tiau^{55} koŋ^{11} koŋ^{55}
溜滑梯	X	【すべりだい】 su^{33} be^{55} li^{55} lai^{53}
游泳	【泅水】tɕ^{h}iu^{11} sui^{31}	【泅水】tɕ^{h}iu^{11} sui^{31}

自由式	【打漂仔】ta³¹ pʰeu²⁴ e³¹	【自由式】tɕʰi⁵⁵ iu¹¹ ɕit⁰²
蛙泳	X	【蛤蟆泅】ha¹¹ ma¹¹ tɕʰiu¹¹
仰泳	【挺挺鵝泅】 tʰen³¹ tʰen³¹ ŋo¹¹ tsʰiu¹¹	【挺鵝泅】tʰen¹¹ ŋo¹¹ tɕʰiu¹¹
狗爬式、打水玩耍	【狗爬式】kieu³¹ pʰa¹¹ ɕit⁰²	【狗爬式】kieu³¹ pʰa¹¹ ɕit⁰²
潛水	【目畸瞇仔】 muk⁰² tɕi⁵⁵ mi⁵⁵ e³¹	【目畸瞇仔】 muk⁰² tɕi⁵⁵ mi⁵⁵ e³¹
捉迷藏	【掩目拚目】 em²⁴ muk⁰⁵ piaŋ⁵⁵ muk⁰⁵	【掩目拚目】 em²⁴ muk⁰⁵ piaŋ⁵⁵ muk⁰⁵
依遊戲規則選出一人負責抓人，其餘成員跑給這個人抓，被抓到的人就換他負責去抓人	【走相逐】tseu³¹ ɕioŋ²⁴ kiuk⁰⁵	【走相逐】tseu³¹ ɕioŋ²⁴ kiuk⁰⁵
		【走飆】tseu³¹ peu²⁴
彈珠	【圓石仔】ien¹¹ sak⁰⁵ ge³¹	【玻璃球】po²⁴ li¹¹ kʰiu¹¹
		【だま】tʰa⁵⁵ maʔ⁰²
不倒翁	【阿不倒】a¹¹ put⁰⁵ to⁵⁵	【阿不倒】a¹¹ put⁰⁵ to⁵⁵
鼓掌	【噗手仔】pʰok⁰² su³¹ e³¹	【噗手仔】pʰok⁰² su³¹ e³¹
辦家家酒	【煮家拉飯燒】 tsu³¹ ka¹¹ la¹¹ huan⁵⁵ seu⁵⁵	【煮家拉飯仔】 tsu³¹ ka¹¹ la¹¹ huan⁵⁵ ne¹¹
骰子	【三六仔】sam¹¹ liuk⁰⁵ ge³¹	【骰仔】tʰeu⁵⁵ e³¹
賭博	【賭博】tu³¹ pok⁰²	【賭博】tu³¹ pok⁰²
押注	【磧落注】tsak⁰² lok⁰⁵ tsu⁵⁵	【磧下去】tsak⁰² ha¹¹ hi⁵⁵

關於音樂		
詞彙	玉泉村	洛陽村
八音（傳統）	【八音】pat⁰² im²⁴	【八音】pat⁰² im²⁴
簫	【簫仔】seu²⁴ e³¹	【簫仔】seu²⁴ e³¹
笛子	【木仔】pʰin⁵⁵ ne³¹	【鎊鎊仔】pi¹¹ pi²⁴ e³¹
琵琶（一種撥彈的弦樂器）	【琵琶】pʰi¹¹ pʰa¹¹	【琵琶】pʰi¹¹ pʰa¹¹
揚琴（用薄竹片來敲擊琴弦鋼絲的樂器）	【揚琴】ioŋ¹¹ kʰim¹¹	【揚琴】ioŋ¹¹ kʰim¹¹

月琴	【月琴】ȵiet^{05} k^{h}im^{11}	【月琴】ȵiat^{05} k^{h}im^{11}
三弦	【三弦琴】sam^{24} hien^{11} k^{h}im^{11}	【三弦】sam^{24} hian^{11}
大廣弦	【大胡弦】t^{h}ai^{55} hu^{11} hien^{11}	【大廣弦】t^{h}ai^{55} koŋ^{31} hian^{11}
南胡	【二胡】ȵi^{55} hu^{11}	【南胡】nam^{11} hu^{11}
京胡	X	【吊規仔】tiau^{55} kui^{24} e^{31}
椰胡	【二弦】ȵi^{55} hien^{11}	【椰殼胡】ia^{11} hok^{05} hu^{11}
嗩吶	【笛仔】t^{h}ak^{05} ge^{31}	【笛仔】t^{h}ak^{05} ge^{31}
喇叭	【喇叭】lat^{05} pa^{31}	【喇叭】la^{55} paʔ^{02}
法螺（道士作法時吹的法器）	【牛角】ȵiu^{11} kok^{02}	【牛角螺】ȵiu^{11} kok^{02} lo^{11}
小鐃鈸	【鑱鑱仔】ts^{h}em^{11} ts^{h}em^{24} me^{31}	【鑱鑱仔】ts^{h}e^{55} ts^{h}e^{55} e^{31}
銅鑼	【銅鑼】t^{h}uŋ^{11} lo^{11}	【銅鑼】t^{h}uŋ^{11} lo^{11}
梆子	【囉哆仔】lok^{05} tok^{05} ge^{31}	【嘀嗟仔】tit^{05} tak^{05} ge^{31}
木魚	【木篋】muk^{02} k^{h}ok^{02}	【篋篋仔】k^{h}ok^{05} k^{h}ok^{05} ke^{31} 【木魚】muk^{05} ŋ^{11}
單皮鼓	【銹鼓仔】tak^{02} ku^{31} e^{31}	【銹鼓仔】tak^{05} ku^{31} e^{31}
大鼓	【大鼓】t^{h}ai^{55} ku^{31}	【大鼓】t^{h}ai^{55} ku^{31}
鋼琴	【鋼琴】koŋ^{55} k^{h}im^{11}	【鋼琴】koŋ^{55} k^{h}im^{11}
風琴	【風琴】huŋ^{24} k^{h}im^{11}	【風琴】fuŋ^{24} k^{h}im^{11}
打拍子	【打噗仔】ta^{31} p^{h}ok^{05} ge^{31}	【打噗仔】ta^{31} p^{h}ok^{05} ge^{31}
吉他	【吉他】ki^{53} taʔ^{02}	【吉他】gi^{53} taʔ^{02}
離手（不准再變更賭注）	【離手】li^{11} su^{31}	【離手】li^{11} su^{31}
風箏	【紙鷂仔】tɕi^{31} ieu^{55} e^{31}	【紙鷂仔】tɕi^{31} ieu^{55} e^{31}
手搖鼓	【呤啷仔】 lin^{11} loŋ^{24} ŋe^{31}	【呤啷鼓】 lin^{11} loŋ^{55} ku^{31}
陀螺	【干樂】kan^{33} lok^{05}	【こま】k^{h}o^{55} ma^{11}
彈弓	【鳥射仔】tiau^{11} sa^{55} e^{31}	【鳥射仔】tiau^{11} sa^{55} e^{31}
角色（在戲劇中扮演的身分）	【角色】kok^{02} set^{02}	【角色】kok^{02} set^{02}
小生	【小生】seu^{31} sen^{24}	【小生】seu^{31} sen^{24}
老生	【老生】lo^{31} sen^{24}	【老生】lo^{31} sen^{24}
花旦	【花旦】hua^{11} tan^{55}	【花旦】hua^{11} tan^{55}

苦旦	【苦旦】k^hu^{31} tan^{55}	【苦旦】k^hu^{31} tan^{55}
奸臣	【奸臣】$kien^{24}$ $çin^{11}$	【奸臣】$kian^{24}$ $çin^{11}$
小丑	【阿丑伯】a^{24} ts^hu^{31} pak^{02}	【阿丑伯】a^{24} ts^hu^{31} pak^{02}
聊天	【畫虎漻】hua^{55} hu^{31} lin^{31}	【打逗敘】ta^{31} teu^{55} $çi^{55}$
	【打嘴鼓】ta^{31} $tsoi^{55}$ ku^{31}	【打嘴鼓】ta^{31} $tsoi^{55}$ ku^{31}
開黃腔（講一些較不雅、帶有性方面引申的俗話來相互諧謔）	【獎猴話】$koŋ^{31}$ heu^{11} hua^{55}	【獎猴話】$koŋ^{31}$ heu^{11} hua^{55}
做義行、打零工	【做閒事】tso^{55} han^{11} se^{55}	【做閒事】tso^{55} han^{11} se^{55}
		【打零工】ta^{31} $laŋ^{11}$ $kuŋ^{24}$
放鞭炮	【打紙炮仔】ta^{31} $tçi^{31}$ p^hau^{55} e^{31}	【打紙炮】ta^{31} $tçi^{31}$ p^hau^{55}
放煙火	【放煙火】$pioŋ^{55}$ $gien^{24}$ fuo^{31}	【放煙火】$pioŋ^{55}$ ian^{24} fuo^{31}
假面具	【鬼面殼】kui^{31} men^{55} hok^{02}	【鬼面殼】kui^{31} men^{55} hok^{02}
帶枷（古時候套在犯人脖子上的木板刑具）	【帶枷】tai^{55} ka^{11}	【帶枷】tai^{55} ka^{55}
踩高蹺	【打高腳】ta^{31} ko^{24} $kiok^{05}$	【打高腳】ta^{31} ko^{24} $kiok^{05}$
打水漂	【打水漂仔】ta^{31} sui^{31} p^heu^{55} e^{31}	【打水漂仔】ta^{31} sui^{31} p^heu^{55} e^{31}
照顧小孩	【渡細人仔】t^hu^{55} se^{55} $ȵin^{11}$ ne^{31}	【渡細人仔】t^hu^{55} se^{55} $ȵin^{11}$ ne^{31}
		【掌細人仔】$tsoŋ^{31}$ se^{55} $ȵin^{11}$ ne^{31}
花燈	【花燈】hua^{11} ten^{24}	【花燈】fua^{11} ten^{24}
古董	【古董】ku^{31} $tuŋ^{31}$	【古董】ku^{31} $tuŋ^{31}$
猜謎語	【做令仔分汝揣】tso^{55} $lioŋ^{55}$ $ŋe^{31}$ pun^{24} $ŋ^{11}$ t^hon^{11}	【揣令仔】t^hon^{11} $lioŋ^{55}$ $ŋe^{31}$
猜拳	【じゃんげん】$giaŋ^{31}$ kin^{31}	【じゃんげん】$giaŋ^{31}$ kim^{31}
喊酒拳	【喊拳】hem^{24} k^hien^{11}	【打酒拳】ta^{31} $tçiu^{31}$ k^hian^{11}

26. 壞人壞事

壞　　人		
詞　彙	玉泉村	洛陽村
小偷	【賊仔】$tç^hiet^{05}$ le^{31}	【賊仔】$tç^hiet^{05}$ le^{31}

扒手	【剪絡仔】tɕien⁵⁵ liu⁵⁵ a³¹	【剪絡仔】tɕien⁵⁵ liu⁵⁵ a³¹
土匪	【土匪】tʰu³¹ hui²⁴	【土匪】tʰu³¹ hui³¹
強盜	【強盜】kʰioŋ¹¹ tʰo⁵⁵	【強盜】kʰioŋ¹¹ tʰo⁵⁵
騙子	【騙仔】pʰien⁵⁵ ne³¹	【騙仙仔】pʰen⁵⁵ sen²⁴ ne³¹
流氓	【流氓】liu¹¹ moŋ¹¹	【鱸鰻】lu¹¹ man¹¹
太保（專幹壞事的年輕男子）	【太保】tʰai⁵⁵ po³¹	【太保】tʰai⁵⁵ po³¹
太妹（專幹壞事的年輕女子）	【太妹】tʰai⁵⁵ moi⁵⁵	【太妹】tʰai⁵⁵ moi⁵⁵
王八烏龜（罵人家老婆有外遇）	【烏龜】bu¹¹ kui²⁴	【烏龜】bu¹¹ kui²⁴
姦夫	【契哥】kʰe⁵⁵ ko²⁴	【契哥】kʰe⁵⁵ ko²⁴
偷漢子（已婚女子和男人通姦）	【同契哥】tʰuŋ¹¹ kʰe⁵⁵ ko²⁴	【同契哥】tʰuŋ¹¹ kʰe⁵⁵ ko²⁴
姘婦	【河洛嬤】ho⁵⁵ lo³¹ ma¹¹	【河洛嬤】ho⁵⁵ lo³¹ ma¹¹
妓女	【茶店嬤】tsʰoi⁵⁵ tiam⁵⁵ ma¹¹	【茶店嬤】tsʰoi⁵⁵ tiam⁵⁵ moi⁵⁵ 【酒店女】tɕiu³¹ ka²⁴ ŋ³¹
罵女人不是原裝貨	【賺食个】tsʰon⁵⁵ ɕit⁰⁵ le⁵⁵	【賺食妹】tsʰon⁵⁵ ɕit⁰⁵ moi⁵⁵
罵專門拐騙女人的男人	【把細妹仔】ba¹¹ se⁵⁵ moi⁵⁵ e³¹	【把細妹仔】ba¹¹ se⁵⁵ moi⁵⁵ e³¹
通緝犯	【通緝犯】tʰuŋ¹¹ tɕʰip⁰⁵ huam⁵⁵	【通緝犯】tʰuŋ¹¹ ɕip⁰⁵ fuam⁵⁵
殭屍	【殭屍】kʰioŋ¹¹ ɕi²⁴	【殭屍】kioŋ¹¹ ɕi²⁴
鬼	【鬼仔】kui³¹ e³¹	【鬼】kui³¹
犯人	【犯人】huam⁵⁵ n̩in¹¹	【犯人】fuam⁵⁵ n̩in¹¹

壞　　事		
詞　彙	玉泉村	洛陽村
貪汙	【貪汙】tʰam¹¹ bu²⁴	【貪汙】tʰam¹¹ bu²⁴
賄賂	【貼手睜】tiap⁰² su³¹ tsaŋ²⁴ 【行後尾門】haŋ¹¹ heu⁵⁵ mi²⁴ mun¹¹	【烏西】o¹¹ se²⁴
賭博插花	【插花】tsʰap⁰² hua²⁴	【插花】tsʰap⁰² fua²⁴

賭場	【賭博間仔】 tu³¹ pok⁰² ken²⁴ ne³¹	【賭博場】tu³¹ pok⁰² tsʰoŋ¹¹
開賭場	【開賭博場】 kʰoi²⁴ tu³¹ pok⁰² tsʰoŋ¹¹	【開賭博場】 kʰoi²⁴ tu³¹ pok⁰² tsʰoŋ¹¹
抽頭（賭博時從所贏得的錢財中，抽一部分給開設賭場的主人或役使的人）	【抽頭】tsʰu²⁴ tʰeu¹¹	【抽頭】tsʰu²⁴ tʰeu¹¹
抽頭的錢	【東仔錢】tuŋ²⁴ ŋe³¹ tɕʰien¹¹	【打抽个錢】 ta³¹ tsʰu¹¹ e⁵⁵ tɕʰien¹¹
槓龜（買了無中獎的彩券）	【槓龜】koŋ⁵³ ku⁵⁵	【反盤】pen³¹ pʰan¹¹
敲竹槓	【揢油】kʰa⁵⁵ iu¹¹	【揢油】kʰa⁵⁵ iu¹¹
行為鬼鬼祟祟的樣子	【鬼鬼祟祟】 kui³¹ kui³¹ sui¹¹ sui¹¹	【鬼鬼祟祟】 kui³¹ kui³¹ sui¹¹ sui²⁴
滑頭（形容小孩不溫馴）	【搞怪】kau³¹ kuai⁵⁵	【搞怪】kau³¹ kuai⁵⁵
頑皮	【賤】tɕʰien⁵⁵	【賤】tsʰen⁵⁵
造孽	【作孽】tsok⁰² ɲiet⁰²	【作孽】tsok⁰⁵ ɲiat⁰⁵
說謊	【騙人个話】 pʰien⁵⁵ ɲin¹¹ ne⁵⁵ hua⁵⁵	【騙人】pʰen⁵⁵ ɲin¹¹
搶劫（用暴力的手段搶奪財物）	【搶劫】tɕʰioŋ³¹ kiap⁰²	【搶劫】tɕʰioŋ³¹ kiap⁰²
侮辱、蹂躪	【蹧蹋】tsau¹¹ tʰap⁰⁵	【蹧蹋】tsau²⁴ tʰap⁰⁵
老不修（罵人年紀大卻又好色）	【老不修】lo³¹ put⁰² ɕiu²⁴	【老不修】lo³¹ put⁰² ɕiu²⁴
嫖妓	【開細妹仔】 kʰoi¹¹ se⁵⁵ moi⁵⁵ e³¹	【開細妹仔】 kʰoi¹¹ se⁵⁵ moi⁵⁵ e³¹
養小白臉	【倒貼】to⁵⁵ tʰiap⁰²	【蓄細賴仔】 hiuk⁰² se⁵⁵ lai⁵⁵ e³¹
強姦	【強姦】kʰioŋ¹¹ kien²⁴	【強姦】kʰioŋ¹¹ kian²⁴
性騷擾	【手來腳來】 su³¹ loi¹¹ kiok⁰² loi¹¹	【手來腳來】 su³¹ loi¹¹ kiok⁰² loi¹¹
坐牢	【坐監】tsʰo¹¹ kam²⁴	【坐監獄】 tsʰo¹¹ kam⁵⁵ ɲiuk⁰⁵
監獄	【監獄】kam⁵⁵ ɲiuk⁰⁵	【監獄】kam⁵⁵ ɲiuk⁰⁵

恐嚇（以脅迫的言語或動威嚇人）	【恐嚇】kʰiuŋ³¹ hot⁰²	【恐嚇】kʰiuŋ³¹ hak⁰²
吝嗇、孤僻	【齧察】ŋat⁰² tsʰat⁰²	【龜綏】ku¹¹ sui²⁴
施巫術（做法事害人）	【做徼妙】tso⁵⁵ kʰeu⁵⁵ meu⁵⁵	【做徼】tso⁵⁵ kʰieu⁵⁵
說大話（罵人說話不實在）	【膨風】pʰoŋ⁵⁵ hoŋ²⁴	【膨風】pʰoŋ⁵⁵ fuŋ²⁴
下符咒	【放符仔】pioŋ⁵⁵ hu¹¹ e³¹	【放誥】pioŋ⁵⁵ kau⁵⁵
蠻橫	【拗蠻】au²⁴ man¹¹	【拗蠻】au²⁴ man¹¹
凶巴巴（形容女人兇惡）	【惡】ok⁰²	【惡掐掐】ok⁰² kʰiat⁰⁵ kʰiat⁰⁵
洗門風（兇他人有失禮的事情時私下和解，以化解雙方的衝突及表示道歉）	【洗門風】se³¹ mun¹¹ huŋ²⁴	【洗門風】se³¹ mun¹¹ huŋ²⁴
逃路、跑路	【走路】tseu³¹ lu⁵⁵	【走路】tseu³¹ lu⁵⁵
收買（用錢財或利益買通人，使受利用）	【買收】mai¹¹ su²⁴	【收買】su¹¹ mai²⁴

罵人語		
詞　彙	玉泉村	洛陽村
操他媽	【鳥若姆】tiau³¹ n̠ia¹¹ me²⁴	【鳥若姆】tiau³¹ n̠ia¹¹ me²⁴
雜種	【野種】ia²⁴ tsuŋ³¹	【雜種】tsʰap⁰⁵ tsuŋ³¹
罵人得老人癡呆	【老番癲】lo³¹ huan¹¹ tien²⁴	【老番癲】lo³¹ huan¹¹ ten²⁴
色鬼	【豬哥】tsu¹¹ ko²⁴	【豬哥】tsu¹¹ ko²⁴
不受教誨	【不受教】put⁰² su⁵⁵ kau⁵⁵	【不受教】put⁰² su⁵⁵ kau⁵⁵
形容男人的妻子有外遇	【納鬼面殼】lap⁰² kui³¹ men⁵⁵ hok⁰²	X
不要臉（罵人不知羞恥）	【毋知見笑】m¹¹ ti¹¹ kien⁵⁵ seu⁵⁵	【毋知見笑】m¹¹ ti¹¹ kian⁵⁵ seu⁵⁵
該死（形容事態嚴重）	【該死】koi²⁴ çi³¹	【該死】koi²⁴ çi³¹
厚臉皮	【面皮厚】men⁵⁵ pʰi¹¹ pʰun²⁴	【大面神】tʰai⁵⁵ men⁵⁵ çin¹¹
三八（罵人不正經）	【三八嬤】sam²⁴ pat⁰⁵ ma¹¹	【三八嬤】sam¹¹ pat⁰² ma¹¹
不正經	【骯髒鬼】o¹¹ tso²⁴ kui³¹	【骯髒鬼】o¹¹ tso²⁴ kui³¹
		【垃圾鬼】lap⁰² sap⁰² kui³¹

	玉泉村	洛陽村
烏鴉嘴（指喜好傳閒話或言語不中聽的人）	【烏鴉嘴】bu^{11} a^{11} tsoi^{55}	【烏鴉嘴】bu^{11} ap^{02} tsoi^{55}
罵人烏鴉嘴	【破格嘴】pʰo^{55} kʰet^{02} tsoi^{55}	【破格嬤】pʰo^{55} kʰiat^{02} ma^{11}
貪吃鬼、餓鬼（形容人貪嘴好吃）	【貪豺】tʰam^{11} sai^{24}	X
	【枵鬼】iau^{33} kui^{53}	【枵鬼】iau^{33} kui^{53}
罵人貪吃	【盡豺】tɕʰi^{31} sai^{24}	【土豺】tʰu^{31} sai^{11}
罵小孩一直哭不停	【食死雞腸】ɕit^{05} ɕi^{11} kie^{24} tsʰoŋ^{11}	【食到死雞腸】ɕit^{05} to^{31} ɕi^{31} kie^{24} tsʰoŋ^{11}
懶惰	【懶屍】lan^{11} ɕi^{24}	【懶屍】lan^{11} ɕi^{24}
敗家（專門給家裡帶來霉運的人）	【敗家】pʰai^{55} ka^{24}	【敗家】pʰai^{55} ka^{24}
掃把星（指給家裡帶來霉運的女性）	【白虎】pʰak^{05} hu^{31}	【白虎】pʰak^{05} hu^{31}
	【白腳】pʰak^{05} kiok^{02}	X
長舌婦（罵人講話嘰哩呱啦）	【雞屎嬤】kie^{24} ɕi^{31} ma^{11}	【雞祛嬤】kie^{11} kʰia^{55} ma^{11}
	【雞祛嬤】kie^{24} kʰia^{31} ma^{11}	【火雞嬤】fuo^{31} kie^{24} ma^{11}
	【火雞嬤】huo^{31} kie^{24} ma^{11}	
不孕婦女（罵不會生育的女人）	【鱉嬤】piet^{02} ma^{11}	【豚嬤】tʰun^{24} ma^{11}
		【石嬤】sak^{05} ma^{11}
冥頑不靈（罵人很頑固）	【死硬殼】ɕi^{31} ŋaŋ^{55} hok^{02}	【硬殼】ŋaŋ^{55} hok^{02}
		【硬嘴】ŋaŋ^{55} tsoi^{55}

女人的詈罵		
詞　彙	玉泉村	洛陽村
夭壽（咒人早死）	【夭壽】ieu^{11} su^{55}	【夭壽】ieu^{11} su^{55}
短命（咒人早死）	【短命】ton^{31} miaŋ^{55}	【短命】ton^{31} miaŋ^{55}
咒人不得好死	【半路死】pan^{55} lu^{55} ɕi^{31}	X
半條命（咒人早死）	【半條命】pan^{55} tʰiau^{11} miaŋ^{55}	【半條命】pan^{55} tʰiau^{11} miaŋ^{55}
罵人沒有子嗣	【膏盲】ko^{11} mo^{11}	【膏盲】ko^{11} mo^{11}
絕子絕孫	【膏盲絕代】ko^{11} mo^{11} tɕʰiet^{05} tʰoi^{55}	【膏盲絕代】ko^{11} mo^{11} tɕʰiet^{05} tʰoi^{55}

27. 動　詞

與煮東西有關的動作		
詞　彙	玉泉村	洛陽村
煮飯	【煮飯】tsu^{31} huan^{55}	【煮飯】tsu^{31} fuan^{55}
燉（用溫火隔湯將食物煮熟）	【燉】tun^{24}	【燉】tun^{24}
煎（在鍋內少量的油乾燒用）	【煎】tɕien^{24}	【煎】tsen^{24}
煎藥（專指煮中藥）	【炙藥仔】tsak^{02} iok^{05} ge^{31}	【炙藥仔】tsak^{02} iok^{05} ge^{31}
水煮（把食物放入沸水中略煮取出）	【煠】sap^{05}	【煠】sap^{05}
滷	【滷】lu^{11}	【滷】lu^{24}
汆燙（利用笊籬將食物放入滾水中燙熟）	【熝】luk^{05}	【熝】luk^{05}
燙麵（將麵條用滾水燙過）	【煠麵】sau^{11} men^{55}	【煠麵】sau^{11} men^{55}
炸	【炸】tsa^{55}	【炸】tsa^{55}
炒（放適量的油到鍋內，並將食物不斷翻攪）	【炒】tsʰau^{31}	【炒】tsʰau^{31}
鏟（把菜從鼎中鏟起來）	【鏟】tsʰan^{31}	【鏟】tsʰan^{31}
烘烤（用微火烘烤）	【焙】pʰoi^{55}	【焙】pʰoi^{55}
		【烘】haŋ^{11}
燒水	【暖燒水】non^{11} seu^{24} sui^{31}	【暖燒水】non^{11} seu^{24} sui^{31}
回鍋再煮（把冷掉的飯菜再加熱）	【暖】non^{24}	【暖】non^{24}
燜烘（利用火溫把番薯燜熟）	【煨番薯】buoi^{11} huan^{24} su^{11}	【煨番薯】buoi^{11} fuan^{24} su^{11}
燒土窯	【暗窯仔】em^{55} ieu^{11} e^{31}	【疊窯仔】tʰiap^{05} ieu^{11} e^{31}
浸水	【浸水】tɕim^{55} sui^{31}	【浸水】tɕim^{55} sui^{31}
燜煮	【熻】hip^{02}	【熻】hip^{02}
醃菜	【滷醬菜】lu^{11} tɕioŋ^{55} tsʰoi^{55}	【滷菜】lu^{11} tsʰoi^{55}
釀造醬油	【蔭豆油】im^{55} tʰeu^{55} iu^{11}	【蔭豆油】im^{55} tʰeu^{55} iu^{11}

燙（用熱水潔淨食器）	【燙過】tʰoŋ⁵⁵ ko⁵⁵ 【燙燙啊】tʰoŋ¹¹ tʰoŋ²⁴ ŋa³¹	【燙燙】tʰoŋ¹¹ tʰoŋ²⁴
爆香	【煏香】piak⁰⁵ hioŋ²⁴ 【焅香】kʰien⁵⁵ hioŋ²⁴	【焅香】kʰian⁵⁵ hioŋ²⁴
爆油	【煎豬油】tɕien¹¹ tsu²⁴ iu¹¹	【煎豬油】tsen¹¹ tsu²⁴ iu¹¹ 【煏豬油】piak⁰⁵ tsu²⁴ iu¹¹
揉合（用手和）	【揉】no¹¹	【揉】n̠io²⁴
攪拌	【攎】luk⁰²	【攎】luk⁰²
邊煮邊攪拌成糊狀	【扴羹】kʰit⁰⁵ kaŋ²⁴	【扴羹】kʰit⁰⁵ kaŋ²⁴
揀菜	【擇菜】tʰok⁰⁵ tsʰoi⁵⁵	【擇菜】tʰok⁰⁵ tsʰoi⁵⁵
放鹽巴	【放鹽】pioŋ⁵⁵ iam¹¹	【放鹽】pioŋ⁵⁵ iam¹¹
搓鹽巴	【搓鹽】so²⁴ iam¹¹	【搓鹽】so²⁴ iam¹¹
撈	【撈】leu¹¹	【撈】leu¹¹
蒸樟腦油	【焗樟腦油】 kiuk⁰² tsoŋ²⁴ no³¹ iu¹¹	【焗腦油】kiuk⁰⁵ no³¹ iu¹¹
熬煮（久煮剩菜使爛）	【暖菜尾】non¹¹ tsʰoi⁵⁵ mi²⁴	【暖菜尾】non¹¹ tsʰoi⁵⁵ mi²⁴
焢（以慢火煮）	【封】huŋ²⁴	【封】fuŋ²⁴
研磨	【擂】lui¹¹	【研】n̠ian²⁴
鏟鬆	【抄】tsʰau⁵⁵	【抄】tɕʰiau¹¹
搓揉	【搓粄粞】tsʰai²⁴ pan³¹ tsʰe⁵⁵	【粞】tsʰai²⁴
磨米漿做成年糕	【磨粄】mo⁵⁵ pan³¹	【磨米漿】mo⁵⁵ mi³¹ tɕioŋ²⁴
蒸年糕	【蒸粄仔】tsïn²⁴ pan³¹ ne³¹	【蒸甜粄】tɕin²⁴ tʰiam¹¹ pan³¹
搓膜	【脫膜】tʰot⁰² mok⁰⁵	【捋】lut⁰⁵
削	【刨】pʰau¹¹	【刨】pʰau¹¹
刨絲（將菜用刨具刨成絲的動作）	【刷】sot⁰²	【刷籤】sot⁰² tɕʰiam²⁴
撕菜（把菜莖上面的表皮除去的動作）	【絲菜】ɕi¹¹ tsʰoi⁵⁵	【絲菜】ɕi¹¹ tsʰoi⁵⁵
舀除（把湯上面的泡沫舀掉）	【舀】ieu³¹	【舀】ieu³¹
勾芡	【牽粉】kʰien²⁴ hun³¹	【牽粉】kʰian²⁴ hun³¹
燻	【燻】hiun¹¹	X

與吃東西有關的動作		
詞　　彙	玉泉村	洛陽村
扒飯	【扒飯】pʰa¹¹ huan⁵⁵	【扒飯】pʰa¹¹ huan⁵⁵
挾菜	【挾菜】kiap⁰² tsʰoi⁵⁵	【挾菜】kiap⁰² tsʰoi⁵⁵
叉	【剌】tɕʰiuk⁰²	【剌】tɕʰiuk⁰⁵
舀水、舀湯	【舀】ieu³¹	【舀】ieu³¹
擋著渣滓，舀去湯汁留主要食物	【湢飯湯】pi⁵⁵ huan⁵⁵ tʰoŋ²⁴	【湢飯湯】pi⁵⁵ huan⁵⁵ tʰoŋ²⁴
盛飯	【添飯】tʰiam¹¹ huan⁵⁵	【添飯】tʰiam¹¹ huan⁵⁵
倒茶、漤茶	【斟茶】tɕim²⁴ tsʰa¹¹	【斟茶】tɕim²⁴ tsʰa¹¹
端捧	【捧茶】buŋ³¹ tsʰa¹¹	【捧茶】muŋ³¹ tsʰa¹¹
沾醬油	【捧豆油】bun⁵⁵ tʰeu⁵⁵ iu¹¹	【捧豆油】bun⁵⁵ tʰeu⁵⁵ iu¹¹
	【蘸豆油】tɕiam³¹ tʰeu⁵⁵ iu¹¹	【蘸豆油】tɕiam³¹ tʰeu⁵⁵ iu¹¹

與眼有關的動作		
詞　　彙	玉泉村	洛陽村
看	【看】kʰon⁵⁵	【看】kʰon⁵⁵
瞇眼睛使其微微閉合	【目刺刺仔】 muk⁰² tɕʰi⁵⁵ tɕʰi⁵⁵ e³¹	【目刺刺仔】 muk⁰² tɕʰi¹¹ tɕʰi²⁴ e³¹
眨眼睛	【囁目】n̠iap⁰² muk⁰²	【囁目】n̠iap⁰² muk⁰²
閉眼	【瞌目】sap⁰² muk⁰²	【瞌目】sap⁰² muk⁰²
送秋波（指眉目傳情）	【打眼拐】ta³¹ n̠ien³¹ kuai³¹	【打眼拐】ta³¹ n̠ian³¹ kuai³¹
使眼色	【使眼角】ɕi³¹ n̠ien³¹ kok⁰²	【打眼角】ta³¹ n̠ian³¹ kok⁰²
瞪人	【視人】ɕi⁵⁵ n̠in¹¹	【視人】ɕi⁵⁵ n̠in¹¹
		【瞠人】tsʰaŋ⁵⁵ n̠in¹¹
睡覺	【睡目】soi⁵⁵ muk⁰²	【睡目】soi⁵⁵ muk⁰²
起床	【吭床】hoŋ⁵⁵ tsʰoŋ¹¹	【吭床】hoŋ⁵⁵ tsʰoŋ¹¹
打瞌睡	【睇目睡】tuk⁰² muk⁰² soi⁵⁵	【睇目睡】tuk⁰² muk⁰² soi⁵⁵
做夢	【發夢】pot⁰² muŋ⁵⁵	【發夢】pot⁰² muŋ⁵⁵
說夢話	【發青盲】pot⁰² tɕʰiaŋ¹¹ miaŋ²⁴	【講夢話】koŋ³¹ muŋ⁵⁵ hua⁵⁵

與口有關的動作		
詞彙	玉泉村	洛陽村
吃	【食】çit^{05}	【食】çit^{05}
吃（粗魯的說法）	【豺】sai^{24}	【豺】sai^{24}
喝	【啉】lim^{24}	【啉】lim^{24}
灌（大口喝或強迫人喝）	【灌】kon^{55}	【灌】kon^{55}
呵氣（用口吐出的熱氣溫暖器物）	【呴燒】ha^{11} seu^{24}	【呴燒】haŋ^{11} seu^{24}
吐血	【翻血】p^{h}on^{24} hiet^{05}	【翻血】p^{h}on^{24} hiat^{05}
用口水噴	【噴水】p^{h}un^{55} sui^{31}	【噴水】p^{h}un^{55} sui^{31}
		【哱水】p^{h}u^{55} sui^{31}
嘔吐	【吐】t^{h}u^{55}	【嘔】eu^{31}
	【翻】p^{h}on^{24}	【翻】p^{h}on^{24}
吐血	【嘔血】eu^{31} hiet^{02}	【翻血】p^{h}on^{24} hiat^{05}
吞嚥	【吞】t^{h}un^{24}	【吞】t^{h}un^{24}
咬住	【咬】ŋau^{24}	【咬】ŋau^{24}
咀嚼	【嚼】ts^{h}eu^{55}	【嚼】ts^{h}eu^{55}
吸奶	【吮奶】tç^{h}ion^{11} nen^{55}	【吮奶】tç^{h}ion^{11} nen^{55}
吐口水	【唾口瀾】p^{h}ui^{55} heu^{31} lan^{24}	【唾口瀾】p^{h}ui^{55} heu^{31} lan^{11}
抽菸	【啵菸】pak^{05} ien^{24}	【啵菸】pak^{05} ian^{24}
舔嘴唇（用舌頭在嘴邊舔抹）	【舐嘴脣】se^{11} tsoi^{55} sun^{11}	【舐嘴脣】se^{11} tsoi^{55} çin^{11}
吐舌	【耒舌】le^{11} sat^{05}	【耒舌】le^{11} sat^{05}
啃	【咬骨頭】ŋau^{11} kut^{02} t^{h}eu^{11}	【啜】lot^{02}
接吻	【唚】tçim^{24}	【唚】tçim^{24}
啜	【唧】tçip^{05}	【啜】tsot^{05}
試味道	【試看哪有鹹無】tç^{h}i^{55} k^{h}on^{55} na^{55} iu^{24} ham^{11} mo^{11}	【試鹹淡】tç^{h}i^{55} ham^{11} t^{h}am^{24}
哄孩子吃飯	【言言】maŋ^{11} maŋ^{11}	【言言】maŋ^{11} maŋ^{11}
吹哨子	【吹鎞鎞仔】ts^{h}oi^{11} pi^{11} pi^{24} e^{31}	【噴鎞鎞仔】p^{h}un^{11} pi^{11} pi^{24} e^{31}

吹口哨	【吹哨仔】ts^{h}oi^{11} seu^{24} e^{31}	【噴玳玳仔】p^{h}un^{11} ɕi^{11} ɕi^{24} e^{31}
噎著	【鯁到】kaŋ^{31} to^{31}	【鯁到】kaŋ^{31} to^{31}
嘖（嘴裡發出不耐煩或厭惡的聲音）	X	X
碎碎唸（自言自語般一直說不停）	【哎哎唧唧】ai^{11} ai^{11} tɕip^{05} tɕip^{05}	【哎哎唧唧】ai^{11} ai^{11} tɕip^{05} tɕip^{05}
用舌頭把肉挑出來	【嗹出來】len^{31} ts^{h}ut^{02} loi^{11}	【嗹出來】len^{31} ts^{h}ut^{02} loi^{11}
笑（發出欣喜的聲音）	【笑】seu^{55}	【讔】nak^{02}
哭	【叫】kieu^{55}	【叫】kieu^{55}
哭爹叫娘	【喔喔喊喊】bo^{31} bo^{31} hem^{11} hem^{24}	【喔喔喊喊】bo^{31} bo^{31} hem^{11} hem^{24}
呻吟	【呻】ts^{h}en^{24}	【呻】ts^{h}en^{24}
講話	【講話】koŋ^{31} hua^{55}	【講話】koŋ^{31} hua^{55}
問	【問】mun^{55}	【問】mun^{55}
勸	【勸】k^{h}ien^{55}	【勸】k^{h}ian^{55}
罵	【罵】ma^{55}	【罵】ma^{55}
幹（用粗魯的髒話罵人）	【屌】tiau^{31}	【屌】tiau^{31}
詈罵（女人罵）	【罵】ma^{55}	X
吵架（互罵對方）	【相罵】ɕioŋ^{11} ma^{55}	【相罵】ɕioŋ^{11} ma^{55}
		【相吵】ɕioŋ^{24} ts^{h}au^{11}
吵架（以言語相爭）	【相拗】ɕioŋ^{11} au^{55}	【相拗】ɕioŋ^{11} au^{55}
吹牛	【噴雞胿】p^{h}un^{11} kie^{11} koi^{24}	【噴雞胿】p^{h}un^{11} kie^{11} kui^{24}
吐槽（把吹牛的人所講的話之真相說出使其難堪）	【兜腳】teu^{24} kiok^{05}	【刺雞胿】tɕ^{h}iuk^{02} kie^{11} kui^{24}
囉嗦（一直說個不停）	【囉嗦】lo^{11} so^{24}	【囉嗦】lo^{11} so^{24}
誇獎	【褒獎】po^{24} tɕioŋ^{31}	【褒】po^{24}
吹牛（借用閩南語詞彙）	【講嘐潲】koŋ^{31} hau^{11} ɕiau^{11}	【講嘐潲】koŋ^{31} hau^{11} ɕiau^{11}
開玩笑	【開玩笑】k^{h}oi^{24} uan^{11} seu^{55}	【開玩笑】k^{h}oi^{24} uan^{11} seu^{55}
		【講讔】koŋ^{31} nak^{02}

發誓	【發誓】huat^{02} ¢i^{55}	【發誓】fuat^{02} ¢i^{55}
騙（用謊話或詭計去陷害別人）	【騙人】p^{h}ien^{55} n̩in^{11}	【騙人】p^{h}en^{55} n̩in^{11}
喊叫（大聲叫）	【喊】hem^{24}	【喊】hem^{24}
喊（大聲驅趕）	【逐】kiuk^{02}	【逐】kiuk^{02}
告狀	【投人】t^{h}eu^{11} n̩in^{11}	【投人】t^{h}eu^{11} n̩in^{11}
央求	【拜託】pai^{55} t^{h}ok^{02}	【拜託】pai^{55} t^{h}ok^{02}
	【姑情】ko^{11} t¢^{h}ia^{11}	
撒嬌	【做嬌】tso^{55} kieu^{24}	【做嬌】sai^{11} nai^{24}
吩咐（叮嚀囑咐）	【吩咐】hun^{11} hu^{55}	【吩咐】fun^{11} fu^{55}
挑撥離間	【弄狗相咬】luŋ^{55} kieu^{31} ¢ioŋ^{11} ŋau^{24}	【弄狗相咬】luŋ^{55} kieu^{31} ¢ioŋ^{11} ŋau^{24}
		【變鬼變怪】pen^{55} kui^{31} pen^{55} kuai^{55}
打嗝	【打嗝】ta^{31} et^{02}	【打嗝】ta^{31} et^{02}
連續打嗝	【打嗝啄】ta^{31} et^{05} tok^{05}	【打嗝啄】ta^{31} et^{05} tok^{05}
打哈欠	【擘嘴】pak^{02} tsoi^{55}	【擘嘴】pak^{02} tsoi^{55}
	【打嗝喊】ta^{31} ak^{05} ham^{55}	
嗆到（喝水太猛被水嗆到）	【哽到】kaŋ^{31} to^{31}	【哽到】kaŋ^{31} to^{31}
忌嘴	【淨嘴】k^{h}iaŋ^{55} tsoi^{55}	【淨嘴】k^{h}iaŋ^{55} tsoi^{55}
肚子餓	【肚飢】tu^{31} ki^{24}	【肚飢】tu^{31} ki^{24}
餓	【餓】ŋo^{55}	【餓】ŋo^{55}
口渴	【嘴燥】tsoi^{55} tsau^{24}	【嘴燥】tsoi^{55} tsau^{24}
漱口	【湯嘴】t^{h}oŋ^{11} tsoi^{55}	【湯嘴】t^{h}oŋ^{11} tsoi^{55}
頂嘴	【應話】ȥin^{55} hua^{55}	【撐嘴】ts^{h}aŋ^{55} tsoi^{55}
收涎（讓小孩少流口水的一種儀式）	【收口瀾】su^{24} heu^{31} lan^{24}	【收瀾】su^{11} lan^{24}
呼小孩小便	【兜尿】teu^{11} n̩iau^{55}	【兜尿】teu^{11} n̩iau^{55}
呼小孩大便	【兜屎】teu^{24} ¢i^{31}	【兜屎】teu^{11} ¢i^{31}
呼小孩大便聲	【嗯嗯】ŋ^{31} ŋ^{31}	【嗯】ŋ^{31}
合脣（嘴脣向內縮）	【滿嘴】man^{11} tsoi^{55}	【滿嘴】man^{11} tsoi^{55}

癟嘴（無牙齒支撐的唇形）	【合嘴】hap⁰⁵ tsoi⁵⁵	【合嘴】hap⁰⁵ tsoi⁵⁵
抿嘴（要哭不哭的唇形）	【扁嘴】pien³¹ tsoi⁵⁵	【扁嘴】pen³¹ tsoi⁵⁵
呼喊動物聲	【嘍】leu⁵⁵	【嘍狗仔】leu⁵⁵ kieu³¹ e³¹
小孩牙牙學語的樣子	【打映古】ta³¹ aŋ⁵⁵ ku³¹	【打映古】ta³¹ aŋ⁵⁵ ku³¹
		【學講話】hok⁰⁵ koŋ³¹ hua⁵⁵
磨牙	【囓牙】ŋat⁰² ŋa¹¹	【囓牙】ŋat⁰² ŋa¹¹

和耳鼻有關的動作		
詞　彙	玉泉村	洛陽村
響	【響】hioŋ³¹	【響】hioŋ³¹
聽	【聽】tʰaŋ²⁴	【聽】tʰaŋ²⁴
聞	【聞】pʰi⁵⁵	【聞】pʰi⁵⁵
擤鼻涕	【擤鼻】sen⁵⁵ pʰi⁵⁵	【擤鼻】sen⁵⁵ pʰi⁵⁵
打噴嚏	【打哈啾】ta³¹ at⁰⁵ tɕʰiu⁵⁵	【打哈啾】ta³¹ at⁰⁵ tɕʰiu³¹

和腳有關的動作		
詞　彙	玉泉村	洛陽村
跌倒	【蹣倒】baŋ⁵⁵ to³¹	【蹣倒】baŋ⁵⁵ to³¹
滑倒	【溜倒】lu⁵⁵ to³¹	【滑倒】bat⁰⁵ to³¹
跨過	【檻】kʰiam⁵⁵	【檻】kʰiam⁵⁵
爬山（往上爬高的動作）	【扒山】pak⁰² san²⁴	【扒山】pak⁰² san²⁴
爬行（在地上爬行）	【爬】pʰa¹¹	【爬】pʰa¹¹
翻山越嶺	【翻山過嶺】huan¹¹ san¹¹ ko⁵⁵ liaŋ²⁴	【攀山過嶺】pʰan¹¹ san²⁴ ko⁵⁵ liaŋ¹¹
走	【行】haŋ¹¹	【行】haŋ¹¹
跑（急走）	【走】tseu³¹	【走】tseu³¹
踩到	【蹣到】naŋ⁵⁵ to³¹	【蹣到】naŋ⁵⁵ to³¹
踢被子	【踢被】tʰet⁰² pʰi²⁴	【踢被骨】tʰet⁰² pʰi²⁴ kut⁰⁵

詞彙	玉泉村	洛陽村
踢（提起腿用腳撞擊）	【踢】tʰet⁰²	【踢】tʰet⁰²
跳	【跳】tʰiau⁵⁵	【跳】tʰiau⁵⁵
跪	【跪】kʰui³¹	【跪】kʰui³¹
蹲	【蹲】ku²⁴	【蹲】ku¹¹
站起來	【企項來】kʰi¹¹ hoŋ⁵⁵ loi¹¹	【企項來】kʰi¹¹ hoŋ⁵⁵ loi¹¹
單腳跳	【跳腳】tʰiau⁵⁵ kiok⁰²	【曲腳跳】kʰieu²⁴ kiok⁰² tʰiau⁵⁵
用腳把人絆倒	【徑橫人】kaŋ⁵⁵ baŋ⁵⁵ n̠in¹¹	【徑人】kaŋ⁵⁵ n̠in¹¹
翹二郎腿、翹腳	【曲腳】kʰieu²⁴ kiok⁰⁵	【曲腳】kʰieu²⁴ kiok⁰⁵
做狗爬（趴在地上當狗爬）	【做狗爬】tso⁵⁵ kieu³¹ pʰa¹¹	【做狗爬】tso⁵⁵ kieu³¹ pʰa¹¹
跺腳（腳用力踐踏的動作）	【墊腳】tem³¹ kiok⁰²	【墊腳】tem³¹ kiok⁰²
墊腳尖（抬起腳後跟用腳尖站著）	【墊腳仔】tʰen³¹ kiok⁰² ge³¹	【墊腳仔】tʰen³¹ kiok⁰² mi²⁴
小孩學站	【打蹬學行】ta³¹ ten²⁴ hok⁰⁵ haŋ¹¹	【打蹬】ta³¹ ten²⁴

和衣被有關的動作		
詞　彙	玉泉村	洛陽村
穿衣服	【著衫】tsok⁰² sam²⁴	【著】tsok⁰²
脫衣服	【脫衫】tʰot⁰² sam²⁴	【脫】tʰot⁰²
戴帽子	【戴帽仔】tai⁵⁵ mo⁵⁵ e³¹	【戴帽仔】tai⁵⁵ mo⁵⁵ e³¹
把褲子拉高	【捀褲頭】paŋ¹¹ hu⁵⁵ tʰeu¹¹	【捀褲頭】paŋ¹¹ hu⁵⁵ tʰeu¹¹
將手穿進衣袖裡	【穿落去】tsʰon⁵⁵ lok⁰⁵ hi⁵⁵ 【穿過去】tsʰon⁵⁵ ko⁰⁵ hi⁵⁵	【穿衫袖】tsʰon⁵⁵ sam¹¹ tɕʰiu⁵⁵
披著	【加矣】ka²⁴ le³¹	【幔衫】maŋ¹¹ sam²⁴
拉拉鍊	【捀チャック】paŋ¹¹ tɕiak⁰⁵ kuʔ⁰²	【捀】paŋ²⁴
扣鈕釦	【扣項來】kʰeu⁵⁵ hoŋ⁵⁵ loi¹¹	【扣釦仔】kʰeu⁵⁵ kʰeu⁵⁵ e³¹
捲折（把袖子捲起來）	【攝起來】n̠iap⁰² hi³¹ loi¹¹	【攝手袖】n̠iap⁰² su³¹ tɕʰiu⁵⁵ 【摺手袖】tsap⁰² su³¹ tɕʰiu⁵⁵

紮皮帶	【揩皮帶】kie²⁴ pʰi¹¹ tai⁵⁵	【揩皮帶】kie¹¹ pʰi¹¹ tai⁵⁵
摺衣服	【摺衫服】tsap⁰² sam¹¹ hu⁵⁵	【摺衫服】tsap⁰² sam¹¹ hu⁵⁵
縫	【攣】lion¹¹	【攣】lion¹¹
補衣服	【補衫】pu³¹ sam²⁴	【補衫服】pu³¹ sam¹¹ fu⁵⁵
織毛線	【刺膨線】tɕʰiak⁰² pʰoŋ⁵⁵ ɕien⁵⁵	【刺膨線】tɕʰiak⁰² pʰoŋ⁵⁵ ɕien⁵⁵
用針線簡易的綴補，特別是用在縫褲管或被單	【釘起來】taŋ²⁴ hi³¹ loi¹¹ 【定起來】tin⁵⁵ hi³¹ loi¹¹	【釘褲腳】taŋ¹¹ fu⁵⁵ kiok⁰²
補綴（用另外的不把破損處縫起來）	【補過長】pu³¹ ko⁵⁵ tsʰoŋ¹¹	【補】pu³¹
清洗	【洗】se³¹	【洗】se³¹
漂洗（用清水把衣服洗乾淨）	【湯】tʰoŋ²⁴	【嗽過】tsʰuk⁰⁵ ko⁵⁵ （方向爲上下） 【盪過】tʰoŋ¹¹ ko⁵⁵ （方向爲左右）
曬衣服	【曬衫服】sai⁵⁵ sam¹¹ hu⁵⁵	【曬衫服】sai⁵⁵ sam¹¹ fu⁵⁵
晾衣服	【晾衫服】loŋ⁵⁵ sam¹¹ hu⁵⁵	【晾衫服】loŋ⁵⁵ sam¹¹ fu⁵⁵
拍打（將衣服上的灰塵拍落）	【拌】pʰat⁰⁵	【拌】pʰat⁰²
熨燙	【熨】iun⁵⁵	【熨】giun⁵⁵
蓋被子	【蓋被】koi⁵⁵ pʰi²⁴	【蓋被】koi⁵⁵ pʰi²⁴
鋪被子	【攤被】tʰan¹¹ pʰi²⁴	【攤被】tʰan¹¹ pʰi²⁴
疊被子	【疊被】tʰiap⁰⁵ pʰi²⁴	【疊被】tʰiap⁰² pʰi²⁴
摺被子	【摺被】tsap⁰² pʰi²⁴	【摺被】tsap⁰² pʰi²⁴
拿衣服	【拿衫服】na¹¹ sam¹¹ hu⁵⁵ 【擄衫服】lu¹¹ sam¹¹ hu⁵⁵	【拿衫服】na¹¹ sam¹¹ fu⁵⁵ 【擄衫服】lu¹¹ sam¹¹ fu⁵⁵
弓起來（用衣架架起來）	【弓項來】kiuŋ¹¹ hoŋ⁵⁵ loi¹¹	【弓項來】kiuŋ¹¹ hoŋ⁵⁵ loi¹¹
打摺（在衣服上縫皺褶）	【打摺】ta³¹ tsap⁰²	【打摺】ta³¹ tsap⁰²
車布邊（一種縫紉方法）	【車布脣】tsʰa¹¹ pu⁵⁵ sun¹¹	【車布脣】tsʰa¹¹ pu⁵⁵ pen²⁴

編織布	【織布】tsït^02 pu^55	【織布】tɕit^02 pu^55
扯平（將衣物兩頭同時用力拉，或一頭固定另一頭用力扯，使之平整）	【揹正來】paŋ^11 tsaŋ^55 loi^11	【揹分平】paŋ^11 pi^31 pʰiaŋ^11
	【揹分直】paŋ^11 pi^31 tsʰït^05	
頭頂著手帕	【幔手帕】maŋ^24 su^31 pʰa^55	【絧手帕】tuŋ^24 su^31 pʰa^55
搭布篷	【搭布篷】tap^02 pu^55 pʰuŋ^11	【搭布篷】tap^02 pu^55 pʰuŋ^11

和家務有關的動作		
詞　彙	玉泉村	洛陽村
刷洗	【擄】lu^55	【擄】lu^55
		【搓】tsʰo^55
掃地	【掃地泥】so^55 tʰi^55 nai^11	【掃地泥】so^55 tʰi^55 nai^11
掃起來	【抔】but^02	【抔】but^02
倒掉	【倒忒】to^31 het^02	【倒忒】to^31 het^02
擦拭（擦桌子）	【擦桌仔】tsʰut^05 tsok^02 ge^31	【擦桌】tsʰut^05 tsok^02
	【抹桌】mi^11 tsok^02	【抹桌】mi^11 tsok^02
汲水（利用手動抽水機打水）	【搝水】hiap^05 sui^31	【搝水】hiap^05 sui^31
接水	【承水】ɕin^11 sui^31	【承水】ɕin^11 sui^31
挑水	【垓水】kʰai^24 sui^31	【垓水】kʰai^24 sui^31
提水	【擐水】kʰuan^55 sui^31	【擐水】kʰan^55 sui^31
扭轉（轉開水龍頭）	【扭】ɲiu^31	【扭】ɲiu^31
打水	【打井水】ta^31 tɕiaŋ^31 sui^31	【打水】ta^31 sui^31
把火點著	【火點分著】fuo^31 tiam^31 pi^31 tsʰok^05	【點火分著】tiam^31 fuo^31 pi^31 tsʰok^05
吹熄	【噴烏】pʰun^11 bu^24	【噴分烏】pʰun^11 pi^31 bu^24
關門的動作	【關起來】kuan^24 hi^31 loi^11	【關項來】kuan^24 hoŋ^55 loi^11
閂門	【禁項來】tɕin^11 hoŋ^55 loi^11	【閂門】tsʰon^24 mun^11
收拾	【收】su^24	【收項起來】su^11 hoŋ^55 hi^31 loi^11

用手打的動作		
詞　彙	玉泉村	洛陽村
打	【打】ta³¹	【打】ta³¹
用拳頭打下去	【舂】tsuŋ²⁴	【舂】tsuŋ²⁴
	【摏】pʰoŋ²⁴	【摏】pʰoŋ²⁴
打耳光	【擗嘴角】piak⁰⁵ tsoi⁵⁵ kok⁰²	【擗嘴角】piak⁰⁵ tsoi⁵⁵ kok⁰²
	【打嘴角】ta³¹ tsoi⁵⁵ kok⁰²	
用手輕拍	【拍】pʰok⁰²	【拍】pʰok⁰²
敲頭	【揩】ke¹¹	【摑】kuak⁰⁵
敲頭	【揩頭那】ke¹¹ tʰeu¹¹ na¹¹	【叩頭那】kok⁰⁵ tʰeu¹¹ na¹¹
用食指和中指的指節敲	【叩】kʰok⁰⁵	【叩】kok⁰⁵
五根手指聚攏打頭	【五公揩】ŋ³¹ kuŋ²⁴ ke¹¹	X
肘擊（用手肘打）	【扽】tun⁵⁵	【扽】tun⁵⁵

用刀的動作		
詞　彙	玉泉村	洛陽村
砍頭	【斬頭】tsam³¹ tʰeu¹¹	【斬頭】tsam³¹ tʰeu¹¹
用刀砍劈	【劈】pʰiak⁰²	【劈】pʰiak⁰²
剔除（把甘蔗周圍的鬍鬚弄掉）	【削】ɕiok⁰²	【削】ɕiok⁰²
斜劈（斜著刀砍劈）	【斲】tok⁰⁵	【斲】tok⁰⁵
殺雞	【㓾雞仔】tɕʰi¹¹ kie²⁴ e³¹	【㓾雞仔】tɕʰi¹¹ kie²⁴ e³¹
割	【割】kot⁰²	【割】kot⁰²
切	【切】tɕʰiet⁰²	【切】tɕʰiet⁰²
用刀去皮的動作	【汰皮】tʰai³¹ pʰi¹¹	【汰皮】tʰai³¹ pʰi¹¹
	【削皮】ɕiok⁰² pʰi¹¹	【削皮】ɕiok⁰² pʰi¹¹
削（用刀將物體的表層去掉）	【削】ɕiok⁰²	【削】ɕiok⁰²
戳（用刀去戳的動作）	【鑯】tɕʰiam³¹	【鑯】tɕʰiam³¹
砍柴	【剖柴仔】pʰo⁵⁵ tsʰeu¹¹ e³¹	【剖柴仔】pʰo⁵⁵ tsʰeu¹¹ e³¹
刮	【刮】kuat⁰²	【刮】kuat⁰²
剃頭	【剃頭】tʰi⁵⁵ tʰeu¹¹	【剃頭】tʰi⁵⁵ tʰeu¹¹

刻印章	【刻印仔】kʰet⁰² jin⁵⁵ ne³¹	【割印仔】kot⁰² jin⁵⁵ ne³¹
磨刀子	【挼刀仔】no¹¹ to²⁴ e³¹	【挼刀仔】no¹¹ to²⁴ e³¹
䠺刀（把刀子在䠺鋼上磨擦）	【幫刀仔】poŋ¹¹ to²⁴ e³¹	【搓刀仔】tsʰo⁵⁵ to²⁴ e³¹
刮臉	【修面】ɕiu¹¹ mien⁵⁵	【修面】ɕiu¹¹ men⁵⁵

用棍子或其他工具的動作		
詞　彙	玉泉村	洛陽村
打	【拍】mak⁰⁵	【拍】mak⁰⁵
撬開的動作	【撬】kʰieu⁵⁵	【撬】kʰieu⁵⁵
搧（搧扇子）	【拌扇仔】pʰat⁰² san⁵⁵ ne³¹	【拌扇仔】pʰat⁰² san⁵⁵ ne³¹ 【搖扇仔】ieu¹¹ san⁵⁵ ne³¹
拿雨傘	【擎】kʰia¹¹	【擎】kʰia¹¹
釘（用鐵鎚打釘子）	【釘】taŋ²⁴	【釘】taŋ²⁴
扣敲	【叩門】kʰok⁰⁵ mun¹¹ 【摧】kʰau⁵⁵	【摧】kʰau⁵⁵
用橡皮筋箍起來	【掠】liak⁰⁵ 【束】sok⁰²	【束】sok⁰²
掀開	【搧轉】pien³¹ tson³¹	【掀開來】ian¹¹ kʰoi²⁴ loi¹¹
綁（用繩子綁）	【搦】tʰak⁰²	【搦】tʰak⁰²
解開	【解】kiai³¹	【解】kie³¹
鑿（用鑿子鑿）	【鑿】tsʰok⁰⁵	【鑿】tsʰok⁰⁵
刨（用鉋刀刨）	【刨】pʰau¹¹	【刨】pʰau¹¹
鋸	【鋸】ki⁵⁵	【鋸】ki⁵⁵
夾取	【夾】kiap⁰⁵	【夾】kiap⁰²
剪	【剪】tɕien³¹	【剪】tɕien³¹
挖掘	【掘】kʰut⁰⁵	【掘】kʰut⁰⁵
挖	【挖】giet⁰²	【挖】giat⁰²
鞭打（用鞭子打）	【摔落去】ɕiu³¹ lok⁰⁵ hi⁵⁵	【摔】ɕiu³¹
撐開（把雨傘打開）	【打開來】ta³¹ kʰoi²⁴ loi¹¹	【打開來】ta³¹ kʰoi²⁴ loi¹¹
挽臉	【捞面】paŋ¹¹ mien⁵⁵	【捞面】paŋ¹¹ men⁵⁵

用筆的動作		
詞　彙	玉泉村	洛陽村
畫圖	【畫圖】hua^{55} t^{h}u^{11}	【畫圖】fua^{55} t^{h}u^{11}
寫字	【寫字】ɕia^{31} si^{55}	【寫字】ɕia^{31} ɕi^{55}
描	【描】miau^{11}	【描】miau^{11}
亂塗	【畫】hua^{55}	【痾巴畫】o^{24} ba^{11} bak^{05}
沾染	【搵到】bun^{55} to^{31}	【搵】bun^{55}
		【滯到】ts^{h}e^{55} to^{31}
貼	【貼】tiap^{02}	【貼】tiap^{02}
撕下來	【扯下來】ts^{h}a^{31} ha^{24} loi^{11}	【扯下來】ts^{h}a^{31} ha^{24} loi^{11}
撕	【剝】pak^{02}	【剝】pak^{02}
磨墨	【挼墨】no^{11} met^{05}	【挼墨】no^{11} met^{05}

和手有關的動作		
詞　彙	玉泉村	洛陽村
撒	【撒】gie^{55}	【撒】gie^{55}
拉	【捹】paŋ^{24}	【捹】paŋ^{24}
拉車	【捹車仔】paŋ^{11} ts^{h}a^{24} e^{31}	【捹車仔】paŋ^{11} ts^{h}a^{24} e^{31}
折彎	【拗】au^{31}	【拗畀彎】au^{31} pi^{24} v^{w}an^{11}
抓住	【扭著】neu^{31} nun^{31}	【捉著】tsok^{02} mun^{31}
折斷	【拗分斷】au^{31} pi^{31} t^{h}on^{24}	【拗斷】au^{31} t^{h}on^{24}
用力扯	【挩】tui^{31}	【挩】tui^{31}
拿著	【拿】na^{24}	【拿著】na^{11} mun^{31}
掏（從口袋把東西掏出來）	【摟】leu^{11}	【摟著】leu^{11} mun^{31}
按著	【撳著】k^{h}im^{55} nun^{31}	【撳著】k^{h}im^{55} mun^{31}
投錢	【落錢】lok^{05} tɕ^{h}ien^{11}	【落錢】lok^{05} ts^{h}en^{11}
撥開	【培開來】poi^{11} k^{h}oi^{24} loi^{11}	【培開來】poi^{11} k^{h}oi^{24} loi^{11}
扶（用手攙扶人或物使其保持不倒或站立著）	【扶】hu^{11}	【扶】fu^{11}

攙扶	【插著】ts^{h}ap^{02} len^{31}	【插著】ts^{h}ap^{02} men^{31}
攬（用手臂圍住對方）	【攬】nam^{31}	【攬】nam^{31}
搗住	【掩】em^{24}	【掩】em^{24}
輕揉	【挼挼啊】no^{11} no^{11} a^{31}	【挼挼啊】no^{11} no^{24} a^{31}
輕撫	【挲挲啊】so^{11} so^{11} a^{31}	【挲挲啊】so^{11} so^{24} a^{31}
摸索	【摸】mio^{24}	【摸】mio^{24}
觸摸（用手觸碰）	【摸】mia^{24}	【摸】mia^{24}
用手在河裡摸蛤蜊	【覓蜆仔】mi^{55} han^{31} ne^{31}	【覓蜆仔】mi^{55} han^{31} ne^{31}
擠青春痘	【擠種黍】kit^{05} tson^{31} su^{11}	【擠種黍】kit^{05} tson^{31} su^{11}
扛（用雙手或肩膀舉重物）	【扛】kon^{24}	【扛】kon^{24}
推	【推】sun^{31}	【推】sun^{31}
掂（拿在手上估計重量）	【測】tset^{02}	【測】tset^{02}
扭到（手筋骨挫傷）	【挼到】tsun^{31} to^{31} 【偏到】p^{h}ien^{24} to^{31}	【撙到】tsun^{31} to^{31} 【偏到】p^{h}en^{24} to^{31} 【扭到】niu^{31} to^{31} 【鬱到】but^{02} to^{31}
伸出去	【伸】ts^{h}un^{24}	【伸】ts^{h}un^{24}
擺動、晃動	【搖】ieu^{11}	【搖】ieu^{11}
放置	【放】pion^{55}	【放】pion^{55}
放置（把立體的東西擺放好）	【囥】k^{h}on^{55}	【囥】k^{h}on^{55}
沖（用水沖乾淨）	【沖水】tsun^{11} sui^{31} 【沖淨】tsun^{11} tɕ^{h}ian^{55}	【沖水】tsun^{11} sui^{31}
硬塞	【屧】ɕiap^{02}	【屧】ɕiap^{02}
搬家	【搬屋】pan^{24} buk^{05}	【搬屋】pan^{24} buk^{05} 【徙屋】sai^{31} buk^{02}
移動	【徙位】sai^{31} bi^{55}	【徙位】sai^{31} bi^{55}
短距離的搬動	【兜】teu^{24}	【兜】teu^{24}
撿拾	【拈起來】ɲiam^{24} hi^{31} loi^{11}	【拈】ɲiam^{24}
攜帶	【袋】t^{h}oi^{55}	【袋】t^{h}oi^{55}

抽籤	【拈籤仔】 ȵiam¹¹ tɕʰiam²⁴ me³¹ 【抽籤】tsʰu¹¹ tɕʰiam²⁴	【抽籤】tsʰu¹¹ tɕʰiam²⁴
抓鬮	【拈鬮仔】 ȵiam¹¹ kʰieu²⁴ e³¹	【拈鬮仔】 ȵiam¹¹ kʰieu²⁴ e³¹
握手	【握手】ak⁰² su³¹	【握手】ak⁰² su³¹
牽手	【牽手】kʰien²⁴ su³¹	【牽手】kʰian¹¹ su³¹
抓起來	【扭起來】 neu³¹ hi³¹ loi¹¹	【扭起來】neu³¹ hi³¹ loi¹¹ （對象通常爲人） 【捉起來】tsok⁰² hi³¹ loi¹¹ （對象通常爲動物）
湊（把兩樣東西裝配一起）	【鬥共下】teu⁵⁵ kʰiuŋ⁵⁵ ha⁵⁵	【鬥】teu⁵⁵
蓋下去	【揜下去】kem¹¹ ha¹¹ hi⁵⁵	【揜下去】kem¹¹ ha¹¹ hi⁵⁵
沖水（用水管沖）	【噴水】pʰun⁵⁵ sui³¹	【噴水】pʰun⁵⁵ sui³¹
潑水	【潑水】pʰat⁰² sui³¹	【潑水】pʰat⁰² sui³¹
掏耳朵	【鈎耳屎】kieu²⁴ ȵi³¹ ɕi³¹	【鈎耳屎】kieu²⁴ ȵi³¹ ɕi³¹
梳頭髮	【捋】liok⁰⁵	【捋頭那毛】 liuk⁰⁵ tʰeu¹¹ na¹¹ mo²⁴
梳頭	【梳頭】ɕi²⁴ tʰeu¹¹	【梳頭】ɕi²⁴ tʰeu¹¹
抹粉	【搽粉】tsʰa¹¹ hun³¹	【抹粉】mat⁰² hun³¹
挑小刺	【挑芳】tʰiau²⁴ net⁰⁵	【挑芳】tʰiau²⁴ net⁰⁵ 【挖芳】bat⁰⁵ net⁰⁵
抓狗虱	【扭虱嬤】neu³¹ set⁰² ma¹¹	【捉狗蜱】tsok⁰² kieu³¹ pi²⁴
舞獅	【弄獅】luŋ⁵⁵ ɕi²⁴	【弄獅】nuŋ⁵⁵ ɕi²⁴
扳轉（扭轉方向）	【扳下來】pan¹¹ ha²⁴ loi¹¹	【扳下來】paŋ¹¹ ha²⁴ loi¹¹
焐（物體因接觸而溫熱）	X	【凭分燒】pen⁵⁵ pi³¹ seu²⁴
燙到	【燶到】luk⁰⁵ to³¹	【燶到】luk⁰⁵ to³¹
按摩、推拿	【扭龍】neu³¹ liuŋ¹¹	【捉龍】tsok⁰² liuŋ¹¹
慢慢放下去	【撸下去】lu⁵⁵ ha¹¹ hi⁵⁵	【撸下去】lu⁵⁵ ha¹¹ hi⁵⁵
丟石頭	【嗟石頭】tɕiet⁰⁵ sak⁰⁵ tʰeu¹¹	【拽石頭】et⁰⁵ sak⁰⁵ tʰeu¹¹

手指動作		
詞 彙	玉泉村	洛陽村
擠搓	【搓】tsʰai²⁴	【搦】tɕiok⁰⁵
用五指抓拿	【扭】neu³¹	【拈分綑】n̠ian³¹ pi³¹ hen¹¹
捏（掐脖子）	【搭】kʰak⁰⁵	【搭】kʰak⁰⁵
剝	【剝皮】pok⁰² pʰi¹¹	【擘皮】pak⁰² pʰi¹¹
用手指撥弄算盤計算	【打算盤】ta³¹ son⁵⁵ pʰan¹¹	【摘算盤】tiak⁰⁵ son⁵⁵ pʰan¹¹
用手指彈耳朵	【摘耳公】tiak⁰⁵ n̠i³¹ kuŋ²⁴	【摘耳公】tiak⁰⁵ n̠i³¹ kuŋ²⁴
一把抓（抓一把米）	【搤一把米】ia³¹ it⁰² pa³¹ mi³¹	【搤一搭米】ia³¹ it⁰² kʰak⁰⁵ mi³¹
捏（用手指頭抓）	【扭】n̠iu³¹	【扭】n̠iu³¹
扭轉（手指抓住後再扭轉）	【扭】n̠iu³¹	【扭】n̠iu³¹
彈出橡皮筋	【射】sa⁵⁵	【擗】pʰiak⁰⁵
按壓（用手指按）	【撳】kʰim⁵⁵	【撳】kʰim⁵⁵
穿針（將線穿入針孔）	【穿針線】tsʰon⁵⁵ tɕim¹¹ ɕien⁵⁵	【穿針】tsʰon⁵⁵ tɕim²⁴
蓋印	【揕印仔】tsem³¹ jin⁵⁵ ne³¹	【揕印仔】tsem³¹ jin⁵⁵ ne³¹
摳（用指甲摳）	【抓】tsau³¹	【抓】giau³¹
搔癢	【吱】tɕi⁵⁵	【撓】n̠iau²⁴
用手指搓揉	【擂畀死】lui¹¹ pi²⁴ ɕi³¹	【挼畀死】no¹¹ pi³¹ ɕi³¹
抓癢	【抓癢】tsau³¹ ioŋ²⁴	【抓癢】tsau³¹ ioŋ²⁴
彈琴（彈鋼琴）	【彈鋼琴】tʰan¹¹ koŋ⁵⁵ kʰim¹¹	【彈鋼琴】tʰan¹¹ koŋ⁵⁵ kʰim¹¹
洗搓背部	【鋸背囊】ki⁵⁵ poi⁵⁵ noŋ¹¹	【鋸背囊】ki⁵⁵ poi⁵⁵ noŋ¹¹
拉胡琴	【鋸弦仔】ki⁵⁵ hien¹¹ ne³¹	【鋸弦仔】ki⁵⁵ hien¹¹ ne³¹

身體動作		
詞 彙	玉泉村	洛陽村
坐	【坐著】tsʰo²⁴ lun³¹	【坐】tsʰo²⁴
伸懶腰	【伸腰】tsʰun¹¹ ieu²⁴	【伸腰仔】tsʰun¹¹ ieu²⁴ e³¹
彎腰	【彎腰】vʷan¹¹ ieu²⁴	【彎腰】vʷan¹¹ ieu²⁴
半躺	【凭著】pen⁵⁵ nen³¹	【凭著】pen⁵⁵ mun³¹
躺	【睡】soi⁵⁵	【眠下去】min¹¹ ha¹¹ hi⁵⁵

趴（身體向前靠在物體上）	【伏】pʰuk⁰⁵	【伏著】pʰuk⁰⁵ mun³¹
扶著（俯伏著）	【伏著】pʰuk⁰⁵ len³¹	【伏著】pʰuk⁰⁵ mun³¹
抖動	【挍】tsun²⁴	【挍】tsun²⁴
打滾	【輾地泥】tsan⁵⁵ tʰi⁵⁵ nai¹¹	【輾地泥】tsan⁵⁵ tʰi⁵⁵ nai¹¹ 【打巴賴】ta³¹ pat⁰⁵ lai⁵⁵（鬧脾氣）
揹小孩	【背細人】pi⁵⁵ se⁵⁵ n.in¹¹	【背細人】pi⁵⁵ se⁵⁵ n.in¹¹
揹書包	【揹書包】pa¹¹ su¹¹ pau²⁴	【揹書包】pa¹¹ su¹¹ pau²⁴
點頭	【頷頭】ŋam³¹ tʰeu¹¹	【頷頭】ŋam³¹ tʰeu¹¹ 【點頭】tiam³¹ tʰeu¹¹
搖頭	【搖頭】ieu¹¹ tʰeu¹¹	【搖頭】ieu¹¹ tʰeu¹¹ 【拂頭】fin⁵⁵ tʰeu¹¹
磕頭（以頭撞牆）	【磕頭】ŋap⁰⁵ tʰeu¹¹	【磕頭】ŋap⁰⁵ tʰeu¹¹
轉頭	【轉頭】tson³¹ tʰeu¹¹	【轉頭】tson³¹ tʰeu¹¹ 【彎頭】vʷan²⁴ tʰeu¹¹
回頭	【斡頭】bat⁰² tʰeu¹¹	【斡頭】bat⁰² tʰeu¹¹
洗澡	【洗身】se³¹ çin²⁴	【洗圓身】se³¹ ian¹¹ çin¹¹
癱下去	【趖下去】kio¹¹ ha¹¹ hi⁵⁵	【趖下去】kio¹¹ ha¹¹ hi⁵⁵
癱暈下去	【暈倒】hun¹¹ to³¹ 【暈忒】hun¹¹ het⁰²	【暈忒】hun¹¹ het⁰²

其他動作		
詞　彙	玉泉村	洛陽村
打架	【相打】çioŋ²⁴ ta³¹	【相打】çioŋ¹¹ ta³¹
吵架	【相吵】çioŋ²⁴ tsʰau¹¹	【冤家】ian¹¹ ka²⁴
做愛	【相鳥】çioŋ²⁴ tiau³¹	【相鳥】çioŋ²⁴ tiau³¹
手淫	【打手槍】ta³¹ su³¹ tɕʰioŋ²⁴	【搞鳥仔】kau³¹ tiau²⁴ e³¹
勃起	【硬項來】ŋaŋ⁵⁵ hoŋ⁵⁵ loi¹¹	【硬項來】ŋaŋ⁵⁵ hoŋ⁵⁵ loi¹¹
打賭	【打賭】ta³¹ tu³¹ 【相輸】çioŋ¹¹ su²⁴	【打賭】ta³¹ tu³¹ 【相輸】çioŋ¹¹ su²⁴
輸贏（比個高低）	【輸贏】su²⁴ iaŋ¹¹	【輸贏】su²⁴ iaŋ¹¹

養狗	【畜狗仔】hiuk^{02} kieu^{31} e^{31}	【畜狗仔】hiuk^{02} kieu^{31} e^{31}
餵	【餵】bi^{55}	【餵】bi^{55}
毒死	【□畀死】t^{h}eu^{55} pi^{31} ɕi^{31}	【□畀死】t^{h}eu^{55} pi^{31} ɕi^{31} 【毒畀死】t^{h}uk^{05} pi^{31} ɕi^{31}
顧小孩	【渡細人】t^{h}u^{55} se^{55} ȵin^{11}	【渡細人】t^{h}u^{55} se^{55} ȵin^{11}
搭車	【坐車】ts^{h}o^{11} ts^{h}a^{24}	【坐車仔】ts^{h}o^{11} ts^{h}a^{24} e^{31}
佔位子	【號位】ho^{55} bi^{55}	【號位】ho^{55} bi^{55} 【佔位】tɕiam^{55} bi^{55}
買油	【買油】mai^{24} iu^{11}	【買油】mai^{24} iu^{11}
蓋	【揜】kiem^{11}	【揜】kem^{11}
躲	【拚】piaŋ^{55}	【拚】piaŋ^{55}
休息、玩	【嫽】liau^{55}	【嫽】liau^{55}
小便	【痾尿】o^{11} ȵiau^{55}	【痾尿】o^{11} ȵiau^{55}
尿失禁	【拉尿】lai^{11} ȵiau^{55}	【拉尿】lai^{11} ȵiau^{55}
大便	【痾屎】o^{11} ɕi^{31}	【痾屎】o^{11} ɕi^{31}
大便失禁	【拉屎】lai^{11} ɕi^{31}	【拉屎】lai^{11} ɕi^{31}
大小便失禁	【拉屎拉尿】 lai^{11} ɕi^{31} lai^{11} ȵiau^{55}	【瀉屎瀉尿】 ɕia^{55} ɕi^{31} ɕia^{55} ȵiau^{55}
擠、擁擠	【佔】tɕiam^{24}	【佔】tɕiam^{24}
引誘	【餳】ɕiaŋ^{11}	【餳】ɕiaŋ^{11}
照射	【照】tseu^{55}	【照】tseu^{55}
嚇唬	【嚇】hak^{02}	【嚇】hak^{02}
轉動	【轉】tson^{31}	【轉】tson^{31}
逛街	【遊街】iu^{11} kiai^{24}	【遊街】iu^{11} kie^{24}
形容動作慢吞吞的	【趖趖趖趖】 so^{11} so^{11} so^{55} so^{55}	【趖趖趖趖】 so^{11} so^{11} so^{55} so^{55}
跟	【騰】t^{h}en^{11}	【騰】t^{h}en^{11}
跟會	【騰會仔】t^{h}en^{11} hui^{55} e^{31}	【騰會仔】t^{h}en^{11} hui^{55} e^{31}
遇到	【睹到】tu^{11} to^{31}	【睹到】tu^{11} to^{31}
扳倒（把對手弄倒）	【盤畀橫】p^{h}an^{24} pi^{31} baŋ^{55}	【盤畀橫】p^{h}an^{11} pi^{31} baŋ^{55}
找東西	【尋東西】tɕ^{h}im^{11} tuŋ^{11} ɕi^{24}	【尋東西】tɕ^{h}im^{11} tuŋ^{11} ɕi^{24}

閃爍	【囁】n̠iap⁰²	【囁】n̠iap⁰²
教書	【教書】kau¹¹ su²⁴	【教書】kau¹¹ su²⁴
教示	【教示】kau⁵⁵ ɕi⁵⁵	【教示】kau⁵⁵ ɕi⁵⁵
教訓	【教訓】kau⁵⁵ hiun⁵⁵	【教訓】kau⁵⁵ hun⁵⁵
丟失	【無弒】mo¹¹ het⁰² 【跌弒】tiet⁰² het⁰²	【無弒】mo¹¹ het⁰²
丟掉	【豁弒】bok⁰² het⁰²	【豁弒】bok⁰⁵ het⁰²
虐待	【苦毒】kʰu³¹ tʰuk⁰⁵	【苦毒】kʰu³¹ tʰuk⁰⁵
商量	【參詳】tsʰam²⁴ ɕioŋ¹¹	【參詳】tsʰam²⁴ ɕioŋ¹¹
溺愛	【惜】ɕiak⁰²	【惜】ɕiak⁰²
作弄	【刁古董】tiau⁵⁵ ku³¹ tuŋ³¹	【僚】liau¹¹
栽培	【牽成】kʰien²⁴ ɕin¹¹	【牽成】kʰian²⁴ ɕin¹¹
節制	【撙節】tsun³¹ tsat⁰²	【撙節】tsun³¹ tset⁰²
花錢	【開錢】kʰoi²⁴ tɕʰien¹¹	【開錢】kʰoi²⁴ tɕʰien¹¹
捕老鼠	【扭老鼠】neu³¹ no⁵⁵ tsʰu³¹	【撲老鼠】pʰu⁵⁵ no⁵⁵ tsʰu³¹ 【捉老鼠】tsok⁰² no⁵⁵ tsʰu³¹
玩牌	【搞牌】kau³¹ pʰai¹¹	【搞牌仔】kau³¹ pʰai¹¹ e³¹
玩	【嫽】liau⁵⁵	【搞】kau³¹
遮太陽	【抵日頭】tai³¹ n̠it⁰² tʰeu¹¹	【抵日頭】tai³¹ n̠it⁰² tʰeu¹¹
開車	【駛車仔】si³¹ tsʰa²⁴ e³¹	【駛車仔】si³¹ tsʰa²⁴ e³¹ 【開車仔】kʰoi¹¹ tsʰa²⁴ e³¹
發脾氣	【發性】pot⁰² ɕiaŋ⁵⁵	【發脾氣】fuat⁰² pʰi¹¹ hi⁵⁵
回	【歸】kui²⁴	【歸】kui²⁴
敲門	【喊門】hem²⁴ mun¹¹	【叩門】kʰok⁰⁵ mun¹¹
散步	【散步】san³¹ pʰu⁵⁵	【散步】san⁵⁵ pʰu⁵⁵
猶豫不決	【愛若毋愛】oi⁵⁵ na²⁴ m¹¹ moi²⁴	【伸曲】tsʰun¹¹ kiu²⁴
打獵（到野外捕取禽獸）	【打獵】ta³¹ liap⁰⁵	【打獵】ta³¹ lap⁰⁵
放牛	【掌牛仔】tsoŋ³¹ n̠iu¹¹ e³¹	【掌牛】tsoŋ³¹ n̠iu¹¹
看家	【顧屋仔】ku⁵⁵ buk⁰⁵ ge³¹	【掌屋】tsoŋ³¹ buk⁰²

淹死	【沉死】tc^hiam^{55} ci^{31}	【浸死】$tcim^{55}$ ci^{31}
擦身而過	【相閃身】$cion^{24}$ sam^{31} cin^{24}	【相閃身】$cion^{24}$ sam^{31} cin^{24}
淋雨	【涿雨】tuk^{02} ji^{31}	【涿雨】tuk^{02} ji^{31}
自殺	【行短路】han^{11} ton^{31} lu^{55}	【行短路】han^{11} ton^{31} lu^{55}
捉交替	【代人死】t^hoi^{55} nin^{11} ci^{31}	【扭交換】neu^{31} kau^{11} bon^{55}
遭小偷	【分賊仔偷】 pun^{11} ts^het^{05} le^{31} t^heu^{24}	【分賊仔偷拿走】 pun^{11} ts^het^{05} te^{31} t^heu^{11} na^{24} $tseu^{31}$

動物的動作		
詞　彙	玉泉村	洛陽村
形容蛇爬行的動作	【趖】so^{11}	【趖】so^{11}
閹豬	【閹豬仔】iam^{11} tsu^{24} e^{31}	【閹豬仔】iam^{11} tsu^{24} e^{31}
形容蒼蠅到處飛隨意停	【噆】k^hiam^{11}	【噆】k^hiam^{11}
飛	【飛】pi^{24}	【飛】pi^{24}
翻滾（在地上翻滾）	【輾地泥】$tsan^{55}$ t^hi^{55} nai^{11}	【翻來翻去】 pen^{31} loi^{11} pen^{31} hi^{55}
挾抓（老鷹用抓雞）	【扭】neu^{31}	【撓】$giau^{31}$
噏（魚的嘴巴一開一合）	【噏水】kap^{05} sui^{31}	【噏來噏去】 kap^{05} loi^{11} kap^{05} hi^{55} （亦可指人話很多）
啄	【啄】tuk^{02}	【啄】tuk^{02}
啄殼	【打嘴】ta^{31} $tsui^{31}$	【打嘴】ta^{31} $tsui^{31}$
吮食（鴨子吃食物）	【吮】tc^hion^{31}	【吮】tc^hion^{11}
		【吸】tc^hiok^{05}
呼單（母雞生蛋前發出的咕咕聲）	【打咯仔】ta^{31} kok^{02} ge^{31}	【打咯家】ta^{31} kok^{05} ke^{24}
母雞賴在雞窩孵蛋	【漏兜】leu^{55} teu^{55}	【賴兜】lai^{55} teu^{55}
孵蛋	【孵卵】p^hu^{55} lon^{31}	【孵卵】p^hu^{55} lon^{31}
交配	【打種】ta^{31} $tsun^{31}$	【打種】ta^{31} $tsun^{31}$
狗交配	【狗相囊】$kieu^{31}$ $cion^{24}$ nan^{11}	【狗相囊】$kieu^{31}$ $cion^{24}$ nan^{11}
吹狗螺（狗的淒厲叫聲）	【打嗥歌嘴】 ta^{31} no^{11} ko^{11} $tsoi^{55}$	【打嗥歌嘴】 ta^{31} no^{11} ko^{11} $tsoi^{55}$

狗吠	【狗吠】kieu³¹ pʰoi⁵⁵	【狗吠】kieu³¹ pʰoi⁵⁵
發情（動物發情）	【走生】tseu³¹ saŋ²⁴	X
公豬發情	【起雄】hi³¹ hiuŋ¹¹	【起雄】hi³¹ hiuŋ¹¹
母豬發情	【走生】tseu³¹ saŋ²⁴	【走生】tseu³¹ saŋ²⁴
啼叫	【啼】tʰai¹¹	【啼】tʰai¹¹

心理活動		
詞　彙	玉泉村	洛陽村
認識	【識】çit⁰²	【熟識】suk⁰⁵ çi⁵⁵
知道	【知】ti²⁴	【知】ti²⁴
猜	【揣】tʰon¹¹	【揣】tʰon¹¹
討	【討】tʰo³¹	【討】tʰo³¹
不用還的討	【盧】lu²⁴	X
乞討	【分】pun²⁴	【分】pun²⁴
打算	【打算】ta³¹ son⁵⁵	【打算】ta³¹ son⁵⁵
鑽營	【進鑽】tɕin⁵⁵ tson⁵⁵	【進鑽】tɕin⁵⁵ tson⁵⁵
努力	【打拼】ta³¹ piaŋ⁵⁵	【打拼】ta³¹ pia⁵⁵
試試看	【試看那】tɕʰi⁵⁵ kʰon⁵⁵ na⁵⁵	【試看那】tɕʰi⁵⁵ kʰon⁵⁵ na⁵⁵
對男性拍馬屁	【扶大核卵】pʰu¹¹ tʰai⁵⁵ hak⁰⁵ lon³¹	【扶大核卵】pʰu¹¹ tʰai⁵⁵ hak⁰⁵ lon³¹
對女性拍馬屁	【舐膣腓】se¹¹ tɕi²⁴ pai¹¹	【舐膣腓】se¹¹ tɕi²⁴ pai¹¹
令人覺得討厭	【得人惱】tet⁰² n̠in¹¹ nau²⁴	【得人惱】tet⁰² n̠in¹¹ nau²⁴
想心事	【悶心事】men³¹ çim¹¹ çi⁵⁵	【悶心事】men³¹ çim¹¹ çi⁵⁵
忘記了	【添放忒】tʰiam¹¹ pioŋ⁵⁵ het⁰²	【添放忒】tʰiam¹¹ pioŋ⁵⁵ het⁰²
記不起來了	【記毋得矣】ki⁵⁵ m¹¹ tet⁰² le¹¹	【毋記得】m¹¹ ki⁵⁵ tet⁰²
討厭人	【恨】hen⁵⁵	【恨】hen⁵⁵
怨恨嘆息	【怨嘆】ien⁵⁵ tʰan⁵⁵	【怨嘆】ian⁵⁵ tʰan⁵⁵
		【哀哉】o²⁴ tsoi¹¹
不甘願	【毋甘願】m¹¹ kam¹¹ n̠ien⁵⁵	【毋甘願】m¹¹ kam¹¹ n̠ian⁵⁵
受不了	【拄毋著】tu⁵⁵ m¹¹ tiau¹¹	【拄毋著】tu⁵⁵ m¹¹ tiau¹¹
停住	【恬忒】tiam¹¹ het⁰²	【恬忒】tiam¹¹ het⁰²

遷怒	【賴人】lai⁵⁵ n.in¹¹	【賴人】lai⁵⁵ n.in¹¹
打擾你	【勞攪】lo¹¹ kau³¹	【勞攪你】lo¹¹ kau³¹ ŋ¹¹
後悔	【後悔】heu⁵⁵ hui²⁴	【後悔】heu⁵⁵ hui²⁴
		【懊惱】o⁵⁵ nau⁵⁵
希望	【希望】hi¹¹ moŋ⁵⁵	【希望】hi¹¹ moŋ⁵⁵
拖累	【拖累】tʰo¹¹ lui⁵⁵	【拖累】tʰo¹¹ lui⁵⁵
藏起來	【掩項來】am¹¹ hoŋ⁵⁵ loi¹¹	【掩起來】em²⁴ hi³¹ loi¹¹

各種職業方面的動作		
詞　彙	玉泉村	洛陽村
曬穀	【曬穀】sai⁵⁵ kuk⁰²	【曬穀】sai⁵⁵ kuk⁰²
撒耕田	【犁田】lai¹¹ tʰien¹¹	【犁田】lai¹¹ tʰen¹¹
		【耕田】kaŋ²⁴ tʰen¹¹
耙田	【關田脣】pʰiak⁰² tʰien¹¹ sun¹¹	【開田】koi³¹ tʰen¹¹
撒種子	【撒荣仁】gie⁵⁵ tsʰoi⁵⁵ jin¹¹	【撒種荣】gie⁵⁵ tsuŋ³¹ tsʰo³¹
拔草（拔除田裡的雜草）	【挲草】so²⁴ tsʰo³¹	【挲草】so²⁴ tsʰo³¹
鏟草	【鏟草】tsʰan³¹ tsʰo³¹	【鏟草】tsʰan³¹ tsʰo³¹
用「撥刀」鋤草	【撥草】pʰat⁰² tsʰo³¹	【撥草】pʰiak⁰⁵ tsʰo³¹
拔草	【捧草】paŋ²⁴ tsʰo³¹	【捧草】paŋ²⁴ tsʰo³¹
將草綁成一綑一綑的	【團草結】tʰon¹¹ tsʰo³¹ kiet⁰²	【團草結】tʰon¹¹ tsʰo³¹ kiat⁰²
使水稻脫粒	【盤穀】pʰan²⁴ kuk⁰⁵	【盤禾】pʰan²⁴ bo¹¹
用簸箕簸去不實的穀粒	【簸穀】pai⁵⁵ kuk⁰²	【簸穀】pai⁵⁵ kuk⁰²
翻動穀粒	【盪穀】tʰoŋ⁵⁵ kuk⁰²	【盪穀】tʰoŋ⁵⁵ kuk⁰²
拔除多餘的荣苗	【芟】çien²⁴	【芟】sen²⁴
打草繩	【打稈索】ta³¹ kon³¹ sok⁰²	【打稈索】ta³¹ kon³¹ sok⁰²
種番薯	【種番薯】tsuŋ⁵⁵ huan²⁴ su¹¹	【種番薯】tsuŋ⁵⁵ fuan²⁴ su¹¹
用磟碡將田地整平成軟泥的過程	【打磟碡】ta³¹ luk⁰⁵ tsʰuk⁰⁵	【打磟碡】ta³¹ luk⁰⁵ tsʰuk⁰⁵
荒廢	【放荒】pioŋ⁵⁵ fuoŋ²⁴	【放荒】pioŋ⁵⁵ fuoŋ²⁴

澆水	【淋水】lim¹¹ sui³¹	【淋水】lim¹¹ sui³¹
堆肥	【堆肥】tui²⁴ pʰi¹¹	【爐肥】eu⁵⁵ pʰi¹¹
灌氣	【灌風】kon⁵⁵ huŋ²⁴	【灌氣】kon⁵⁵ hi⁵⁵
	【嗙風】pʰaŋ¹¹ huŋ²⁴	
捕魚	【扭魚】neu³¹ ŋ¹¹	【閘魚】tsak⁰⁵ ŋ¹¹
用水把池塘的水舀去，再來捉魚	【戽魚仔】hu⁵⁵ ŋ¹¹ ŋe³¹	【戽魚仔】hu⁵⁵ ŋ¹¹ ŋe³¹
放網再拉起，然後用網把魚撈起	【撈項來】lau¹¹ hoŋ⁵⁵ loi¹¹	【撈項正】leu¹¹ hoŋ⁵⁵ tsen⁵⁵
牽網（放網到水中捕魚）	【牽網仔】kʰien¹¹ mioŋ³¹ ŋe³¹	【牽網仔】kʰian²⁴ mioŋ³¹ ŋe³¹
拋網	【撒網仔】gie⁵⁵ mioŋ³¹ ŋe³¹	【撒網仔】gie⁵⁵ mioŋ³¹ ŋe³¹
買賣	【買賣】mai¹¹ mai⁵⁵	【買賣】mai¹¹ mai⁵⁵
賒欠	【賒數】tsʰa¹¹ seu⁵⁵	【賒數】tsʰa¹¹ seu⁵⁵
		【賒數】tsʰa¹¹ çi⁵⁵
買米	【糴米】tʰak⁰⁵ mi³¹	【糴米】tʰak⁰⁵ mi³¹
賣米	【糶米】tʰiau⁵⁵ mi³¹	【糶米】tʰiau⁵⁵ mi³¹
賣雜貨	【賣雜貨】mai⁵⁵ tsʰap⁰² huo⁵⁵	【賣雜貨】mai⁵⁵ tsʰap⁰² fuo⁵⁵
包攬（整批買進來）	【貿】mau⁵⁵	【貿】mau⁵⁵
租房子	【稅屋】soi⁵⁵ buk⁰²	【稅屋】soi⁵⁵ buk⁰²
		【租屋】tsu²⁴ buk⁰⁵
租金	【租金】tsu¹¹ kim²⁴	【租金】tsu¹¹ kim²⁴
		【屋稅】buk⁰² soi⁵⁵

社會關係方面		
詞　彙	玉泉村	洛陽村
相互幫忙	【騰手】tʰen⁵⁵ su³¹	【騰手】tʰen⁵⁵ su³¹
搓湯圓（協調別人不要出來攪局的選舉術語）	【搓圓粄仔】so²⁴ gien¹¹ pan³¹ ne³¹	【按圓粄仔】no¹¹ gian¹¹ pan³¹ ne³¹
接待	【招待】tseu¹¹ tʰai⁵⁵	【招待】tseu¹¹ tʰai⁵⁵

倚靠（靠別的人或事物來達成目的）	【靠人】kʰo⁵⁵ n̩in¹¹	【靠人】kʰo⁵⁵ n̩in¹¹
佔人便宜	【偏人】pʰi²⁴ n̩in¹¹	【偏人】pʰi²⁴ n̩in¹¹
理會	【搭】tap⁰²	【搭】tap⁰²
		【插】tsʰap⁰²
比比看	【比看那】pi³¹ kʰon⁵⁵ na⁵⁵	【比較看那】 pi³¹ kau³¹ kʰon⁵⁵ na⁵⁵
擔保（承擔保證）	【擔保】tam²⁴ po³¹	【擔保】tam¹¹ po³¹
辭職	【辭頭路】tɕʰi¹¹ tʰeu¹¹ lu⁵⁵	【辭頭路】tɕʰi¹¹ tʰeu¹¹ lu⁵⁵
		【辭職】tɕʰi¹¹ tɕit⁰²

28. 干　支

詞　彙	玉泉村	洛陽村
甲	【甲】kap⁰²	【甲】kap⁰²
乙	【乙】giet⁰²	【乙】giat⁰²
丙	【丙】piaŋ³¹	【丙】piaŋ³¹
丁	【丁】ten²⁴	【丁】ten²⁴
戊	【戊】bu⁵⁵	【戊】bu⁵⁵
己	【己】ki³¹	【己】ki³¹
庚	【庚】kaŋ²⁴	【庚】kaŋ²⁴
辛	【辛】ɕin²⁴	【辛】ɕin²⁴
壬	【壬】n̩in¹¹	【壬】n̩in¹¹
癸	【癸】kui⁵⁵	【癸】kui⁵⁵
子	【子】tsï³¹	【子】tɕi³¹
丑	【丑】tsʰu³¹	【丑】tsʰu³¹
寅	【寅】jin¹¹	【寅】jin¹¹
卯	【卯】mau¹¹	【卯】mau¹¹
辰	【辰】sïn¹¹	【辰】ɕin¹¹
巳	【巳】ɕi⁵⁵	【巳】ɕi⁵⁵
午	【午】ŋ³¹	【午】ŋ³¹
未	【未】bi⁵⁵	【未】bi⁵⁵
申	【申】sïn²⁴	【申】ɕin²⁴
酉	【酉】iu²⁴	【酉】iu²⁴

戌	【戌】 ɕit⁰²	【戌】 sut⁰⁵
亥	【亥】 hoi⁵⁵	【亥】 hoi⁵⁵

29. 數量詞

數　詞		
詞　彙	玉泉村	洛陽村
一	【一】 it⁰²	【一】 it⁰²
二	【二】 ȵi⁵⁵	【二】 ȵi⁵⁵
兩	【兩】 lioŋ³¹	【兩】 lioŋ³¹
三	【三】 sam²⁴	【三】 sam²⁴
四	【四】 ɕi⁵⁵	【四】 ɕi⁵⁵
五	【五】 ŋ³¹	【五】 ŋ³¹
六	【六】 liuk⁰²	【六】 liuk⁰²
七	【七】 tɕʰit⁰²	【七】 tɕʰit⁰²
八	【八】 pat⁰²	【八】 pat⁰²
九	【九】 kiu³¹	【九】 kiu³¹
十	【十】 sïp⁰⁵	【十】 sïp⁰⁵
十一	【十一】 sïp⁰⁵ it⁰²	【十一】 sïp⁰⁵ it⁰²
十二	【十二】 sïp⁰⁵ ȵi⁵⁵	【十二】 sïp⁰⁵ ȵi⁵⁵
十三	【十三】 sïp⁰⁵ sam²⁴	【十三】 sïp⁰⁵ sam²⁴
十四	【十四】 sïp⁰⁵ ɕi⁵⁵	【十四】 sïp⁰⁵ ɕi⁵⁵
十五	【十五】 sïp⁰⁵ ŋ³¹	【十五】 sïp⁰⁵ ŋ³¹
十六	【十六】 sïp⁰⁵ liuk⁰²	【十六】 sïp⁰⁵ liuk⁰²
十七	【十七】 sïp⁰⁵ tɕʰit⁰²	【十七】 sïp⁰⁵ tɕʰit⁰²
十八	【十八】 sïp⁰⁵ pat⁰²	【十八】 sïp⁰⁵ pat⁰²
十九	【十九】 sïp⁰⁵ kiu³¹	【十九】 sïp⁰⁵ kiu³¹
二十	【二十】 ȵi⁵⁵ sïp⁰⁵	【二十】 ȵi⁵⁵ sïp⁰⁵
二十二	【二十二】 ȵi⁵⁵ sïp⁰⁵ ȵi⁵⁵	【二十二】 ȵi⁵⁵ sïp⁰⁵ ȵi⁵⁵
三十三	【三十三】 sam¹¹ sïp⁰⁵ sam²⁴	【三十三】 sam¹¹ sïp⁰⁵ sam²⁴
四十四	【四十四】 ɕi⁵⁵ sïp⁰⁵ ɕi⁵⁵	【四十四】 ɕi⁵⁵ sïp⁰⁵ ɕi⁵⁵
五十五	【五十五】 ŋ³¹ sïp⁰⁵ ŋ³¹	【五十五】 ŋ³¹ sïp⁰⁵ ŋ³¹
六十六	【六十六】 liuk⁰² sïp⁰⁵ liuk⁰²	【六十六】 liuk⁰² sïp⁰⁵ liuk⁰²

七十七	【七十七】tɕʰit⁰² sïp⁰⁵ tɕʰit⁰²	【七十七】tɕʰit⁰² sïp⁰⁵ tɕʰit⁰²
八十八	【八十八】pat⁰² sïp⁰⁵ pat⁰²	【八十八】pat⁰² sïp⁰⁵ pat⁰²
九十九	【九十九】kiu³¹ sïp⁰⁵ kiu³¹	【九十九】kiu³¹ sïp⁰⁵ kiu³¹
一百	【一百】it⁰² pak⁰²	【一百】it⁰² pak⁰²
一千	【一千】it⁰² tɕʰien²⁴	【一千】it⁰² tɕʰien²⁴
一萬	【一萬】it⁰² vʷan⁵⁵	【一萬】it⁰² vʷan⁵⁵
一億	【一億】it⁰² ji⁵⁵	【一億】it⁰² ji⁵⁵
一兆	【一兆】it⁰² tseu⁵⁵	【一兆】it⁰² seu⁵⁵
一百零一	【一百空一】it⁰² pak⁰² kʰuŋ⁵⁵ it⁰²	【一百空一】it⁰² pak⁰² kʰuŋ⁵⁵ it⁰² 【一百零一】it⁰² pak⁰² laŋ¹¹ it⁰²
一百一十	【百一】pak⁰² it⁰²	【百一】pak⁰² it⁰² 【一百一十】it⁰² pak⁰² it⁰² sïp⁰⁵
一百五十	【百五】pak⁰² ŋ³¹	【百五】pak⁰² ŋ³¹ 【一百五十】it⁰² pak⁰² ŋ³¹ sïp⁰⁵
一千五百	【千五】tɕʰien²⁴ ŋ³¹	【千五】tɕʰien²⁴ ŋ³¹ 【一千五百】it⁰² tɕʰien²⁴ ŋ³¹ pak⁰²
兩百八十	【兩百八】lioŋ³¹ pak⁰² pat⁰²	【兩百八】lioŋ³¹ pak⁰² pat⁰²
一千零一	【一千空一】it⁰² tɕʰien²⁴ kʰuŋ⁵⁵ it⁰²	【一千空一】it⁰² tɕʰien²⁴ kʰuŋ⁵⁵ it⁰² 【一千零一】it⁰² tɕʰien²⁴ laŋ¹¹ it⁰²
一千零十一	【一千空十一】it⁰² tɕʰien²⁴ kʰuŋ⁵⁵ sïp⁰⁵ it⁰²	【一千空十一】it⁰² tɕʰien²⁴ kʰuŋ⁵⁵ sïp⁰⁵ it⁰²
一半	【一半】it⁰² pan⁵⁵	【一半】it⁰² pan⁵⁵
一半多一點	【一半過加】it⁰² pan⁵⁵ ko⁵⁵ ka¹¹	【一半過加】it⁰² pan⁵⁵ ko⁵⁵ ka¹¹
還不到一半	【無罅一半】mo¹¹ la⁵⁵ it⁰² pan⁵⁵	【無罅一半】mo¹¹ la⁵⁵ it⁰² pan⁵⁵
十多個	【十過个】sïp⁰⁵ ko⁵⁵ e⁵⁵	【十過个】sïp⁰⁵ ko⁵⁵ e⁵⁵

將近十個人	【歸十个人】 kui^{11} sïp^{05} pe^{55} ȵin^{11}	【□十个】 nun^{55} sïp^{05} pe^{55}
奇數	【單數】tan^{11} su^{55}	【單數】tan^{11} su^{55}
雙數	【雙數】suŋ^{11} su^{55}	【雙數】suŋ^{11} su^{55}

量　　詞		
詞　彙	玉泉村	洛陽村
一個人	【一个人】it^{02} ke^{55} ȵin^{11}	【一个人】it^{02} le^{55} ȵin^{11}
一群人	【一陣人】it^{02} tɕ^{h}in^{55} ȵin^{11}	【一陣人】it^{02} tɕ^{h}in^{55} ȵin^{11}
一套衣服	【一身衫服】 it^{02} ɕin^{24} sam^{11} hu^{55}	【一領衫服】 it^{02} liaŋ^{24} sam^{11} hu^{55}
一帖藥	【一帖藥仔】 it^{02} t^{h}iap^{02} iok^{05} ge^{31}	【一帖藥仔】 it^{02} t^{h}iap^{02} iok^{05} ge^{31}
一杯米	【一杠米】it^{02} koŋ^{24} mi^{31} 【一筒米】it^{02} t^{h}uŋ^{11} mi^{31}	【一杠米】it^{02} koŋ^{55} mi^{31}
一升米（十合爲一升）	【一升米】it^{02} ɕin^{24} mi^{31}	【一升米】it^{02} ɕin^{24} mi^{31}
一斗米（十升爲一斗）	【一斗米】it^{02} teu^{31} mi^{31}	【一斗米】it^{02} teu^{31} mi^{31}
一石米	【一石米】it^{02} sak^{05} mi^{31}	【一石米】it^{02} sak^{05} mi^{31}
一鍋飯	【一鑊飯】it^{02} bok^{05} huan^{55}	【一鑊飯】it^{02} bok^{05} fuan^{55}
一碗飯	【一碗飯】it^{02} buon^{31} huan^{55}	【一碗飯】it^{02} buon^{31} fuan^{55}
一塊肉	【一塊肉】it^{02} k^{h}uai^{55} ȵiuk^{02}	【一塊肉】it^{02} k^{h}uai^{55} ȵiuk^{02}
一壺茶	【一壺茶】it^{02} hu^{11} ts^{h}a^{11}	【一壺茶】it^{02} fu^{11} ts^{h}a^{11}
一杯茶	【一杯茶】it^{02} pi^{24} ts^{h}a^{11}	【一杯茶】it^{02} pi^{24} ts^{h}a^{11}
一雙筷子	【一雙筷】it^{02} suŋ^{11} k^{h}uai^{55}	【一雙筷仔】 it^{02} suŋ^{11} k^{h}uai^{55} e^{31}
一盤	【一盤】it^{02} p^{h}an^{11}	【一盤】it^{02} p^{h}an^{11}
一尊（布袋戲、人像）	【一仙】it^{02} ɕien^{24}	【一仙】it^{02} sen^{24}
一顆	【一粒】it^{02} liap^{05}	【一粒】it^{02} liap^{05}
一條魚	【一尾魚仔】 it^{02} mi^{24} ŋ^{11} ŋe^{31}	【一尾魚仔】 it^{02} mi^{24} ŋ^{11} ŋe^{31} 【一隻魚仔】 it^{02} tsak^{02} ŋ^{11} ŋe^{31}
一隻蠶	【一隻蠶仔】 it^{02} tsak^{02} ts^{h}am^{11} me^{31}	【一隻蠶仔】 it^{02} tsak^{02} ts^{h}am^{11} me^{31}

一隻雞	【一隻雞仔】 it^{02} tsak^{02} kie^{24} e^{31}	【一隻雞仔】 it^{02} tsak^{02} kie^{24} e^{31}
一隻鳥	【一隻鳥仔】 it^{02} tsak^{02} tiau^{24} e^{31}	【一隻鳥仔】 it^{02} tsak^{02} tiau^{24} e^{31}
一隻牛	【一隻牛】it^{02} tsak^{02} ȵiu^{11}	【一隻牛仔】 it^{02} tsak^{02} ȵiu^{11} e^{31}
一隻狗	【一隻狗】it^{02} tsak^{02} kieu^{31}	【一隻狗仔】 it^{02} tsak^{02} kieu^{31} e^{31}
一棵樹	【一頭樹】it^{02} tʰeu^{11} su^{55}	【一頭樹仔】 it^{02} tʰeu^{11} su^{55} e^{31}
一朵花	【一蕊花】it^{02} lui^{31} hua^{24}	【一蕊花】it^{02} lui^{31} hua^{11}
一把花	【一把花】it^{02} pa^{31} hua^{24}	【一把花】it^{02} pa^{31} hua^{24} 【一搨花】it^{02} kʰak^{05} hua^{24}
一盆花	【一盆花】it^{02} pʰun^{31} hua^{24}	【一盆花】it^{02} pʰun^{31} hua^{24}
一把草	【一只】it^{02} tɕi^{31}	【一只禾稈】 it^{02} tɕi^{31} bo^{11} kon^{31}
一大把草	【一頭草】it^{02} tʰeu^{11} tsʰo^{31}	【一大頭草】 it^{02} tʰai^{55} tʰeu^{11} tsʰo^{31}
一小把草	【一把草】it^{02} pa^{31} tsʰo^{31}	【一綑草】it^{02} kʰun^{31} tsʰo^{31}
一串蕉（十幾條香蕉串在一起的數量）	【一托】it^{02} tʰok^{02}	【一托】it^{02} tʰok^{02}
整串香蕉	【一弓】it^{02} kiuŋ^{24}	【一弓】it^{02} kiuŋ^{24}
一莢（豆子）	【一莢】it^{02} kiap^{02}	【一莢荷蘭豆】 it^{02} kiap^{02} ho^{11} lan^{11} tʰeu^{55}
一片西瓜	【一石西瓜】 it^{02} sak^{02} ɕi^{11} kua^{24}	【一石西瓜】 it^{02} sak^{02} ɕi^{11} kua^{24} 【一片西瓜】 it^{02} pʰen^{31} ɕi^{11} kua^{24}
一瓣柑橘	【一孔柑仔】 it^{02} kʰuŋ^{31} kam^{24} me^{31}	【一孔柑仔】 it^{02} kʰuŋ^{31} kam^{24} me^{31}
一串葡萄	【一葩】it^{02} pʰa^{24}	【一串】it^{02} tsʰon^{55}
一把（龍眼）	【一葩】it^{02} pʰa^{31}	【一搨】it^{02} kʰak^{05}
一堆泥	【一堆泥】it^{02} toi^{24} nai^{11}	【一堆泥】it^{02} toi^{24} nai^{11}
一粒石頭	【一粒石頭】 it^{02} liap^{05} sak^{05} tʰeu^{11}	【一粒石頭】 it^{02} liap^{05} sak^{05} tʰeu^{11}

一車子的貨	【一車貨】it⁰² tsʰa¹¹ fuo⁵⁵	【一車个貨】 it⁰² tsʰa¹¹ e⁵⁵ fuo⁵⁵
一箱子的貨	【一箱貨】it⁰² ɕioŋ¹¹ fuo⁵⁵	【一箱个貨】 it⁰² ɕioŋ¹¹ e⁵⁵ fuo⁵⁵
一批貨	【一批貨】it⁰² pʰit⁰² fuo⁵⁵	【一批貨】it⁰² pʰit⁰² fuo⁵⁵
一堆大便	【一堆屎】it⁰² toi²⁴ ɕi³¹	【一堆屎】it⁰² toi²⁴ ɕi³¹
一漥水	【一窟水】it⁰² hut⁰² sui³¹	【一窟水】it⁰² fut⁰² sui³¹
一桶水	【一桶水】it⁰² tʰuŋ³¹ sui³¹	【一桶水】it⁰² tʰuŋ³¹ sui³¹
一缸水	【一缸水】it⁰² koŋ²⁴ sui³¹	【一缸个水】 it⁰² koŋ²⁴ e⁵⁵ sui³¹
一盞燈	【一盞火】it⁰² tsan²⁴ fuo³¹	【一盞燈火】 it⁰² tsan³¹ ten²⁴ e³¹ 【一蕊火】it⁰² lui²⁴ fuo³¹
一輛車	【一臺車】it⁰² tʰoi¹¹ tsʰa²⁴	【一臺車仔】 it⁰² tʰoi¹¹ tsʰa²⁴ e³¹
一列火車	【一列火車】 it⁰² liet⁰⁵ fuo³¹ tsʰa²⁴	【一列火車】 it⁰² let⁰⁵ fo³¹ tsʰa²⁴
一間屋子	【一間屋】it⁰² kien²⁴ buk⁰⁵	【一間屋仔】 it⁰² kian²⁴ buk⁰⁵ ge³¹
一層樓	【一層屋】it⁰² tsʰen¹¹ buk⁰²	【一層屋】it⁰² tsʰien¹¹ buk⁰²
一片草地	【一片草埔】 it⁰² pʰien³¹ tsʰo³¹ pʰu¹¹	【一片草地】 it⁰² pʰen³¹ tsʰo³¹ tʰi⁵⁵
一堵磚牆	【一扇壁】it⁰² san⁵⁵ piak⁰²	【一扇壁】it⁰² san⁵⁵ piak⁰²
一枝竹篙	【一枝竹篙】 it⁰² ki²⁴ tsuk⁰² ko²⁴	【一枝竹篙】 it⁰² ki²⁴ tsuk⁰² ko¹¹
一張床	【一張床】it⁰² tsoŋ²⁴ tsʰoŋ¹¹	【一張眠床】 it⁰² tsoŋ²⁴ min¹¹ tsʰoŋ¹¹
一元	【一个銀】it⁰² ke⁵⁵ ȵiun¹¹	【一个銀】it⁰² le⁵⁵ ȵiun¹¹
一角	【一角】it⁰² kok⁰²	【一角】it⁰² kok⁰²
一分錢	【一文錢】it⁰² bun²⁴ tɕʰien¹¹	【一分錢】it⁰² fun²⁴ tɕʰien¹¹
一間店	【一間店仔】 it⁰² kien²⁴ tiam⁵⁵ me³¹	【一間店仔】 it⁰² kian²⁴ tiam⁵⁵ me³¹
一本書	【一本書】it⁰² pun³¹ su²⁴	【一本書】it⁰² pun³¹ su²⁴
一場戲	【一棚戲】it⁰² pʰaŋ¹¹ hi⁵⁵	【一棚戲】it⁰² pʰaŋ¹¹ hi⁵⁵ 【一齣戲】it⁰² tsʰut⁰² hi⁵⁵
一張桌子	【一張桌仔】 it⁰² tsoŋ²⁴ tsok⁰² ge³¹	【一張桌仔】 it⁰² tsoŋ²⁴ tsok⁰² ge³¹

一張凳子	【一張凳仔】 it^{02} tsoŋ^{24} ten^{55} ne^{31}	【一張凳仔】 it^{02} tsoŋ^{24} ten^{55} ne^{31}
一具棺材	【一副棺材】 it^{02} hu^{55} kon^{24} tsʰoi^{11}	【一副棺材】 it^{02} hu^{55} kon^{24} tsʰoi^{11}
一通電話	【一通電話】 it^{02} tʰuŋ^{24} tʰien^{55} hua^{55}	【一通電話】 it^{02} tʰuŋ^{11} tʰien^{55} hua^{55}
一塊田地	【一坵田】it^{02} kʰiu^{24} tʰien^{11}	【一坵田】it^{02} kʰiu^{24} tʰen^{11}
一壟（一行種植番薯的面積）	【一行】it^{02} hoŋ^{11}	【一行】it^{02} hoŋ^{11}
一壢（一行種植菜的面積）	【一箱】it^{02} ɕioŋ^{24}	【一壢】it^{02} lak^{02}
一幅畫	【一幅圖】it^{02} fuk^{02} tʰu^{11}	【一幅畫】it^{02} fu^{55} fua^{55}
一個家庭	【一家人】it^{02} ka^{24} ȵin^{11}	【一家人】it^{02} ka^{24} ȵin^{11}
時間量詞		
一陣子	【一陣仔】it^{02} tsʰam^{55} me^{31}	【一陣仔】it^{02} tɕʰin^{55} ne^{31}
一甲子（六十年）	【一甲子】it^{02} kap^{02} tɕi^{31}	【一甲子】it^{02} kap^{02} tɕi^{31}
一年	【一年】it^{02} ȵien^{11}	【一年】it^{02} ȵian^{11}
一個月	【一个月】it^{02} ke^{55} ȵiet^{05}	【一隻月】it^{02} tsak^{02} ȵiat^{05}
一個禮拜	【一个禮拜】 it^{02} ke^{55} li^{11} pai^{55} 【一星期】it^{02} ɕin^{24} kʰi^{11}	【一个禮拜】 it^{02} le^{55} li^{11} pai^{55}
一段時間	【一段時間】 it^{02} tʰon^{55} ɕi^{11} kien^{24}	【一段時間】 it^{02} tʰon^{55} ɕi^{11} kian^{24} 【一陣】it^{02} tsʰam^{55}
一天	【一日】it^{02} ȵit^{05}	【一日】it^{02} ȵit^{02}
二十四個小時	【一對時】it^{02} tui^{55} ɕi^{11}	【一對時】it^{02} tui^{55} ɕi^{11}
一個鐘頭	【一點鐘】it^{02} tiam^{31} tsuŋ^{24}	【一點鐘】it^{02} tiam^{31} tsuŋ^{24}
一分鐘	【一分鐘】it^{02} hun^{11} tsuŋ^{24}	【一分鐘】it^{02} fun^{11} tsuŋ^{24}
一秒鐘	【一秒鐘】it^{02} meu^{31} tsuŋ^{24}	【一秒鐘】it^{02} meu^{31} tsuŋ^{24}
十五分鐘	【一刻】it^{02} kʰet^{02}	【一刻鐘】it^{02} kʰet^{02} tsuŋ^{24}
長度量詞		
一舖路（里程單位，一舖爲十華里）	【一條路】it^{02} tʰiau^{11} lu^{55}	【一舖路】it^{02} pʰu^{55} lu^{55}
一里路	【一里路】it^{02} li^{11} lu^{55}	【一里】it^{02} li^{24}

一丈（十尺爲一丈）	【一丈】it^{02} ts^{h}on^{55}	【一丈】it^{02} ts^{h}oŋ^{55}
一尺（十寸爲一尺）	【一尺】it^{02} ts^{h}ak^{02}	【一尺】it^{02} ts^{h}ak^{02}
一寸	【一寸】it^{02} ts^{h}un^{55}	【一寸】it^{02} ts^{h}un^{55}
一摺（大拇指和中指伸長的長度）	【一拑】it^{02} k^{h}iam^{55}	【一摺】it^{02} liap^{05}
一尋（兩手伸長的長度）	【一擒】it^{02} k^{h}im^{11}	【一尋】it^{02} sun^{11}
一步	【一步】it^{02} p^{h}u^{55}	【一步】it^{02} p^{h}u^{55}
一跨步	【一躩】it^{02} k^{h}iam^{55}	【一躩】it^{02} k^{h}iam^{55}
		【一腳步】it^{02} kiok^{02} p^{h}u^{55}
土地面積量詞		
一甲	【一甲】it^{02} kap^{02}	【一甲】it^{02} kap^{02}
一分	【一分】it^{02} hun^{24}	【一分】it^{02} fun^{24}
一坪	【一坪】it^{02} p^{h}iaŋ^{11}	【一坪】it^{02} p^{h}iaŋ^{11}
一畝	【一畝】it^{02} mo^{24}	X
一千藤（用種番薯的棵數來計算土地的面積）	【一千藤】it^{02} tɕ^{h}ien^{24} t^{h}en^{11}	【一千藤】it^{02} tɕ^{h}ien^{24} t^{h}en^{11}
重量量詞		
一公斤	【一公斤】it^{02} kuŋ^{11} kin^{24}	【一公斤】it^{02} kuŋ^{11} kin^{24}
一臺斤	【一斤】it^{02} kin^{24}	【一臺斤】it^{02} t^{h}oi^{11} kin^{24}
一兩（十六兩爲一斤）	【一兩】it^{02} lioŋ^{31}	【一兩】it^{02} lioŋ^{24}
一錢	【一錢】it^{02} tɕ^{h}ien^{11}	【一錢】it^{02} tɕ^{h}ien^{11}
一分	【一分】it^{02} hun^{24}	【一分】it^{02} fun^{24}
一厘（極小的重量單位，秤中藥時才用得到）	【一厘】it^{02} li^{11}	【一厘】it^{02} li^{11}
抽象量詞		
一項	【一項】it^{02} hoŋ^{55}	【一項】it^{02} hoŋ^{55}
一種	【一種】it^{02} tsuŋ^{31}	【一種】it^{02} tsuŋ^{31}
一次	【一次】it^{02} ts^{h}ʅ^{55}	【一擺】it^{02} pai^{31}
	【一擺】it^{02} pai^{31}	
一趟路	【一轉路】it^{02} tson^{31} lu^{55}	【一轉路】it^{02} tson^{31} lu^{55}

30. 形容詞

一般物態性狀形容詞		
詞　彙	玉泉村	洛陽村
快	【緊】kin⁵³	【遽】kiak⁰²
慢	【慢】man⁵⁵	【慢】man⁵⁵
困難	【困難】kʰun⁵⁵ nan¹¹	【困難】kʰun⁵⁵ nan¹¹
膨脹	【膨】pʰoŋ⁵⁵	【膨】pʰoŋ⁵⁵
凹下去	【囁下去】lap⁰² ha¹¹ hi⁵⁵	【囁】lap⁰²
好	【好】ho³¹	【好】ho³¹
壞	【壞忒矣】huai³¹ het⁰² le¹¹	【壞】huai³¹
	【毋好】m¹¹ ho³¹	
大	【大】tʰai⁵⁵	【大】tʰai⁵⁵
小	【細】se⁵⁵	【細】se⁵⁵
小的	【小】seu³¹	【小】seu³¹
緊	【綯】hen¹¹	【綯】hen¹¹
鬆	【鬆】suŋ²⁴	【鬆】suŋ²⁴
	【軟】ɲion²⁴	【軟】ɲion²⁴
正	【正】tsaŋ⁵⁵	【正】tsaŋ⁵⁵
直（不彎曲）	【直】tɕʰit⁰⁵	【直】tɕʰit⁰⁵
歪（斜）	【歪】bai²⁴	【歪】bai²⁴
	【斜】tɕʰia¹¹	【斜】tɕʰia¹¹
緊密	【密】mit⁰²	X
銳利	【利】li⁵⁵	【利】li⁵⁵
鈍	【鈍】tʰun⁵⁵	【鈍】tʰun⁵⁵
多	【多】to²⁴	【多】to²⁴
少	【少】seu³¹	【少】seu³¹
熱	【燒】seu²⁴	【燒】seu²⁴
溫	【溫燒】bun¹¹ seu²⁴	【溫】bun²⁴
硬	【硬】ŋaŋ⁵⁵	【硬】ŋaŋ⁵⁵
堅固	【勇】iuŋ³¹	【勇】iuŋ³¹
		【盡硬】tɕʰin⁵⁵ ŋaŋ⁵⁵
密實	【疊】tʰep⁰⁵	【踏實】tʰap⁰⁵ ɕip⁰⁵

軟	【軟】n̦ion²⁴	【軟】n̦ion²⁴
爛	【綿】mien¹¹	【綿】men¹¹
不結實	【冇】pʰaŋ⁵⁵	【冇】pʰaŋ⁵⁵
空	【空】kʰuŋ²⁴	【空】kʰuŋ²⁴
韌（不易斷）	【韌】n̦iun⁵⁵	【韌】n̦iun⁵⁵
新	【新】ɕin²⁴	【新】ɕin²⁴
舊	【舊】kʰiu⁵⁵	【舊】kʰiu⁵⁵
遙遠	【遠】gien³¹	【遠】gian³¹
近	【近】kʰiun²⁴	【近】kʰiun²⁴
深	【深】tɕʰim²⁴	【深】tɕʰim²⁴
淺	【淺】tɕʰien³¹	【淺】tɕʰien³¹
淺眠（容易被驚醒）	【嚇醒】hak⁰² ɕiaŋ³¹ 【淺眠】tɕʰien³¹ min¹¹	【淺睡】tɕʰien³¹ soi⁵⁵
滿	【滿】man²⁴	【滿】man²⁴
眞	【眞】tɕin²⁴	【眞】tɕin²⁴
假	【假】ka³¹	【假】ka³¹
粗	【粗】tsʰu²⁴	【粗】tsʰu²⁴
細	【幼】iu⁵⁵	【幼】iu⁵⁵
厚	【賁】pʰun²⁴	【賁】pʰun²⁴
薄	【薄】pʰok⁰⁵	【薄】pʰok⁰⁵
重	【重】tsʰuŋ²⁴	【重】tsʰuŋ²⁴
輕	【輕】kʰiaŋ²⁴	【輕】kʰiaŋ²⁴
浮起的	【漂】pʰeu¹¹	【□】feu¹¹
沉下的	【沉】tɕʰim¹¹	【沉】tɕʰim¹¹ 【沒】mut⁰⁵
寬	【闊】huat⁰²	【闊】huat⁰²
窄	【狹】hap⁰⁵	【狹】hap⁰⁵
長	【長】tsʰoŋ¹¹	【長】tsʰoŋ¹¹
短	【短】ton³¹	【短】ton³¹
乾	【燥】tsau²⁴	【燥】tsau²⁴
濕	【濕】ɕip⁰²	【濕】ɕip⁰²
平坦的	【平】pʰiaŋ¹¹	【平】pʰiaŋ¹¹

陡峭的	【崎】kʰi²⁴	【崎】kʰi²⁴
斜斜的	【斜斜】tɕʰia¹¹ tɕʰia¹¹	【斜斜】tɕʰia¹¹ tɕʰia¹¹
		【趄趄】tsʰu⁵⁵ tsʰu⁵⁵
幼嫩的	【嫩】nun⁵⁵	【嫩】nun⁵⁵
粗糙的	【老】lo³¹	【老】lo³¹
		【硬絲】ŋaŋ⁵⁵ ɕi²⁴
澄清的（水中的雜質沉澱）	【沉底】tɕʰim¹¹ tai³¹	【沉底】tɕʰim¹¹ tai³¹
混濁的	【濃】neu¹¹	【濃】neu¹¹
塵土飛揚	【塵灰過揚】tɕʰin¹¹ fuoi²⁴ koi⁵⁵ ioŋ²⁴	【塵灰過揚】tɕʰin¹¹ hue²⁴ koi⁵⁵ iuŋ¹¹
爽快的	【爽快】soŋ³¹ kʰuai⁵⁵	【爽快】soŋ³¹ kʰuai⁵⁵
潔淨的（形容水很乾淨）	【鮮】ɕien²⁴	【鮮】ɕien²⁴
乾淨	【淨】tɕʰiaŋ⁵⁵	【淨利】tɕʰiaŋ⁵⁵ li⁵⁵
骯髒	【骯髒】o¹¹ tso²⁴	【骯髒】o¹¹ tso²⁴
		【垃圾】la⁵³ sap⁰²
燒焦的	【臭火爁】tsʰu⁵⁵ huo³¹ lat⁰²	【臭火爁】tsʰu⁵⁵ huo³¹ lat⁰²
過時（過了流行）	【過時】ko⁵⁵ ɕi¹¹	【過時】ko⁵⁵ ɕi¹¹
很夠了	【罅擺】la⁵⁵ pai³¹	【罅擺】la⁵⁵ pai³¹
對	【著】tsʰok⁰⁵	【著】tsʰok⁰⁵
不對	【毋著】m¹¹ tsʰok⁰⁵	【毋著】m¹¹ tsʰok⁰⁵
猛（形容火勢大）	【火過爁】huo³¹ koi⁵⁵ lat⁰²	【爁】lat⁰²
熄滅	【烏忒矣】bu²⁴ het⁰² le¹¹	【烏忒矣】bu²⁴ het⁰² le³¹
裂開了	【擗開來】piak⁰⁵ kʰoi²⁴ loi¹¹	【嗶忒】pit⁰² het⁰²
	【嗶開來】pit⁰² kʰoi²⁴ loi¹¹	

關於人的形容詞		
詞　彙	玉泉村	洛陽村
能幹	【棒】piak⁰²	【棒】piak⁰²
	【勇】kʰiaŋ⁵⁵	【勇腳】kʰiaŋ⁵⁵ kiok⁰²
差勁	【毋棒】m¹¹ piak⁰²	【毋棒】m¹¹ piak⁰²
	【愕】ŋok⁰²	【憨慢】han¹¹ ban²⁴

精明能幹（形容女人）	【竅頭】kʰiau⁵⁵ tʰeu¹¹ 【勍腳】kʰiaŋ⁵⁵ kiok⁰²	【竅頭】kʰiau⁵⁵ tʰeu¹¹
慷慨（大方、不吝嗇）	【慷慨】kʰoŋ³¹ kʰoi³¹	【慷慨】kʰoŋ³¹ kʰoi³¹ 【大方】tʰai⁵⁵ foŋ²⁴
勉強	【勉強】mien²⁴ kʰioŋ¹¹	【勉強】mian²⁴ kʰioŋ¹¹
聰明	【聰明】tsʰuŋ²⁴ min¹¹	【聰明】tsʰuŋ²⁴ min¹¹
囂張（譏諷人攏鬧，不可一世的樣子）	【囂俳】hiau¹¹ pai²⁴	【激屎】kiuk⁰² çi³¹
漂亮、美麗	【靚】tɕiaŋ²⁴	【靚】tɕiaŋ²⁴
	X	【嬈】nau⁵⁵
英俊	【緣投】ien¹¹ tau¹¹	【緣投】ien¹¹ tau²⁴
斯文	【斯文】sï²⁴ bun¹¹	【斯文】si²⁴ bun¹¹
性情爆裂	【惡】ok⁰² 【壞】huai³¹	【惡性】ok⁰² çin⁵⁵
醜	【醜】tsʰu³¹	【醜】tsʰu³¹ 【歪斗】bai²⁴ teu³¹ 【夭】tse³¹
破相（指臉面五官不全）	【破相】pʰo⁵⁵ çioŋ⁵⁵	【破相】pʰo⁵⁵ çioŋ⁵⁵
暴牙	【牙暴暴】ŋa¹¹ pau⁵⁵ pau⁵⁵	【暴牙】pau⁵⁵ ŋa¹¹
很俗氣	【土】tʰu³¹	【土】tʰu³¹
高窕（身材高瘦）	【高】ko²⁴	【高】ko²⁴
矮小（身材短）	【矮】ai³¹	【矮】ai³¹
肥胖	【肥】pʰi¹¹	【肥】pʰi¹¹
瘦	【瘦】tsʰeu⁵⁵	【瘦】tsʰeu⁵⁵
勇健（身體強健壯實硬朗）	【勇】iuŋ³¹	【紮齻】tsap⁰² tsen⁵⁵
衰弱（身體的機能、精力衰退）	【懶】lam²⁴ 【弱】niok⁰⁵	【弱】niok⁰⁵
大（指年紀大或身材高大）	【大】tʰai⁵⁵	【過大】ko⁵⁵ tʰai⁵⁵
小（指年紀小或身材矮小）	【細】se⁵⁵	【細】se⁵⁵
老	【老】lo³¹	【老】lo³¹

晚輩	【後生】heu⁵⁵ saŋ²⁴	【後生】heu⁵⁵ saŋ²⁴
		【下輩】ha⁵⁵ pʰi⁵⁵
傻傻的	【憨】ŋoŋ⁵⁵	【憨憨】ŋoŋ⁵⁵ ŋoŋ⁵⁵
浪費	【打爽】ta³¹ soŋ³¹	【打爽】ta³¹ soŋ³¹
可惜	【無彩工】mo¹¹ tsʰai³¹ kaŋ²⁴	【無彩】mo¹¹ tsʰai³¹
費時	【費時】hui⁵⁵ ɕi¹¹	【費時】hui⁵⁵ ɕi¹¹
流行	【時行】ɕi¹¹ haŋ¹¹	【時行】ɕi¹¹ haŋ¹¹
		【流行】liu¹¹ haŋ¹¹
孤僻	【孤老】ku²⁴ lo³¹	【孤綏】ku¹¹ sui²⁴
		【孤老】ku¹¹ lo³¹
不好意思	【見笑】kien⁵⁵ seu⁵⁵	【見笑】kian⁵⁵ seu⁵⁵
高興	【歡喜】fon²⁴ hi³¹	【歡喜】fuan¹¹ hi³¹
開心	【暢】tʰioŋ⁵⁵	【暢】tʰioŋ⁵⁵
舒爽	【爽】soŋ³¹	【爽】soŋ³¹
過癮（滿足某種癖好）	【過願】ko⁵⁵ ȵien⁵⁵	【過願】ko⁵⁵ ȵian⁵⁵
很有趣	【生趣】sen¹¹ tɕʰi⁵⁵	【生趣】sen¹¹ tɕʰi⁵⁵
很令人討厭	【伢潲】gie¹¹ ɕiau¹¹	【得人惱】tet⁰² ȵin¹¹ nau²⁴
	【得人惱】tet⁰² ȵin¹¹ nau²⁴	
裝模作樣	【變古變怪】pen⁵⁵ ku³¹ pen⁵⁵ kuai⁵⁵	【變古變怪】pen⁵⁵ ku³¹ pen⁵⁵ kuai⁵⁵
裝瘋賣傻	【詐憨】tsa⁵⁵ ŋoŋ⁵⁵	【詐毋知】tsa⁵⁵ m¹¹ ti²⁴
		【假瘋】ka¹¹ ɕiau⁵⁵
喜歡亂摸亂碰	【賤】tɕʰien⁵⁵	【手賤】su³¹ tɕʰien⁵⁵
沒有用	【無利用】mo¹¹ li¹¹ iuŋ⁵⁵	【無路用】mo¹¹ lu⁵⁵ iuŋ⁵⁵
		【無效】mo¹¹ hau³¹
挑食	【揀食】kien³¹ ɕit⁰⁵	【揀食】kian³¹ ɕit⁰⁵
鬱悶	【鬱悴】but⁰² tsut⁰²	【鬱悴】but⁰² tsut⁰²
煩躁	【詏躁】au⁵⁵ tsau⁵⁵	【詏躁】au⁵⁵ tsau⁵⁵
恍惚	【發憨】pot⁰² ŋok⁰²	【發憨】pot⁰² ŋok⁰²
很會計較	【發憨】kʰen¹¹ hun²⁴	【揹分】kʰiaŋ¹¹ hun²⁴
		【計較】ke⁵⁵ kau³¹
亂來	【爛摻】lam³¹ sam³¹	【爛摻】lam³¹ sam³¹

形容做事不顧一切	【敢死】kam^{31} ҫi^{31}	【敢死】kam^{31} ҫi^{31}
鑽營	【進鑽】tҫin^{55} tson^{55}	【進鑽】tҫin^{55} tson^{55}
說話不清楚	【結舌佇碓】kiet^{02} sat^{05} ti^{55} toi^{55}	【結舌】kiat^{02} sat^{05}
洩氣	【漏氣】leu^{55} hi^{55}	【漏氣】leu^{55} hi^{55}
爽直	【老實】lo^{31} ҫit^{05}	【老實】lo^{31} ҫit^{05}
		【直】tҫʰit^{05}
假裝	【假細義】ka^{31} se^{55} ȵi^{55}	【假細義】ka^{31} se^{55} ȵi^{55}
鬧脾氣、難纏、搞怪	【扭揪】ȵiu^{31} tҫiu^{55}	【扭揪】ȵiu^{31} tҫiu^{55}
		【抽徹】tsʰu^{11} tsʰat^{05}
煩人	【碌人】luk^{02} ȵin^{11}	【碌人】luk^{02} ȵin^{11}
使性子	【抽徹】tsʰu^{24} tsʰat^{05}	【起□】hi^{31} pʰiak^{02}
便利	【利便】li^{55} pʰien^{55}	【方便】foŋ^{11} pʰen^{55}
	【方便】fuoŋ^{11} pʰien^{55}	
倒楣	【衰潲】soi^{24} ҫiau^{11}	【衰潲】soi^{24} ҫiau^{11}
假好心（貓哭耗子假慈悲）	【假好心】ka^{31} ho^{31} ҫim^{24}	【假好心】ka^{31} ho^{31} ҫim^{24}
幸虧	【好加在】ho^{31} ka^{11} tsai^{55}	【好加在】ho^{31} ka^{11} tsai^{55}
說話沒信用	【梟雄】hieu^{24} hiuŋ^{11}	【雄】hiuŋ^{11}
仔細（小心、客氣）	【細義】se^{55} ȵi^{55}	【細義】se^{55} ȵi^{55}
可愛	【得人惜】tet^{02} ȵin^{11} ҫiak^{02}	【得人惜】tet^{02} ȵin^{11} ҫiak^{02}
打不怕	【蠻皮】man^{11} pʰi^{11}	【蠻皮】man^{11} pʰi^{11}
湊熱鬧	【鬥熱鬧】teu^{55} nau^{55} ȵiet^{05}	【鬥熱鬧】teu^{55} nau^{55} ȵiat^{05}
嚴重	【傷本】soŋ^{24} pun^{31}	【傷本】soŋ^{24} pun^{31}
	【傷當】soŋ^{11} toŋ^{55}	
無聊（沒有事做）	【無聊】mo^{11} liau^{11}	【無聊】mo^{11} liau^{11}
空暇	【閒】han^{11}	【閒】han^{11}
很忙	【無閒】mo^{11} han^{11}	【無閒】mo^{11} han^{11}
慌張（做事慌亂的樣子）	【青狂】tsʰẽ^{33} koŋ^{24}	【青狂】tҫʰiaŋ^{11} koŋ^{24}
安靜	【恬】tiam^{24}	【恬】tiam^{24}
多話	【多話】to^{11} hua^{55}	【多話】to^{11} hua^{55}

馬馬虎虎（勉強將就、敷衍了事）	【馬馬虎虎】ma¹¹ ma¹¹ hu¹¹ hu¹¹	【馬馬虎虎】ma¹¹ ma¹¹ hu¹¹ hu¹¹
		【青彩】tɕʰin⁵⁵ tsʰai²⁴
隨便（舉止不端莊）	【隨便】sui¹¹ pʰien⁵⁵	【隨便】sui¹¹ pʰen⁵⁵
詼諧（惹人發笑的噱頭）	【古董】ku³¹ tuŋ³¹	【古董】ku³¹ tuŋ³¹
搞笑	【古董】ku³¹ tuŋ³¹	X
瘋狂	【發狂】huat⁰² kʰoŋ¹¹	【發狂】fuat⁰² kʰoŋ¹¹
	【起狂】hi³¹ kʰoŋ¹¹	X
靦腆	【蓋壞勢】koi⁵⁵ huai³¹ se⁵⁵	【內向】nui⁵⁵ ɕioŋ⁵⁵
	【驚見笑】kiaŋ¹¹ kien⁵⁵ seu⁵⁵	
情緒好	【蓋歡喜】koi⁵⁵ fon²⁴ hi³¹	【心情好】ɕim²⁴ tɕʰin¹¹ ho³¹
情緒不好	【氣毛歹】kʰi⁵⁵ mo⁵⁵ bai³¹	【心情毋好】ɕim²⁴ tɕʰin¹¹ m¹¹ ho³¹
好命（形容人的際遇好）	【好命】ho³¹ miaŋ⁵⁵	【好命】ho³¹ miaŋ⁵⁵
歹命（形容人的際遇差）	【壞命】huai³¹ miaŋ⁵⁵	【歪命】bai¹¹ miaŋ⁵⁵
雞婆（好管閒事）	【雞婆】kie¹¹ po¹¹	【雞婆】kie¹¹ po¹¹
節儉	【勤儉】kʰiun¹¹ kʰiaŋ⁵⁵	【勤儉】kʰiun¹¹ kʰiam⁵⁵
罵人吝嗇	【牛蜱】ɲiu¹¹ pi²⁴	【牛蜱】ɲiu¹¹ pi²⁴
懶惰	【懶屍】lan¹¹ ɕi²⁴	【懶屍】lan¹¹ ɕi²⁴
飯桶（形容人只會吃而不會做事）	【飯桶】huan⁵⁵ tʰuŋ³¹	【飯桶】fuan⁵⁵ tʰuŋ³¹
形容人好吃懶做	【泥伯公】nai¹¹ pak⁰² kuŋ²⁴	【泥伯公】nai¹¹ pak⁰² kuŋ²⁴
形容人一心兩用	【花螺心】hua²⁴ lo¹¹ ɕim²⁴	【花螺心】fua²⁴ lo¹¹ ɕim²⁴
形容女人花心	【嬲膣腓】heu¹¹ tɕi²⁴ pai¹¹	【水性】sui³¹ ɕin⁵⁵
形容女人如三姑六婆	【上家盤下家】soŋ⁵⁵ ka²⁴ pʰan¹¹ ha¹¹ ka²⁴	【過家嬤】ko⁵⁵ ka²⁴ ma¹¹
形容女人發情	【暈細賴】hun¹¹ se⁵⁵ lai⁵⁵	【暈細賴】fun¹¹ se⁵⁵ lai⁵⁵
形容男人發情	【暈細妹】hun¹¹ se⁵⁵ moi⁵⁵	【暈細妹】fun¹¹ se⁵⁵ moi⁵⁵
	【起柴仔】hi³¹ tsʰeu²⁴ e³¹	
騷（形容女人很外向）	【嬲】heu¹¹	【嬲】heu¹¹

轉大人（形容小孩變大人）	【轉身】tson³¹ ɕin²⁴	【轉骨】tson³¹ kut⁰²
形容人一再重複自己已經說過的話	【頂頂碓碓】taŋ³¹ taŋ³¹ toi⁵⁵ toi⁵⁵	【頂頂碓碓】taŋ³¹ taŋ³¹ toi⁵⁵ toi⁵⁵
鐵齒、硬抝（認為自己是對的，非得與人爭論）	【咬鉗】ŋau²⁴ kʰiam¹¹	【硬膏】ŋaŋ⁵⁵ kau⁵⁵
硬頸（指個性堅強而不輕易屈服、或形容人冥頑不靈）	【硬頸】ŋaŋ⁵⁵ kiaŋ³¹	【硬頸】ŋaŋ⁵⁵ kiaŋ³¹
文盲	【目瞎牛】muk⁰² hak⁰² ȵiu¹¹	【青盲雞】tɕʰiaŋ¹¹ miaŋ¹¹ kie²⁴
		【毋識字】m¹¹ ɕit⁰² sï⁵⁵
土包子（原指老實憨厚的鄉下人，亦可譏笑沒見過世面的人）	【土包仔】tʰu³¹ pau²⁴ e³¹	【土包仔】tʰu³¹ pau²⁴ e³¹
準備翹出去了	【穩死無生】bun³¹ ɕi³¹ mo¹¹ saŋ²⁴	【剩般死】tsʰun¹¹ pan¹¹ ɕi³¹
軟腳蝦（形容人做事無擔當）	【軟腰仔】ȵion¹¹ ieu²⁴ e³¹	【軟腳蹄】ȵion¹¹ kiok⁰² tʰai¹¹
賴床	【韌床】ȵiun⁵⁵ tsʰoŋ¹¹	【韌床】ȵiun⁵⁵ tsʰoŋ¹¹

顏色詞		
詞 彙	玉泉村	洛陽村
白色	【白色】pʰak⁰⁵ set⁰²	【白色】pʰak⁰⁵ set⁰²
黑色	【烏色】bu²⁴ set⁰⁵	【烏色】bu²⁴ set⁰⁵
灰色	【灰色】fue²⁴ set⁰⁵	【灰色】foi²⁴ set⁰⁵
紅色	【紅色】huŋ¹¹ set⁰²	【紅色】fuŋ¹¹ set⁰²
胭脂色	【胭脂】gien¹¹ tɕi²⁴	【胭脂色】gian¹¹ tɕi²⁴ set⁰⁵
暗紅色	【烏黗紅】bu¹¹ tu⁵⁵ huŋ¹¹	【烏黗紅】bu¹¹ tu⁵⁵ fuŋ¹¹
粉紅色	【粉紅色】hun³¹ huŋ¹¹ set⁰²	【水紅色】sui¹¹ fuŋ¹¹ set⁰²
橘紅色	【柑仔色】kam²⁴ me³¹ set⁰²	【柑仔色】kam²⁴ me³¹ set⁰²
膚色	【肉色】ȵiuk⁰² set⁰²	【肉色】ȵiuk⁰² set⁰²
		【皮膚色】pʰi¹¹ hu²⁴ set⁰⁵

米色	【米色】mi^{31} set^{02}	【米色】mi^{31} set^{02}
藍色	【藍色】lam^{11} set^{02}	【藍色】lam^{11} set^{02}
黃色	【黃色】boŋ^{11} set^{02}	【黃色】boŋ^{11} set^{02}
土色	【泥色】nai^{11} set^{02}	【泥色】nai^{11} set^{02}
青色	【青色】tɕʰiaŋ^{24} set^{05}	【青色】tɕʰiaŋ^{24} set^{05}
綠色	【綠色】liuk^{05} set^{02}	【綠色】liuk^{05} set^{02}
紫色	【紫色】tɕi^{31} set^{02}	【紫色】tɕi^{31} set^{02}
茄色	【吊菜色】tiau^{55} tsʰoi^{55} set^{02}	【吊菜色】tiau^{55} tsʰoi^{55} set^{02}
棕色	【咖啡色】ka^{11} pi^{24} set^{05}	【咖啡色】ka^{11} pi^{24} set^{05}
牛奶色	【牛奶色】ɲiu^{11} nen^{55} set^{02}	【牛奶色】ɲiu^{11} nen^{55} set^{02}
乳白色	【奶白色】nen^{55} pʰak^{05} set^{02}	【奶白色】nen^{55} pʰak^{05} set^{02}

31. 副　詞

表示然否		
詞　彙	玉泉村	洛陽村
一定	【一定】it^{02} tʰin^{55}	【一定】it^{02} tʰin^{55}
不一定	【無一定】mo^{11} it^{02} tʰin^{55}	【無一定】mo^{11} it^{02} tʰin^{55}
可能	【可能】kʰo^{31} nen^{11}	【可能】kʰo^{31} nen^{11}
恐怕	【驚】kiaŋ^{24}	【驚】kiaŋ^{24}
大概	【大概】tʰai^{55} kʰoi^{31}	【大概】tʰai^{55} kʰoi^{31}
大約	【大約】tʰai^{55} iok^{02}	【大約】tʰai^{55} iok^{05}
確實	【明明】min^{11} min^{11}	【確實】kʰok^{02} ɕit^{05}
剛好	【拄拄好】tu^{31} tu^{31} ho^{31}	【拄拄好】tu^{31} tu^{31} ho^{31}
很像有	【蓋像有】koi^{55} tɕioŋ^{55} iu^{24}	【蓋像有】koi^{55} tɕʰioŋ^{55} iu^{24}
		【盡像有】tɕʰin^{55} tsʰam^{55} iu^{24}
有	【有】iu^{24}	【有】iu^{24}
沒有	【無】mo^{11}	【無】mo^{11}
要	【愛】oi^{55}	【愛】oi^{55}
不要	【無愛】mo^{11} oi^{55}	【無愛】mo^{11} oi^{55}
		【毋愛】m^{11} oi^{55}
會	【會】boi^{55}	【會】boi^{55}

不會	【毋會】m¹¹ boi⁵⁵	【毋會】m¹¹ boi⁵⁵
可以	【做得】tso⁵⁵ tet⁰²	【做得】tso⁵⁵ tet⁰²
不可以	【做毋得】tso⁵⁵ m¹¹ tet⁰²	【做毋得】tso⁵⁵ m¹¹ tet⁰²
不知道	【毋曉得】m¹¹ hiau³¹ tet⁰²	【毋曉得】m¹¹ hiau³¹ tet⁰²
		【毋知】m¹¹ ti²⁴
不太會	【無乜會】mo¹¹ mak⁰² boi⁵⁵	【無乜會】mo¹¹ mak⁰² boi⁵⁵
是（表示肯定）	【係】he⁵⁵	【係】he⁵⁵
不是	【毋係】m¹¹ he⁵⁵	【毋係】m¹¹ he⁵⁵
不必	【毋使】m¹¹ ɕi³¹	【毋使】m¹¹ ɕi³¹

表示程度		
詞　彙	玉泉村	洛陽村
最好的	【最好个】tsui⁵⁵ ho³¹ e⁵⁵	【最好个】tsui⁵⁵ ho³¹ e⁵⁵
太爛	【忒綿】tʰet⁰² mien¹¹	【忒綿】tʰet⁰² men¹¹
吃太飽	【食忒飽】ɕit⁰⁵ tʰet⁰² pau³¹	【食忒飽】ɕit⁰⁵ tʰet⁰² pau³¹
		【撐胲】tsʰaŋ⁵⁵ koi²⁴
很漂亮	【蓋靚】koi⁵⁵ tɕiaŋ²⁴	【盡／蓋靚】tɕʰin⁵⁵／koi⁵⁵ tɕiaŋ²⁴
好還要更好	【好又愛過好】ho³¹ iu⁵⁵ oi⁵⁵ ko⁵⁵ ho³¹	【好又愛卡好】ho³¹ iu⁵⁵ oi⁵⁵ kʰa⁵⁵ ho³¹
再一遍	【再一擺】tsai⁵⁵ it⁰² pai³¹	【再一擺】tsai⁵⁵ it⁰² pai³¹
		【再一齣】tsai⁵⁵ it⁰² tsʰut⁰²
多一點	【加一絲】ka¹¹ it⁰² ɕit⁰²	【加一細絲】ka¹¹ it⁰² se⁵⁵ ɕit⁰²
多少吃一點	【多少食一絲矣】to²⁴ seu³¹ ɕit⁰⁵ it⁰² ɕit⁰² le¹¹	【食加多矣】ɕit⁰⁵ ka¹¹ teu²⁴ e³¹
相差沒多少	【相差無多】ɕioŋ¹¹ tsʰa²⁴ mo¹¹ to²⁴	【差無蓋多】tsʰa²⁴ mo¹¹ koi⁵⁵ to²⁴
整天	【歸日】kui²⁴ ȵit⁰²	【歸日】kui²⁴ ȵit⁰²
每天	【每日】mi²⁴ ȵit⁰²	【逐日】tak⁰² ȵit⁰²
常常	【常常】soŋ¹¹ soŋ¹¹	【時常】ɕi¹¹ ɕioŋ¹¹
	【不時】put⁰² ɕi¹¹	

不要緊	【毋怕】m¹¹ pʰa⁵⁵	【毋怕】m¹¹ pʰa⁵⁵
	【無要緊】mo¹¹ ieu⁵⁵ kin³¹	【無要緊】mo¹¹ ieu⁵⁵ kin³¹
光光	【淨淨】tɕʰiaŋ⁵⁵ tɕʰiaŋ⁵⁵	【淨淨】tɕʰiaŋ⁵⁵ tɕʰiaŋ⁵⁵
情況嚴重	【嚴重】ɲiam¹¹ tsʰuŋ⁵⁵	【嚴重】ɲiam¹¹ tsʰuŋ⁵⁵
吃力	【食力】sut⁰⁵ lit⁰⁵	【食力】ɕit⁰⁵ lit⁰⁵

表示範圍		
詞　彙	玉泉村	洛陽村
全部	【全部】tɕʰion¹¹ pʰu⁵⁵	【全部】tɕʰion¹¹ pʰu⁵⁵
		【攏總】luŋ³¹ tsuŋ³¹

其　他		
詞　彙	玉泉村	洛陽村
故意	【挑工仔】tʰiau¹¹ kuŋ²⁴ ŋe⁵⁵	【挑工】tʰiau¹¹ kaŋ²⁴
		【故意】ku⁵⁵ ji⁵⁵
不小心	【無小心】mo¹¹ seu³¹ ɕim²⁴	【無小心】mo¹¹ seu³¹ ɕim²⁴
隨便你	【清采你】tɕʰin⁵⁵ tsʰai²⁴ ŋ¹¹	【任在你】ɲiun⁵⁵ tsʰai⁵⁵ ŋ¹¹
		【隨便心】sui¹¹ pʰen⁵⁵ ŋ¹¹
將就	【罔】moŋ³¹	【罔】moŋ³¹
反正	【反正】huan³¹ tɕin⁵⁵	【反正】fuan³¹ tɕin⁵⁵
不顧一切的……	【忖辦】tsʰun¹¹ pan¹¹	【穩辦】vun³¹ pan³¹
沒想到	【無想到】mo¹¹ ɕioŋ³¹ to³¹	【無想到】mo¹¹ ɕioŋ³¹ to³¹
再來玩	【另來嫽】naŋ⁵⁵ loi¹¹ liau⁵⁵	【另來嫽】naŋ⁵⁵ loi¹¹ liau⁵⁵
這麼地漂亮	【恁靚】an³¹ tɕiaŋ²⁴	【恁靚】an³¹ tɕiaŋ²⁴
那麼地漂亮	X	X
怎麼會這樣	【仰會恁呢】ɲioŋ³¹ boi⁵⁵ an³¹ ne²⁴	【仰會恁呢】ɲioŋ³¹ boi⁵⁵ an³¹ ne²⁴
他會嗎？	【伊會無】ji¹¹ boi⁵⁵ mo¹¹	【伊會無】ji¹¹ boi⁵⁵ mo¹¹
		【伊甘曉得】ji¹¹ kam⁵⁵ hiau³¹ tet⁰²

32. 虛 詞

介 詞		
詞　彙	玉泉村	洛陽村
分	【分】pun²⁴	【分】pun²⁴
被	【分】pun²⁴	【分】pun²⁴
的	【俚个】ŋai¹¹ e⁵⁵	【俚个】ŋai¹¹ e⁵⁵
坐在凳子上	【坐啊凳仔項】tsʰo¹¹ a⁵⁵ ten⁵⁵ ne³¹ hoŋ⁵⁵	【坐啊凳項】tsʰo¹¹ a⁵⁵ ten⁵⁵ hoŋ⁵⁵
咧	【該】ke⁵⁵	【該】ke⁵⁵
把	【同】tʰuŋ¹¹	【同】tʰuŋ¹¹
從……（地方）	【俚對屋下來】ŋai¹¹ tui⁵⁵ buk⁰² kʰa²⁴ loi¹¹	【對】tui⁵⁵
從……（時間）	【從頭到暗】tɕʰiuŋ¹¹ tʰeu¹¹ to⁵⁵ am⁵⁵	【對】tui⁵⁵

連接詞		
詞　彙	玉泉村	洛陽村
我以為你會來	【俚認為你會來】ŋai¹¹ in⁵⁵ bi¹¹ ŋ¹¹ boi⁵⁵ loi¹¹	【覺得】kok⁰² to³¹
這件事情是你做還是他做	【這个事情係你做還算伊做】ia³¹ ke⁵⁵ ɕi⁵⁵ tɕʰin¹¹ he⁵⁵ ŋ¹¹ tso⁵⁵ ha¹¹ son⁵⁵ ji¹¹ tso⁵⁵	【係……也係】he⁵⁵……ia⁵⁵ he⁵⁵
還在那裏睡	【還在睡】han¹¹ tʰe²⁴ soi⁵⁵	【完在】vʷan¹¹ tʰe¹¹
我想要去，但是我沒空	【俚本來愛去，毋過無閒】ŋai¹¹ pun³¹ loi¹¹ oi⁵⁵ hi⁵⁵，m¹¹ ko⁵⁵ mo¹¹ han¹¹	【本來……但係】pun³¹ loi¹¹……tʰan⁵⁵ he⁵⁵
我和他一起去	【俚同伊共下去】ŋai¹¹ tʰuŋ¹¹ ji¹¹ kʰiuŋ⁵⁵ ha⁵⁵ hi⁵⁵	【共下】kʰiuŋ⁵⁵ ha⁵⁵　【做一下】tso⁵⁵ it⁰² ha⁵⁵
就是你	【也係你】ia³¹ he⁵⁵ ŋ¹¹	【也嘟係】ia³¹ lu⁵⁵ he⁵⁵
才……	【另】naŋ⁵⁵	【另】naŋ⁵⁵
才會……	【嚷會】ȵiaŋ⁵⁵ boi⁵⁵	【嚷會】ȵiaŋ⁵⁵ boi⁵⁵
這才會……	【毋嚷會】m¹¹ ȵiaŋ⁵⁵ boi⁵⁵	【毋嚷會】m¹¹ ȵiaŋ⁵⁵ boi⁵⁵
而已	【定定】tʰin⁵⁵ tʰin⁵⁵	【定定】tʰin⁵⁵ tʰin⁵⁵

助　詞		
詞　彙	玉泉村	洛陽村
阿（名詞前綴）	【阿】a²⁴	【阿】a²⁴
的	【个】e⁵⁵	【个】e⁵⁵
仔（小稱詞尾）	【仔】e³¹	【仔】e³¹
也（人名後綴）	【也】e³¹	【諾】no³¹

33. 代　詞

人稱代詞		
詞　彙	玉泉村	洛陽村
我	【偓】ŋai¹¹	【偓】ŋai¹¹
你	【你】ŋ¹¹	【你】ŋ¹¹
他	【伊】ji¹¹	【伊】ji¹¹
我們	【偓等】ŋai¹¹ nen³¹	【偓等】ŋai¹¹ nen³¹
咱們	X	X
你們	【你等】ŋ¹¹ nen³¹	【你等】ŋ¹¹ nen³¹
他們	【伊等】ji¹¹ nen³¹	【伊等】ji¹¹ nen³¹
我的	【偓个】ŋai¹¹ e⁵⁵	【偓个】ŋai¹¹ e⁵⁵
		【吾】ŋa¹¹
你的	【若】n̦ia²⁴	【你个】ŋ¹¹ e⁵⁵
		【若】n̦ia¹¹
他的	【其】kia²⁴	【伊个】ji¹¹ e⁵⁵
		【其】kia¹¹
自己	【自家】tɕʰit⁰⁵ ka²⁴	tɕʰit⁰⁵ ka²⁴
別人	【別人】pʰet⁰⁵ n̦in¹¹	【別人】pʰet⁰⁵ n̦in¹¹
誰	【乜人】man³¹ n̦in¹¹	【乜人】man³¹ n̦in¹¹

指示代詞		
詞　彙	玉泉村	洛陽村
這裡	【這片】ia³¹ pʰien³¹	【這位】ia³¹ bi⁵⁵

那裡	【該片】ke⁵⁵ pʰien³¹	【該位】ke⁵⁵ bi⁵⁵
哪一個	【俟】nai⁵⁵	【俟】nai⁵⁵
哪裡	【俟位】nai⁵⁵ bi⁵⁵	【俟位】nai⁵⁵ bi⁵⁵
*這是什麼*東西？	【這係乜个東西】 ia³¹ he⁵⁵ mak⁰² ke⁵⁵ tuŋ¹¹ çi²⁴	【這係乜个】 ia³¹ he⁵⁵ mak⁰² ke⁵⁵
*那是什麼*東西？	【該乜个東西】 ke⁵⁵ mak⁰² ke⁵⁵ tuŋ¹¹ çi²⁴	【該係乜个】 ke⁵⁵ he⁵⁵ mak⁰² ke⁵⁵
這個東西*給*你	【這个東西分你】 ia³¹ ke⁵⁵ tuŋ¹¹ çi²⁴ pun²⁴ ŋ¹¹	【這个東西分你】 ia³¹ e⁵⁵ tuŋ¹¹ çi²⁴ pun²⁴ ŋ¹¹
那個東西*要*賣多少錢？	【該東西愛買幾多錢】 ke⁵⁵ tuŋ¹¹ çi²⁴ oi⁵⁵ mai⁵⁵ it⁰² to²⁴ tçʰien¹¹	【該个東西愛買幾多錢】ke⁵⁵ e⁵⁵ tuŋ¹¹ çi²⁴ oi⁵⁵ mai⁵⁵ it⁰² to²⁴ tçʰien¹¹

疑問代詞		
詞　彙	玉泉村	洛陽村
你叫什麼名字？	【你安到乜个名】 ŋ¹¹ on²⁴ to³¹ mak⁰² ke⁵⁵ miaŋ¹¹	【你安乜个名】 ŋ¹¹ on²⁴ mak⁰² ke⁵⁵ miaŋ¹¹ 【你喊到乜个名】 ŋ¹¹ ham⁵⁵ to⁵⁵ mak⁰² ke⁵⁵ miaŋ¹¹
你家住哪裡？	【你屋家歇俟】 ŋ¹¹ buk⁰² kʰa²⁴ het⁰⁵ nai³¹	【你歇咧俟位】 ŋ¹¹ het⁰⁵ le⁵⁵ nai³¹ no¹¹
你要找誰？	【你愛尋乜人】 ŋ¹¹ oi⁵⁵ tçʰim¹¹ man³¹ ȵin¹¹	【你愛尋乜人】 ŋ¹¹ oi⁵⁵ tçʰim¹¹ man³¹ ȵin¹¹
你要做什麼？	【你愛做乜个】 ŋ¹¹ oi⁵⁵ tso⁵⁵ mak⁰² ke⁵⁵	【你愛做乜个】 ŋ¹¹ oi⁵⁵ tso⁵⁵ mak⁰² ke⁵⁵
你要去哪裡？	【你愛去俟】 ŋ¹¹ oi⁵⁵ hi⁵⁵ nai³¹	【你愛去俟呢】 ŋ¹¹ oi⁵⁵ hi⁵⁵ nai³¹ no¹¹
你有沒有錢？	【你有錢無】 ŋ¹¹ iu²⁴ tçʰien¹¹ mo¹¹	【有錢無】 iu²⁴ tçʰien¹¹ mo¹¹
你去過嗎？	【你去過無】 ŋ¹¹ hi⁵⁵ ko⁵⁵ mo¹¹	【你去過矣無】 ŋ¹¹ hi⁵⁵ ko⁵⁵ e¹¹ mo¹¹
多少？	【幾多】it⁰² to²⁴	【幾多】it⁰² to²⁴

34. 象聲詞

詞　彙	玉泉村	洛陽村
喔（叫喊聲）	【喔】bo^{31}	【喔】bo^{31}
汪汪（狗叫聲）	【獒獒】ŋau^{31} ŋau^{31}	X
鏘（刀劍相擊之聲）	【鏘】kʰiaŋ^{55}	【鏘】kʰiaŋ^{55}
喵（貓叫聲）	【嬈】niau^{55}	【嬈】niau^{55}
咕咕（模仿雞叫聲）	【咕咕雞】kok^{02} kok^{02} ke^{55}	【咕咕咕】ku^{11} ku^{55} ku^{11}
嘎（鵝叫聲）	X	X
咚（田鳥叫聲）	【咚】tom^{55}	X
呃（鴨叫聲）	【呃呃】ʔa^{31} ʔa^{31}	【呃】ap^{02}
噎（青蛙叫聲）	【噎噎】ep^{02} ep^{02}	【噎】ep^{05}
鎈鎈仔（鐃鈸聲）	【鎈鎈仔】tsʰem^{11} tsʰem^{11} me^{31}	【鎈鎈仔】tsʰe^{11} tsʰe^{24} e^{31}
嚶哦（胡琴聲）	【嚶哦】ĩ^{55} õ^{11}	【嚶哦】ĩ^{55} õ^{11}
羿（呼雞聲）	【叩囉】kʰo^{33} lo^{33}	【嘓】kok^{02}
咪（呼貓聲）	【喵】miau^{55}	【喵】miau^{55}
嘍嘍（呼狗聲）	（直呼狗的名字）	（直呼狗的名字）
吡～仔（呼豬聲）	【嚶嚶】ĩ^{53} ĩ^{53}	X
嗶（呼鴨聲）	X	X
噢（呼牛快跑）	【噢】auʔ^{05}	【噢】auʔ^{05}
嗷（呼牛停）	【嚎】hau^{24}	X